聊城大学“世界古代史”一流课程与教学团队建设经费、省学位与研究生教育质量强化建设—世界史经费及世界史一级学科硕士点建设经费资助出版

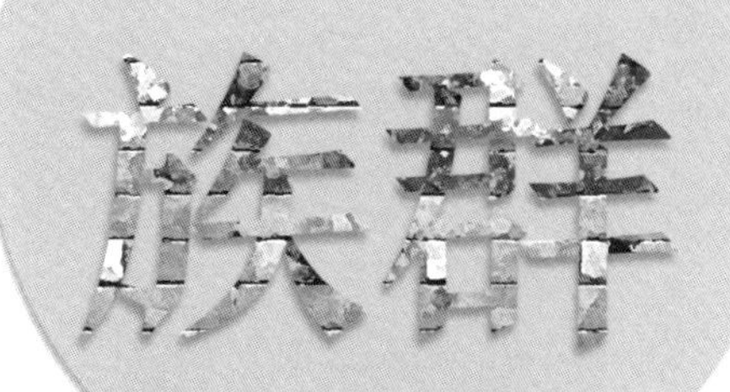

国家、族群与战争

COUNTRIES, ETHNICITIES, AND WARS

3000 YEARS OF WESTERN ASIA BC

公元前西亚三千年

胡其柱——著

中国社会科学出版社

图 4－8　胡里安人聚集地示意图

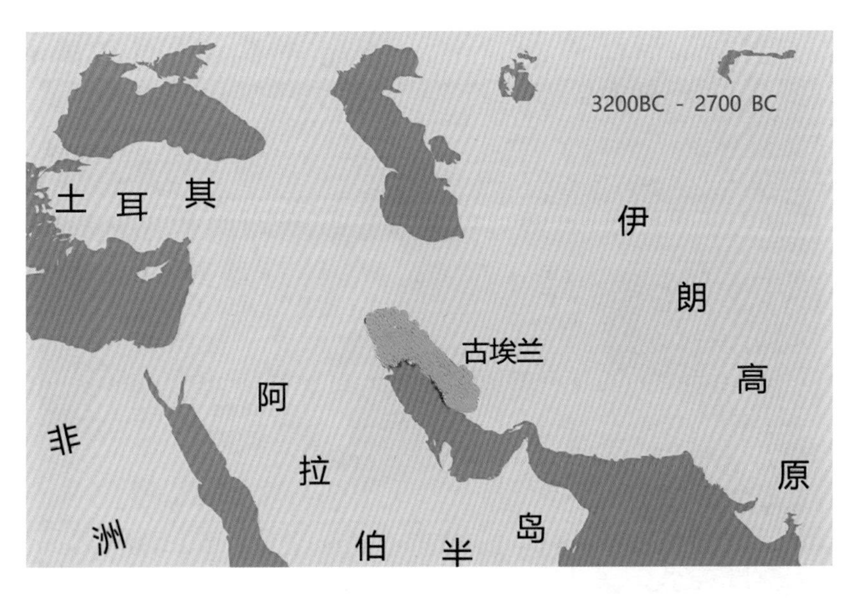

图 6－1　现代迪亚拉河流向示意图

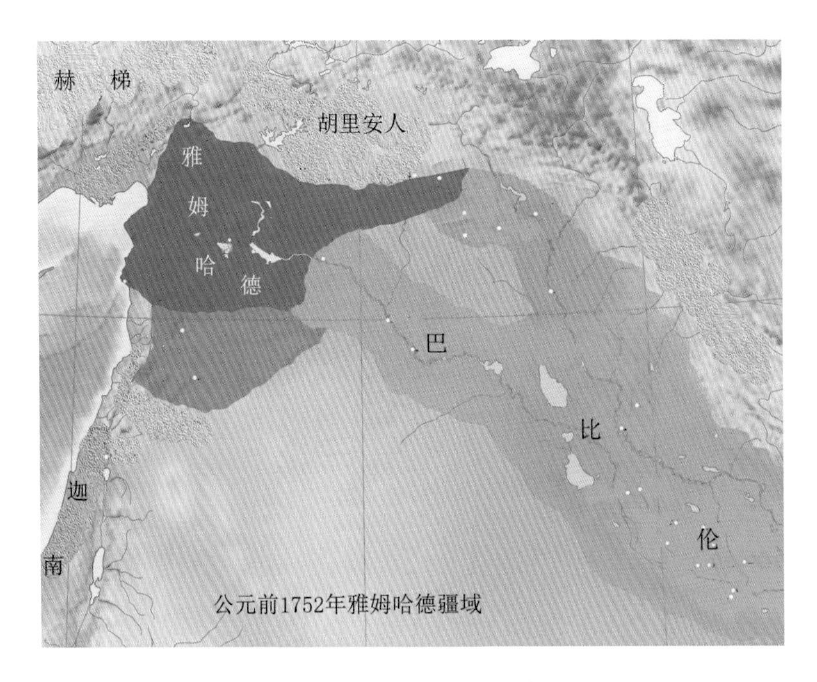

图 6 – 10 公元前 18 世纪中叶西亚政局

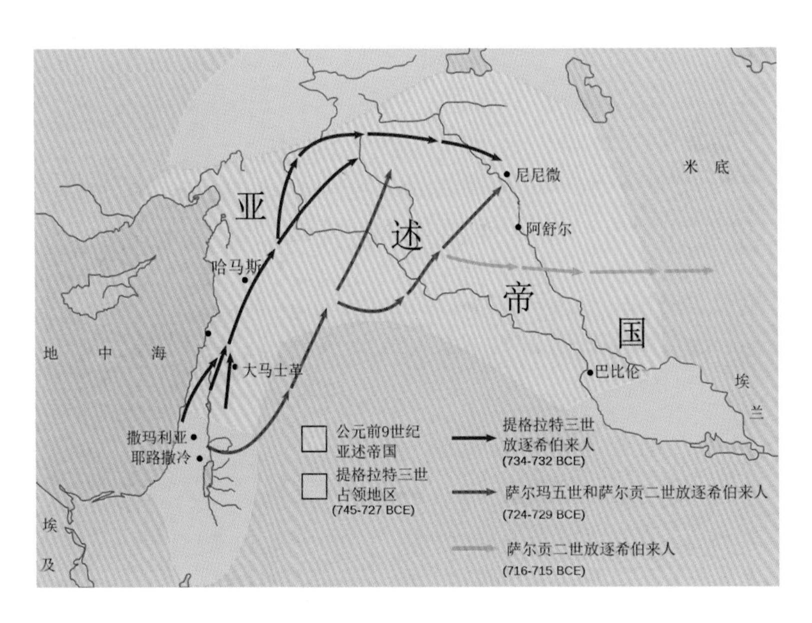

图 7 – 5 提格拉特三世征战示意图

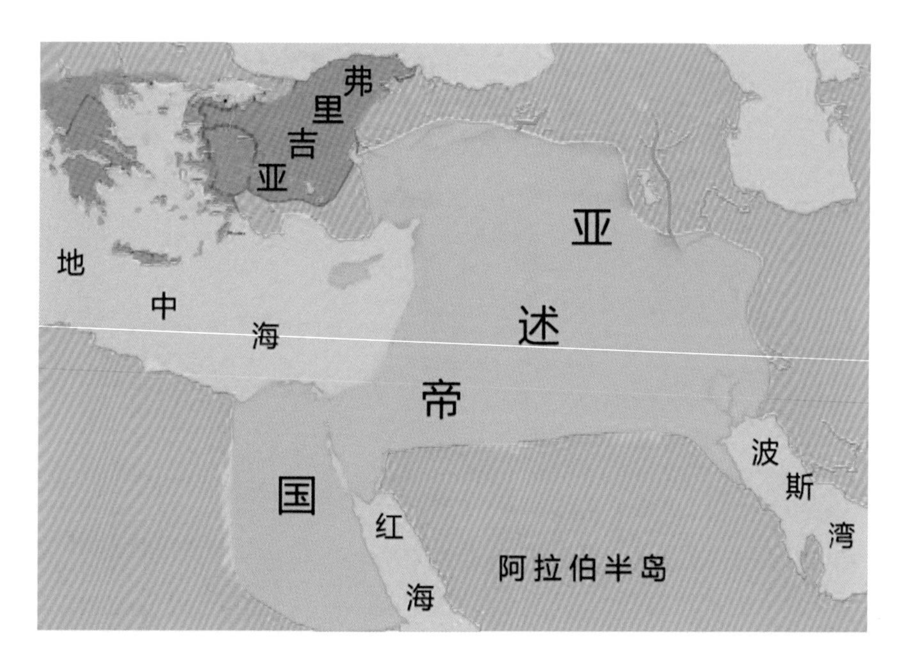

图 7－9　公元前 671 年亚述疆域

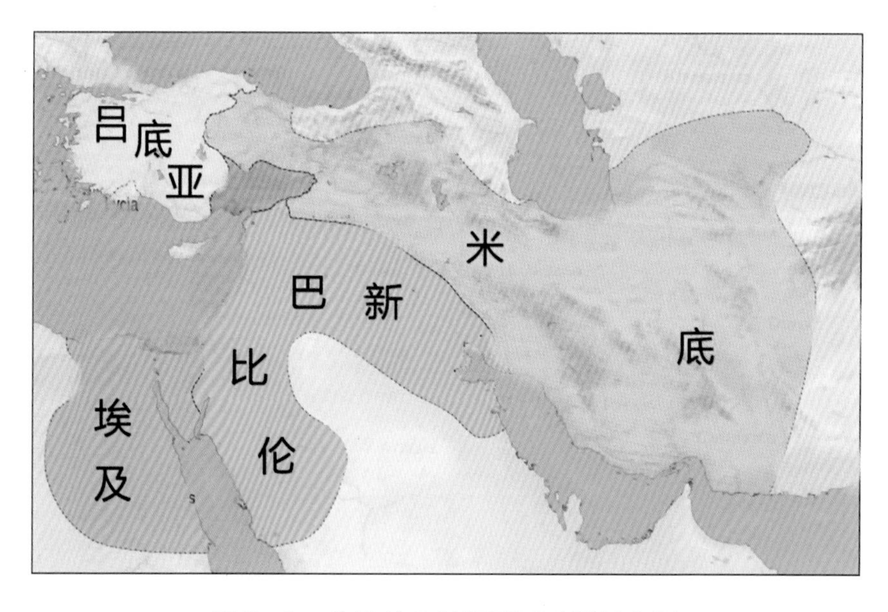

图 8－3　公元前 7 世纪西亚政局示意图

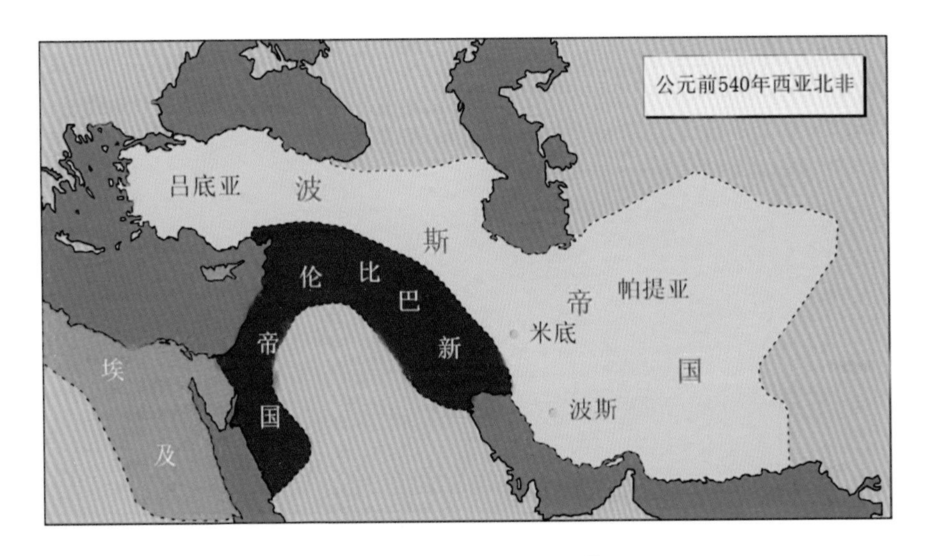

图 8 –6　波斯与巴比伦

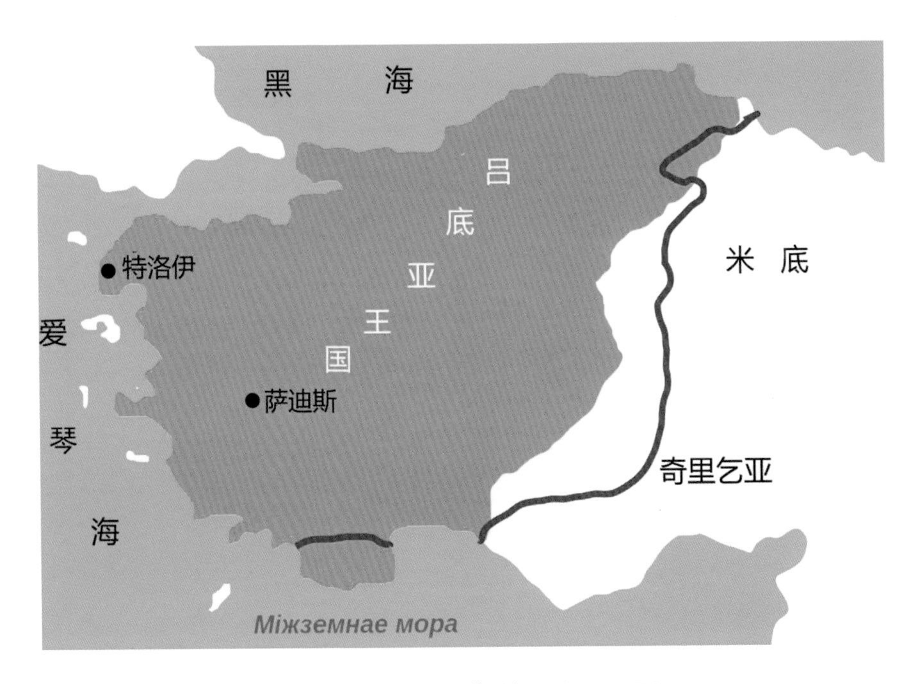

图 9 –3　鼎盛时期的吕底亚王国

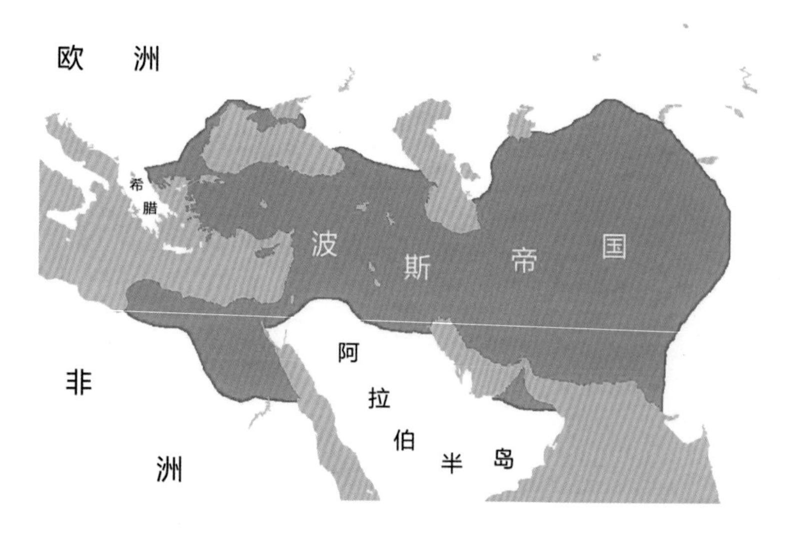

图 9－7　波斯帝国疆域

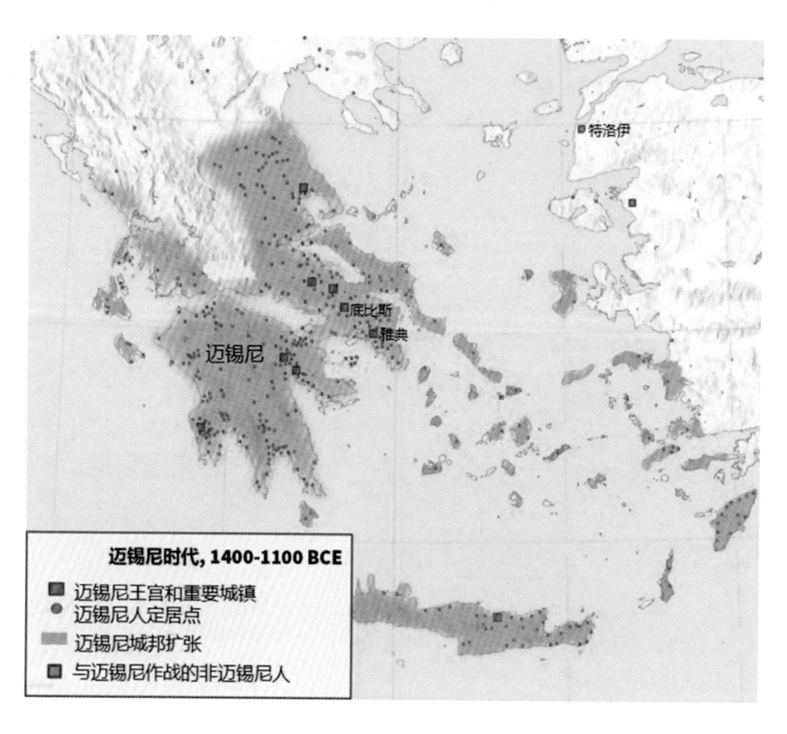

图 10－1　迈锡尼人控制范围

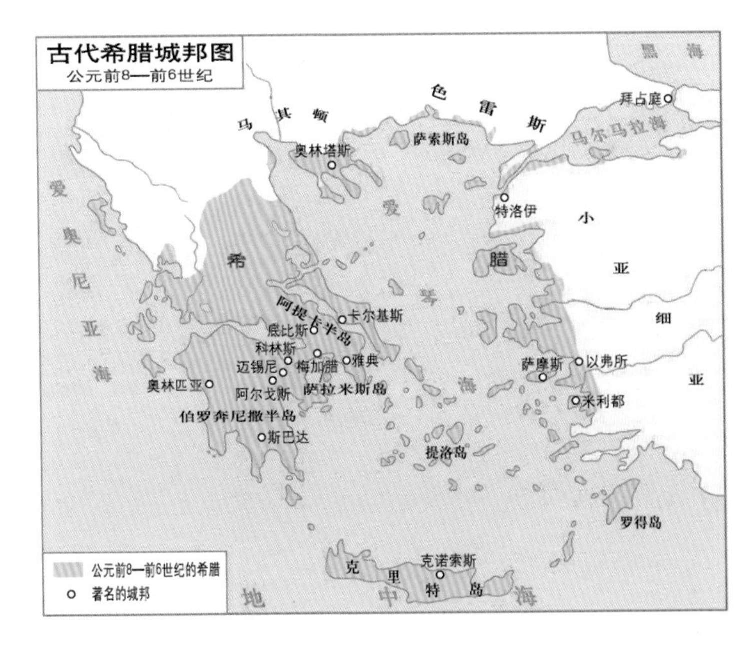

图 10－4　古希腊城邦示意图

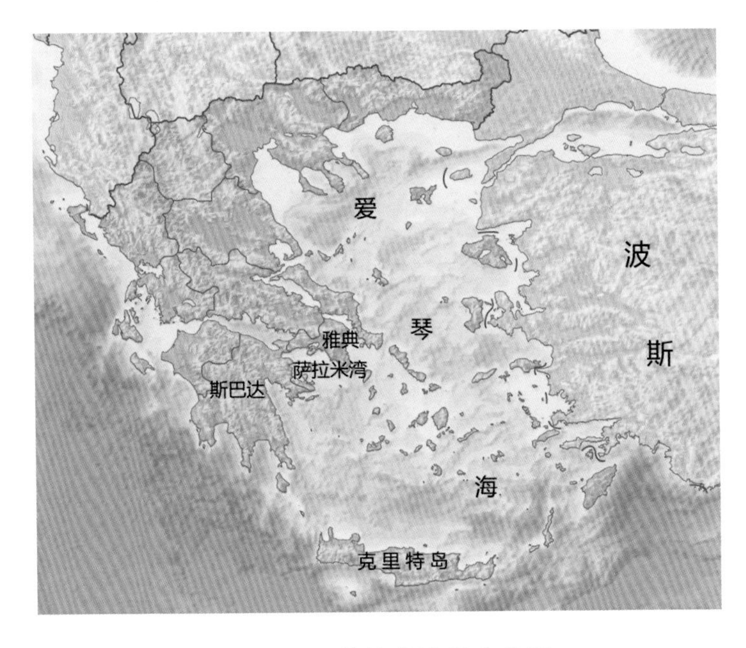

图 10－7　萨拉米湾所在位置

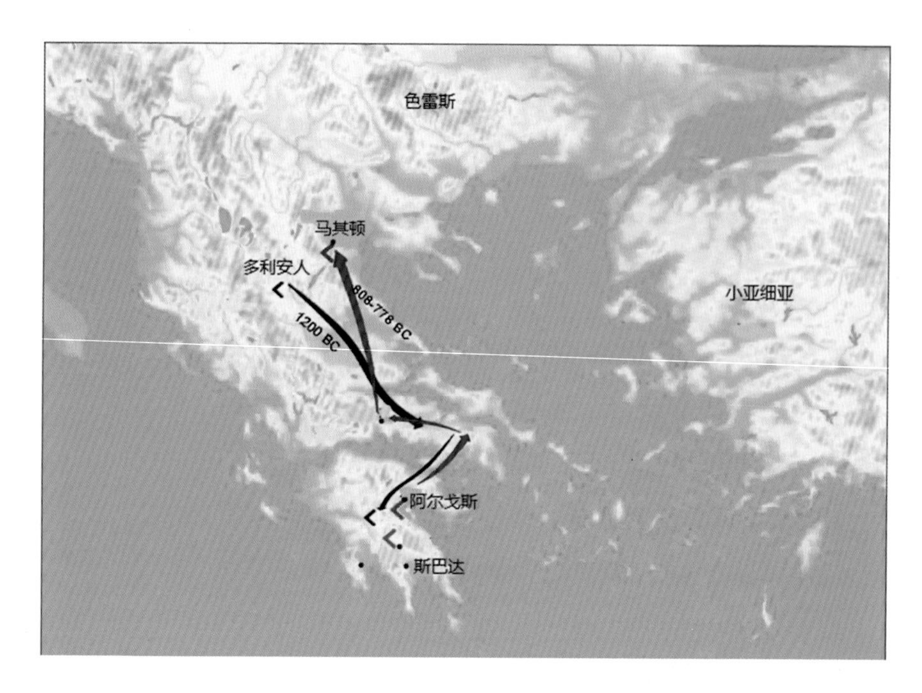

图 11－1　卡拉努斯北上示意图

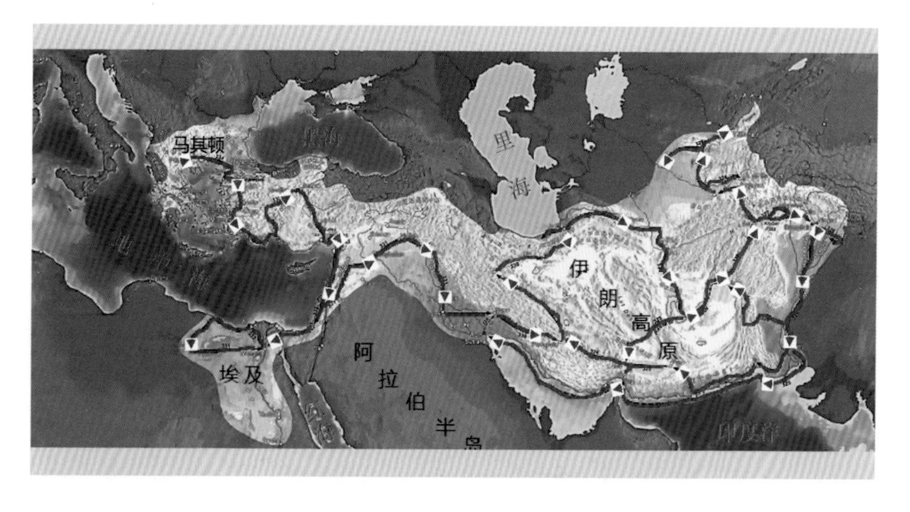

图 11－9　亚历山大东征路线

目　　录

第一章　叩开人类文明大门的苏美尔人

当今世界，欧美文明和中华文明无疑最受瞩目。几百年来，前者始终牢牢占据世界中心，压得其他文明喘不过气来，后者则在三千年里不绝如缕，呈现出独一无二的韧劲，最近一二十年，更是颇有摆脱颓势、挑战霸主的迹象。但是，恐怕很多人想象不到，在公元前的三千年历史长河中，两河流域和古埃及文明才是人类文明的两座巅峰。被欧美援引为文化精神源头的古希腊、古罗马文化，其实都是受西亚和北非古文明滋润，一步步发展起来的。可以毫不客气地说，公元前三千年的大部分时间里，古希腊和古罗马人在西亚北非面前，都是不折不扣的小学生。

第一节　两条大河，一片平原

美索不达米亚是英文“Mesopotamia”的音译，而 Mesopotamia 又是对古希腊语“Μεσοποταμα”的对译，意指两条河流之间的地方。古希腊人用它指称幼发拉底河与底格里斯河之间的平原。为了行文方便，咱们还是采用意译，叫作“两河流域”。

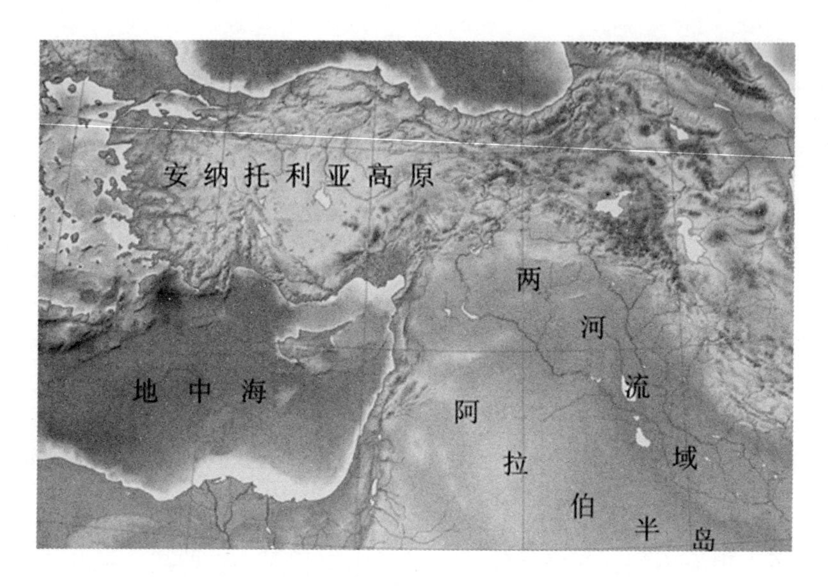

图 1－1　西亚地理示意图

图片来源：本书地理示意图如无特别说明，均为作者根据维基网站地形图标注制作，并参照了《世界历史地图集》，中国地图出版社 2002 年版。

对先秦中国人来说，昆仑山已算西天，远在天边。到了汉朝，张骞奉命出使西域，抵达现在的新疆、甘肃、中亚一带，又派副使访问了现在的伊朗、土库曼斯坦等地，知道西天以西还有人间，统称西域。其实，如果他们继续西进，穿过伊朗高原，会看到一片更古老的繁盛之地，这就是美索不达米亚。当然，即使张骞他们抵达两河流域，也只能凭吊古迹。当时，辉煌不可一世的两河流域先后遭受波斯人、古希腊人和罗马人蹂躏五六百年，早已失去往昔风采。

对古希腊人来说，两河流域则是标准的东土。他们要东渡爱琴海，登陆后再向东南走好久，才能看到美索不达米亚平原。所以，古希腊人的东方，不是指中国或东亚，而是指小亚细亚、两河流域，也包括埃及。到了近代，欧洲人意识到东土以东还有更遥远的东方。于是，西亚和北非便成了他们的近东，东亚、东南亚、西伯利亚成了他们的远东，夹在中间的以波斯为核心的中间区域，便成了中东。

一战后，控制近东的奥斯曼土耳其帝国崩溃，英国遂以“中东”涵盖整个西亚、北非，使其成为一个超越洲际的地理概念，也由于伊斯兰教盛行而成为一种区域文化概念。

从这个角度来说，世界本来没有“东”和“西”，所谓“东”和“西”，不过是眼睛的观察，头脑的想象，言语的界定。中国古人眼中的“西天”，恰恰是古希腊人眼中遥不可及的东方。每个民族所说的“天下之中”，也只是一种自我的安慰。

说远了，再回到两河流域。这两条河流，都发源于安纳托利亚高原东部，也就是现代土耳其东部边境的山谷地带。它们从山谷流出，一路向东南奔腾，蜿蜒注入波斯湾。5000 多年以前，两条河流平行流淌，各自徜徉。两千多年后，泥沙淤积导致河床升高，使得两条河不断改道，最终在库尔纳附近汇为一体，流入波斯湾。

在两河及其周边居民记忆中，这不是两条普通的河。按照犹太《圣经》的说法，伊甸园里拥有四条滋润土地的河流，分别为幼发拉底河、底格里斯河、基训河和比逊河。这样的伊甸园，显然是以两河流域某个水草丰美的地方为原型想象出来的。

因此，对犹太教、基督教甚至伊斯兰教信徒来说，两河流域具有极其特殊的意义。近代以来，那么多欧美考古学家、探险者，前赴后继地到两河流域探险考察，不是纯粹发思古之幽情，而是有一种精神在支撑。他们要在那里寻找《圣经》记载的圣迹，想验证《圣经》记载的到底对不对。

既然是伊甸园所在地，你一定会认为两河流域绿树掩映，鸟语花香，牛羊遍地，春风和煦。其实，事实恰好相反，除了西北部山丘谷地，两河流域中下游地区酷热难耐，干旱少雨，树木稀疏，如果没有河流，很难让人立足。

如果从太空看，两河流域就是一个狭长盆地，西北是安纳托利亚高原，北边是托罗斯山脉，东北是扎格罗斯山脉，东南是波斯湾，西南是叙利亚沙漠和阿拉伯高原，全是遮挡。只有东南的波斯湾口，可以通一口气。

由于四周遮挡，湿润空气进不来，副热带高气压和东北信风交替主导，结果使得两河流域一年到头，只有夏冬两个季节。夏天又热又干旱，冬天虽然温度适宜，但是信风来自内陆，同样降雨有限。

两河流域中下游的气候有多糟糕？先来看看现在的数据。叙利亚的北部属于亚热带地中海气候，南部是热带沙漠气候，整体上都偏干旱。全国3/5的地方降雨量不足250毫米，南部只有100毫米左右。冬天最低气温零度以下，夏天最高气温40度以上。

伊拉克的巴格达更绝，夏天月平均气温44度，最高可达50度，降雨量几乎为零，历史记录从未超过1毫米。冬天比较凉爽，大约10度左右，很少到0度以下，年降雨量大约120多毫米，多的时候300多毫米，少的时候只有30多毫米。

当然，两河流域并非一直这个样子。根据部分古气候学者研究，公元前1.4万年时，两河流域年平均气温比现在低6到7度，适宜人类生存。此后，当地气温逐渐升高，到公元前7000年左右与现在相似，公元前5000年到前3000年继续增加，年平均气温比现在高2度，其中公元前3800年比现在高3度。这意味着公元前5000年到前3000年，两河流域夏天平均气温可能46度左右，说酷热难耐一点不过分。

事实上，人类在西亚的最早定居点，也不是在两河流域，而是在远离两河流域的土耳其和黎凡特。那里的山前地带雨水丰富，草木茂盛，土地肥沃，适合耕种和畜牧。考古学家在土耳其西南和巴勒斯坦，都发现了公元前5000年前后的农业定居点。

阿拉伯半岛也是一个远古人类聚集区。现在到阿拉伯半岛一看，满眼都是无边无际的黄沙，生存条件恶劣，但是地质和考古证据显示，五六千年前，半岛内陆可能存在着一条农耕地带，雨水充足，草木丰盛，土质肥沃，养育着大量畜牧部落。他们说的语言，都归属于闪米特语（Semitic language，亦译塞姆语），学界有时简称他们闪米特人。

由于人口持续增加，土耳其、黎凡特以及阿拉伯半岛的生存压力陡升，逼得人们不得不向四周迁徙。其中部分族群就近摸到了地中海东岸，又从东岸北上南下，来到了尼罗河三角洲或两河流域。这两个地区的古人，分别创造了人类历史上最古老的文明。

公元前3000年以前，两河流域虽然酷热难耐，但是降雨量似乎丰富。尤其是公元前5000年到前3000年，两河流域降水量剧增，使得当地河流交叉，沼泽遍地，根本不缺乏水源。只是公元前3000年后，降雨才大幅减少，到公前550年左右达到最低点。此后两千年，两河流域降雨量略有增加，基本稳定在当前水平。

公元前3000年以前，两条大河既带来了充足水源，又携带大量泥沙，形成了三四万平方公里的美索不达米亚平原。宛如蛛网状的河流和湖泊，罩在美索不达米亚平原上，让酷热看起来不再那么难耐；平原上一层层的沉积物，富含有机物和矿物质，滋养着青草和绿树，使农耕成为可能。河水泛滥后形成的一片片沼泽地，芦苇丛生，鱼儿畅游，可供人们在耕作之余，享受捕鱼之乐和鱼肉之美。

最关键的是，两条大河的存在，让居民不必完全依赖降雨。早在公元前4500年左右，当地居民就根据河水涨退，修渠进行灌溉，将靠天吃饭升级为靠灌溉吃饭。这样一来，两河流域的劣势变成了优势，看起来不适合人类生存的地方，反倒成了最具吸引力的地方。

公元以前的西亚历史，基本上就是周边族群前赴后继涌向两河流域，争夺立足之地的惨烈博弈。

第二节　两河流域及其周边远古族群

从人类起源上来说，西亚是一片后开发的地块。真正的人类起源地，是与西亚相对的东非。古生物学家大都认为，人类起源于东非大裂谷。在那里，古猿迫于环境的改变，不得不从森林走向草原，从爬行变为直立，逐渐演变成了人科动物。

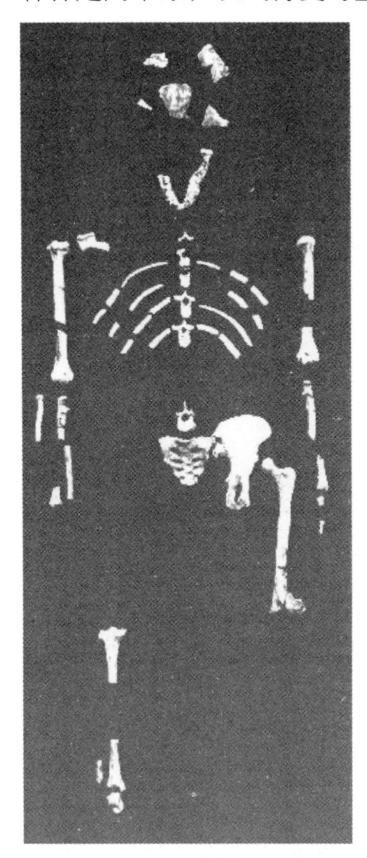

图1－2 露西的化石骨骼

图片来源：本书实物图片，如无特别说明，皆来自维基网站。

1974年，考古学家在埃塞俄比亚发现了一具残缺的骨头化石，归属人科，取名“露西”(Lucy)。露西约生活于320万年前，身高1.07米，去世时十多岁，可能是从树上掉下来摔死的。自从进入考古学家视野，她就被当作了人类老祖母，游客到访埃塞俄比亚，一般都会瞻仰一下露西的“尊容”。

1992年，考古学家又从埃塞俄比亚发现了更完整的人科女性化石，取名“阿尔迪”(Ardi)。阿尔迪比露西更早，大约生活于440万年前。与露西相比，阿尔迪身高约在1.52米至1.68米之间，在当时可谓“大个”。她已经与黑猩猩分离，能够直立行走。

2002年，考古学家在中非乍得再次发现一个头骨化石，距今700万年，将人科历史又提前了260万年。这个名为“图迈”(Toumai)的化石，是目前发现的最早的人科动物。

严格地说，无论图迈、阿尔迪还是露西，都是南方古猿，距离现代人类关系很远很远。如果将她们放到现在，没人觉得会是人。到了250万年前，南方古猿中的一支，才慢慢进化出人的模样，学界称为人属（Homo）。

这些人属不仅能够直立行走，而且脑容量急剧增加，能够打磨简单的石制手斧。他们凭着简单的工具在东非大裂谷风餐露宿，有生有灭，不绝如缕，倒也无拘无束，自由自在。

可惜，世事多变，自然无常。177万—185万年前，非洲环境急剧恶化，容不下那么多动物吃喝拉撒。部分已经进化为直立人的匠人属决定离开家园，向外寻找新世界。匠人是直立人的一个亚种，或者说直立人的后裔之一。这些匠人走啊走啊，一路向北，经过北非，进入了西亚、东亚、欧洲。沿途有人留下来，逐水草而居，有人继续四面八方迁徙，散落于欧亚大陆。

以前，学界公认的非洲以外最古老人类遗存，位于格鲁吉亚的德马尼斯，时间大约为185万年前。2018年7月，朱照宇等人在《自然》发表的一篇文章，根据陕西蓝田新发现的石器，将非洲以外人类最古遗存的时间提前到了212万年前。

不过，让人惊奇的是，走出非洲的远古人类，似乎并不比留在东非的人类进化更好。100万年前，欧亚大陆的匠人没有什么质变，留在非洲老家的匠人竟然又升级换代，出现了新一轮脑体革命，进化为学者所谓的“早期智人”。过了20万年，这些早期智人也步前辈后尘，辗转迁徙到欧亚大陆另谋出路。天长日久，演化为不同的人种，散落在欧洲的，成为尼安德特人；散落于亚洲的，成为丹尼索瓦人；留在非洲的，叫作罗德西亚人。

可惜，人算不如天算。出来寻找新世界的早期智人，又碰到了自然灾难。根据美国学者斯坦利·安布罗斯（Stanley H. Ambrose）提出的多峇巨灾理论（Toba catastrophc theory），7万—7.5万年前，印尼苏门答腊岛上的多峇火山超级大爆发，令全球温度在此后数年间下降3—3.5℃，北半球甚至下降了10—15℃。不用说，欧亚大陆上的早期智人，无论是欧洲的尼安德特人，还是亚洲的丹尼索瓦人，大多成为气温骤降的牺牲品，消失在了漫天冰河中。倒是非洲的罗德西亚人，凭借气候优势得以幸存。

非洲早期智人的幸运，还不止于此。事实上，早在多峇火山爆发以前，具体地说是距今20万年前，罗德西亚人就升级换代，更上一层楼，进化为学界所谓的“晚期智人”。晚期智人的心智已经接近现代人类。他们先是学会用兽皮做衣服，人工取火，埋葬死人；若干年后，又学会打磨石器和骨器，修建房屋，从事绘画、雕刻等。男人和女人，也开始分头谋取食物。

7万年前，当欧亚大陆上的早期智人，由于气候骤降而陆续消亡后，非洲晚期智人开始向外迁徙。有的渡过红海，沿着印度洋北岸，进入南亚、东南亚，甚至到了澳大利亚和太平洋岛屿；有的则经由埃及进入西奈半岛，一路北上迁徙至巴勒斯坦、黎巴嫩，直到高加索及其北边的欧亚大草原。

渡过红海向东走的那一批人，先后成为东亚人、东南亚人和太平洋岛人，从西奈半岛一路北上的智人，更是枝繁叶茂、开花结果，散落到欧亚、美洲大陆各处，成为现代人类的绝对

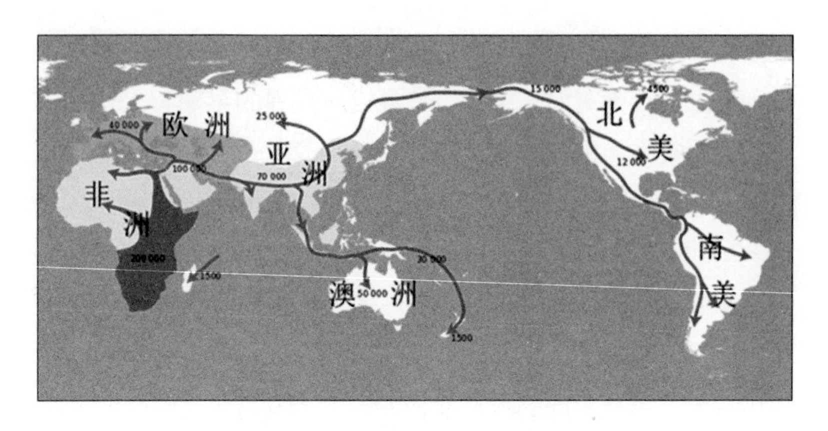

图 1－3 早期人类迁徙示意图

主力。

现在，古生物分子研究者大都认为，从非洲走出来的晚期智人，是当今世界各地人种的共同祖先。其他人种或者陆续灭绝，或者被晚期智人归化，仅在现代人类身上留有微量基因。换句话说，现代五颜六色的不同种族，其实都是非洲晚期智人的后裔。

20 世纪 80 年代，加州大学伯克利分校威尔逊遗传研究小组甚至认为，全人类的线粒体 DNA 基本相同，从逻辑上说，应该都是从同一位女性祖先那儿遗传下来的。说得通俗点，现代人类都享有同一位老祖母的基因。到目前为止，古生物分子学家还没有找到一个反例，证明人类不是来自非洲智人。

基于这个解释体系，让我们再聚焦到两河流域内外的古人类。几万年前的人类迁徙不像现代出行，有车、有水、有粮、有规划。那时的古人，估计都是赤手空拳，顶多带个石制手斧，饥餐露宿，走路完全靠脚迈，吃饭完全靠手采，哪里有吃的，就在哪里停下来。

有的人走下东非高原，到了苏丹、埃及，累得不行，就地谋生了；有的人经由西奈半岛，进入狭长的迦南，觉得可以忍受，以此为家了；还有的人，继续向北进入叙利亚、两河流域、小亚细亚、高加索，或者向东深入阿拉伯绿洲，过起了畜牧生活。

到底什么人留在了埃及，什么人留在了西亚，今天不得而知。考古学家只知道，十多万年前，以色列就有智人生活；几万年前，古老的尼安德特人也曾在那里停留。这两种古人类，可能还发生过短暂交错，生下过混血孩子。以色列是早期各路人种游荡的交叉点。

至少上万年前，从以色列到安纳托利亚高原，已经出现了人类定居点。巴勒斯坦境内的耶律哥（Jericho），号称建城一万年，不是没有一点道理。根据考古学家研究，1.1 万年以来，耶律哥始终有人居住。安纳托利亚高原东部的哥贝克力（Gbekli Tepe），也发现了距今 1.2 万年的人类遗迹——巨大石块阵。

这表明，上万年前，从今天以色列到土耳其东部的狭长地带，以及东邻的阿拉伯半岛，已经分布着定居人群，具体是什么人，目前不能确定。但可以确定的是，此后几千年，这些地方人满为患，不得不向其他地区，尤其是向人烟稀少的两河流域迁徙。

最迟到公元前 6500 年，人类已经从地中海东岸，顺着两河向东南推进，来到今天伊拉克南部，创造了哈苏纳—萨马拉文化（Cultura Hassuna-Samarra）。五百年后，叙利亚地区短暂地出现过一种哈拉夫文化。公元前 5000 年左右，中下游的欧贝德文化（Ubaidian Culture）取代以上两种文化，成为两河流域主导。又过了 500 年，两河流域南端出现了一种苏美尔文明。

两河流域地形比较特殊，周围要么是山地，要么是沙漠，居民不太容易四处迁移，只能集中在一个地方，反倒使得其文化前后相继，率先酝酿出人类文明体系。公元前 3200 年左右，定居在乌鲁克的苏美尔人，最早拉开了人类文明的序幕。

此时的两河流域，高温多雨，土地平旷，适宜耕种，比起西部高山密林或沙漠绿洲，生存条件好得多。所以，苏美尔文明出现前后，两河以外的族群不断涌入两河之间，形成了族群杂居的政治版图。

以现在的巴格达为中心，两河流域大体上分为南北两大区域，南部叫作巴比伦尼亚，北部叫作亚述。巴比伦尼亚的南部，居住着苏美尔人，北部居住着阿卡德人。亚述居住着亚述人，最初可能是阿卡德的一个分支，后来与西邻融合，形成了独立族群。阿卡德人、亚述人都属于闪米特语系，苏美尔人则是一个特殊族群，他们说的话不属于闪米特语系，来历不明。

公元前 3000 年前的两河周边，对我们来说是一片空白，但是从后来涌入两河流域的族群来看，那里并非人迹罕见。在阿拉伯半岛的沙漠绿洲里，深藏着原始闪米特人；在地中海东岸狭长地带，居住着从阿拉伯半岛走出来的迦南人；在叙利亚草原上，游弋着很多不知名的游牧部落，大概也是从阿拉伯游弋出来的闪米特后裔。在苏美尔人东部、波斯湾北岸，则居住着埃兰人。

从语言角度来说，这些迦南人、阿卡德人、亚述人以及叙利亚草原上不知名的游牧民族，都属于闪米特语系，拥有某种血缘和文化关系。《圣经》把他们说得更亲密：幸存于洪水的诺亚，先后生了三个儿子，一个叫闪，一个叫含，一个叫雅弗，全世界人类都是他们三兄弟的后裔。其中，两河流域、迦南和阿拉伯半岛的居民，多被视为大儿子闪的后裔（迦南人和阿摩利人除外），非洲人被当作含的子孙，欧美白种人则被称作雅弗的后代。

这样说来，现在势不两立的以色列犹太人和阿拉伯人，应该是来自同一个祖先。按照《圣经》，他们都是诺亚第十代孙亚伯拉罕的子嗣，只不过犹太人是亚伯拉罕与妻子的后裔，属于正宗；阿拉伯人则是亚伯拉罕与侍女的子嗣，算是偏房。所以，犹太人自我感觉比阿拉伯人高出一等。

《圣经》甚至把埃兰人说成闪的后裔，定为亲戚。事实上，埃兰语像苏美尔语一样是独立的，既不属于闪米特语，也不属于印欧语。埃兰人和苏美尔人是西亚的两个“异类”，目前不知道来自哪里。

从苏美尔文明时代开始，两河以南的不同闪米特族群，每当遭遇极端天气或灾荒，便北上向两河流域逃难。此后两三千年，一批又一批的闪米特族群鸠占鹊巢，最终将率先走进文明大门的苏美尔人淹没。

如果说两河流域下方，游弋着为数众多的闪米特人，那么两河流域上方，准确地说是高加索以北的欧亚大草原，则游荡着印欧语系人种。学界有时简称他们为印欧人。从人种分类来说，闪米特人与印欧人都是白色皮肤，同属高加索人种，但是由于分开太久，双方各自形成了不同的语言体系。

关于印欧人的原住地，学界有很多猜测，有的认为在安纳托利亚高原，有的认为在亚美尼亚，有的认为在印度，还有的认为在古代中国所称的西域。目前最受认可的，是包括乌克兰、俄罗斯和哈萨克斯坦部分领土在内的欧亚大草原。

欧亚大草原位于黑海、里海以北，距离两河流域路途遥远，又有高加索山脉阻隔，按说不会发生摩擦。但是，气候变迁和人类技术发展，慢慢将这两个地方打通为一体。

大约公元前 3000 多年，生活在草原上的印欧人学会了骑马，后来还发明了马拉车。这一技术革命，不啻让人类插上了翅膀，从日行几十里，骤然提高到日行几百里，活动范围大幅增加。

雨水充足、草原茂盛时，印欧人在大草原上自由驰骋，肯定不会跑远路骚扰他人。但是，当气候变冷、粮草不足时，他们就只能放弃家园，向外扩张，另寻他路。

公元前 2500 年以后，全球气候遭遇小冰期，印欧人的生活无以为继，只好驱赶牲畜，四处寻找新的立足之地。向西的印欧人走到巴尔干后分道扬镳，有的向西深入欧洲腹地，有的向南进入希腊半岛，有的向东折回小亚细亚或高加索南麓。向东的印欧人在中亚各走各路，有的翻山越岭进入新疆，有的向西踏上伊朗高原，有的向西南进入了南亚次大陆。

公元前 2000 年后，这些印欧人后裔，如赫梯人、米坦尼人、加喜特人、米底人、波斯人等，先后兜兜转转，都成为两河流域的觊觎者，与闪米特各个族群迎面相撞，上演了一幕又一幕生死大战，缔造了一个又一个超级帝国。

所以，自有史以来，两河流域始终不是一个封闭世界。下方的闪米特人，上方的印欧人，不断从上下左右涌入这一区域，蚕食这一区域，争夺这一区域。在某种意义上，苏美尔人之后两河流域的打打杀杀，基本就是印欧与闪米特两大语系的生死搏杀。

只有明白这种族群政治，才能明白两河文明为何早熟，而又为何伴随如此惨烈的屠戮。

第三节　神秘的苏美尔文明

两河流域的文化遗存相当丰富。乌鲁克古城不仅出土了大量文化遗存，还贡献了刻有楔形文字的泥板，到目前为止多达6000块。考古学家认为，这些文字和遗存是公元前3200年左右，一个叫苏美尔人（Sumerian）的族群留下的。

苏美尔人定居在美索不达米亚平原南端，自称“黑头人”（Sag-gi-ga），苏美尔是西邻阿卡德人（Akkadians）对他们的称呼。后来，苏美尔人被西邻阿卡德人征服，而阿卡德文化又长久地主导两河流域，所以后来人也就跟着叫他们苏美尔人。

苏美尔语既不属于闪米特语系，也不属于印欧语系，与任何已经“死了的语言”或“活着的语言”都没有直接关系。考古学家找不到外来证据，倾向于认为苏美尔是当地土著，长期在两河流域生活，也可能就是欧贝德人（Ubaidians）后裔。语言学家则认为，苏美尔人不属于闪米特语系，外来可能性更大，有人推测来自南方海上，有人推测来自印度，有人推测来自高加索或中亚，还有人推测来自幼发拉底河中上游，可谓五

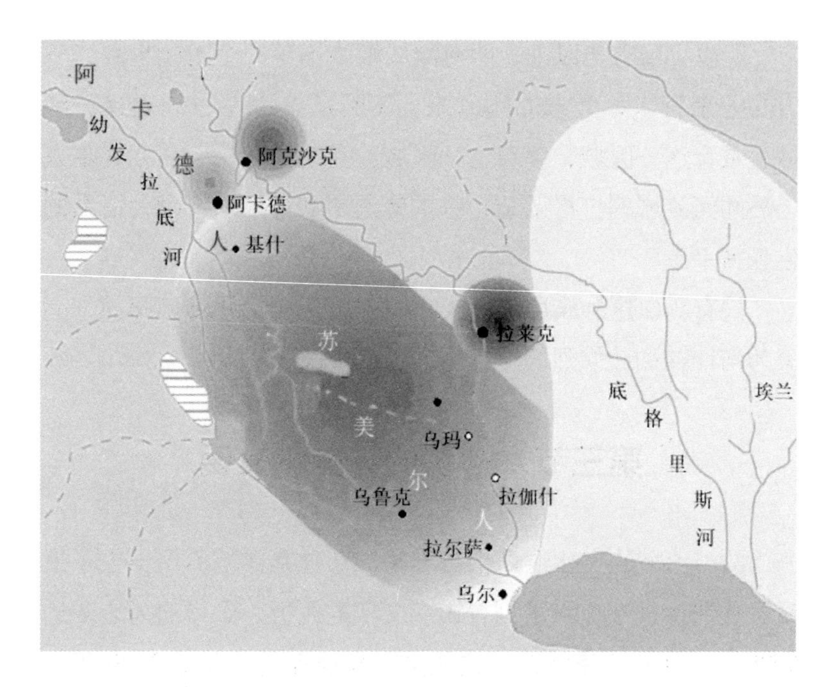

图 1－4　苏美尔人地理位置

花八门，无奇不有。

更绝的是，很多历史爱好者看到苏美尔雕像脑袋小、眼睛大、脖子粗、胡须长、头发短、光着脚，奇形怪状，颇有点像传说中的外星人，干脆就说他们来自外星球。这些历史爱好者又根据苏美尔神话想象出一个尼比鲁星球，声称苏美尔就是尼比鲁人，苏美尔文明是从尼比鲁星球带来的。这样的猜测纯属臆想，只能当作科幻小说一笑了之。

抛开来源不说，有一点可以肯定，即公元前 4500 年以前，苏美尔人已经生活在两河流域南端。当时，欧贝德人尚处于鼎盛时期，垄断了从波斯湾到地中海的长途贸易，苏美尔人杂处其中，并不显眼。

没想到，接下来几百年，苏美尔人异军突起，实现了跨越式发展。至少公元前 3500 年左右，他们取代欧贝德人，成为南部平原主导者。更重要的是，苏美尔人驯服了泛滥的河水，习惯了干燥的盛夏，能够种植大麦、圈养牛羊、酿制啤酒，修建大型建筑、制作大型艺术品和撰写成熟的文字，成了最早叩开文明大门的人类族群。

闭上眼睛想一想，5000 多年前，苏美尔人就能吃着牛羊肉、喝啤酒，实在让人不可思议。

苏美尔文明的独特性在于，它不是一种传说，而是完全由考古学家“挖”出来的，而且主要是欧美考古学家挖出来的。在他们发掘苏美尔文明遗址以前，连伊拉克人都不知道自己居住的地方，5000 多年前就诞生了人类最早文明。考古发掘以前，伊拉克人甚至和我们一样，根本没听说过苏美尔人。

事实上，早在公元前 3500 年左右，由苏美尔人形成的乌鲁克城邦（Uruk），就出现了城市、神庙、宗教、灌溉系统、社会分工、冶金技术、远距离贸易等，三百年后又形成了成熟的文字。埃及象形文字有可能是受乌鲁克楔形文字启发而出现的。

在出土的苏美尔遗存中，有很多刻有楔形文字的泥板文书。美索不达米亚缺少石头和木材，只有黄土用之不竭，所以苏美尔人往往就地取材，用泥土制作陶器、陶筹（计算器）、印章、房子、泥板等。总之，苏美尔文明的很多东西都是用黄色泥土制作的，属于彻彻底底的“黄土文明”。

苏美尔人先将泥土制作成长方形的泥板，再用削尖的芦苇秆记录天文、农业、医疗、账目、史诗、王表、外交等信息。泥板经过晾晒和焙烧，会变得像砖块一样坚硬，只要不沾水，可以保存几千年。

苏美尔人不仅记录日常事务，还将传说、想象与现实相融合，制作了历代王权目录，刻在石板或者泥板上，史称“苏美尔王表”。到目前为止，考古学家发现了27个版本。最早的苏美尔王表制作于公元前2000年左右，这些版本表述不尽相同，但记载的信息大同小异。

王表记录了从远古到苏美尔结束的八个王权。他们的王，叫作“卢伽尔”（Lugal），下辖各个城市长官叫恩希（Ensi）。以一场大洪水为界限，苏美尔八个王权可分为两个阶段，三个王权在大洪水前，五个王权在大洪水后。大洪水前的三个王权，统治时间动辄几万年，明显是传说加演绎，不足为据；大洪水后的王权记载，时间越来越符合历史现实，具有一定参考意义。

它记载的第一个王，是埃利都的阿鲁利姆（Alulim），统治2.88万年，第二个王是阿拉尔加（Alalngar），统治3.6万年；此后，神明不再青睐埃利都，王权转入巴提比拉（Badtibira）城邦，他们的三个王先后统治10.8万年。再后来，王权先后转入拉尔萨（Larsa）、辛比尔（Zimbir）和舒鲁帕克（Shuruppak）三个城邦，他们的王又先后统治了6.84万年。

这样的记载半人半神，不能当真。苏美尔人将其先王动辄说成几百岁、几万岁，比孙悟空还长寿，怎么可能？

不过，问题的关键在于，考古挖掘证实这五个城邦确实存在，紧随其后的大洪水也并非虚构。无论考古学、古气候研

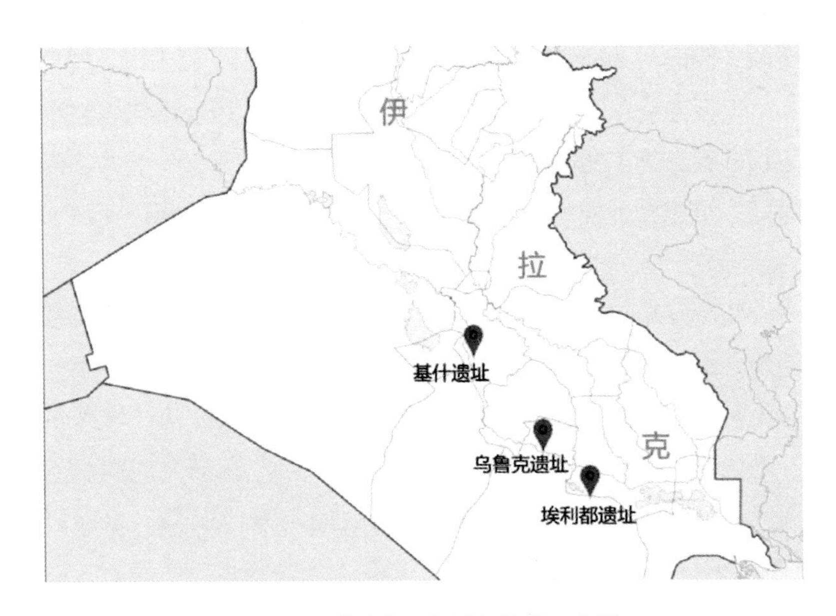

图 1－5　苏美尔早期城邦位置示意图

究，还是《吉尔伽美什史诗》和《圣经》研究，都显示公元前 3000 年左右，两河流域确实遭受过一次大洪水。学界据此推断，以上五个城邦的争霸时间，应该在公元前 3200 年至前 3000 年间。

苏美尔王表显示，大洪水之后，王权转到了基什（Kish）。基什是一个真实存在的城邦，位于今天伊拉克中部乌哈亚米尔遗址附近，西距巴比伦遗址 12 公里，巴格达以南 80 公里。

很可能，洪水过后，基什这个地方出现了一位伟大领导人，带领当地民众治理洪水、恢复农耕、敬拜神明，率先实现了崛起，成为巴伦尼西亚平原的新一代城邦霸主。而且，基什位于咽喉要地，能够控制幼发拉底河下游水源。幼发拉底河又是下游农业灌溉的主要水源，谁控制了基什，谁就能控制下游平原，因而成为四方辐辏的中心。

根据苏美尔王表，每个基什王动辄统治几百上千年，整个王权共计存续17980年。这明显也是演绎，其王权兴盛的实际时间，可能介于公元前2900年至公元前2800年之间，不过一百余年。

基什城邦在苏美尔文明史上占有重要地位。洪水前的城邦遗址，没出土过王宫。考古学家从基什遗址上，挖掘出了第一座王宫，存在时间约为公元前2800年左右。或许基什城邦主导周边时，力量远超以前的霸主，“基什王”逐渐变成霸主的代称。后来，连那些南方城邦，北上控制基什以后，也会以“基什王”名号自居。

公元前2800年以后，王权转到了乌鲁克城邦手中。乌鲁克历史悠久，可追溯到公元前4000年前。由于临近河道，便于灌溉和贸易，它逐渐成为苏美尔人聚集之地，是当时两河流域最大的城邦。整个苏美尔地区大约有76个城邦，其中乌鲁克占地400公顷，主城区5万—8万人，可能是最大城市。后世出土的苏美尔文字，就主要来自这里。

在公元前3200—前3100年乌鲁克遗址的泥板上，考古学家发现了类似雪橇的符号，雪橇下面有两个滚轮或四个盘轮，上面撑着篷盖，应该供神像或国王乘坐。用于牵引雪橇的不是马，而是西亚野驴，这是目前人类使用轮式车辆的最早记录。

从乌鲁克王权开始，苏美尔王表记载的时间趋于正常。除了前四个王在位时间仍然夸大，接下来的7个王在位多则30余年，少则八九年，基本符合生活常识。或许，乌鲁克王权比较接近制作王表的时代，苏美尔人知道了先王具体的统治年限。

乌鲁克王权存在的时间，可能有三百年左右，大约从公元前2800—前2600年。其中，两位国王载入史诗，名垂青史，至今为人吟诵。一位是第二任国王恩美尔卡（Enmerkar），公元前2700年左右在位；另一位是第五任国王吉尔伽美什（Gilgamesh），大约公元前2600年左右在位。

传世史诗《恩美尔卡与阿拉塔之王》，叙述了恩美尔卡与阿拉塔国王斗智斗勇获取木材、石材和珠宝的故事；《吉尔伽美什史诗》则被公认为人类最早的史诗，描述了吉尔伽美什与好友杀死妖怪，并在好友受惩罚而死后，远走他乡探求永生的故事。

在荷马史诗《伊利亚特》问世以前，《吉尔伽美什史诗》是两河流域乃至西亚和爱琴海岛屿流传最广的史诗。最早版本用楔形文字刻在泥板上，共计3000多行。诗中的很多场景和情节，比如伊甸园、传道书劝告、大洪水，都与《旧约圣经》类似。说不定，《旧约圣经》的某些内容，就是根据《吉尔伽美什史诗》改编的。

公元前2500年前后，随着河水改道，乌鲁克城邦优势不再，逐渐失去霸主地位。两河入海口的乌尔（Ur）乘势崛起，接掌了新一代王权。这个乌尔，就是传说中犹太人祖先亚伯拉罕的居住地。《圣经》所想象的伊甸园，原型可能就在这个地方。

乌尔城邦兴盛了近百年，风光渐失。两河流域城邦混战，争夺霸权。群雄逐鹿到最后，剩下拉伽什（Lagash）和乌玛（Umma）一决雌雄。拉伽什最初统一苏美尔，强迫西方的马瑞

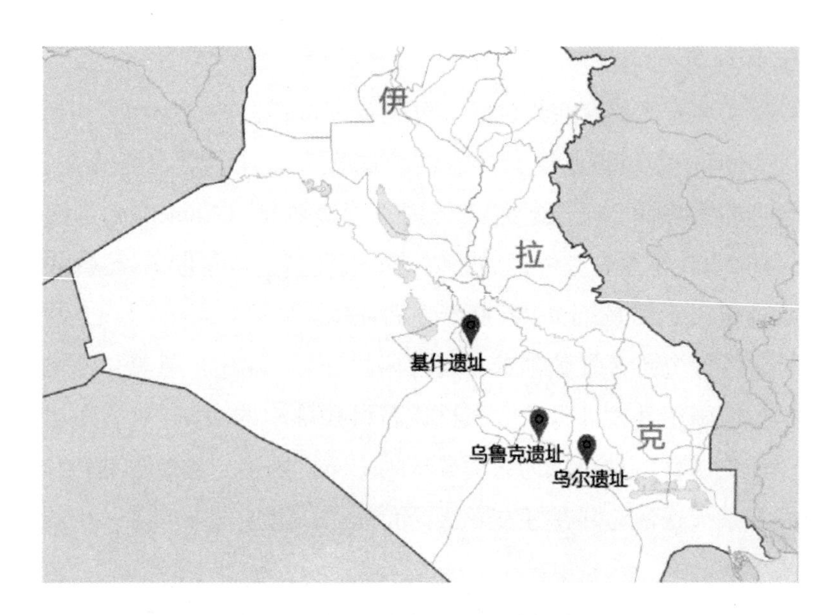

图 1-6　苏美尔早期三大城邦示意图

王国（Mari）进贡，占据明显优势，后来没想到被乌玛反超，拱手让出了霸权。乌玛城邦也没能笑到最后，公元前 24 世纪末，巴比伦尼亚北部的阿卡德人挥师南下，将整个苏美尔收入了囊中。

值得一提的是，拉伽什虽然失败了，但是他们的最后一个王，名为乌鲁卡基那（Urukagina），却在人类历史上涂下了靓丽一笔。在位仅七年的他，颁布了人类有史记载的第一部法典，启动了后世所知的最早的政治改革。他的城邦，也是苏美尔地区法官的主要来源地。

乌鲁卡基那改革的主要内容，是解除官员和祭司强加在普通民众身上的沉重负担。在他支持下，船夫、渔民、农民、牧民，都不必再遭受官僚体系的横征暴敛，也不必再承受祭司的强买强卖、粮食侵夺以及违规收取丧葬费；盲人得以享受粮食补贴，寡妇孤儿得以免除税负，离婚妇女能够再嫁他人。

《剑桥古代史》说，损失最严重的似乎只有统治者本人，即乌鲁卡基那。他归还神庙产业，免除民众税收，减少自己和祭司收入，处处都是与自己作对。这样的乌鲁卡基那，堪称两河版的“尧舜禹”。从时间来看，乌鲁卡基那公元前2378—前2371年在位，与中国传说中的尧舜禹亦相去不远。

图1－7 乌鲁卡基那时代的铭刻，藏于法国罗浮宫

可惜，历史没有给予乌鲁卡基那充分的改革时间。他仅仅上台八年，便被乌玛城邦给推翻了。乌玛又被萨尔贡领导的阿卡德人击溃。一度鹤立鸡群的苏美尔人，从此与阿卡德人互换身份，从主人沦为了附属。

第四节　阿卡德人的昙花一现

与苏美尔人比邻而居的阿卡德人，属于闪米特语系，与古希伯来语、阿拉伯语是同一支脉，应该来自迦南或者阿拉伯绿洲。自有文字记载开始，他们就生活在苏美尔人上方，或与苏美尔人杂居。只是，在很长时间里，他们来到美索不达米亚的时间稍晚，文明程度落后于苏美尔，只能甘当绿叶。

阿卡德人的外貌与苏美尔人有别。苏美尔人个子矮，光着脚，皮肤淡，短头发，脸部刮得很干净，持矛挽盾；从西部迁来的阿卡德人则个子高，穿着鞋，皮肤暗，长头发，脸上都是络腮胡子，擅长弓箭。很明显，一个喜欢防御，一个擅长进攻。

当苏美尔人发明文字、建立城邦时，阿卡德人估计还在放牧流浪。从全球历史来看，农业和游牧交错地带，始终充斥着激烈攻防，不是你死就是我活。但是，苏美尔人与阿卡德人的关系，似乎没有那么紧张。从考古研究和文献资料来看，他们并没有残酷地相互残杀，而是很快化干戈为玉帛，混居在了一起。想必，富裕的苏美尔需要廉价劳动力，只能开放边境，让阿卡德人进入。苏美尔泥板记录下来很多书吏的名字，明显来自阿卡德人。这意味着，很多阿卡德人进入苏美尔后，掌握楔形文字，成了有文化的佣人。

这种奇特的经历，促进了阿卡德人快速进化。他们掌握楔形文字后，既可以服务苏美尔人，谋取生计，也可以为我所用，从事贸易，组织政权，积累文化底蕴。公元前24世纪，一位叫萨尔贡（Sargon of Akkad）的枭雄横空出世，将阿卡德人的积累化为实力，率领族群登上了两河流域的政治巅峰。

西亚古代史上有三位萨尔贡，一个是阿卡德的萨尔贡，年代最早，也最早闯出了名号，后世多以萨尔贡大帝相称。另两个是后世亚述的，公元前19世纪的叫萨尔贡一世，公元前8世纪的叫萨尔贡二世。萨尔贡一世没留下丰功伟业，萨尔贡二世与萨尔贡大帝都出类拔萃，分别创建了西亚大帝国。

萨尔贡的阿卡德写法是arru－kīnu，意为“真正的王”或“永恒的王”。关于他的出身，历来有两种说法。古巴比伦的苏美尔史诗说，他的父母是平民，出身贫贱，后来的一首阿卡德语史诗则说，他的出身并不低，至少母亲是人上人的高级祭司：

> 我是大王萨尔贡，阿卡德之王，
> 我母是高级祭司，我父是谁，我却不知。
> ……
> 我的身为高级祭司的母亲怀了我，偷偷把我生下。
> 她把我放到芦苇篮里，她用沥青把缝隙封好，
> 把我放入河流，因此我没有被发现。

按照这种说法，萨尔贡的母亲是高级祭司，属于权贵家庭，只是他不知父亲是谁，似乎是私生子。母亲不敢抚养他，生下后就将他放入了芦苇篮，让他自寻生路。

萨尔贡的出生年份，没有一个确切说法，大概在公元前 24 世纪上半叶。传说他被一个好心的园丁收养。这个园丁抚养他成人，教给他园艺技能，长大后又带他入行，给人打理庭院。

寄人篱下的萨尔贡，应该是早熟的青年，既心灵手巧，又能察言观色。经过一番努力，他进入基什王宫工作，得到国王乌尔扎巴巴（Ur－Zababa）青睐，成为一名皇家高级司礼官员。另外一种说法，是担任王宫园丁。萨尔贡的专业是园艺，当园丁的可能性似乎更大。

史诗说，萨尔贡出身虽然卑微，但是胸怀壮志。他曾梦见自己取代乌尔扎巴巴成为基什国王，还把这个梦透露给了国王。国王当然容不下，多次试图杀害萨尔贡。萨尔贡得到基什主神伊南娜（Inanna）的佑护，不但死里逃生，而且真的取代乌尔扎巴巴成了基什国王。

史诗没有说萨尔贡是如何当上国王的。不过，根据当时的情景，可以猜想一下。

公元前 24 世纪中叶，乌鲁克已经衰退，基什一度复兴称霸，但是很快面临南方两大城邦拉伽什和乌玛的挑战。先是拉伽什挥师北上，力压群雄，接着乌玛黄雀在后，酝酿新的攻势。基什在拉伽什和乌玛轮番轰炸下，国力急剧衰退，乌尔扎巴巴失去了民众信任。早有预谋的萨尔贡，很可能与军方将领密谋，乘机上位，黄袍加身。

至于史诗说萨尔贡主动向国王透露，自己会取而代之，估计是杜撰之辞。一般来说，这样的事藏还来不及，聪明的萨尔贡，哪里可能主动“招供”，引来杀身之祸？不管怎么说，萨尔贡确实当上了基什城邦国王，时间大约是公元前 2334 年。

当上国王的萨尔贡，更加雄心勃勃。他招募士兵，组建了一支数千人的常备军。基什以西的地方，游弋着大量闪米特部落，一听说有人雇人当兵，纷纷前来投靠。很快，萨尔贡便拥有了一支常规部队。

根据出土泥板文书，每天都有 5400 名士兵，在萨尔贡的宫殿前面吃饭。这里的“吃饭”，应该是军事训练的代名词，主持训练的统帅，很可能就是萨尔贡本人。

当时的美索不达米亚，是乌玛之王卢伽尔扎克西（Lugal-Zage-Si）的天下。卢伽尔扎克西本来是乌玛的祭司，后来夺取王位，打败拉伽什城邦，成为新“苏美尔之王”，影响力远到地中海东海岸。他将首都放在乌鲁克，史称乌鲁克第三王朝。

萨尔贡的目标，是推翻卢伽尔扎克西，争当天下君主。当时，卢伽尔扎克西作为盟主，可以号令众邦，萨尔贡只是基什国王，要挑战卢伽尔扎克西，需要极大的勇气。

没有资料记载，说明萨尔贡是怎么想的，怎么做的。我们只知道，苏美尔时期，就出现了驴拉车辆、重装步兵和轻装步兵，武器有长矛、弯刀、尖刀、盾牌和弓箭。萨尔贡经过二十三年蛰伏和对抗，打了大大小小三十多次仗，最终击败卢伽尔扎克西，实现了梦想。

他率军攻破乌鲁克城墙，生擒卢伽尔扎克西，然后将其带到尼普尔神庙，向众神之父恩利尔宣誓。卢伽尔扎克西是否作为祭品被处死，现在不得而知，萨尔贡加冕为“苏美尔之王”“基什之王”，则没有任何疑问。

萨尔贡的霸业，不同于此前。此前的霸主，只要求他人臣服，不直接进行控制，建立的是联邦性质的霸权。萨尔贡则不仅摧毁别人城墙，捣毁别人神庙，还派驻军队驻扎，更换城市统治者，甚至没收各个城邦的土地，已经有点皇帝的味道。

两河流域城邦失去自治权，都变成了阿卡德的行省，原来的城邦之主，都降为行省或城市总督。铭文记载说，萨尔贡让全国“只有一张嘴”，意思是只有萨尔贡一个人，才能发号施令。他的孙子纳拉姆辛（Naram-Sin），还统一了全国度量衡，并以“年名制”记录年份。

随着萨尔贡统一两河流域，属于闪米特语的阿卡德语，也取代苏美尔语，成为美索不达米亚平原的官方语言。苏美尔语仍然存在，只是已经不能进入官方场合。苏美尔人发明的楔形文字，则被阿卡德人借用过来书写自己的语言，因而得以流传。

再到后来，巴比伦人和波斯人都借用了阿卡德楔形文字。考古学家就是凭着这条线索，先破译波斯楔形文字，又破译巴比伦楔形文字、阿卡德楔形文字，最后破译了苏美尔楔形文字。

萨尔贡可以说是人类历史上第一个皇帝。他自称“阿卡德之王，基什之王，大地之王，恩里勒钦定的统治者”，其口气之大，成为后世亚欧大陆的每一个君主的范本。

长什么样的人，才能有如此能量，将两河流域打造为一个帝国？尼尼微出土过一座青铜雕像（如图 1－8），经考古学家鉴定，应该是公元前 2300 年左右的萨尔贡。那时萨尔贡可能还活着，说不定青铜雕像就是按照他本人模样铸造的。

图1-8　萨尔贡大帝

这座青铜塑像完全写实，头发盘起宛如王冠，眼睛原本镶嵌宝石，出土时已经脱落破裂，两腮长着浓密的胡须，脸部表情威严庄重，透露着一种刚毅、坚韧和沉静。即使以现代人眼光，这样的萨尔贡看起来也不是平凡之辈。

可惜，不平凡的枭雄，往往被权力冲昏头脑，过度自以为是，觉得自己可以像神一样，统御天下。萨尔贡本人没有留下残暴为政的记录，但是他的孙子纳拉姆辛，突破两河流域千年常规，大逆不道，直接以神自居了。

现藏于卢浮宫博物馆的一件藏品，“纳拉姆辛胜利石碑”，已经不见神的形象，取而代之的是高大威猛的纳拉姆辛。纳拉姆辛还带上了只有神才能佩戴的牛角帽。按照他的意思，他自己就是神，所有臣民敬拜他就是敬拜神。

此前，两河流域国王都自称神的仆人，死后才会被追封为神，而纳拉姆辛在生前，就要求被尊奉为神，受供于神庙，无疑打破了人神界限，在两河流域人眼中属于僭越之举。

纳拉姆辛的狂妄，最终激起祭司和地方势力不满，让阿卡德帝国陷入风雨飘摇的境地。同时，阿卡德屋漏偏遭连夜雨，纳拉姆辛死后不久，一股从扎格罗斯山区的蛮夷族群，冲决阿卡德帝国防御阵线，将其拖入了战火之中。尽管纳拉姆辛的儿子取消神号，重修神庙，也没有再唤回神明佑护，公元前2193年左右土崩瓦解。

第五节　苏美尔人回光返照

阿卡德帝国出现以前，底格里斯河以东的扎格罗斯山区，就有一支叫作古提人（Guti）的游牧民族。在学者眼中。古提人仍然是一个谜，他们的语言自成一系，既非苏美尔语，也不是阿卡德语。苏美尔文献称，古提人野蛮暴躁，居住在东部扎格罗斯山区中部。到了阿卡德帝国时期，古提人不断下山骚扰，搞得阿卡德不胜其烦。

一份碑文显示，纳拉姆辛曾派遣 36 万大军东征，以损失 9000 人的代价打败了古提人。不过，这次东征没有击垮古提，纳拉姆辛之子沙卡里沙利（Sharkalisharri）继位后，又继续派兵讨伐。阿卡德年名表显示，沙卡里沙利曾活捉古提国王，将古提人纳入阿卡德控制之下。

但是最终灭亡的，却不是古提王国，而是阿卡德。阿卡德人改变了有史以来的城邦自治，实行中央集权，引起各地贵族不满；纳拉姆辛和儿子沙卡里沙利直接以神自居，得罪了祭司阶层，失去宗教支持。公元前 2200 年左右，古提人再度下山，一举摧毁了阿卡德帝国。

古提人作为入主平原的蛮夷，自然不及阿卡德人的控制力。他们在苏美尔地区建立了一种松散统治，多数城邦恢复了自治地位。古提王朝权力更替也非常频繁，不足百年竟有 19 任国王，在位最长的 7 年，短的只有一两年，最后一任仅仅 40 天，可谓风雨飘摇，国无宁日。

更关键的是，长期保持文明领先的苏美尔人，哪里能甘心接受蛮夷的颐指气使？他们觉得，自己才是两河流域的主人。公元前 22 世纪下半叶，乌鲁克一个年轻的统治者乌图海伽尔（Utu-khegal），看到民心可用，登高一呼，率领苏美尔人展开了驱逐异族的斗争。

公元前2116年左右，乌图海伽尔生擒古提国王，并将其子民赶回了扎格罗斯山区。乌图海伽尔又征服其他城邦，自称“伟大的王，乌鲁克王，世界四方之王”，成就一代新的霸业。

乌图海伽尔手下有个人，叫乌尔纳姆（Ur-Nammu），不知是他的弟弟，还是他的女婿，很受重用，被封为乌尔城邦的沙基纳，类似总督。有学者说，乌图海伽尔活着的时候，乌尔纳姆可能已经拥兵自重，自立为王。七年后，乌图海伽尔视察一个大坝时，不幸遭遇事故死亡。到底是事故，还是谋杀，现在也说不清楚。反正，他死后，乌尔纳姆就把王权接过来，成了新君主。他说自己与乌图海伽尔有血缘关系，继承王位名正言顺。

乌尔纳姆将首都设在乌尔。此前，乌尔王已经得到过两次王权，所以学界将他的政权称作乌尔第三王朝。这是经历过几百年异族统治后，苏美尔人再次主宰巴比伦尼亚。

乌尔纳姆在前任基础上东征西讨，建立了一个新苏美尔帝国。两河流域中游的埃什努纳、西帕尔，下游的拉伽什、乌鲁克，以及东邻埃兰地区的苏萨等，都被纳入乌尔第三王朝版图。这是苏美尔人最后一次复兴，称作回光返照或许更合适。

经过阿卡德帝国铺垫，再次崛起的乌尔第三王朝，已经不同以往。以往的苏美尔王权，只是以霸主为核心的联邦，各个城邦拥有较大自主权，乌尔第三王朝则沿袭了阿卡德传统，建立的是一套中央集权体制。

在乌尔第三王朝，国王是绝对领袖，权力不受限制，行政、立法和司法，都是他说了算。原来的长老会和青壮年公民大会，基本不见踪影。唯一能制约国王的就是神明。至少任命祭司时，国王必须求神问卜。

王朝内部的城邦，都被降级为王朝行省。乌尔纳姆之子舒尔吉上任后，将全国划分为20多个行省，每个行省任命一个总督（恩希），负责行政、司法和神庙地产管理。各个行省的地位不尽相同，有的是核心行省，有的是外围行省，还有的能保持独立，算是附属国。国王像阿卡德帝国的纳拉姆辛一样，经常僭越传统，以神自居。

总督是世袭的，多出自当地望族。国王为了避免其一权独大，又在行省设置一位或多位将军，称沙基那，由阿卡德人或其他非苏美尔人担任，负责省内军事大权。这些人大多为王室驸马或亲信，对王室极尽忠诚。他们作为王室在地方的权力代表，对总督进行钳制。

看来，以儿女婚姻服务政治，并非中国古代政治的独创。苏美尔人早在公元前两千多年，已经玩得非常纯熟。后来，古希腊人、马其顿人也是如此，公主或格格几乎等同于政治礼物被送来送去。只有埃及法老喜欢娶他国公主，而不轻易将自己的公主许配他人。

在乌尔国王之下、总督之上，还有一个叫“大苏卡尔”（Sukkal-mah）的职位。大苏卡尔到底有什么权力，对国王有多大影响，学界还没搞清楚，但是权力肯定大于总督。估计，类似中国后来设置的宰相。曾有一个叫乌尔都南纳的大苏卡尔，手中掌控的地域北到乌尔比鲁姆，南到波斯湾，其权力之大领地之广，令人惊叹。

乌尔第三王朝还统一度量衡，建立了一套精密的征税体系。行政负责人会根据预估，确定各地纳税标准，然后各地以实物形式，将应纳税额送交中央在各地建立的征缴点（再分配中心）。等到年底收成或产量确定后，再从下一年度税收中增减平衡。①

乌尔城供奉的主神是月神南纳，苏美尔语拼写为“Nanna”，阿卡德语则叫作“Sin”。在中国文化中，嫦娥算是月神，她住在月宫中，象征着阴柔。乌尔月神则是一名貌似公牛、戴着头巾、胡须长长的男性，每天晚上撑着小船在夜空中航行，小船就是我们看到的月亮。月神是太阳神和火神之父，掌管着光明和智慧。

乌尔纳姆父子上台后，修建了众多神庙，其中供奉月神南纳的乌尔塔庙，一百余年前被考古学家挖掘出来，只剩底层残存，至今可供人观览。根据考古学家复原图像，乌尔月神塔庙高约 21 米，分为 3 层。每一层都是长方形，底层长 64 米，宽 46 米，上面每层逐次缩小，看起来就像通天塔。顶部筑有一个小神堂，为月神南纳的寝宫（神宅）。

现在建造这样的塔庙，不算什么难事，但是四千多年前，两河流域只有青铜和木制工具，就非常考验智慧了。据估计，1500 名劳力花上 5 年，才能建好地基，整个工程做下来，怎么也得十几年。目前人类能够亲眼看到的古遗址，恐怕只有埃及金字塔明显比乌尔塔庙更古老，更有气势。

流传到现在，乌尔塔庙只剩下底层，孤零零地矗立在沙漠之中，诉说着历史的幽怨。乌尔城的繁华，乌尔纳姆的权势，以及整个王朝的兴盛，都被风沙扫荡殆尽，没入历史尘埃。

---

① 于殿利：《古代美索不达米亚的国家治理结构》，《学术研究》2014 年第 1 期。

图 1－9　乌尔月神塔庙遗址

乌尔塔庙折射的，是苏美尔人的精神世界，他们的现实世界怎么样？完全靠宗教信仰进行规范吗？不，恰恰相反，从乌尔出土资料来看，苏美尔人规范社会的主要手段，除了宗教还有法律。现在，看着整个中东都沉溺于伊斯兰教，依靠教法维持秩序，你可能很难相信，最早生活于两河流域的苏美尔人，竟然以法治国。

到目前为止，学界已知人类最早的两部法典，如公元前 24 世纪的《乌鲁卡基纳法典》（Urukagina），公元前 21 世纪的《乌尔纳姆法典》（Code of Ur-Nammu），都来自苏美尔人。到今天，《乌鲁卡基纳法典》只剩传说，不见实物，我们能看到的最早法典，就是《乌尔纳姆法典》。

《乌尔纳姆法典》最初刻在石柱上，几百年后，又以楔形文字抄录在泥板上，考古学家在尼普尔和乌尔发现的，就是这些泥板残片。20 世纪中叶，尼普尔残片中的序言和 5 条被成功释读，乌尔残片中的30条也得以解释，使人们能够大体了解那个时代的法律世界。

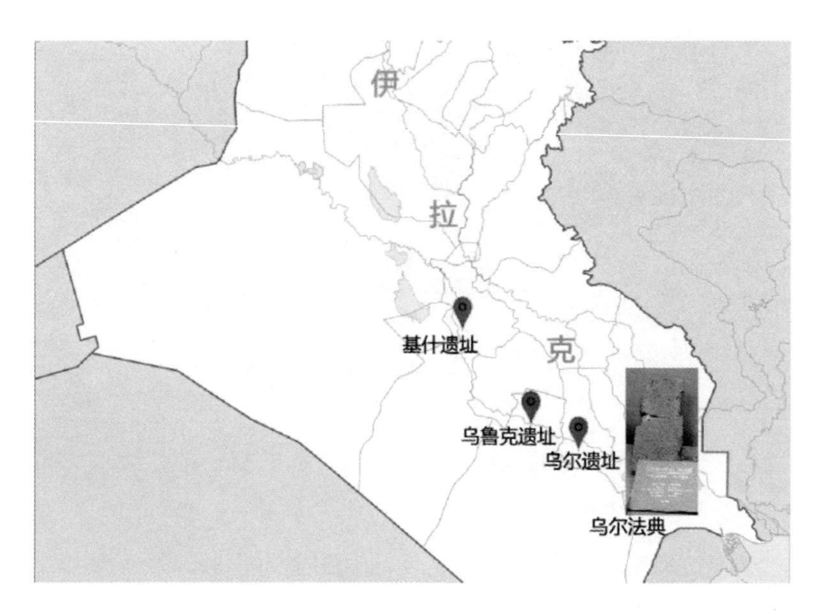

图1－10　乌尔遗址及《乌尔法典》

法典由序言和正文两部分组成，没有结语。序言将近1000字，占2/5篇幅。根据英文释读，序文说世界形成以后，苏美尔两位主神安和恩利尔，任命月神南纳为乌尔王，南纳又选择乌尔纳姆为人间代表，乌尔纳姆凭借南纳支持重建乌尔，又依据太阳神乌图的“真言”，实现土地平等，消除了诅咒、暴力和争斗。

法典正文主要涉及奴隶、婚姻、家庭、继承、刑法等，可谓人类最早的民事规范。其中，令人印象最深刻的，是乌尔纳姆法典确立了所有权观念，严厉禁止侵犯他人权利：

> 第8条　倘有人侵犯他人的权利，以强力奸污他人妻子的童贞，该妻子为女奴，则该人须赔偿银5舍客勒（Shekel）；
>
> 第30条　倘有人侵犯他人的权利，强行耕种（他）人耕地，他（地主）（对前者）提出诉讼，而他嗤之以鼻，则该人将丧失其付出的所有（劳动）。
>
> 第31条　倘有人以水淹没他人田地，则他应按每伊库田地赔偿（他）3古尔（Gur）大麦。
>
> 第32条　倘有人出租耕地与（他）人耕种，但他并不耕种，致使田地荒芜，则他应按每伊库田地赔偿（出租人）3古尔大麦。

这可是公元前21世纪，4000多年以前！苏美尔人已经分得清清楚楚，你的是你的，我的是我的，不能随便侵犯。就此而言，两河苏美尔人，而非欧洲的古希腊罗马人，才是私有制的老祖宗。

《乌尔纳姆法典》的另一个特色，是除了杀人、抢劫、强奸他人妻子、女性通奸罪该致死外，其他一般性伤害，包括绑架，都处以监禁或罚款。如绑架犯将被判处监禁和15舍客勒银币；男子离婚，须向女方支付1或1/2米纳（Mina）银币；打断他人骨头，需要支付1米纳银币；割断他人的脚，需要支付10舍客勒银币等。与动辄杀人的远古遗风相比，这种法律化的实物惩罚固然对富人更加有利，但总体上是一种社会进步。

从以上乌尔出土资料可以看出，两河苏美尔文明与黄河华夏文明虽然都发源于黄土，与泥土有着割不断的情思，但是两者的文化主体构架截然不同。

精神上，苏美尔人敬拜神明，拥有一套人格化的神明系统。这些神明有主有次，各司其职，主导着苏美尔人的精神世界。

现实中，苏美尔人以法律为规范，无论杀人抢劫，还是侵权伤害，都通过法律来惩戒，国家权力深入社会的每个角落。

苏美尔文明与华夏文明区别如此之大，究其根源在于经济基础完全不同。苏美尔所处的两河流域只有泥土，缺少其他生活和生产资源，只能通过长距离贸易进行弥补。因此，苏美尔文明及其后继者，都必须凭借高度发达的商业交换才能维持生存，它们本质上是商业文明。

乌尔第三王朝传了四代，到公元前 21 世纪末，共计百余年。乌尔纳姆传位给儿子舒尔吉（Shulgi），舒尔吉又传位给儿子阿玛尔辛（Amar-Sin），阿玛尔辛没什么骄人战绩，但是他的命好，摊上了好爹好爷爷，在位时帝国达到鼎盛。不过，也有研究认为，阿玛尔辛是舒尔吉的侄子，并非儿子，他发动宫廷政变杀死叔父，夺取了王位。好在他人性未泯，留下了叔父的两个儿子。

接替阿玛尔辛上台的舒辛（Shu-Sin），就是舒尔吉的两子之一。他很可能也不是通过正常方式继位，而是替父报仇，将王权抢了过来。这个过程中，免不了一番腥风血雨。这样算来，乌尔第三王朝王室在几十年时间里，曾经上演过至少两次同室操戈、自相残杀，政局动荡而混乱。

一般来说，每当一个王朝堕落到这种程度，天命差不多就到头了。舒辛在位时，两河上游有一支阿摩利人不断来犯，帝国面临危机。东边的埃兰也趁机兴风作浪，进入苏美尔地区捣乱。舒辛在两河最接近处修了一道长城，试图阻击阿摩利人入侵。

屋漏偏遭连夜雨。这几年，苏美尔地区连年干旱，两条大河的水量急剧减少，农业灌溉成了难题。再加上壮劳力忙于征战，无暇顾及农业，经济严重萎缩。日本学者五味亨发现，舒辛之子伊比辛（Ibbi-Sin）统治的第6—8年，乌尔城粮食价格上涨了60多倍，老百姓度日如年。

在这种情况下，可怜的伊比辛继位没有几年，便遭众叛亲离。一位替他把守西大门的将军伊什比埃拉（Ishbi-Erra），据说来自马瑞，在伊辛城拥兵自重，不再听从王室调遣。东方埃兰西马什基王朝（Simaki）趁机进攻，轻而易举掳走了伊比辛。被赶走的古提人，还有曾经的盟友，都趁火打劫、大肆抢掠，使得乌尔彻底失去了往昔辉煌。可怜的伊比辛被劫持到埃兰，客死他乡。

大约公元前2006年，乌尔第三王朝土崩瓦解，苏美尔重新陷入城邦林立状态。伊什比埃拉以伊辛为中心，曾建立过小范围的霸权，但是再也没有恢复苏美尔人的版图。

苏美尔文明昌盛了2000多年，至此一步步消沉下去，湮没在周边游牧民族的铁蹄之下。在后来的很长时间里，人们甚至不知道，世界上曾存在这样一个族群，贡献过这样一种文明。

第二章　闪米特语系阿摩利人来了

两河中下游作为农耕早熟、文明开化之地，逐渐引起周边族群的觊觎。在苏美尔人和阿卡德人兴盛后期，除了东邻埃兰人不时下山骚扰，叙利亚地区一个从属于闪米特语系的阿摩利族群，前赴后继地向两河中下游靠拢，抢占阿卡德帝国空间。到公元前21世纪末，这些阿摩利人已经在多个城邦鸠占鹊巢，成为主导者。从巴比伦城起家的一个阿摩利人分支，更是在汉谟拉比（Hammurabi）带领下开疆拓土，重新统一两河中下游，铸造出新的文明形态。两河流域中下游从此有了一个新名字，巴比伦尼亚。

第一节　汉谟拉比原来是蛮族后裔

《圣经》旧约提到过一个古老民族，叫阿摩利人（Amorites），他们身强力壮，“好像雪松那么高”，占据着约旦河东西土地，曾经与以色列人交手。据此推测，阿摩利人早期应住在约旦河领域，与以色列人为邻。准确地说，是以色列人的仇敌。

真实的阿摩利人来自阿拉伯半岛，是闪米特人中的一支。他们与早先进入两河流域的阿卡德人、亚述人，同属一个语系，可能是远亲。最迟公元前 2400 年左右，阿摩利人迁出阿拉伯半岛，进入了约旦和叙利亚北部山区。当时，苏美尔人把这片地区称为阿摩利人山，大概是以人名山。

苏美尔人叫他们马尔图人（Martu），意为西方人；阿卡德人称他们阿姆鲁人（Amurru），古埃及人喊他们阿摩尔人（Amor）。这说明阿摩利人分布很广泛，无论两河平原的人，还是埃及人，都与他们有所接触。他们同化了迦南原来矮小黝黑的土著，成为地中海东岸的主导者。

幼发拉底河上游的埃勃拉王国（Ebla），也提到了阿摩利人。根据泥板文书记载，埃勃拉人居住于城内，阿摩利人散落于乡村，主要集中在幼发拉底河中上游的狭长盆地。那时的阿摩利人，想必还游移不定，靠放牧羊驴为生。山区的牧草还算肥美，能够让他们勉强度日。

然而，公元前 2200 年左右，包括阿摩利人在内的整个游牧族群，都迎来了厄运。全球气候变冷，牧草减少，游牧族群难以维持生计，不得不向四外逃亡。北方欧亚大草原上的颜那亚人，大约也在这个时候被迫东奔西逃了。

迦南和叙利亚北部的阿摩利人，有两个选择，一是顺着幼发拉底河向东南迁徙，那里有美索不达米亚平原，二是经过西奈半岛向南移动，那里有尼罗河三角洲。这两个地方，都有肥沃的土地，密集的城市，可供他们劫掠或者作为栖息之地。

事实上，他们可能两条路都走了。有的南下去了埃及，有的北上进了两河流域。目前古生物学研究证实，开端于公元前

19 世纪末 18 世纪初的埃及第十四王朝，王室中有迦南人或闪米特人血统，其国王或王子的名字，如 Ipqu、Yakbim、Qareh 等，都带有闪米特色彩。这说明迦南闪米特人此前已经进入埃及，并且渗透到王室血统。至于闪米特人北上两河流域，更是证据确凿。

阿摩利人跨过幼发拉底河后，轻易就占领了叙利亚地区的古都埃勃拉和马瑞王国。公元前三千纪，埃勃拉和马瑞是该地区两个最大的王国，曾经对峙争霸上千年，最终被阿卡德帝国征服。此时，他们又接受了阿摩利人统治。公元前 19 世纪的马瑞国王雅各迪·利姆，名字带有阿摩利人色彩，应该是来自阿摩利族群的新贵。

大约同一时代，一位叫沙姆希阿达德的阿摩利人进入亚述地区，以阿舒尔西北的舒巴特—恩利尔为中心，融入当地民众中，建立了以亚述人为主体的异族政权。沙姆希阿达德反过来，趁马瑞王国发生内乱，出兵将其收入囊中，成为两河中上游的霸主。

后到的阿摩利人看不到机会，只能继续向中下游进发，冲击乌尔第三王朝的疆域。最初，冲击可能是零星的，没有引起社会动荡。但是，随着草原生态持续恶化，他们的冲击便成了家常便饭，如潮水般一波又一波，直接威胁苏美尔人帝国。

到乌尔第三王朝第五任国王时，苏美尔人已经有点顶不住，不得不修建一条 270 公里的长城，横亘在两条河流之间，减缓阿摩利人的冲击。当时阿摩利人还没有战马，顶多骑着驴。战斗力与苏美尔人相比，除了凶猛点，没有本质性技术优势。因此，乌尔城墙早期似乎发挥了一点作用，没让阿摩利人

图 2－1 舒巴特—恩利尔遗址示意图

得逞。真正结束乌尔第三王朝的，是东边的埃兰人。

但是，阿摩利人是失去生存之地的“亡命之徒”，他们没有任何退路，只能背水一战。一次不行就两次，两次不行就三次，反正是必须占领一块地方，才能活下去。

双方拉锯一两百年后，最迟至公元前 19 世纪初，阿摩利人已经越过亚述，突破埃兰防线，推进到阿卡德地区。此时，乌尔第三王朝已经崩溃，埃兰人与残余的苏美尔势力陷入对峙，美索不达米亚大乱。一位叫那普拉努（Naplanum）的阿摩利人，乘机夺取拉尔萨王位，拉开了阿摩利人在美索不达米亚平原称王的序幕。慢慢地，基什、西帕尔、马拉德等城邦，都落入了阿摩利人手中。

约公元前 1894 年，一位叫苏穆阿布（Sumuabum）的阿摩利酋长，又在小城巴比伦建立了王国。他们的北方，是同族人沙姆希阿达德一世抢占亚述后建立的政权；他们的东边，是伊辛王国和埃兰王朝。巴比伦如夹缝中的小草，孱弱而渺小，最初看不到多少希望。

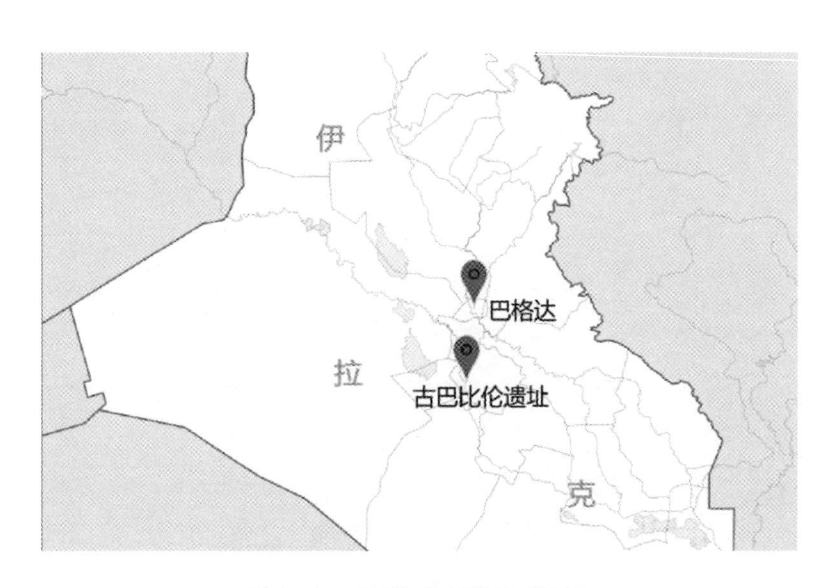

图 2－2　古巴比伦城遗址示意图

可是，巴比伦国小人精，接下来的四位巴比伦统治者，头脑都非常清醒，知道自己处于强权之中，只能韬光养晦，等待时机。他们修建运河，疏通灌渠，重视生产，建造城墙，一心一意谋发展，从不瞎折腾。

上百年间，他们只是对附近的几个小城邦用兵，在狭小范围之内形成了一个小霸权，与周边大国相比仍微不足道。公元前 18 世纪汉谟拉比继承王位时，巴比伦只有 150 公里长，60 公里宽，从西帕尔延伸到马拉德，勉强算是能够自主自立。

汉谟拉比在位前期，西北有亚述，东南有伊辛、埃兰，他不敢轻举妄动。大约公元前 1781 年左右，亚述王突然去世，国家陷于崩溃，埃什努纳和马瑞都恢复了独立。埃兰早就觊觎通向地中海的商路，只是忌惮亚述王国强大，才一直隐忍不发。现在，亚述王国崩溃，埃兰便联合了苏美尔几个城邦，西上摧毁了埃什努纳。埃什努纳位于底格里斯的北岸，占据两河流域北方商路要冲，地理位置极其重要。

摧毁埃什努纳后，阻碍埃兰西扩的，就剩下美索不达米亚平原的巴比伦和拉尔萨。拉尔萨灭掉了伊辛，是兴盛于平原南部的一个新霸主。这时的拉尔萨，实际上也控制在阿摩利人手中。埃兰人撺掇拉尔萨与巴比伦对抗，以便坐收渔翁之利。

没想到，汉谟拉比和拉尔萨都识破埃兰诡计，不但没有开战，反而联合起来对付埃兰。汉谟拉比采取的外交原则，是典型的“近交远攻”。他和上游的马瑞王国、下游的拉尔萨王国结成同盟，联合进攻东方的埃兰。这三个国家的统治者都是阿摩利人，共同对付异族埃兰人，自在情理之中。

汉谟拉比联合拉尔萨，将埃兰军队打回老家后，又借口拉尔萨不出力，反过来出兵讨伐。他挥师南下，一举占领了拉尔萨，将整个苏美尔纳入了自己的统治范围。

这个时候，随着埃什努纳衰落，北方政局动荡，出现权力真空。汉谟拉比又挥师北上，两次攻击埃什努纳。第二次出兵时，他干脆扒开迪亚拉河，让大水漫灌，将这座古城彻底埋在了地下。直到 3500 年后，考古学家才得以看到埃什努纳真容，其位置就在巴格达北方不远的地方。

在此以前，汉谟拉比已经逼迫盟友马瑞王国臣服。两年

图 2－3　埃什努纳遗址示意图

后，他借助派兵镇压马瑞叛乱的机会，拆掉其城墙，劫掠其宫殿，彻底将其拿下。公元前 1758 年左右，汉谟拉比统一了两河流域大部分地区，建立起一个堪比阿卡德的庞大巴比伦王朝。这是第一个巴比伦王朝，也称古巴比伦。

如果说阿卡德帝国代苏美尔城邦而兴，还算是两河流域一个族群代替另一个族群，那么巴比伦王朝则完全是外来人创建的。这个来自幼发拉底河外部的游牧族群，取代苏美尔人、阿卡德人、亚述人、马瑞人，为两河流域开启了新的文明篇章。从那时候起，巴比伦就成了两河流域中下游的代名词，阿摩利人顺理成章成为巴比伦人。

第二节　真真假假的城市自治

苏美尔文明兴盛时，几个最具代表性的城邦，如埃利都、乌鲁克、乌尔、拉伽什、乌玛、拉尔萨等，都位于美索不达米亚平原南端。这意味着当时下游水源充足，土地肥沃，最适合农耕生活，经济实力雄厚，兵强马壮。

但是，公元前3000年大洪水以后，两河流域进入干旱期，上游降雨量急剧减少，中下游水资源严重不足。各大城邦为了争夺水源，你争我抢，上演了无数次存亡大战。

此后上千年，最南端的苏美尔地区，水资源越来越受限，土地盐碱化程度越来越高，文明中心开始向上方，即向阿卡德、亚述地区转移。萨尔贡创建的阿卡德城，目前还没有发现遗址，但是据推测，应该位于底格里斯河东岸支流迪亚拉河地区。这预示着政治中心也从南转到了北。

阿摩利人统一两河流域后，没有将都城迁往苏美尔，而是继续设在与基什平行的巴比伦。这也可侧面印证，南方苏美尔已经不再像从前那样兴盛，不值得汉谟拉比兴师动众，向南迁都了。

巴比伦坐落于幼发拉底河沿岸，属于原阿卡德人的中心区域。因此，阿摩利人抵达当地后，主要与阿卡德人交往，受阿卡德人文化熏陶较深。古巴比伦王朝建立后，以阿卡德语的楔形文字作为书写工具，将阿卡德语钦定为官方语言。苏美尔语日趋边缘，最终消失了。

农耕地区的人，一般都会觉得游牧族群是未开化的，野蛮残暴的，与文明无缘。其实，从人类几千年历史来看，决定一个族群成就的，不是生活环境，而是谦卑好学之心。如果谦卑好学，一个族群即使长期游牧于草原，迁入平原接受熏陶以后，也会创造出灿烂的文明。

从外部迁入两河流域的阿摩利人，似乎就有这种好学精神。他们不仅掌握了阿卡德语言和文字，学会管理农耕，还将自身传统与当地制度相结合，建立起一套新的政治体系。更重要的是，他们非常尊重文化，推崇会写字的人。考古挖掘出来的巴比伦校舍中，有一块泥板写道："擅长书写的人，会散发太阳一般的光芒。"

至于政治，巴比伦阿摩利人也很快进入轨道。他们以阿卡德帝国和乌尔第三王朝为基础，建立了君主统治下的中央集权体系。但是，他们畜牧为生，又长期生活在阿卡德，没有浸润乌尔的政治传统，集权模式有所不同。简言之，古巴比伦王朝实行中央集权下的城市自治。

城市的自治组织，是城市公民会议，包括长老大会、公民大会和商会三种形式。

长老会议和公民大会，本是两河城邦的古老权力机构，阿摩利人迁入阿卡德以后，可能恢复了这些组织。他们作为游牧民族，一般拥有较为原始的军事民主传统，与长老会议和公民大会的精神具有相符之处。

长老会议由名门望族首领充任，早期拥有较大权力，可以参政议政，决定对外政策，甚至能够拥立和废除君主。到了汉谟拉比之子在位时，长老会议权力旁落，逐渐沦为政治附属。

公民大会不是全体公民组织。实际上，它仅由城市中的自由民组成，奴隶和无籍自由民都被排除在外。它也不是城市的最高权力机关，而是主要负责司法审判。

城市商会可能是阿摩利人的新发明。两河中下游缺少木材、矿产和珠宝，必须西上、南下或东进，通过贸易交换。所以，这里很早就出现了活跃的商人和商业组织。苏美尔和阿卡德时期，商人没有政治地位。阿摩利人到来后开始重用商人，让他们参与城市管理，令其地位急剧上升。

汉谟拉比的父亲在任时，商人开始协助法官审理诉讼。汉谟拉比继位后，商会取代公民大会，成为司法机构。城市商会相当于当地最高法院，商人头领就是法院院长。这样的商人，不仅在同时期的黄河流域难以想象，即使在同时期的西欧，也是天方夜谭。这时候的整个欧洲，还在文明前夜艰难徘徊，过着原始的部落生活。

以商人为核心的司法和行政，到12世纪才在欧洲逐渐成形。1154年，意大利米兰的一项法律授权任命“商人执政”行使司法功能；北意大利城市的商人执政法庭，慢慢变成掌握市内所有商事案件的法庭。英格兰、苏格兰以及威尔士的14个主要城镇，则干脆从商人中选举市长，担负行政和司法职能。不知道他们这一做法，是否吸取了古巴比伦的灵感?

汉谟拉比之子继位后，商会权力继续膨胀，将长老大会和市长的行政权，都揽到了自己手中。此前，市长作为城市最高行政长官，本来只是掌握城市行政大权，现在商人头领身兼行政和司法大权，将两者打通了。

无论市长还是商人头领，都在城市内部选举产生，多来自当地的望族或富家大户。任期通常为一年，不得连选连任，但是可以隔年参选。文献显示，曾经有人利用这一漏洞，担任商人头领22年。

据上所述，古巴比伦城市既有长老会议和公民大会，还能选举市长和商会头领，已经有点民主制的味道，比古希腊城邦民主早了一千多年。当然，古希腊的雅典城邦是公民直选，古巴比伦达不到那个程度。

既然允许城市自治，巴比伦国王如何实现中央集权，确保每个城市都能听命于中央？

首先，中央控制各个城市军权。各城市没有自己的军队，国王派遣一位将军率军驻扎，既充当警察、守护城市、从事运输、修建公共工程，又代表中央监视地方动向。作为回报，将军和士兵从王室领取份地、花园和房屋等。

其次，中央侧面监控城市自治。国王可以直接任命城市部分官员，或者派遣官员私访巡视。因此，城市里不乏国王的耳目，一旦有点风吹草动，很快便会传到中央。市长和商人头领在向城市负责的同时，也必须执行国王或中央发布的命令。

最后，国王享有最高司法权。理论上，城市公民如果在城内受到不公正对待，或者对商会、法官的处理不满意，可直接向国王或巴比伦城法官申诉。国王和巴比伦城法官有时亲自审理，太忙了就交给地方法官处理。

巴比伦国王的主要职责，是修建神庙，主持祭祀；保家卫国，扩张领土；兴修水利，建设城市；颁布法律，维护秩序。猛一看，颇像当今欧美各国掌控全局的联邦政府。

两河流域自阿卡德帝国起，便走向了以国王为中心的中央集权，此后绵延数千年，成为悠久的历史传统。那么，应该如何看待巴比伦这段城市自治插曲？它是一种可与古希腊民主相媲美的政治安排吗？

巴比伦立国时，阿卡德还残留着城市自治传统，长老会议、公民大会、市长等自治机构仍然存在，不甘接受外来任意摆布；阿摩利人的王室和中央，作为一种外来力量，势力比较孱弱，达不到绝对掌控的余地；巴比伦王朝四周，盘踞着虎视眈眈的强敌，使得巴比伦王室必须着重解决外患，而不能对内进行强力的弹压。

在这种情况下，巴比伦王室不得不妥协一步，允许各个城市有限自治。但是这种有限自治只是一种妥协，一种过渡。它是从中央集权而来，也必将向中央集权回归。

汉谟拉比以后，中央政府羽翼渐丰，外部威胁暂时消除，王室便开始积极扶植商会，剥夺城市的自治权力。长老会议、公民大会渐渐徒具形式，甚至销声匿迹，掌握行政、司法大权的商会，越来越像中央的执行机构，而不是城市的利益代表。

城市自治在巴比伦打了一个回旋，最终还是回到了以君主为中心的中央集权制度。

第三节　两河流域的“上古三代”

古巴比伦王朝时，有的家族已经借助贸易或强权，积累了大量财富，如尼普尔穆拉树家族，拥有 12 座矿坑、13 座房屋、3 个建筑地区、96 个奴隶。至于国王的财富，更是普通人难以想象。

除了国王、世家大族和商人，两河流域的另一富有阶层，是管理神庙的祭司们。每个神庙，都是城市的中心，掌握着大量不动产，如土地、果园、房屋，以及奴隶等。神庙里的祭司，自然就成了这些庙产的管理者甚至主人，他们是不愁吃喝的。

根据巴比伦泥板文献，即使一般的女祭司，也都会有一片土地、一处以上的房产和几个奴隶。反过来，那些普通百姓呢？奴隶自不必多言，连性命都不属于自己，主人死了，该陪葬就得陪葬。两河流域出土的墓葬中，经常会有陪葬的奴隶，少则三五个，多则上百个。

自由民恐怕多数都生活拮据，勉强度日。巴比伦时期出土的泥板借贷文献显示，在春天青黄不接的时候，或者需要播种的时候，很多人只能靠借贷大麦渡过难关，等到收获后连本带息归还。那些放贷的商人、神庙和王室，借此获得高额利润，进一步增加自己的财富。

乌尔第三王朝时，可能统一实行银币借贷20%、大麦借贷33.3%的利率，到了巴比伦王朝时，利率逐渐下降，维持在一个公平合理的水平，甚至有一部分是无息借贷。即使这样，很多人还是偿还不了借贷，沦为债务奴隶。

所以，两河流域的“上古三代”从文明起步开始，就不是温情脉脉，其乐融融的。相反，伴随文明而来的，是急剧的贫富分化，遍地的穷人流民。

说到正义，那个时候也确实有一点。

王室需要自由民纳税和当兵，如果太多人沦为债务奴隶，王室就失去了税源和兵源，威胁到国家根基。因此，无论乌尔第三王朝，还是巴比伦王朝，都体现出一种强烈的冲动，即积极介入社会经济，以政府之力纠正贫富分化，抑制恃强凌弱。不这样，他们就无法避免底层暴动。

这两个王朝的国王，再三在铭文中宣称，他们致力于废除旧债，减免苛捐杂税，解放债务奴，保护穷人，保护孤寡等弱势群体，平反冤案，平抑物价，公定度量衡，追求男女平等，保证增加人们的工资等，彰明正义，消灭邪恶。有些铭文读起来，简直就是上古版的马克思主义。马克思主义的主旨，不正是以国家力量扶助弱者，实现人人平等嘛！

乌尔王朝的《乌尔纳姆法典》宣称："我使孤儿不再向富人屈服。我使寡妇不再向豪强低头。我使仅有1锱银钱的人不再向有一斤银钱的人屈服。我使（有）一只羊的人不再向（有）一头牛的人屈服。"

拉尔萨国王努尔阿达德铭文说："我使我的人民食丰盛之餐，饮充沛之水。我消灭了其中的盗贼、坏人和仇恨者，我造福于低贱者、寡妇和灾毁者。"

阿摩利人诸王来到巴比伦后，也继承了保护弱者、维护正义的传统。最能反映其执政理念的，是远古人类留存至今最完整的一部法典，即我们最熟悉的《汉谟拉比法典》。

1901年12月，一支法国考古队在伊朗西南部苏萨遗址中，发现了三块断裂的黑色玄武岩。这个苏萨遗址，就是咱们提到的，屡屡被两河城邦打败，而又屡屡踏平两河城邦的埃兰重镇。它在很长时间里，都是埃兰王朝的都城，直到波斯帝国时期，还是五大都城之一。

这三块玄武岩上都刻着文字，一看就非同一般。考古队员们将三块石头拼接起来，原来是一个椭圆形石柱，高225厘米，宽 79 厘米，厚 47 厘米。他们将这个石柱运回法国，现存罗浮宫博物馆。

图 2－4　《汉谟拉比法典》，藏于法国罗浮宫

后来，学者们才搞清楚，这个圆柱上刻的文字，就是大名鼎鼎的《汉谟拉比法典》。汉谟拉比命人镌刻法典时，至少镌刻了三份，分别存放于巴比伦、尼普尔和西帕尔城，供人诵读。公元前 12 世纪末，埃兰最后一次侵入两河流域，从巴比伦抢走了这块石刻，供奉在苏萨。他们劫掠的，应该是矗立于

巴比伦城的那一份原本。

埃兰人的文字与苏美尔楔形文字不同，不知道他们劫掠时，是否知道这是传说中的《汉谟拉比法典》。那时，他们距离汉谟拉比制作此法典，已经有六七百年之遥。

《汉谟拉比法典》石碑顶部是一幅浮雕。图中，太阳神沙玛什正在把一个绳环和一截木杖，授予汉谟拉比。绳和木杖都是两河流域的丈量工具，象征着司法与正义。所以，浮雕着力表现的是汉谟拉比从太阳神那里，获得了司法与正义的力量。

浮雕下面，用阿卡德语楔形文字铭刻了法典全文。除序言与结语外，全正文共计282条，包括诉讼手续、损害赔偿、租佃关系、债权债务、财产继承、处罚奴隶等内容。

汉谟拉比年轻时东征西讨，南征北战，去世前才汇集前代法律，颁布这份法典，时在公元前1750年左右。说到这里，补充一句，根据考古学研究，被视为中国夏王朝都城的二里头遗址，时间上限不早于公元前1750年，几乎与《汉谟拉比法典》同时，或者说稍晚些。

再回到巴比伦。汉谟拉比的后继者，忙于镇压内部反叛和周边民族入侵，没有精力专注内政，《汉谟拉比法典》可能未得到贯彻，巴比伦各地的司法审判，仍然遵循当地惯例。巴比伦社会，也仍然长期存在严重贫富分化。不过，法典的序言和结语，充满公道与正义的力量，明显继承了两河流域王权抑制豪强、保护弱者的政治传统。

其序言曰：

当这时候，安努与恩利尔为人类福祉计，命令我，荣耀而畏神的君主，汉谟拉比，发扬正义于世，灭除不法邪恶之人，使强不凌弱，使我犹如沙玛什，昭临黔首，光耀大地。

当马尔杜克命我统治万民并使国家获得福祉之时，使公道与正义流传国境，并为人民造福。

其结语曰：

为使强不凌弱，为使孤寡各得其所，在其首领为安努与恩利尔所赞扬之巴比伦城，在其根基与天地共始终之神庙埃·沙吉剌，为使国中法庭便于审讯，为使国中宣判便于决定，为使受害之人得伸正义，我以我的金玉良言铭刻于我的石柱上，并置于我的肖像亦即公正之王的肖像之前。

……

其有涉讼的受害的自由民，务来我的肖像亦即公正之王的肖像之前，诵读我所铭刻的石柱，倾听我的金玉良言，使我的石柱为彼阐释案件，使彼获得公正的审判，使其心胸得以“自由”呼吸而大声言之曰：“吾主汉谟拉比，诚人类之慈父；彼遵守其主马尔杜克之言，为马尔杜克上下征讨取得胜利，以悦其主马尔杜克之心，永远为人群造福，并以公正统治国家。”

铲除邪恶，保护弱者，昭雪冤屈，伸张正义，这样的汉谟拉比，不像心狠手辣的君主，倒像替天行道侠义之士；不像权欲熏心的政治家，更像公正无私的大法官。

无论法典还是铭文，都是国王自说自话，免不了自吹自擂。但是，从出土的巴比伦及其以前王朝的泥板文献来看，他们至少秉承公道和正义原则，做了两大努力。

一方面，每当贫富差距严重，大量贫困者资不抵债，或缴纳不了税收时，国王会颁发“正义敕令”，废除贫困者债务，并免除其国家税收。有的时候，国王甚至直接向贫困者分配土地。汉谟拉比以前的情况我们还不清楚，汉谟拉比及其以下6位巴比伦诸王，至少颁发了15道正义敕令。

另一方面，国王和他任命的大法官，会接受各地受害者上诉，为受到不公平待遇的人伸张正义。从出土文献来看，巴比伦时期两河流域的政治结构，已形成一个法治社会，出现利益冲突后，依靠法官判决。各个城市有独立的司法机构和法律体系，一般不受直接国王干预。无论民事纠纷，还是刑事命案，都可以向司法机构提起诉讼。

有人信不过地方法官，或者认为地方判决不公，可以向中央司法机构递交诉状。中央司法机构由国王、王室法官、巴比伦法官和兼职法官构成，他们受理各地的上诉。国王作为全国最高大法官，可以自己审理，更多情况下是交给其他法官审理，或指令地方法官处理。国王的指令，大都贯穿着正义原则。

鉴于两河流域的超前法治地位，美国联邦政府向人类立法者致敬时，将汉谟拉比包括在内。美国国会大厦众议院会客厅大理石浅浮雕上，雕刻着23位人类立法者，汉谟拉比便是其中之一。美国最高法院大厦南墙横饰带上，则刻有汉谟拉比从太阳神沙玛什手中接受法典的形象。从这个角度来说，欧美法治传统中隐含着古老的西亚基因。

可惜，法治只能主持公道，维护正义，却不能拯救大规模贫困。整个巴比伦王朝时期，国王一而再再而三地颁布正义敕令，废除全国债务和欠税，却始终不能解决贫困问题。每次颁布敕令不久，就会有大量自由民困窘不堪，继续陷入债务和欠税的深渊。

第四节　巴比伦的盛世其实很短暂

汉谟拉比时代的巴比伦，放在当时无疑是极其辉煌的。论武功，他们打败了埃兰，征服了拉尔萨，吞并了埃什努纳、马瑞，几乎将两河流域纳入囊中；论文治，他们建立了司法系统，颁布了完整法典，修建了从基什城邦到波斯湾的大运河，文明程度傲视群雄。

3700 年多前，如果你途经巴比伦，会看到豪华雄伟的宫殿，巍峨壮丽的神庙，横跨幼发拉底河的大桥，沿河运输的商船，主持公道的地方和皇家法院，密布的农业灌溉网络，矗立的《汉谟拉比法典》石柱，心中肯定会不由自主地赞叹巴比伦的昌盛。

从那以后，上千年间，巴比伦始终是两河流域，乃至全世界城市中的一颗明珠，吸引着无数人敬仰的目光。人们梦想着去巴比伦，就像今天梦想去纽约、伦敦、巴黎和上海。

但是，如果仔细审视巴比伦王朝的历史，就会知道所谓的盛世，其实没有持续多少年。汉谟拉比继位以前，巴比伦只是一个不起眼的小城邦，放在两河平原上名不见经传。他继位后，前 20 年慑于周边邦国强大，基本韬光养晦，不敢轻举妄动。充其量，吞并了几个弱小的周边城市。

直到北方强邻亚述陷于混乱，巴比伦解除了后顾之忧，汉谟拉比才得以集中精力，向东攻击埃兰，吞并拉尔萨，又转过头向西拿下埃什努纳、马瑞等，成就一代帝国。

汉谟拉比去世前的十余年，加上其子桑苏伊鲁那（Samsuiluna）执政的前十年，即公元前 1760 到前 1740 年左右，算是古巴比伦最悠闲的一段时光。内部没有叛乱，外部没有入侵，国王忙着修建神庙、祭祀神灵、制定法典，颁布减负令，百姓则忙着恢复生产、贸易交换，日子安稳而平静。

可惜，二十年的国泰民安弹指一挥间。桑苏伊鲁那在位第九年，帝国就出现了裂缝。苏美尔大邦拉尔萨、乌鲁克和伊辛的贵族们，不甘心接受巴比伦王室操控，纷纷拥兵自立。

反叛这个事，是有传染性的。只要有人挑开头，其他人就会渐生异心，瞅准合适的机会，群起响应。

古巴比伦王朝也是如此。各地贵族一看拉尔萨、乌鲁克、伊辛等都脱离王室单干，纷纷起来响应，自立为王者多达 26 人。桑苏伊鲁那靠着父亲留下的家底，最初还能率兵平叛，一度将反叛诸邦钳制，但反叛力量就像春天的野火，灭了一波又生出一波，搞得桑苏伊鲁那筋疲力尽。

屋漏偏遭连夜雨。内部烽火连起之时，东北山区的加喜特人，趁机侵入美索不达米亚平原，要求分享文明果实。古巴比伦面临内忧外患，渐渐失去了支撑资本。

在桑苏伊鲁那统治的第 30 年，公元前 1719 年左右，帝国已被蚕食得只剩半壁江山，连圣城尼普尔都落入敌手。巴比伦城还是那个巴比伦城，可整个帝国威风扫地，衰相毕露。

汉谟拉比不会想到，他辛辛苦苦奠定的帝国，传到儿子一代，便落魄到这个样子。

汉谟拉比的孙子，叫阿比埃舒赫（Abi-eshuh）。阿比埃舒赫继位后，国力孱弱得像只小猫。在其 28 年的统治中，竟然没有一年以获胜战役作为年名。这意味着，阿比埃舒赫一辈子，都没带军打过像样的胜仗。

曾经威风八面的古巴比伦王朝，如今只剩巴比伦、西帕尔等核心区域，回到了汉谟拉比之前的样子。

阿比埃舒赫以后，巴比伦又经历了三位国王。每一位，都只能龟缩在巴比伦城，缅怀逝去的帝国荣光。他们已经完全没有雄心和能力，“待从头，收拾旧山河”。

公元前 1595 年，一支从安纳托利亚高原奔袭而来的蛮族骑兵，给了巴比伦最后一击。这支叫作赫梯的骑兵，攻克巴比伦城，劫掠金银财宝，连主神马尔杜克（Marduk）的金像都没放过，一并运回安纳托利亚高原。一个持续 300 多年的古巴比伦王朝，一个将苏美尔和阿卡德文明发扬光大的巴比伦王朝，就此灰飞烟灭。

其实，环顾世界，也不能怪巴比伦人无能。这个时候，亚非大陆都已经风云变幻，进入了重新洗牌阶段。

南亚辉煌一时的哈帕拉文明，于公元前 16 世纪进入了消亡期；而尼罗河三角洲古埃及文明，则在公元前 17 世纪中叶惨遭北方希克索斯人入侵，沦为异族蹂躏的猎物。

西亚、东亚、南亚和北非四大文明区域，几乎同时段出现族群更替或者江山易主，恐怕就不是个别统治者的技术问题。他们既然在同一时段衰亡，很可能曾面临过共同冲击。这个冲击到底是什么，学者还不得而知，但是对两河流域来说非常明确，那就是北方印欧人南下。

第三章 印欧人南下入场，西亚重新洗牌

盛产粮食的巴比伦尼亚就像一盏明灯，吸引着南来北往的族群。如果说公元前20世纪左右，侵入两河流域并占据主导地位的，是从西南方向杀过来的闪族阿摩利人，那么二三百年后进入两河流域的，则是从北方欧亚大草原下来的印欧人。印欧人离开故土迁徙的时间，大体与阿摩利人相当。只是，他们在南下过程中，可供停留的地方比较多，比如西线的巴尔干和小亚细亚，东线的中亚、伊朗和印度，所以当小亚细亚的赫梯人和扎格罗斯山区的加喜特人赶到两河流域时，较阿摩利人晚了几百年。不过，印欧人在大草原上掌握了特殊技能，当他们面对早已习惯农耕生活的阿摩利人时优势尽显，不费吹灰之力就灭掉古巴比伦，掀开了西亚历史新的一页。

第一节 印欧人的“必杀技”

古巴比伦是被赫梯人和加喜特人联合攻陷的。与古巴比伦人，也就是阿摩利人不同，赫梯人是来自北方的游牧族群。阿

摩利人属于闪米特语系，赫梯人属于印欧语系。像闪米特一样，印欧语系也是一个语言学概念，不是人种概念。为了行文方便，我们暂称这些印欧语系的族群为印欧人。

18 世纪，英国威廉·琼斯爵士发现，拉丁语、希腊语、波斯语和梵语四种古老语言之间，似乎存在着相似之处。他这个发现震惊了语言学界，引起持续而强烈的关注。

19 世纪，语言学家们终于确定，从南亚到中亚、西亚再到欧洲，这条线路上的语言大都存在一定关联，如名词有性、数和格的变化，动词有时态、语态和语体的区别，主语和动词相互呼应等。他们推测，这些语言可能是数千年前从同一种语言中分离出来的。他们把这种假想的，不同于闪米特语的语言祖先，称为原始印欧语。

同一个语系，不等于同一个族群，但是既然语言相近、同属一系，则地缘上必定相近，血缘上可能还有关联，泛泛地称作一个种族也不为过。现代科学研究显示，印欧语系各民族的 DNA 确实存在高度关联。

其实，从更大的种群来说，闪米特人与印欧人都是一个人种——白人。在英语中，“White people”是生活用语，对白人更学术化的叫法是 Caucasian，即高加索人。近代语言学家曾认为，原始印欧语起源于高加索地区，所以用 Caucasian 指代白人。最初，这个概念可能主要指欧洲白人，现在已经扩大到所有的白人族群。

或许，几万年前，闪米特人与印欧人是从非洲北上的同一批人。只不过，闪米特人穿过西奈半岛后，留在了迦南、阿拉伯半岛和两河流域，印欧人则继续北上，进入了高加索南北两麓和欧亚大草原。

印欧人曾定居何处，目前没有一个确定说法。有人说在欧亚大草原，有人说在安纳托利亚高原，有人说在里海东南岸，还有人说在高加索山区。目前比较公认的看法是，印欧人最初可能生活于黑海和里海以北的欧亚大草原上。他们的前身，是高加索山麓的采集和畜牧族群。

公元前 3300 年左右，当苏美尔人嗅到文明气息之时，一个新的族群开始在高加索以北崛起，占据了第涅斯特河以东、乌拉尔河以西的草原。他们死后，采用单穴竖葬，所以被称为颜那亚文化（Yamnaya culture）。“Yamnaya”一词来自俄语，意指拥有一个墓室的坟墓。学界借由他们的墓葬文化，将其称作颜那亚人。

颜那亚人的先祖来自高加索山脉以北的狩猎采集区，并且拥有周边农业人群基因。这意味着，他们很可能懂得农业知识，熟悉耕种。很多学者认为，颜那亚人就是传说中的原始印欧人。

与苏美尔人相比，颜那亚人文化程度落后很多，应该算是“草原蛮族”。公元前 3000 年的苏美尔人，就吃面包、喝啤酒、写文字、建神庙，颜那亚人则整天忙着养牛、养羊、养马，风餐露宿，文明程度不可同日而语。

但是，有一样，颜那亚人有过之而无不及，那就是作战。他们进入大草原以后，渐渐褪去农民的拘谨，饥餐牛羊肉，渴饮奶与血，历经草原环境洗礼后，个个都成了狼性十足的战士。

在草原上生活，只能逐水草而居，哪里水草肥美就往哪里

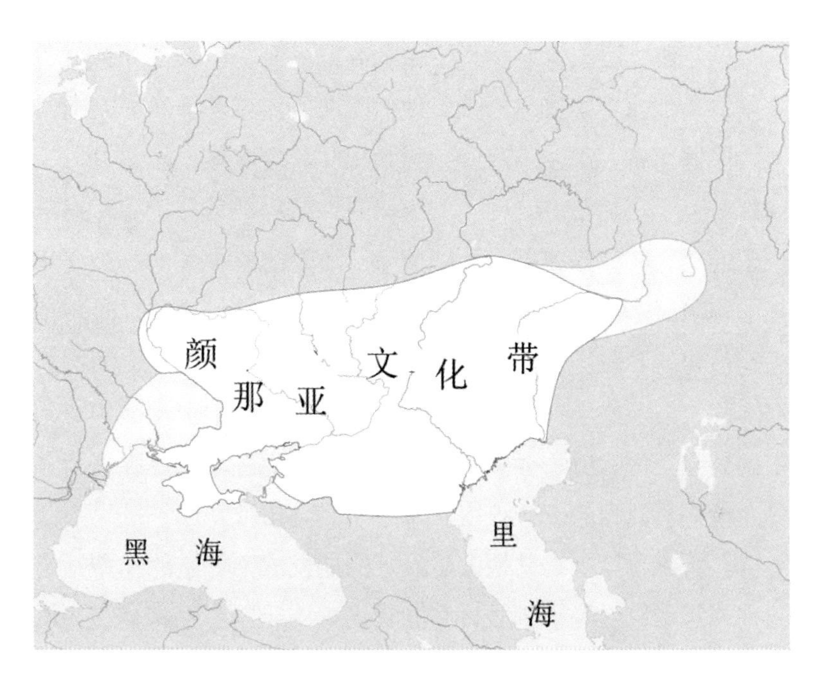

图 3－1　欧亚大草原颜那亚文化带分布示意图

去。没有狼性，没有野性，根本就抢不到水草肥美之地。

颜那亚人的强悍，恐怕还不在于精神，而是在于武器装备。他们有两样“必杀技”，应该是苏美尔人、阿卡德人都自愧不如的。一个是战马，另一个是青铜武器。

马的始祖，叫始祖马，5700 万年前出现于北美洲。据说，始祖马个头只有狗那么大，弓着背，前脚四个趾头，后脚三个，看起来像个怪胎。进化到 400 万年前，才长成现在的样子。

冰川时期，马与人类相向而行。人类借助白令陆桥，从亚欧大陆进入了北美洲，马则从美洲窜到了亚欧大陆。欧亚大草原以及中亚草原，成了他们驰骋飞扬的舞台。

草原游牧民族肯定少不了见到奔腾的野马。既然可以驯养牛羊，为什么不能驯养野马？他们比两河流域多了一个选择。

根据考古发现，乌克兰第聂伯西岸的德累夫卡（Dereivka），出土了公元前4000年的家马骨骼。马的骨骼上，带有马嚼子痕迹，明显是家养，而非野生。不过，从很多幼马被屠宰来看，当时驯养马匹主要是为了吃肉，而不是骑乘。这是目前人类最早的养马记录。

德累夫卡位于现在乌克兰中部，恰好是颜那亚文化中心地带。换句话说，颜那亚人抵达草原前，乌克兰草原已经盛行养马。他们耳濡目染，应该很快掌握了驯马技术。

在所有动物中，马是人类最好的朋友之一。它的体型适合骑乘，它的秉性易于驯服，它的长途奔跑可以弥补人类脚力的不足。可以说，没有第二种动物，能够像马一样，让人如虎添翼、省时省力。

鉴于马的“神力”，颜那亚人曾萌生一种“双马神”信仰。乌克兰草原的墓地中，出土过多个双马神遗迹，有的是一具婴儿骨架放置在两个马头之间，有的是石人像下方刻有双马神图像，有的是双马殉葬和双马神小石雕像。他们这种信仰，被雅利安人、斯基泰人、吐火罗人继承，一直传到中国新疆阿尔泰，形成马与龙的结合体。

与欧亚大草原不同，印度次大陆属于农耕区，牛比马更有用武之地，也更受当地人宠爱。直到今天，印度人还拥有一种“神牛”崇拜，将那些玉树临风的白色奶牛，当作神灵供奉着。即使街上乱跑的老黄牛、水牛，他们见了也尽量让路避行，以示尊敬。

颜那亚人不仅喜欢骑马，而且发明了马车。颜那亚文化出现几百年后，西伯利亚草原中部的叶尼塞河两岸，出现了一批渔猎居民，开始使用轮式车辆。他们存在的时间，大体为公元前3200—前2500年，考古学家称他们为阿凡纳谢沃人（Afanasyevo）。

古生物DNA研究显示，阿凡纳谢沃人与颜那亚人，可能是同一批人，都拥有高加索人基因。准确地说，阿凡纳谢沃人很可能是从颜那亚人分离出去的。他们赶着马车，载着行李，一路从乌克兰草原迁到了叶尼塞河两岸。

到公元前20世纪后，颜那亚人后裔更进一步，将运输马车改造成了马拉战车。在哈萨克斯坦和俄罗斯交界的乌拉尔草原上，一个叫也里可温（Arkaim，又译阿尔凯姆）的地方，考古学家发现了一个奇怪现象。他们乘坐飞机从空中考察时，无意间看到地面呈现一个巨大图案，颇似带辐条的车轮或印度曼陀罗艺术。几年后，他们在当地发掘出了四千年前的城堡，并且认为这里很可能就是印度—伊朗人的原始住地。这个古老的族群从乌克兰草原迁来，又向中亚草原迁去，最终沿着中亚通道南下，分别进入了印度和伊朗。

也里可温城堡遗址出土了16个车马坑，年代在公元前1900—前1750年之间，也有人说在公元前2026年左右。考古学家从车马坑中，挖掘出多辆马拉两轮大车。这是到目前为止，考古学家发现的最早的马拉战车，无论在同期的古埃及还是古巴比伦，都没出现过。有人据此推测，人类最早的马拉战车，应该就是古也里可温印欧人发明的。当然，两河流域很早就出现了野驴战车。

也里可温居民发明的战车，迅速在欧亚大草原东西扩散，在那个没有盔甲、没有铁器的时代，马拉战车就像后世横空出现的坦克一样，将人类战斗力提高了无数个等级。面对奔袭而来的战车部队，一般步兵都束手无策，往往作鸟兽散。

马拉战车是印欧人的一大发明，也是他们能够侵入各地、打败文明之师的“必杀技”。

印欧人不仅拥有战马和马车，还掌握了领先的青铜铸造技术。青铜冶炼技术的发明地，目前还没有定论，但是肯定不在两河流域，那里没有矿藏。最大的可能性，应该在环黑海地带。环黑海地带拥有丰富的铜矿，很早就进入铜石并用时代。公元前4700—前4200年间，黑海西岸居民已经使用金属制品了。

从公元前4000年开始，环黑海冶金中心转移到了南高加索地区。从南高加索北上的人，很快便又将冶金技术传入乌克兰草原。这一转移，整个改变了欧亚大陆的作战样式。

乌克兰草原不仅仅是大草原。大草原下面，埋藏着各种各样的矿产资源，比如煤、铁、锰、镍、汞、钛、石墨、耐火土、石油、天然气等。青铜铸造需要的铜、铅、锡资源，乌克兰草原应有尽有。直到现在，这些都是乌克兰的主要经济来源。

生活在公元前3000多年的颜那亚人，当然不知道这些。但是，掌握了红铜和青铜铸造的他们，慢慢学会了将铜、铅和锡融于一体的青铜冶炼技术。考古学研究显示，公元前3000年左右，北高加索的青铜冶炼已经超过南高加索，成为欧亚大陆的新冶炼中心。

俄罗斯学者在乌拉尔山脉东北的草原上，发现了一个早期圆形防御聚落遗址。聚落距离古代农业城市化还十分遥远，但让人印象深刻的是，遗址内竟然布满了青铜冶炼作坊。一个文明相对落后的地方，在青铜制造上竟然不落下风，甚至处于领先地位，如果不是考古证实，实在令人难以相信。

冶金技术像驯马一样，迅速在欧亚大草原上传播，连远走西伯利亚的阿凡纳谢沃人，都掌握了铜器铸造技术。他们的墓葬中出土了铜矿料、铜刀、铜锥、短剑、矛、箭镞、铜装饰品等，已经向青铜时代进发。印欧人或许是率先进入青铜时代的族群。

有了青铜武器和马匹的颜那亚人，变得更加野蛮和强硬。美国考古学家玛丽亚·金布塔斯（Marija Gimbutien）发现，颜那亚文化留下的许多巨大墓冢里，80% 都是男性遗骸被安放在中心，周围陪葬的多为金属匕首和斧子。那应该是他们生前最钟爱、经常使用的东西。而且，他们的遗骸多受过暴力伤害，似乎是被杀死的。

颜那亚墓葬说明，伴随着青铜时代到来，从第涅斯特河到乌拉尔河的草原地带，进入了父权、等级和战争时代。男性取代女性，成为社会主导者；战争取代和平，成为生活常态。在这种风气下成长起来的游牧族群，自然粗犷豪放、勇武善战。

公元前 3000 年以前，黑海和里海以北草原的战争，还主要局限于畜牧民族内部。此后，气温骤降导致的环境变迁，完全破坏了草原生态，迫使颜那亚人后裔不得不赶着马车，带着青铜刀剑，东奔西突，南下北上，寻找新的栖息之地。

颜那亚人的迁徙，势必蚕食其他族群领地，引发连锁性的政治反应，其中包括本来已经人口稠密的两河流域。一场亚欧大陆范围内的族群战争，由此悄悄拉开了序幕。

第二节 被印欧人搅动的欧亚大陆

公元前3500年以前，北半球气候温和、降雨丰沛，各地的族群不必你争我抢，基本能够糊口。所以，当时没有大规模的城邦，没有大规模的战争。但公元前3500年以后，尤其是公元前3000年后，北半球气候变得寒冷干燥，很多地方的生存环境开始恶化。两河流域居民组织城邦，或者抢掠或者自卫，都与气候降低、资源稀缺密不可分。

人类文明史，就是一部应对资源稀缺的历史。资源越稀缺，人类面临的挑战越大，战争就越多。然而，吊诡的是，战争越多，人类潜力发挥得就越大，文明传播越迅速。

颜那亚人生活的草原，应该同样遭遇了生态恶化。一方面，人口增加，需求上升，另一方面，气候变冷，牧草变少，供需矛盾日益尖锐。公元前2500年左右，北半球气候降到最低点，草原生活也陷入最困难阶段。各个部落不得不早作打算，另寻出路。

对颜那亚人来说，欧亚大草原人烟稀少，横向移动最容易，风险最小。其中向西进入欧洲，又最省时省力。颜那亚人进入以前，欧洲主要有两种人，一是4.5万年前走过去的克罗马农人，他们是狩猎采集者，一度占据整个欧洲，二是8000年前迁徙过去的安纳托利亚高原农民。约7000—5000年前，这些农民替代克罗马农人成了欧洲新主人。

原来的克罗马农人，是从非洲过去的深肤色种群。从小亚细亚迁过去的农业人群，由于减少了维生素 D 摄入量，肤色日益变浅，成了白人。而且，这些农民尚处于母系氏族社会，尊崇女性，不喜欢暴力，使得欧洲相对稳定而安宁。那时候留下来的维纳斯小雕像，一看就让人觉得恬静温柔。

没人知道，颜那亚人是怎么进入欧洲的。考古学家推断，他们可能从公元前 3000 年左右就开始西进，一直持续到公元前 2500 年前后。向西南进入巴尔干半岛的分支，在多瑙河两岸平原找到栖息之地。在那里，一个叫温查（Vinca）的农耕族群已经存在两千年。颜那亚人可能融入其中，成为新主人。

有的人在巴尔干稍作停留，又向南翻越巴尔干山脉，进入了希腊半岛，演化为希腊诸族群；有的沿着多瑙河溯流而上，进入潘诺尼亚平原、德国黑森林，再向南翻越阿尔比斯山脉，进入意大利半岛，演化为罗马人。

更多的颜那亚人，直接向西北迁移，涌入中欧和北欧，与当地人混血后，成为日耳曼人。就此而言，罗马人和曾被他们视为蛮族的日耳曼人，其实关系不算太远，祖上都是一伙。倒是被日耳曼人更认同的雅利安人，也就是印度—伊朗族群，与他们分离更早，血缘关系更淡。

有人认为，颜那亚人进入欧洲，没有经历战争和流血，是自然实现的，但这可能只是一个幻想。DNA 研究显示，侵入欧洲的颜那亚人，十之八九都是成年男性。他们很可能是驾着车、带着刀剑来的。这样一帮人见了农民和狩猎者，会以礼相待吗？即使他们以礼相待，农民和狩猎者愿意让他们分享果实吗？应该很难。

不管发生哪一种情况，冲突都是不可避免的。从基因研究来看，野性强壮的颜那亚人，不久便摧毁了“老欧洲人”，将其改造成一个以颜那亚人为中心的父权制社会。

现代欧洲人的血液里，流淌着的更多是颜那亚人血液，而不是其他；来自草原的 Y 染色体，远远大于其他 Y 染色体比例的总和。这意味着，颜那亚人将土著男性排挤在外，占有更多当地女人，改变了当地种群的基因。

从安纳托利亚高原过去的农民，本来就身材高大，而颜那亚人的身材更加魁梧，肤色也更浅，他们的基因渗透让欧洲人，尤其中北欧的欧洲人，变得更加高大白皙，接近今天的样子。就此而言，欧美白人应该是安纳托利亚远古农民和欧亚大草原牧民的结晶。

除了长相，颜那亚人估计还改变了欧洲的精神气质。此前的欧洲人，安心耕种，性情温和，崇拜维纳斯，后去的颜那亚人狼性十足，崇拜武力和战神，让新欧洲人变得更加粗犷勇武。北欧海盗文化的形成，恐怕就是颜那亚文化的一个后续。

相对于在欧洲，颜那亚人的东迁之路更加曲折离奇，扣人心弦。大约在公元前 2200 年左右，他们的一支后裔向东迁徙，翻越乌拉尔山，在今天哈萨克斯坦北部的辛塔什塔河畔定居下来，形成了辛塔什塔文化（Sintashta culture）。

根据碳 14 检测，辛塔什塔文化的存在年代，为公元前 2200—前 1900 年。经考古学者矫正后，可能在公元前 2000—前 1600 年，还有的说是公元前 2100—前 1800 年。

无论按照哪一种说法，辛塔什塔人都应该是颜那亚人东迁的后裔。辛塔什塔包括多个遗址，其中最著名的叫阿尔凯姆

（Arkaim）。这是一个直径160米的圆形聚落，外层是围墙，墙内建有两层房屋，屋门向内，面向一个公共广场。阿尔凯姆聚落的防御色彩非常明显，基本就是一个原始的城堡。这从侧面显示出当时的欧亚大草原，已非畜牧族群自由飞翔的乐园，而是变成了残酷斯杀的战场。否则，阿尔凯姆不会如此小心谨慎。

阿尔凯姆遗址中，出现了铜料、铸模、金属铸件，表明居民可以自己制造青铜器。他们的青铜器，没那么多虚头巴脑，除了少数装饰品，就是刀、剑、矛等攻击性武器。遗址周围，还出土了一些大麦、小麦种子，反映出其居民从事一定的农耕生产。

另一个遗址卡门尼阿巴（Kamennyi Ambar），畜牧和军事色彩更为浓厚。遗址内没有农耕痕迹，倒是遍布着炉渣、坩埚、鼓风管、矿石和铸铜原料。铜器多为红铜，伴有少量的砷青铜和锡青铜。学者估计，他们可能专门安排一部分人从事青铜武器制造。

辛塔什塔人迁徙时，应该不是徒步行走的，而是驾驶着马车。他们遗址中出土的14座殉葬马车，是中亚发现最早的马拉战车。而且，辛塔什塔人将四轮改为两轮，增加了两边护栏和一根长辕，使得战车既灵巧又稳固，很快便风靡东亚和西亚。

这样的辛塔什塔人，很难说比农耕居民落后。根据考古材料，当时全世界范围内，可能只有两河、埃及和华夏先人，较辛塔什塔人略胜一筹。而且，这个略胜只能从总体上说，具体到养马、造车和冶金，其他地区的族群可能都不一定赶得上辛塔什塔人。

公元前1800年，部分辛塔什塔人继续向东游弋，越过新西伯利亚，前端直逼今天俄罗斯的阿钦斯克州，形成了安德罗诺夫文化（Andronovo Culture）。

前面讲过，早在公元前3000多年前，辛塔什塔人的印欧人先祖已经来到这里，发展出了阿凡纳谢沃文化。可惜，到公元前2500年左右，蒙古人种的奥库涅夫人（Okunev）崛起，将这支印欧人收编或者赶跑了。部分走投无路的阿凡纳谢沃人，被迫南下翻越阿尔泰山，进入了阿尔泰山南麓。

辛塔什塔人的到来，为同种兄弟报了一箭之仇。公元前1800年，他们取代蒙古人种的奥库涅夫文化，成为中亚和西伯利亚新主人。他们的后裔创造了一种族群文化，被考古学家称为安德罗诺夫文化，时间为公元前1800—前1400年。安德罗诺夫文化的前半段，恰是古巴比伦驰骋两河流域的时代。

安德罗诺夫文化兴盛了400年，又被卡拉苏克文化（Karasuk culture）取代。卡拉苏克人到底是什么人，一直聚讼纷纭。2009年发表的一项人类遗传学研究显示，卡拉苏克人DNA更多与西亚、欧洲人相似。这意味着，他们同样是东迁印欧人的一个部落分支。

印欧人在阿尔泰南麓切木尔切克杂居交融，繁衍生息，形成了一种新的社会文化，叫作吐火罗文化。考古学者根据墓葬出土地点，称为切木尔切克文化。他们所说的吐火罗语，和后面要提及的安纳托利亚高原赫梯语，都被语言学家视为印欧语系的早期重要分支。罗布泊地区发现的3800年前“楼兰美女”，说的就是吐火罗语。

阿勒泰与天山之间，有草原有湖泊，是休养生息的好地方。但是，再好的地方，也搁不住人多。公元前 1500 年左右，安德罗诺夫族群又挤入新疆，使得人口压力更加严重。于是，一些人迫于压力，南下塔里木盆地，与羌人融合，定居于沙漠绿洲。

留守阿尔泰山南麓的切木尔切克人，发展成吐火罗系统的游牧民族，他们的后裔是大月氏人；移居沙漠绿洲的，发展成为吐火罗系统的农业民族，他们的后裔，就是中国文献常常提到的龟兹人、焉耆人和楼兰人。这些族群的祖先，是最早离开原始印欧人故地的人；他们所说的吐火罗语，也是最早一批从原始印欧语分离出来的族群语言。

匈奴兴起以前，大月氏一直是西域霸主，吐火罗语是西域官方用语，连匈奴太子，都得被送到大月氏当人质。匈奴和突厥部落首领，也必须得到大月氏国王的认可或册封。

以前，人们不知道吐火罗人到底为何方神圣，吐火罗语到底为何方语言，现在清楚了，他们就是东迁的印欧人后裔语言，属于印欧语系。根据塔里木考古研究，吐火罗人长着黄褐或棕褐头发，蓝眼睛、高鼻梁，头骨类似北欧型，一看便知非蒙古人种。

说起印欧人冲击古印度，可能让人觉得不可思议，但是考古学证明，这不是传说，而是事实。

还记得安德罗诺夫文化吗？其中一支讲雅利安语，现代称为雅利安人，学术界的规范叫法则是“印度—伊朗人”。公元前 1600—前 1400 年，雅利安部落分布在整个中亚草原。其间，由于生态环境恶化，草原资源紧张，他们不断南下，寻求新的栖身之地。从中亚草原下来后，雅利安人面临一个选择，向东是南亚次大陆，向西是伊朗高原。当然，也可以直接在中间居住，即现在的阿富汗和巴基斯坦。

事实上，这三个地方都有人去。向西走的人，进入伊朗高原后定居下来，西部形成米底人、波斯人部落，东部形成塞人部落。古希腊文献将塞人称为斯基泰人（Scythians），两者实为一回事。向东进入南亚次大陆的，就成了印度雅利安人。

说了这么多，印欧人的东西迁徙与两河流域有什么关系？他们有没有直接翻越过高加索山脉，冲击两河流域？他们确实没有翻越高加索山脉，但是迁徙到巴尔干和中亚的部分印欧人后裔，却兜兜转转，出现在了两河流域家门口，成为两河帝国最强劲的挑战者。

公元前两千年，亚欧大陆适合人类生存的地方，基本上已经是一个萝卜一个坑，都被占满了。印欧人进入巴尔干和希腊半岛，就会逼迫当地居民寻找新的栖息之地。当时，最吸引原始希腊人的，应该主要是三个文明开化之地，一个是埃及，一个是迦南，一个是小亚细亚。可是，他们一进入这三个地方，势必又会逼迫当地人四散奔逃。

公元前 21 世纪，阿摩利人从叙利亚、迦南进入两河流域，很可能是气候恶化和海上族群侵入，使得当地生存条件恶化，而不得不另谋出路的结果。两个世纪后，另外一批迦南人南下进入埃及，导致了中王国崩溃。据说这批被称为希克索斯的迦南人，拥有战车、复合弓、盾甲、金属头盔，明显是受到了印欧人文化渗透，或者干脆就是印欧人的一支后裔。

如果说早期印欧人对两河流域的影响还是间接的，那么等到公元前 16 世纪赫梯人在小亚细亚崛起，加喜特人来到扎格罗斯山区，两河流域的古巴比伦就直接成为印欧人俎上肉了。

第三节　两河流域成了俎上肉

公元前 2000 年以前，两河流域大体算是幸运。由于高加索山脉、扎格罗斯山脉阻挡，欧亚大草原上磨刀霍霍的印欧人，没有南下烧杀抢掠，而是向西去了欧洲，向东到了中亚、伊朗高原、南亚次大陆和新疆。

只有古提人，一个可能的印欧人部落，南下定居扎格罗斯山区中部，并寻找机会下山推翻了阿卡德帝国，统治美索不达米亚平原上百年。在此后上千年时间里，两河流域基本没遭受过印欧人骚扰。

但是，公元前 2000 年以后，随着印欧人迂回到西亚，两河流域的噩梦开始了。从中亚草原南下的一支印欧人，来到扎格罗斯山区，听说山下乃富庶的古巴比伦后，便不断下山谋生或者劫掠。

公元前 1742 年左右，汉谟拉比之子在位时，一支叫作加喜特（Kassites）的蛮族，出现在巴比伦的历史记载中。巴比伦人不知道他们是何方神圣，来自何处，只知道他们来自扎格罗斯山区。具体地说，就是埃兰上方，现在伊朗西部的洛伦斯坦省。

几千年来，全世界都不知道有过加喜特族群，甚至不知道他们的存在。直到巴比伦文献出土，人们才知道有这样一个族群，曾不断地骚扰汉谟拉比建立的古巴比伦。

传统上，学界都认为加喜特人是扎格罗斯山区的畜牧族群，他们的语言与苏美尔语、埃兰语一样，既不属于印欧语系，也不属于闪米特语系，似乎与印欧人无涉。不过，他们统治者的名字，带有印欧人色彩，应该是从北方南下的印欧人。据此推断，很可能是南下的一批印欧人，征服了扎格罗斯山区土著，形成了加喜特人。换句话说，加喜特人带有一丝印欧人的影子，他们的上层很可能是印欧人。

近年来，郭静云的一篇文章则明确指出，加喜特就是北方来的印欧人。作者还结合考古学成果，指出了加喜特人从北方南下的两条可能通道。一是从哈萨克草原南下，沿着里海两岸，登上伊朗高原，再向西进入扎格罗斯山脉；二是从里海西岸南下，翻越高加索山脉，直接进入北部伊朗高原。这两条道路都可以通马车。

里海两边也确实存在加喜特时代的马车遗迹。从辛塔什塔往南，穆尔加布河边有巴克特里亚·马尔吉阿纳文明体，其中古诺尔德佩（Gonur-depe）遗址出土过幼羊和幼马骨骼，墓葬内有祭羊和祭马的痕迹。

如果沿里海西岸南下，则有1957年发现于高加索亚美尼亚塞凡湖边的鲁查申（Lchashen）大墓遗址，时间约在公元前16—前15世纪，墓中有四轮和双轮马车。这些马匹和马车遗迹，很可能是加喜特人南下时留下的。他们将印欧人的战车，带入了伊朗高原和两河流域。

如果这个推测成立，那么加喜特人抵达扎格罗斯山区后，可能暂时找了一块栖息之地，整合了当地土著，成为一个拥有军事力量的部落。等到他们熟悉了周围地形，公元前1770年

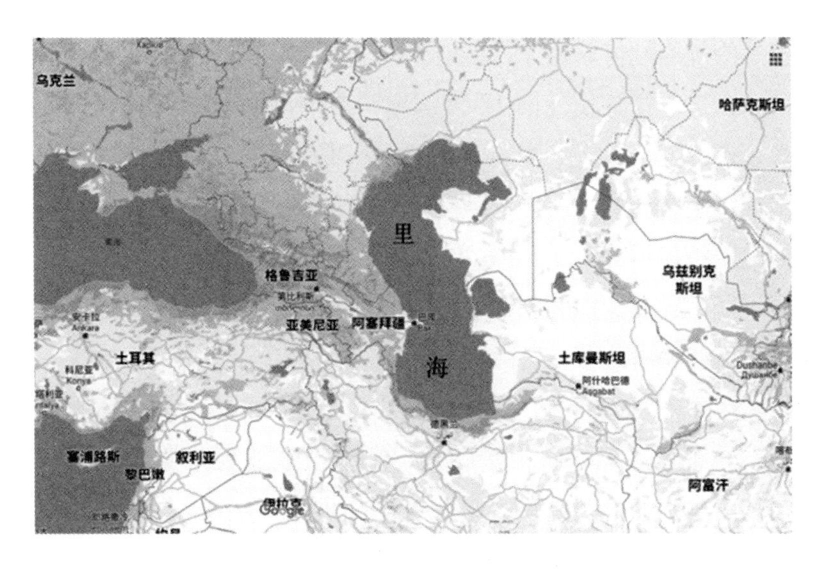

图 3－2 里海地理位置

左右，便沿着扎格罗斯山脉中部的迪亚拉河谷，冲进了两河平原。

最初到巴比伦的，只是零零星星的个人，在森林边缘种地。慢慢地，来谋生的越来越多，他们干脆组成队伍，充当巴比伦王朝的雇佣军。当时，恰逢亚述人崛起，对巴比伦虎视眈眈，古巴比伦在北方边境忙于修建防御堡垒，急需军人戍边。

就这样，加喜特人悄无声息地进入巴比伦，成了两河流域的一员。他们入乡随俗，学习巴比伦语（阿卡德语），使用巴比伦名字，可能还与当地民众通婚生子。公元前 1742 年，加喜特人已经作为一种政治力量，出现在巴比伦的政治舞台。

公元前 17 世纪，加喜特人对巴比伦或许是忠诚的。作为新移民，他们必须依靠巴比伦，才能在弱肉强食的世界谋得一席之地。此时，亚述人四分五裂，埃兰人无力西进，古巴比伦王朝的统治地位，还无人能够撼动。

但是，到了公元前 17 世纪末，事情渐渐起了变化。一方面，古巴比伦一天天衰落，下游城邦不是独立，就是被埃兰人蚕食，手中只剩下阿卡德地区的几个小城；另一方面，加喜特人慢慢枝繁叶茂，在西帕尔一带站稳脚跟，成立了一个小王国，渐生异心。他们联合远在安纳托利亚高原的赫梯王国，顺流而下彻底击溃了古巴比伦。

赫梯人（Hittite），亦译作西台人，他们的语言属于印欧语系，与加喜特人算起来是同宗，都是从欧亚大草原迁徙过来的。不过，赫梯人离开欧亚大草原的时间，可能比加喜特人早了上千年，而且路线不同。他们是经由巴尔干半岛渡过海峡，折回小亚细亚的，与加喜特人已经形同陌路。两者只是为了击垮古巴比伦王朝，才联手结盟。

赫梯人抵达安纳托利亚高原之前，高原中部生活着哈梯人（Hattians），东边生活着胡里安人（Hurrians）。胡里安这个名字与赫梯大差不离，但是说的语言不是印欧语系，双方没有血缘关系。

至于赫梯人什么时候到来，主要有两种说法。一种观点认为，早在公元前 3000—前 2800 年，赫梯人已经途经巴尔干，或者翻越高加索山，来到了安纳托利亚高原。另一种观点认为，一支叫作涅西特人的印欧人先到，公元前 2000 年左右赫梯人才步其后尘。

这些事情时间太久，很难搞清楚。现在一般认为，印欧人部落至少公元前 2500 年以前，已经生活在安纳托利亚高原中部，至于是不是赫梯人，就不好说了。

安纳托利亚现在是突厥人天下，没什么存在感。世界的关注目光，要么是西边的欧洲，要么是剑拔弩张的中亚，很少注意安纳托利亚高原。但是，在远古时代，这里可算兴旺发达之地。大约公元前 8300 年左右，安纳托利亚高原中南部已经出现农业，比两河流域还要早。印欧人以前的欧洲农民，就是从这里走过去的。现代欧洲人身上，带有一半远古安纳托利亚农民的基因。

不仅如此，安纳托利亚高原还是人类冶炼的起源地之一。早在公元前 2500 年左右，一座赫梯人墓葬中便出现了铜柄铁刃匕首。这把世界上最古老的匕首，乃是用陨铁铸造而成。尽管并非来自铁矿冶炼，但仍可说明当地人对金属的利用处于领先地位。

赫梯人作为印欧人后裔，本来就熟悉冶炼，抵达安纳托利亚高原后很快便掌握了铁器制作。他们冶铁制作刀剑和盔甲，不仅大大减轻了武器装备的重量，而且增加了硬度和锋利度。想一想，当两河流域人还拿着青铜刀剑，靠双腿上战场的时候，赫梯军队已经驾着双轮战车，身穿铁制盔甲和铁制刀剑大杀四方了！

公元前 1650 年左右，赫梯人在安纳托利亚高原开始发力。他们中成长出了一位杰出领袖，带领赫梯人在图哈沙建国，是为哈图西里一世（Hattusili I）。哈图西里一世像萨尔贡、汉谟拉比一样，能征善战，雄心勃勃，他和他的孙子穆尔西里一世（Mursili I）踏平安纳托利亚高原后，将目光投向了两河流域。两河流域的粮食、珍宝、建筑和艺术，让每一个畜牧民族都垂涎三尺，必欲夺之而后快。相隔千里的赫梯人也不例外。

哈图西里一世时，东边的胡里安人实力强大，赫梯人担心其背后袭击，没顾得上古巴比伦。等到其孙子继位，制服了胡里安人，赫梯开始联合加喜特人觊觎两河流域。

此时的古巴比伦，已经孱弱不堪、奄奄一息，手中只剩几个城池。下游的城邦早已独立，东方的埃兰始终虎视眈眈。汉谟拉比奠定的古巴比伦王朝，现在犹如一只病猫，即使没有外敌入侵，也是奄奄一息，早晚崩溃。

赫梯和加喜特联合南下，冲击了没几次，就进入了巴比伦城。公元前1595年，他们将巴比伦抢劫一空，带着珍奇异宝西归。这个时候，据说赫梯王室内部酝酿着一个阴谋，国王穆尔西里一世不得不匆匆离去。他这一走，就再也没能回来。

赫梯人走后，巴比伦地区陷入权力真空。巴比伦人倒了，东边的埃兰人又没能力驾驭两河流域，让加喜特人捡了个漏。他们的国王阿贡一世入主巴比伦，整合阿卡德和苏美尔地区，建立了加喜特巴比伦王朝，前后持续400多年。

在加喜特人入主巴比伦前，古巴比伦的一个旧部，叫伊鲁马伊鲁姆（Iluma－ilum），跑到苏美尔低地自立为王，并且以继承古巴比伦正统自居，因而史上称作巴比伦第二王朝。实际上，他们只是偏安一隅的小朝廷，根本没统治巴比伦。不过，按顺序排下来，史家还是称加喜特人的巴比伦为第三王朝。

加喜特人入主巴比伦，不是简单的王朝更替，而是彻底的人种更换。他们是北方来的印欧人，古巴比伦建立者是阿摩利人，属于闪米特人。所以，加喜特王朝取代古巴比伦王朝，实际上是一次种族政治革命，代表着印欧语系替代了闪米特语系。

其实，到公元前 16 世纪末，不仅中下游苏美尔、阿卡德地区落入印欧人之手，两河上游也成为印欧人囊中之物。控制上游的，是一个叫作米坦尼的印欧人部落。

米坦尼人什么时候，从什么地方进入两河流域，至今也是谜。从其活动时间推算，可能是公元前 16 世纪，直接翻越高加索山脉，闯入了底格里斯河北岸地区。

在底格里斯河北岸，早就活动着一个说胡里安语的族群。米坦尼人以蛮族身份混入他们的领地，逐渐变成了统治阶层。公元前 1550 年左右，一个名为基尔塔（Kirta）的米坦尼领袖，开创了米坦尼王国。

米坦尼王国借助赫梯人忙于内斗，加喜特人无力北上，以底格里斯河上游为中心，大肆向周围扩张，于公元前 1500 年左右，建立了一个可与古埃及比肩的区域帝国。

至此，从安纳托利亚高原到叙利亚北部草原，再到两河中下游的阿卡德和苏美尔，印欧人全面取代闪族阿摩利人，成为两河流域的统治者。山河依旧，江山却变换了颜色。两河流域文明，再也不是从前的样子！

第四章　一字排开的三大印欧人帝国

公元前20世纪以前，两河流域基本是闪米特语系的地盘。苏美尔文明出现时，闪米特语系的阿卡德人已经与其比邻而居，并且一度后来居上，取代苏美尔人成为主导。中上游的亚述人和后来的阿摩利人，无一不来自闪米特语系。但是印欧人南下逃亡，先后进入安纳托利亚高原和伊朗西部山区后，完全改变了西亚政治格局。他们依仗战马、战车、铁制武器三大技能，很快形成了对两河流域的半月形包围。二三百年后，赫梯、米坦尼和加喜特三大印欧人族群，更是将草原文明与农耕文明优势相结合，对两河流域阿摩利人形成碾压之势。西亚政治由此开启了种族革命之路。

第一节　三起三落的赫梯帝国

摧毁古巴比伦的赫梯人，来自安纳托利亚高原。考古学显示，这个地方农业起源很早，上万年前就驯化了牛，出现定居农民。七八千年前，一些农民向西进入欧洲，一度成为主导族群。直到四五千年前，乌克兰大草原的颜那亚人闯入欧洲，才被陆续取代。

进入青铜器时代后，安纳托利亚高原似乎有点掉队。两河下游进入文明社会时，这里似乎还在史前社会慢慢摸索。直到公元前2500年前后，才兴起一个叫作哈梯（Hatti）的王国。哈梯人说的语言，与苏美尔语、埃兰语一样，仍然是语言学之谜，无法归类。

哈梯位于安纳托利亚高原中心地带，这里气候温和，降雨稳定，适合农业耕作。而且，周边地区出产丰富的木材、石料、金、银、铜、铁等资源，多为两河流域所短缺。所以，两河流域的商人，尤其是亚述人，很早便带着纺织品和金属产品，到这里进行贸易交换。日积月累，亚述商人在安纳托利亚建立了数不清的商业据点，并将楔形文字传到当地。哈梯人的文明水平，由此突飞猛进，具备了建邦立国的条件。公元前2500年左右，他们以哈图萨（Hattusa）为都城，形成了一个小王国。

阿卡德帝国曾经派兵北上扫荡，一度接近安纳托利亚中部，无奈哈图萨城立于山脊之上，易守难攻，几次都没成功。公元前2000年左右，哈梯王国达到鼎盛。不过，随后就遇到了强敌。

学界研究认为，哈梯王国鼎盛之际，部分印欧人部落从东西两个方向，分别进入了安纳托利亚高原。这些外来者至少包括三大族群，一为卢维人（Luwian），一为帕莱人（Palaic），一为尼撒人（Nesha），他们都属于北方欧亚草原的印欧语系。而且，语言学家认为他们的原始印欧语特征至为明显，与吐火罗语一样，可能都是最早从欧亚大草原撤离的印欧人。就此而言，曾活跃于新疆境内的吐火罗人与进入安纳托利亚高原的印欧人，可能是近亲。

卢维人似乎从巴尔干方向进入，他们的踪迹从爱琴海沿岸向东延伸，遍布整个南方地区。大量考古学和语言学证据表明，古希腊传说中的特洛伊，就是一个说卢维语的城市，与乌克兰草原有密切关系。帕莱人不知来自何处，只知他们集中在高原的西北部。尼撒人可能从东方迁来，聚集到哈梯以南的尼撒，成为哈梯王国近邻。这个尼撒，就是后文所提到的，早期亚述人西上经商形成的重镇卡尼什（Kanesh）。

尼撒人作为逃荒者，最初肯定落魄无助，只能寄人篱下。但是，他们的优势也很明显。尼撒人保持着草原族群的野性，掌握着驯马和冶炼技术。从东方迁来过程中，可能还与亚述人、胡里安人接触过，学会了楔形文字，见识了专业军事训练，不知不觉接受了西亚不同文明的洗礼，既有野性，又粗通文明。

因此，尼撒人比久居此地的哈梯人更有活力，更崇尚武力。他们很快便以一个叫库沙拉（Kushara）的地方为中心，建立起库沙拉王国，然后不断地向周边扩张。流传下来的一篇文献，记述了公元前18世纪库沙拉两代国王建功立业的故事。父亲皮塔那（Pithana）是一个哈梯语名字，儿子阿尼塔（Anitta）更像是赫梯语名字。他们父子俩先后征服了包括哈梯王国在内的近邻，成为高原东部区域的霸主。

不过，皮塔那处理公务之所位于卡鲁姆（Karum）所在地，而卡鲁姆是亚述人的管理机构，且仅在服膺亚述管理的地方设立。所以，皮塔那很可能向亚述人表示臣服，接受了其册封。考古史料中记录了一桩皮塔那经手的离婚官司，其中的两个涉案人，都是对着亚述主神阿舒尔发誓的。大概，库沙拉王国在安纳托利亚高原一枝独秀，但是相对于已经初具霸权的亚述，还是弱了不少。

公元前 18 世纪末，库沙拉王国不知何故，似乎突然衰败。半个世纪后，一个非王室的尼撒人，带领族人重整旧山河，以尼撒为中心建立了新王国。现代学者仍不清楚，这个人到底叫拉巴尔纳（Labarna），还是叫哈图西里。多数学者倾向于叫拉巴尔纳一世，把哈图西里看作他的儿子，即后来名震一时的哈图西里一世。

可以确定的是，哈图西里一世是个枭雄式的人物。他不仅率领尼撒部落再度崛起，将东部库沙拉王国旧地纳入麾下，而且向北击溃了哈梯人，将都城从尼撒迁到了哈梯人的哈图萨城。据说，哈图西里的名字，就是为了纪念迁都哈图萨而起的。

图 4－1 哈图萨遗址

迁到哈图萨的尼撒人，免不了与哈梯人融合。时间一长，他们干脆借用哈梯人名号，以赫梯（Hittie）立国。从此，尼撒人与哈梯人混为一体，演化成了赫梯人；哈梯和库沙拉王国旧地都成了赫梯王国的一部分。哈图西里一世的名号有两个，一个是“赫梯之王”，另一个是“库沙拉国父”（Man of Kushara），可见他将自己看作库沙拉王国的继承者。

此时的赫梯王国，已经不是单纯的尼撒人，而是多个族群的政治聚合，如哈梯人、胡里安人、阿卡德人、苏美尔人、卢维人、帕莱人、阿摩利人等，可以说极具国际化色彩。

考古学家在他们的都城哈图萨，共计发现了 8 种语言，分别为赫梯语、哈梯语、胡里特语、阿卡德语、苏美尔语、象形文字卢维语、楔形文字卢维语和帕莱语。其中，典雅古朴的阿卡德方言是主流。在这种情景下，部分哈图萨居民能说两三种，甚至三四种语言，应该一点也不稀奇。最起码祭司、书吏和医生，必须精通多门语言，才能完成工作。

多民族、多文化的融合，让赫梯人政治和文明程度急速提升。他们模仿古巴比伦制订了一套系统法典。让人想不到的是，打仗极其残酷的赫梯人，制定的法典看起来竟然比《汉谟拉比法典》温和得多，更具人文色彩。《汉谟拉比法典》动不动就是死罪，而在《赫梯法典》中，只有故意杀人、违反地方行政官裁决、殴打致死、兽交等，才属于死刑。如果是意外事故，或者受害者是商人、奴隶，只需赔偿财物即可。如果伤害他人身体、致使女子怀孕，无论对方是自由人还是奴隶，行凶者都不必遭受刑罚，提供经济赔偿即可。至于一般偷窃、损害他人财物，更是可以通过赔偿了事。

《赫梯法典》还领先周边文化一步，禁止近亲结婚。法典规定兄弟姐妹、父母子女不能结婚。不过，如果父亲或兄弟去世，一个人可以与嫂子或继母结婚。反过来，寡妇可以与丈夫家的任何男子结婚。另外，从安纳托利亚的家庭法律文件和借贷契约来看，当地家庭不仅实行一夫一妻制，而且丈夫与妻子的法律地位几乎相等。

赫梯人不仅组建国家、颁布法律，还充分吸收周边先进技术，研制出最先进的铁制兵器。铁制兵器出现前，人类主要使用铜或青铜武器。纯铜的硬度为63—102HV，有点偏软，不是锻造武器的理想材料。后来人们发现，向铜里参加少量锡，可以将硬度提高到100—300HV。这种铜锡合金就是青铜。刚铸造时呈深黄色，时间长了氧化后呈现墨绿色，所以现代叫青铜。

青铜武器比纯铜坚硬，但是韧性又不够，打起仗来容易断裂。想象一下，士兵冲锋在前、玩命拼杀，刀剑或盔甲突然断了，该多么无奈？再后来，人们掌握了炼铁技术。铁的硬度在160HV以上，比青铜高了一个档次。如果再提高工艺，加碳或淬火，硬度会远远超过青铜。但是，铁的熔点比铜高500度，公元前2000年以前的古人，根本没法提取，只能望铁兴叹。

唯一的办法，就是使用天然陨铁。西亚、古埃及以及欧亚大草原，都出土过少量陨铁制品。中国商代中期遗址河北藁城台西、北京平谷刘家河出土的铁刃铜钺，也是来自陨铁。

直到进入公元前2000年后，人类才逐渐找到炼铁的办法。至于哪儿的先民最早实现突破，目前不能确定。有的说是安纳托利亚高原，有的说是印度恒河平原，没有定论。不过，安纳托利亚高原居民较早掌握炼铁技术，是可以确定的。

进入公元前5000年后，安纳托利亚和两河流域开始人工冶炼金属，先是冶炼铅，接着冶炼铜，最后铅铜合一，融为青铜。到了公元前2000年左右，安纳托利亚高原开始出现铁匕首。有人认为，先于赫梯人的哈梯人，可能已经掌握了冶铁技术，好学的赫梯人偷师学艺，用到了武器制造上。

至少公元前17—前16世纪，安纳托利亚高原已经出现了明确的人工铁制工具。不久，赫梯人在山上建厂，改进了风箱，提高熔炼温度，并学会了捶打、加碳等冶炼技巧，使得铁块更加坚硬。铁既可以制犁耕地，又可以锻造武器，一箭双雕。

赫梯锻造的弯刀，长55—60厘米，刀身曲形部分外侧刃口锋利，可以用于削切和挥砍，攻击力比青铜武器高出至少一倍。古埃及遗址曾经出土过赫梯制造的铁制弯刀。

赫梯人不仅向哈梯人学习冶铁，还向东邻胡里安人请教驯马。他们作为印欧人后裔，应该本来就熟悉驭马，能够驾车。由于东邻胡里安人技高一筹，赫梯国王遂派人翻译文献、聘请教师，学习对方的驯马和驾车技术。

公元前1650年左右，哈图西里一世上任时，赫梯军队可能已经配备了部分铁制武器，否则凭他们的实力，不可能东征西讨，独步西亚。考古学家挖掘出的一块泥板，以赫梯和阿卡德两种语言记录了赫梯六年的战事。

哈图西里上任第一年，主要向周边城邦开战。泥板记载显示，赫梯曾在扎尔帕（Zalpa）缴获3辆战车，每辆战车有4个轮子一张木板，他们将战车献给了太阳女神。这件事侧面说

图 4－2　古埃及壁画中的赫梯战车

明，当时战车尚为稀有之物，一个城邦只有几辆，而且型制笨重，不适合作战。

上任第二年，哈图西里在高原站住脚跟后，率军南下攻打地中海沿岸的阿拉拉赫。阿拉拉赫是雅姆哈德（Yamhad）王国的附庸，而雅姆哈德是幼发拉底河上游的强国，属于闪米特语系，占据的是古埃勃拉王国之地。

按理说，雅姆哈德在叙利亚经营多年，赫梯不是他们的对手。但是，雅姆哈德出现内乱，竟然眼睁睁地看着赫梯吞噬阿拉拉赫，没有施加任何援手。大概，阿拉拉赫当时已经表现出反叛之心，雅姆哈德也对其丧失了信心，干脆任其自生自灭。

哈图西里见好就收，没有骚扰雅姆哈德本土。不过他们回国途中，想顺手再拿下乌尔舒瓦（Warshuwa）时碰到了一点麻烦。乌尔舒瓦是安纳托利亚高原通向两河流域的一个重要通道。乌尔舒瓦赶紧联络近邻雅姆哈德和胡里安人，顽强抵抗，使得赫梯费了好大劲，才迫使乌尔舒瓦屈服。

上任第三年，哈图西里率军讨伐高原西南部的阿尔扎瓦

图 4－3　赫梯人及其周边族群分布示意图

(Arzawa)。不知是否因为当地太强大，赫梯没占到便宜，只是掠夺了村庄，抢了一些牛羊。就在赫梯准备长期围困时，后方忽然传来坏消息，东邻胡里安人担心赫梯扩张，趁机偷袭了他们的后院。好在，赫梯军队更胜一筹，撤回本部后很快便将胡里安军队击退，恢复了王国疆域。

接下来两年，哈图西里将目光转向了东南的叙利亚草原，准备与胡里安人和雅姆哈德人决一死战。尽管在强敌面前，胡里安人与雅姆哈德人联手抵抗，但是仍然没能阻挡赫梯铁蹄。赫梯人攻占每座城池后，都进行烧杀抢掠，残暴程度远甚于镇压国内叛乱。

双方决战的结果，是赫梯人首度跨过幼发拉底河，染指美索不达米亚。700 年前，阿卡德的萨尔贡大帝曾率军从东向西，越过幼发拉底河，进军安纳托利亚高原，现在哈图西里则是雄赳赳从西向东跨过幼发拉底河，将两河流域小王国打得落花流水。

雅姆哈德似乎没有消亡，仍保留着都城，但是胡里安人基本沦为了赫梯帝国的附属。

哈图西里在任30年，将一个高原的中型王国，打造成了超级帝国。赫梯鼎盛时期，占据小亚细亚半岛2/3土地，成了与古埃及、加喜特巴比伦并驾齐驱的西亚霸主。

但是，历史上所有的强人，都很难顺利实现权力更替。彪悍冷血的赫梯王室尤其突出。哈图西里的儿子们，甚至女儿，都等不及老爹去世，就谋划着拥兵自立，逼得哈图西里不得不把他们尽行流放。无奈之下，他考察过一个外甥，最后发现这个外甥色厉内荏，烂泥扶不上墙，不得不再次放弃。

最后，哈图西里决定让外孙穆尔西里接班。临终前，他将一干信得过的老臣招到病榻前，千叮咛万嘱咐，希望他们看护好幼主，三年内不要让幼主出征，将来即使上战场，也要确保他安全归来。哈图西里这份遗嘱，被刻在泥板上保存了下来，时在公元前1620年左右。

哈图西里没看错，他的外孙穆尔西里确实是一个人才。穆尔西里长大后，干了两件大事，一是出兵阿勒颇，彻底瓦解了雅姆哈德王国，将叙利亚北部草原完全收入囊中，二是与加喜特王国联手，远征两河流域中下游，埋葬了古巴比伦王朝，使赫梯一举成为横贯西亚的、史无前例的大帝国。

公元前1595年，穆尔西里耀武扬威地进入巴比伦城时，赫梯帝国达到了顶峰。有史以来，还没有一个国家，能纵横于爱琴海与波斯湾之间，将沿途强敌一一征服。在这个东西狭长的区域内，赫梯已经没有可以比肩的对手。穆尔西里成了西亚范围内最令人恐惧的枭雄。

但是，人最大的敌人，不是对手而是自己。穆尔西里可能不知道，当他站到世界之巅时，危险已经悄悄逼近。他的妹夫汉提里（Hantili I）觊觎帝国王位，正在图谋抢班夺权。

穆尔西里返回哈图沙不久，就被妹夫刺杀了。参与此事的，还有汉提里的女婿兹坦达。他们两个人似乎打开了潘多拉盒子，将赫梯帝国推入了内讧的深渊。

汉提里和兹坦达都是不择手段的“权力狂”，眼里只有王位，没有亲情和友情。汉提里干掉了姐夫，兹坦达等到汉提里年老时，又干掉岳父一家。然而天理昭彰，报应不爽，兹坦达竟死在亲儿子阿穆纳手中。这样的王室，衰退是必然的。

阿穆纳得以终老，但是他的两个儿子都被亲信杀死，只有一个儿子铁列平，侥幸逃脱，最后成功继位。这一年是公元前1525年，距离赫梯内讧已过去了半个多世纪。

在这政治动荡的半个多世纪中，赫梯属国再度纷纷反叛，帝国疆域急剧缩减，衰落得不成样子。东边的胡里安人，趁机在米坦尼人率领下大肆扩张，建立了一个新帝国。

铁列平上任时，赫梯内外交困。为了摆脱困境，他一方面收复失地，重建疆域；另一方面颁布法律，抛弃冤冤相报和株连九族的恶习，明确了王位继承的次序，避免再度出现自相残杀的悲剧。

然而，赫梯人长期形成的民族特性，不是一部法律就能改变的。铁列平的儿子仍然没有逃过谋杀，他死后的赫梯王国，继续承受内讧之苦。一次又一次的王室谋杀，让赫梯孱弱不堪，一度连都城都保不住。

直到公元前14世纪中叶，一位叫苏庇路里乌玛（Suppiluliuma）的杰出王子，通过政变夺取王位，才又让赫梯重新崛起。当时，长期威胁赫梯边境的，主要是三股力量，一是西南部的阿尔扎瓦联盟，二是北方的卡斯卡地区，三是东方的米坦尼帝国。

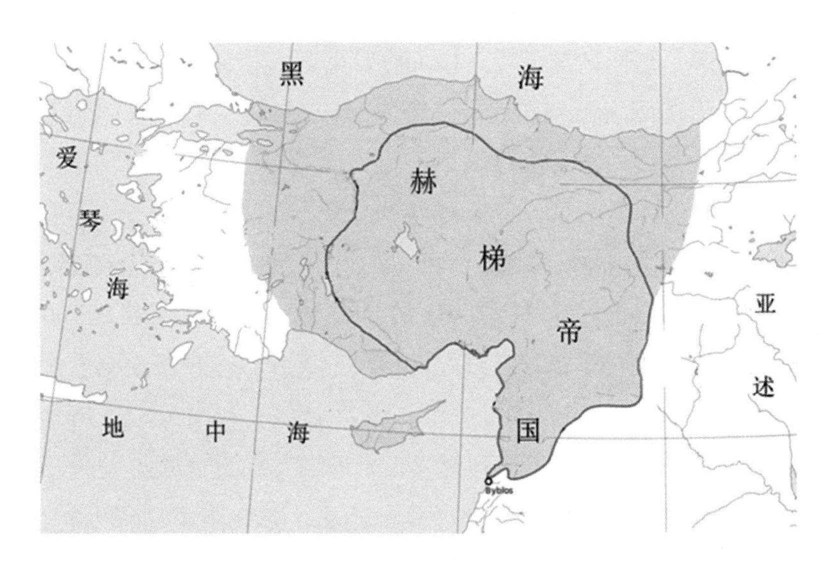

图 4－4　公元前 14 世纪下半叶赫梯帝国

苏庇路里乌玛上台后，知道以赫梯之力，尚不足以对抗米坦尼，遂重点对阿尔扎瓦和卡斯卡用兵，希望解除后患。当意识到无法彻底驯服卡斯卡时，就与其签订条约，约定互不侵犯。

对于米坦尼，则主要通过外交手段进行牵制。苏庇路里乌玛与古埃及缔结和约，又迎娶加喜特巴比伦公主，使得居于中央的米坦尼，不敢轻易进攻赫梯。同时，赫梯还介入米坦尼内部斗争，支持一派打击一派，通过分化米坦尼政治削弱其国力。

十余年后，米坦尼在内忧外患下，国力急剧下降。苏庇路里乌玛一看时机成熟，便借口米坦尼攻击赫梯的一个属国，率军雄赳赳跨过幼发拉底河，攻占了米坦尼首都瓦舒戛尼。

然后，赫梯军队挥师南下，蚕食米坦尼的属国。爱琴海东岸的小国，包括乌加里特（Ugarit），都归入了赫梯麾下。赫梯甚至抵达迦南埃及境内，将其附庸国卡迭石（Kadesh）纳入己手。

埃及估计很清楚，让赫梯吞掉米坦尼，对自己十分不利。这等于是刚送走一只病猫，又迎来一个瘟神。何况，赫梯已经露出獠牙，侵占了卡迭石。只是，埃及国王图坦卡蒙（Tutankhamun）太过年轻，既没有支援米坦尼，也没有对赫梯占领卡迭石立即进行反制。

等到苏庇路里乌玛返回赫梯，米坦尼和埃及才联手发动了反击，一个收复失地，一个进攻卡迭石。苏庇路里乌玛大怒，决定再度御驾亲征，消灭米坦尼的据点卡尔凯美什。卡尔凯美什位于安纳托利亚高原与叙利亚草原交界处，是进出小亚细亚的要道。

此时，米坦尼国内再度内讧，赫梯曾支持的一方对新主不满，并迫使其流亡赫梯。苏庇路里乌玛决定改换立场，转而支持新主复位。双方联手攻占了卡尔凯美什。不用说，复位后的米坦尼国王，基本上成为赫梯的附庸，永远失去了自主性。

至于埃及，则遭遇更大挫折，赫梯攻打卡尔凯美什期间，埃及国王图坦卡蒙去世，年仅 18 岁，留下王后安赫塞娜蒙（Ankhesenamun）苦撑政局。图坦卡蒙的父母是亲兄妹，他的王后安赫塞娜蒙是同父异母的姐姐。这种近亲婚姻使得王室子

图 4－5　卡尔凯美什旧址示意图

女带有先天性缺陷。

根据遗传学的研究，图坦卡蒙生前患有轻微脊柱后侧凸、右脚扁平、趾骨缺少，左脚第二根脚趾和第三跖骨骨坏死，以及右膝盖复合骨折等疾病。他和王后安赫塞娜蒙没有儿子，仅有的两个女儿早早夭折。

图坦卡蒙死后，王后孤立无援，求助无门。朝中权臣艾伊（Ay）和军队将领霍伦海布（Horemheb），都对王位虎视眈眈，伺机将王后连同她的江山收入囊中。王后不甘心成为大臣附庸，突然心生一计，决定向赫梯国王求助。她派人送给苏庇路里乌玛一封信，说自己膝下无子，又不愿意嫁给臣子，希望赫梯能派一个王子去埃及与她成婚，将来可以继承王位。

苏庇路里乌玛看到信后，肯定很震惊，也不太敢相信。毕竟，双方曾是势均力敌的死对头，埃及怎会将江山白白送上？他派人前往埃及求证后，了解到埃及宫廷动荡，王后自身难保，确实想借助赫梯之力，所以决定碰碰运气。反正他有好几个儿子，有资本下赌注。

公元前 1324 年，赫梯选派王子扎南扎（Zannanza）远赴埃及，迎娶埃及王后安赫塞娜蒙。谁知道，扎南扎一行刚走到迦南边境附近，就消失在了茫茫原野中，至今下落不明。

这到底是怎么回事？难道安赫塞娜蒙戏耍了赫梯？可能性不大。一来，埃及诓骗一个王子，除了激怒赫梯外，没有任何好处；二来，安赫塞娜蒙后来被迫嫁给了政敌艾伊，在政坛消失，境遇不妙。她希望与赫梯王子结合的想法，或许是真诚的。

最大的可能性，是此事走漏风声，引起了霍伦海布的高度警觉。图坦卡蒙活着时，就封霍伦海布做王储和国王代理人，未来的王位应该是他的。王后迎娶赫梯王子，明摆着就是想放手一搏，取消霍伦海布的王位继承权。所以，很可能是霍伦海布命令军队半路将赫梯王子扎南扎干掉了。

不管内情如何，苏庇路里乌玛知道儿子失踪后，勃然大怒，马上派兵讨伐埃及。他们打了很多胜仗，抢了很多战利品，但是也付出了沉重代价。他们带回的俘虏感染了瘟疫，让包括苏庇路里乌玛在内的大量赫梯人暴病身亡。这可真是赔了王子又折兵。

由于疆域相接，赫梯与埃及本来就是对手，扎南扎王子失踪一事，又为两国关系蒙上了深深阴影。此时，埃及宫廷经过短暂动荡，权臣艾伊技高一筹，除掉霍伦海布夺取了王位。安赫塞娜蒙成了他的王后。由于名不正言不顺，艾伊的统治并不稳固，更没有能力应对赫梯打压。无奈之下，他们只好拉拢赫梯东西两边的亚述和希腊迈锡尼，共同予以钳制。

1982 年夏天，考古学家在土耳其卡什镇海域打捞出一艘沉船，命名为“乌鲁布伦沉船”。这艘沉船上装满了铜锭、锡锭、玻璃、象牙制品、金银器、青铜器、滚印、黄金、刀剑、松节油，简直是艘宝船。经鉴定，这艘船可能是受埃及法老委托，经过塞浦路斯驶向希腊，为迈锡尼国王递送礼物，怂恿他们从西面牵制赫梯。沉船的时间，大约在公元前1300年左右。

埃及的联盟外交确实发挥了作用。赫梯受亚述牵制，只能维持对迦南地区的控制，而无力继续向南用兵，给予了埃及东山再起并复仇的机会。

半个世纪后，苏庇路里乌玛之孙穆瓦塔里二世继位，继续对埃及迦南属地用兵，威胁埃及疆域；埃及经过政权更替，在拉美西斯二世任上迎来复兴，试图收复迦南失地。公元前1274年夏季第二个月，赫梯和埃及在卡迭石布下重兵，展开了当时火星撞地球般的巅峰对决。

卡迭石位于今大马士革东北，奥龙特斯河畔。据说，埃及出动4个军团，加上雇佣军，至少2000辆战车、1.6万名士兵；赫梯动员了19个盟国，至少3000辆战车、共计2万名士兵。这反映出当时西亚北非马匹充足、战车众多，已经进入大规模马车战争时代。

双方伤亡及结果，今人不得而知。拉美西斯二世回国后，在神庙壁画上大肆宣扬战绩，似乎打败了赫梯人，但赫梯出土的文书显示，战后卡迭石仍然是赫梯属地，他们才是真正赢家。埃及军队损兵折将，想方设法恢复失地，但是已经无力回天。

不过，接下来十多年，随着亚述急速崛起，埃及也没必要“回天”了。他们和赫梯都感受到了亚述人的凶猛和残酷，意

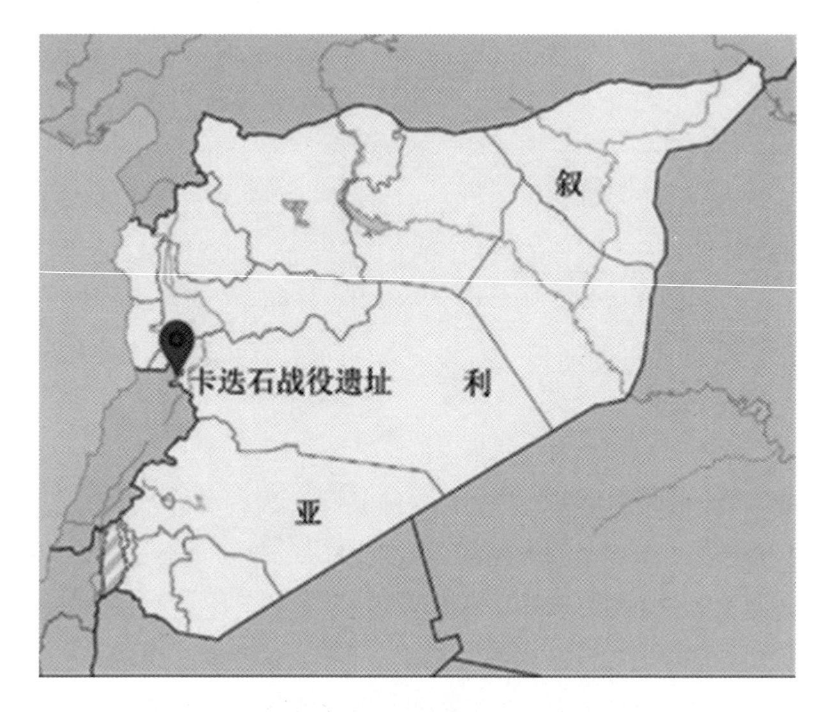

图 4－6　卡迭石战役地址示意图

识到如果再继续对抗下去，只能让亚述坐山观虎斗，渔翁得利。于是，拉美西斯和赫梯篡权上台的新国王决定捐弃前嫌，共同对付新敌亚述。

公元前 1259 年，赫梯与埃及签署《卡迭石协议》，各自保存一份。赫梯的协议刻在一块银碑上，埃及的协议写于莎草纸上。赫梯保存的协议银碑，在 20 世纪初从哈图沙遗址中重见天日。

协议所使用的语言文字，是当时通行的阿卡德语。条约规定，双方同意放弃战争、互不侵犯，建立平等的兄弟关系；双方互相引渡政治犯，尊重对方合法继承人的继承权。这是人类最早的书面条约，也是第一份以谈判换取和平的国际条约。

图 4－7　《卡迭石协议》

条约签订后，赫梯与埃及关系进入了蜜月期。双方你来我往，互动频繁。赫梯将公主远嫁埃及，埃及国王则邀请赫梯国王会晤叙旧。由此，赫梯与埃及外交关系迎来了一段相对平静的岁月。

但是，赫梯的平静岁月没享受多少年。赫梯帝国皇室成员之间斗争不止，频频发生谋杀，国家政权风雨飘摇。亚述对赫梯东部属地虎视眈眈，并最终取而代之。西部属国看到赫梯王室虚弱，趁机反叛，逼得赫梯国王不得不再度讨伐。

在这内忧外患冲击下，曾经不可一世的赫梯帝国，日渐虚弱至极，只有大口喘气的份儿。而且，屋漏偏遭连夜雨。公元前 12 世纪初，爱琴海岛屿居民受不可抗拒的外力压迫，轮番向安纳托利亚、地中海东岸以及埃及发动侵袭，消耗掉了赫梯最后一点力气。

埃及失去了叙利亚和迦南属地，四分五裂；赫梯帝国则干脆土崩瓦解，灰飞烟灭。公元前 1180 年，赫梯都城哈图萨被北方的卡斯卡人付之一炬，赫梯人远走他乡，消失在了茫茫历史中。到现在，连历史学家也不知道他们的下落。取代赫梯控制安纳托利亚高原的，是从巴尔干半岛迁来的另外一个印欧族群，叫弗里吉亚人（Phrygian）。

第二节　夹缝中成长的米坦尼帝国

如果我问你，知道不知道米坦尼，估计十有八九不知道。20 世纪以前，如果不是考古挖掘，历史学家也不知道两河流域还有个米坦尼。而且，由于没有资料传世，直到今天，历史学家也仅知道米坦尼的一鳞半爪。

目前可以确定，米坦尼是公元前 16—前 14 世纪，活跃于两河流域与安纳托利亚高原交界处的一个中型帝国。他们的起止时间，与中国殷商王朝差不多。饶宗颐认为，中国古代话语中的“胡人”叫法，可能就是源于对米坦尼主体居民的称谓。

米坦尼帝国的主体居民，叫作胡里安人（Hurrians），或译作胡里特人。从名字上来说，中国对游牧民族的“胡人”称谓，确实与“Hurrians”的前两个字母发音吻合。

不过，胡里安人说的胡里安语，既不是印欧语，也不是闪米特语，比较接近高加索山脉南麓的乌拉尔图语。换句话说，他们的祖先似乎既不是南来的，也不是北往的，而是始终居住在高加索山脉南麓一带，后来向南跨过底格里斯河，进入了两河流域上游。

胡里安人和他们的文字，早已经没入历史尘埃，不见痕迹。现代人对他们的了解，多来自当时“他者”的只言片语。公元前24世纪前后，幼发拉底河上游的埃勃拉王国，曾提到过底格里斯河北部四个城市的名字，语言学家认为属于胡里安语。

这意味着，早在阿卡德帝国时期，胡里安人已经来到两河流域，居住在底格里斯河上游至扎格罗斯山之间的山谷。从语言来推测，他们的故乡应该在高加索或安纳托利亚高原东部。

胡里安人从高加索南下后，最初集中在底格里斯河两岸。他们在那里与当地人杂居融合，从事农业、商业贸易或者手工业。随后，进入公元前20世纪后，又扩散到幼发拉底河上游、叙利亚与扎格罗斯山脉之间的地带。他们西北与赫梯人相邻，东南与亚述人杂居融合，形成了一个新的族群主体。

那时候的胡里安人，杂居于闪米特人的汪洋大海中，以生存为第一要务，姿态低调而谦卑。有的学者指出，他们不像旁

图 4－8　胡里安人聚集地示意图

边的亚述人或赫梯人那样蛮横好战、嗜杀成性，是一个热爱和平的民族。当然，后文也会讲到，早期亚述人也是低调谦卑的，不喜动武，后来转向好武是种族融合和环境刺激的双重结果。

在弱肉强食的时代，和平主义者只能甘当配角。胡里安人曾臣服于阿卡德帝国，后来又被苏美尔人的乌尔第三王朝征服。不少胡里安人战俘，被掠回苏美尔当了奴隶。等到乌尔第三王朝灰飞烟灭，胡里安人又生活于亚述人阴影下，忍受他们的飞扬跋扈。西边崛起的赫梯人，也时不时来欺负他们。

公元前 18—前 17 世纪，转机来了。一支印欧人进入两河上游，加入了胡里安人的队伍。这支印欧人来自何方，没人知道，但是从当时情况推测，不是来自西边安纳托利亚高原，就是来自东边伊朗高原。

据说，这支印欧人信仰的神灵，与印度—伊朗人相类，他们的某些文化，也与印度—伊朗人相似。有人推测，他们可能是印度—伊朗人的一支，从伊朗高原西部，翻越扎格罗斯山脉而来。学界今天称他们为米坦尼人（Mitanni）。

我们知道，生活在大草原上的印欧人，一般都崇尚武力，富有野性。这支印欧人的加入，让胡里安人不再甘于平庸、任人宰割，而是变得孔武有力。米坦尼人领着他们，对两边强敌发动攻击，掀起了新一轮西亚争霸战争。

公元前1595年，赫梯大王穆尔西里一世与加喜特人抢劫完巴比伦，班师回朝时，就遭到了胡里安人袭击。穆尔西里一世不得不放弃大量战利品，匆匆撤回赫梯平乱。赫梯人攻打西部城邦时，胡里安人也曾趁火打劫，从背后骚扰赫梯大后方。

公元前1550年，米坦尼人整合胡里安人，以瓦舒戛尼（Washukanni）为首都，建立了米坦尼王国。目前，学界尚不知道瓦舒戛尼位于何地，初步判断可能在两河中间的哈布尔河畔。

米坦尼人率领胡里安人跃跃欲试，并非轻举妄动，而是以军事优势作为后盾的。他们充分发挥印欧人特长，将马车用于战争，提高弓箭手的机动性，增加攻城锤威力，短时间内形成了明显的军事优势。

印欧人是驯马和造车的行家。他们在欧亚大草原上来回驰骋，东西迁徙几千公里，就是凭借着良马和战车。在米坦尼人之前，马匹和车辆主要应用于运输。士兵也骑马，但是由于没有发明马镫，不能骑马作战。他们往往骑马至战场，然后下马再投入战斗。至于车辆，由于太笨重，也只能运输粮草，不能用于两军对垒。

米坦尼将两者结合了起来。一方面，他们将战马驯得更听话，更容易驾驭，另一方面改进了车轮和车身，使得其轻快灵活，便于操作。如此一来，马拉战车就能进入战场，发挥实战优势。马车跑起来，不仅具有冲击力，还能载着弓箭手，变成机动部队。

根据努兹遗址信息，米坦尼战车每辆通常配备两名士兵，10 辆战车编为一队，每队设置一名指挥官。只要 10 辆马拉双轮战车，就能将上千的步兵冲得七零八落。

不仅如此，米坦尼人还改进了攻城锤。原来的攻城锤，可能就是一块巨大圆木，由几十个人架着，撞击城门或城墙。米坦尼采用坚硬的橡木，削尖了橡木的头部，裹上铁皮或青铜皮。用这样的攻城锤去撞击，能够快速打开缺口，大大节省攻城时间。

凭借双轮战车、机动弓箭手和攻城锤，米坦尼很快便征服周边城邦，成为新的政治重心。那些长期被欺负的胡里安人，纷纷聚集到米坦尼人周围，分享胜利的荣光。

米坦尼成了一个由米坦尼人统治，以胡里安人为主体的强大王国。他们说着胡里安语，借用楔形文字进行记录。米坦尼人的印欧痕迹，仅残留在王族名称和神灵信仰之中。

公元前 16 世纪末，赫梯陷入王位纷争，国力渐衰；东邻强敌亚述，也处于分裂之中，各自为战。更巧的是，赫梯在衰落前，还摧毁了南方的雅姆哈德王国（Yamhad），将幼发拉底河上游置于权力真空，为米坦尼提供了扩张机会。米坦尼借着这千载难逢的好时机，与加喜特巴比伦结为盟友，左右蚕食赫梯和亚述领土。

战车在山区不好使，难以投入战场，所以米坦尼没有攻击赫梯人的大本营，只是占领了赫梯东部和他们在今叙利亚的领土。然后，米坦尼又转过身，攻打亚述人的地盘。

到公元前 1472 年，米坦尼吞并了亚述大部分城邦。他们摘下阿舒尔城的大门和金银饰品，运回去装饰瓦舒戛尼。亚述王成了米坦尼王国附庸。胡里安人忍气吞声一千多年，终于得以扬眉吐气。

公元前 15 世纪，米坦尼鼎盛之时，疆域北抵凡湖、乌尔米亚湖，西至地中海东岸，南到叙利亚沙漠，东近巴比伦，乃

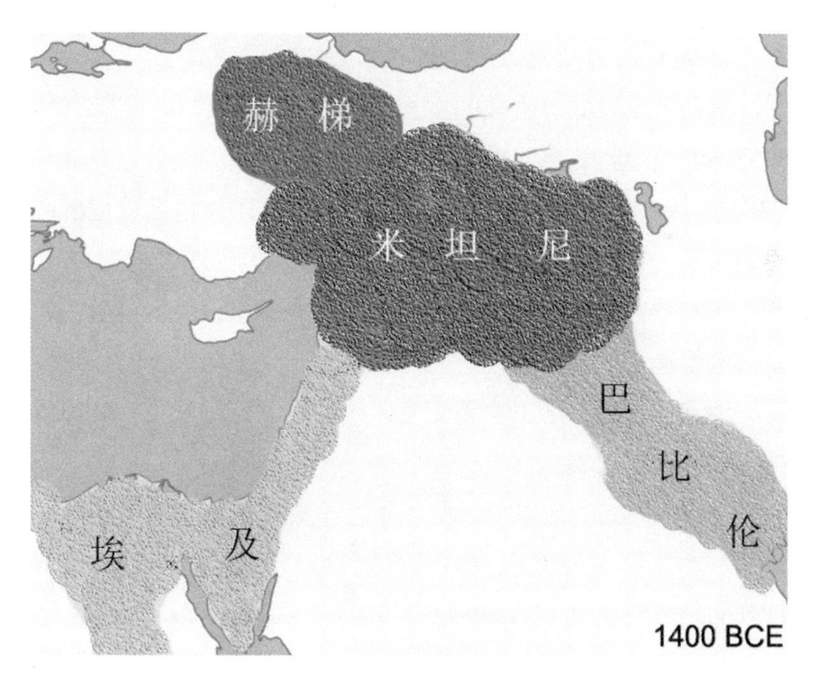

图 4－9　鼎盛时期米坦尼帝国疆域示意图

是西亚第一等大国，一度力压巴比伦和赫梯，成为最具影响力的西亚帝国。而且，它地处两条商路交叉点，贸易地位绝世无双。

当时，全球的区域文明中心有五个，分别为尼罗河三角洲、两河流域、黄河流域、南亚次大陆和希腊半岛，其中必须经由米坦尼进行贸易的，就有三个。两河中下游与埃及、希腊半岛及爱琴海岛屿交易，必须经过米坦尼；埃及与两河流域进行交易，也必须经过米坦尼。

米坦尼境内很多城镇，都是当时著名的商贸中心，比如地中海沿岸的乌加里特、阿拉拉赫，幼发拉底河与地中海之间的阿勒颇，底格里斯河流域的努兹、阿舒尔，哈布尔河流域的布拉克（Brak），个个都人来人往，繁盛一时。

很多米坦尼城市遗址的泥板文书，都是商业和司法记录，侧面透露出当时的商业繁荣和社会习惯。他们应该是以商业和手工业立国，对农业兴趣寥寥。这种商业气质使得米坦尼醉心中间贸易，在政治上“不思进取”，对领土扩张兴味索然。

即使对迦南地区，米坦尼也没有日思夜想。他们只是控制了富庶的迦南北部地区，而仍然任由埃及主导迦南南部。米坦尼统治者在乎的是手工业和商业，他们仅靠商业税收，就能维持国家和宫廷开支。

这样的心态，使得米坦尼不太在乎集权。他们的帝国，更像是一个王国或城邦联盟。学者研究显示，米坦尼是阿勒颇（Aleppo）、阿姆鲁（Amurru）、努哈什（Nuhashshi）的宗主国，但至少基祖瓦特纳（Kizzuwatna）、图里拉（Turira）和阿拉拉赫（Alalakh）等邦国属于米坦尼的联盟国，可以自主决定外交政策。

一个松散的联邦，或许有利于商业繁盛，但是在那个弱肉强食的时代，在列强环伺的西亚，这样的政治结构，显然是缺乏长远竞争力的。一旦赫梯人和亚述人苏醒过来，再度踏上中央集权扩张的战车，米坦尼和它的胡里安子民，必将重新沦为附属。

第三节　硬撑四百年的加喜特巴比伦

公元前 1595 年，加喜特人联手赫梯人，灭掉了摇摇欲坠的旧主巴比伦。得手后，赫梯国王穆尔西里一世接到报告说国内有变，遂赶紧率军回赶。途中遭到胡里安人偷袭，战利品也没能带回。

穆尔西里一世回国不久，就被他的妹夫汉提里一世暗算，一命呜呼。没了穆尔西里的赫梯，长期陷入王位之争，差点被东邻米坦尼收入囊中，自然也就顾不上崩溃的古巴比伦。

取代赫梯而兴的米坦尼，醉心于商业和手工业，忙着抢占两河中上游，对以农立国的中下游兴趣寥寥。两河中游的亚述人失去了精神领袖，自顾不暇，对外没有任何非分之想。

这种百年一遇的权力真空，为加喜特人提供了上位机会。他们趁势进驻巴比伦城，打败南部海地王国，将乌鲁克、乌尔、拉尔萨等古都纳入了囊中。公元前 1465 年，一个新的统一王朝又矗立于巴比伦尼亚平原，史称加喜特巴比伦王朝，或巴比伦第三王朝。

加喜特人习惯了阿卡德地区生活，问鼎后没有南下，依旧将都城定在了巴比伦城。他们为巴比伦城换了一个新名字，叫柯瑞狄尼阿什（Karanduniash），意为崩溃王朝的遗物。

问鼎两河中下游以前，加喜特人已经自立为王，传了九代。带领他们进驻巴比伦的，是第十代国王阿贡二世（Agum Ⅱ）。200 多年后，他们的第十七代国王库里加尔佐（Kurigalzu）修建了一座新的首都，名为德尔·库里加尔佐（Dur Kurigalzu）。

这座新首都坐落于迪亚拉河与底格里斯河交汇处，巴格达以西 30 公里的地方。几百年前，加喜特人就是沿着迪亚拉河，来到底格里斯河流域，成为当地一员的。不知道加喜特人另起新都，是为了与旧主一刀两断，还是更留恋他们刚到两河流域时的栖息地？

加喜特人继承的巴比伦尼亚，在长年战争摧残下，已经远不如昔。从地下考古来看，它的人口和文化都出现了急剧退化。尼普尔—乌鲁克走廊减少了约 27% 的定居点，迪亚拉河下游减少了 39% 。在乌尔和埃利都南部，定居点只有古巴比伦王朝末期的 9. 6% 。这表明苏美尔地区的人口损失严重，有些地方可能变成了荒野。

与人口骤减相伴随的，是文化程度大为衰退。古巴比伦及其以前的时代，留下了大量泥板文书，文明程度领先全世界。而到了加喜特巴比伦时代，最初 170 多年，几乎没有任何泥板文书出土，后来留下的泥板文书，也仅局限于尼普尔和巴比伦。

要说加喜特人来自北方草原，可能没有多少文明积累，但是他们占据的是苏美尔、阿卡德、巴比伦旧地，一个领先全世界上千年的古老文明中心。唯一可能的解释是，不仅加喜特人没文化，原来拥有悠久文明传统的两河中下游民众也退化了。

巴比伦尼亚的问题，还不止于此。由于农业生产相对稳定，周边民族都向这里挤压，到加喜特巴比伦时代，巴比伦尼亚已经成为“五胡杂处”之地，有苏美尔人、阿卡德人、阿摩利人、加喜特人，有亚述人、胡里安人、赫梯人，甚至还有从扎格罗斯山区下来的拉鲁比人。如此南腔北调、族群多样，加喜特王室的治理难度可想而知。以雇佣军起家，且为新移民的加喜特人，能驾驭这纷繁复杂的局面吗？

事实证明，加喜特人绝非四肢发达、头脑简单之辈。他们虽然没有多少文化积累，但深知只可以骑马打江山，绝不能骑马坐江山。他们入主巴比伦后，立刻放下战马和刀剑，玩起了柔性统治。

以前的三大王朝，采取的是分而治之的策略，加喜特王朝则反其道而行之，极力整合和同化不同族群。他们似乎知道，要想在巴比伦尼亚站住脚，必须融入当地传统，“以其人之道还治其人之身”。巴比伦尼亚的统治之道是什么？是政教合一，是以宗教护持政治。

加喜特人上台以后，特别热衷恢复传统的神庙。从始至终，大部分国王都有建造神庙的记录。他们不但在首都建，还将尼普尔、乌尔、乌鲁克、西帕尔、伊辛、阿达布、阿卡德、德尔和基什等地神庙，统统修整了一遍。

他们还专门跑到赫梯，要回了被掠走的马尔杜克神像，以便赢得巴比伦人认可。那个时代，敬拜神像是天大的事，谁能保住神像，或者替人们讨回被掠走的神像，谁就是英雄，能够得到民众认可。

鉴于原统治者（阿摩利族群）同样属外来移民，加喜特王室刻意与其拉开距离，向更古老的苏美尔、阿卡德传统靠拢。他们将阿卡德语定为官方语言，将苏美尔语定为宗教用语，努力显示自己对原住民的尊重。

加喜特王室鼓励收集、编纂和神圣化古老的宗教文献，恢复苏美尔和阿卡德的神灵系统，重新将尼普尔之神恩利尔扶上主位。连他们自己的神灵，除两个王室守护神外，也都退出公共宗教场合，仅仅保留在个人和家庭领域。所以，加喜特时代的巴比伦尼亚，呈现出的是一种复古文化，一种朝向苏美尔和阿卡德时代的回归。

随着恩利尔被奉为主神，尼普尔城的政治地位大大提高。与帝国其他省份相比，尼普尔总督享有特殊权力。他不仅掌握着帝国行政，还负责征收整个帝国的农业税，可谓一人之下，万人之上，颇似中国王朝政治中的丞相。

作为外来移民，加喜特人深知仅靠一己之力，难以驾驭巴比伦尼亚。他们在掌管宗教、土地、军事最高权力的前提下，允许巴比伦尼亚本地人，也就是阿卡德人、苏美尔人、巴比伦人，从事宗教和行政管理工作。这些本地人精通阿卡德语，会写苏美尔文字，占有先天之利。

从出土文献来看，王朝的宗教和中下级行政事务，几乎都授予巴比伦尼亚人进行管理。所有市长都来自巴比伦尼亚当地。加喜特人只是作为主导者，进行监督和遥控。

这种权力分享扩大了统治基础，弥补了加喜特人自身的不足，使得王朝得以扎根本土，站稳脚跟。上百年过后，当地人已经不像对待阿摩利人那样，视其为外来的异族政权。

到公元前 14 世纪，库里加尔佐在世时，加喜特王朝进入盛世。他们不仅拥有充足资源，修建一座新的都城，还打败埃兰，将其都城苏萨纳入自己控制之下。公元前 13 世纪初，加喜特疆域西至两河中游，东至波斯湾北岸和伊朗高原，成为可与古埃及、赫梯、亚述比肩的四大帝国之一。

不过，与其他三大帝国相比，加喜特王朝具有致命弱点。

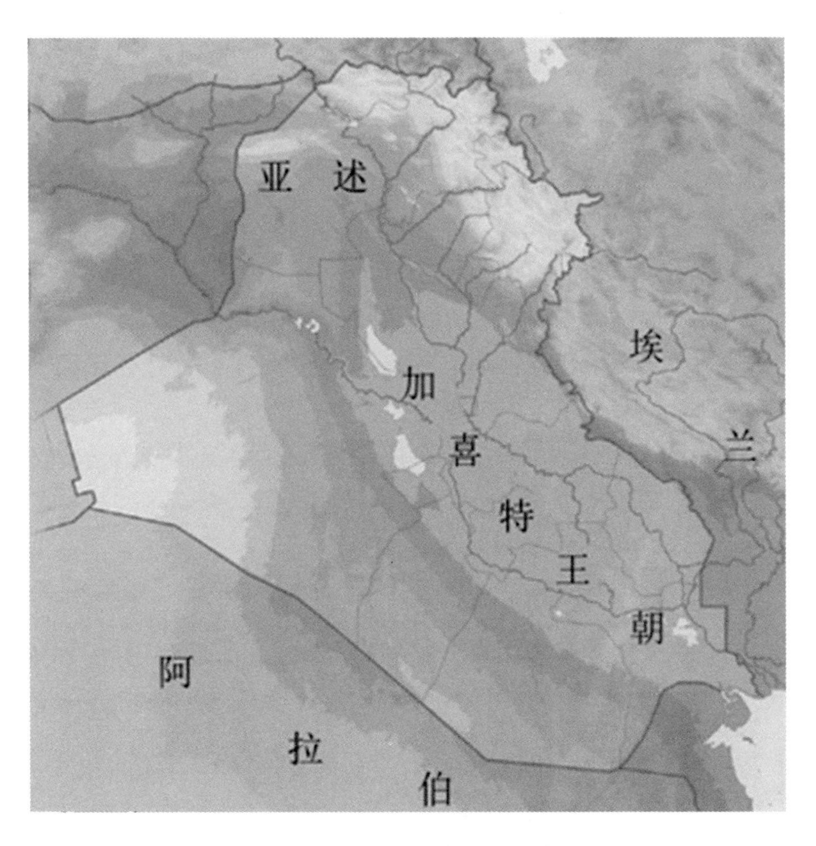

图 4－10　加喜特王朝区域示意图

他们占据的巴比伦尼亚，只能从事耕种、畜牧和手工业，缺乏发展军事所需要的木材、矿产，以及王室所需要的黄金、宝石等奢侈品。他们必须通过西北方向的两条商路，与上游进行贸易，才能满足王室需求。

此外，巴比伦尼亚降雨量稀少，完全依赖两河水源，而两河水源又控制在中上游，如果亚述、米坦尼搞故意破坏，巴比伦尼亚的生活就会大受影响，甚至无法维持。

说白了，加喜特的命根子被亚述、米坦尼、赫梯攥在手里，基本没什么讨价还价的余地。所以，加喜特人从始至终，都不敢对北邻亚述人动武，主要向下游和埃兰扩张。反过来，亚述要想攻打加喜特，则既可以顺流而下，又可以断水堵路，筹码很多。

公元前15世纪上半叶，加喜特攻打下游时，亚述四分五裂，被上游米坦尼驯服，没能力觊觎加喜特。即使这样，加喜特也没作非分之想，而是与亚述王签署边境条约，选择了和平共处。

但是，公元前1350年，当亚述联手赫梯击败米坦尼，瓜分了周边良田，重新获得独立后，加喜特王朝的厄运便开始了。强大起来的亚述人，随时都可能顺流而下，偷袭加喜特边境。这让加喜特王朝国王布尔那布里亚什二世（Burnaburiash Ⅱ，以下简称布尔二世）整天心惊胆战，忧心忡忡。

心惊胆战的布尔二世，遂向亚述求婚，希望通过政治婚姻维系边境安全。亚述王阿舒尔乌巴里特一世（Ashur Uballit Ⅰ）将一个女儿许配给了他。谁知道，布尔二世弄巧成拙，让亚述公主在王室内讧中丢了性命。乌巴里特大怒，直接带领兵马冲入加喜特都城，废黜了女婿布尔二世，将一个年轻人扶上了王位，史称库里加尔佐二世。

为了遏制亚述，加喜特不得不与外部结盟。他们时而交好埃及，时而联络赫梯，以求侧面钳制亚述。交好和联络的重要手段，不是嫁女就是娶妻。王室公主成了那个时代最流行的政治礼物。

布尔二世在位时，娶了亚述公主，转过脸去便将一个女儿许配给了埃及法老埃赫那吞（Akhenaten）。当时，亚述也争着与埃及交好，埃及法老算是两边通吃。相较而言，对加喜特国王有些傲慢。毕竟，在当时几个帝国中，加喜特巴比伦是相对最弱的。

埃赫那吞迎娶加喜特公主时，只派了 5 辆车，送上 50 磅黄金，据说还缺斤少两，让布尔二世很生气，专门写了一封信抱怨，说你送我黄金的时候一定送成色好的，别弄虚作假。可是，生气归生气，布尔二世为了外交大局忍气吞声，仍然同意了婚事。

诸位可能有疑问，埃及离着两河流域那么远，加喜特为什么讨好他们？其实这是以今日埃及度昔日埃及。公元前 13 世纪前后的古埃及，疆域北到迦南地区北部，也就是今天的叙利亚大马士革，距离亚述边境并不遥远。加喜特要想钳制亚述，必须交好埃及。

到了公元前 13 世纪，加喜特疏远埃及，又与传统盟友赫梯交好。库杜尔恩利尔在位时，曾将一位公主嫁与赫梯国王。应该说，加喜特王朝的政治联姻，确实发挥了有效作用，使得亚述长期忌惮赫梯和埃及，不敢全力对加喜特巴比伦用兵，令加喜特得以存续四百多年。

但是，加喜特大搞政治联姻，不是为了卧薪尝胆，也不是为了争取时间秣马厉兵，而是纯粹为了钳制而钳制。最后的结果是，既没有钳制住亚述，也没有保住边境。

赫梯和埃及两大强国长期对峙，终于在公元前 1274 年引发卡迭石之战。战役使得两败俱伤，为亚述创造了渔翁之利。公元前 1237 年，亚述打败赫梯，称雄西亚。大约同时期的埃及，则在利比亚人、海上民族轮番冲击之下，同样走向没落，自身不保。

亚述没有了西方钳制，很快便露出青面獠牙，磨刀霍霍挥师南下。他们摧毁了加喜特都城，掠走了马尔杜克神像，俘虏了加喜特国王。一份亚述遗址铭文写道："我（亚述王）打败了他的军队，征服了他的军队。在那次战役中，我俘虏了加喜特人的王卡什提里阿什，我用脚踩着他的脖子，就像踩在凳子上。在我的主人阿舒尔神面前，我把他捆起来，用鞭子抽打。"

曾经骁勇善战、镇守边疆的加喜特人，如今竟然沦落到被亚述任意宰割的份儿，让人唏嘘不已。自古以来，农耕文明都是一把双刃剑，既能够让人无口腹之虞，又容易使人陷入温柔乡，失去粗犷的活力。

公元前 13 世纪末，加喜特沦为亚述附庸后，厄运并没有就此止步。东邻埃兰人再度活跃，不断侵犯加喜特王朝疆土。加喜特人没有办法，只能重施联姻的旧计，将一位公主许配给埃兰国王。

谁承想，这次联姻又重蹈了对亚述的覆辙。埃兰苏萨王朝借着一丝血缘，反复干预加喜特王位继承。公元前 1155 年，埃兰舒特鲁克王朝的舒特鲁克·纳克杭特（Shutruk-Nakh-khunte），干脆带兵扫荡了巴比伦。他们掳走加喜特时任国王、纳拉姆辛纪功碑、《汉谟拉比法典》以及其他塑像，将巴比伦洗劫一空。

纳克杭特任命他的儿子统治巴比伦，加喜特人不服，又顽强抵抗了三年，无奈大势已去，不得不最终认输，退回了扎格罗斯山区。巴比伦尼亚一盘萨沙，成为埃兰人的附属。

作为文明悠久之地，巴比伦尼亚人当然不肯俯首称臣，他们不断地起来反抗和驱赶埃兰人。在这个反抗过程中，伊辛城邦重新崛起，逐渐成为巴比伦尼亚的一面旗帜。他们的一个国王，叫作尼布甲尼撒一世（Nebuchadnezzar I），带领巴比伦尼亚人赶跑埃兰人，修复巴比伦城，建立了一个短暂的王朝，史称巴比伦第四王朝，或叫伊辛第二王朝。巴比伦尼亚终于又回到了当地人手中，直到来自西部的迦勒底人崛起。

第五章　印欧人谢幕，闪族亚述强势崛起

亚述人（Assyrians）算是两河流域的土著，早在苏美尔、阿卡德时代，便分布在底格里斯河中上游两岸，长期甘当附庸。阿摩利人融入当地后，亚述人的气质似乎为之一变，成了勇武刚烈之辈。古巴比伦兴起前，一度成为两河中上游的霸主。此后五六百年，历经巴比伦、米坦尼、赫梯之掳掠与役使，不仅没有消沉低迷，反而更加崇尚武力杀戮而又养成了无与伦比的韧性。他们趁周边帝国遭受外敌入侵风雨飘摇之际强势崛起，几经挫折后，终于炼成两河流域最强霸主。亚述人的横空出世终结了各个印欧族群在西亚的主导地位，使得两河流域再次回到闪米特语系控制之下。

第一节　砸不烂捶不扁的亚述人

公元前 12 世纪，当赫梯、埃及、加喜特三大帝国陨落时，两河中上游的亚述人却再度复兴，成为两河流域的主导者。在介绍亚述人复兴以前，我们先来看看他们的历史，明白这个族

群是怎么来的，经历了怎样挫折，以及是如何乘势兴起的。

严格地说，亚述人不是一个族群名称，而是指亚述地区的居民。所谓亚述地区，即底格里斯河中上游两岸，以古代阿舒尔城为中心的地区。它的东面是扎格罗斯山脉，北边是亚美尼亚山脉，西面是托罗斯山脉，境内多为山麓、丘陵和谷地，中部偏西为平原，适宜居住。

亚述地区四季分明，降雨充沛，大部分地区年降雨量达到600毫米，比巴比伦尼亚更适合耕种。根据考古挖掘，两河流域最早的史前文化遗址，并不是出现在巴比伦尼亚，而是位于亚述境内的山麓丘陵。从上万年前到五六千年前，这里始终有人定居。

只不过，不知道为什么，更适宜农业发展的亚述，却没有率先跨入人类文明门槛，反倒是南方炎热少雨、水资源紧张的苏美尔人，最早发明了文字，建立了城市和国家。

圣经《创世纪》第十章说，古亚述人是闪米特人后代，祖先叫阿舒尔。这样的传说，自然不能当真。现在唯一可以确定的是，自有文字记载以来，胡里安人便在亚述地区繁衍生息，算是较早的居民。他们的语言既不属于闪米特语系，也不属印欧语系，似乎是从高加索南麓山区迁来的，与后文提到的乌拉尔图人，属于同一语言体系。

后来，闪米特语系的阿卡德人，从西部跨过幼发拉底河，陆续向两河流域迁徙，部分抵达中下游，与苏美尔人比邻而居，另一部分留在亚述地区，与当地胡里安人融合，形成了最初的亚述人。当然，由于历史过于遥远，学者们还不能确定这些融入胡里安人的，到底是阿卡德人，还是后来的其他闪米特

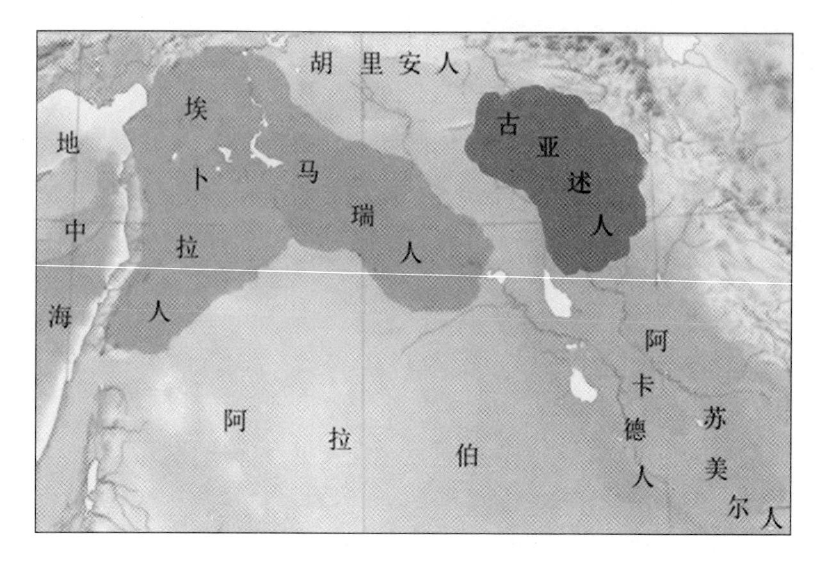

图 5-1　古亚述人及其周围族群分布示意图

族群。也可能是两者兼有。

这个具体时间很难确定。从阿卡德人的出现来看，至少到公元前 2600 年左右，当地居民已经自成一系，与阿卡德人渐行渐远。他们在底格里斯河上游西岸建立阿舒尔城，为后来的亚述王朝打造了雏形。他们把阿舒尔城的守护神，也叫作阿舒尔。

今天，当我们来到阿舒尔遗址，看到的是黄土、杂草和乱石，但是四千多年前的阿舒尔城，却是朝气蓬勃、活力四射。丹麦学者拉尔森曾帮我们想象过当时的样子：春天，两条支流在岩石下面汇合，当河水高涨的时候，湍急的水流穿过阿舒尔城，不断地发出涟漪般的低语，而对岸则是绿油油的田野。当秋天来临，河流收缩，变得细小缓慢，人们可以看到乌龟和水蛇懒洋洋地巡行在早已浸入水中的古墙之间。岩石上方是阿舒

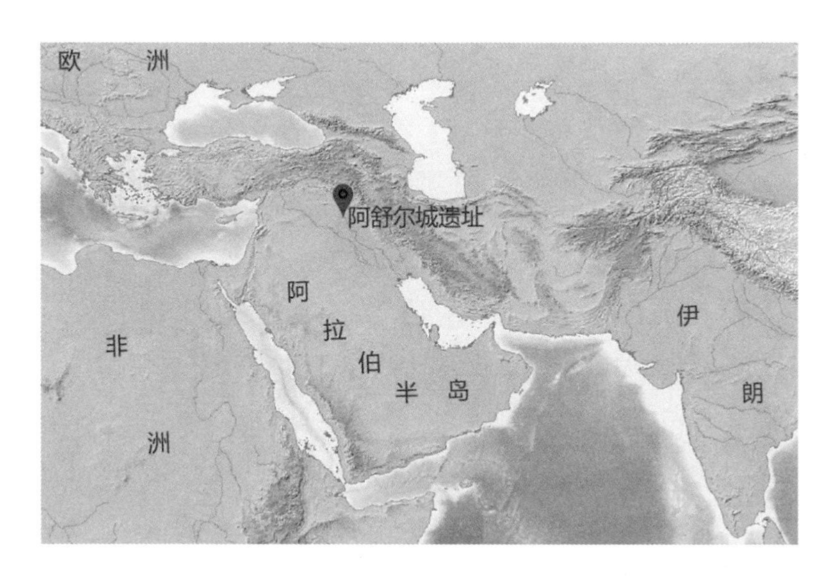

图 5-2 阿舒尔城遗址示意图

尔神庙，人们从这里可以俯瞰河水和平原，向南遥望阿卡德和苏美尔。

其实，阿舒尔城夏天炎热干旱，冬天寒冷少雨，又无灌溉系统，并非理想的农耕之地。适合耕种的土地，大都在阿舒尔城下方的河谷。但是，它处于西亚贸易网络的核心节点，无论从巴比伦尼亚到安纳托利亚高原，还是从埃及、黎凡特到伊朗高原，都要经过阿舒尔城，所以这里是一个繁忙的贸易中转站。整个城市的主导者，包括长老会议、名年官及其办公厅，基本上都是大商人。

公元前 24 世纪，阿卡德人征服两河流域，建立了第一个大帝国。阿舒尔城邦无力抵挡，被迫成为附庸。阿舒尔遗址出土的一把铜剑，上刻铭文曰："玛尼什图苏，基什王，阿朱朱，他的仆人，铸此贡品献给神。"玛尼什图苏（Manishtusu）是萨尔贡大帝之孙，基什王是他的头衔，阿朱朱应该是阿舒尔城国王，当时臣服于玛尼什图苏，成了他的臣仆。

200 多年后，阿卡德帝国崩溃，苏美尔人的乌尔城邦东山再起，重新统一两河流域，史称乌尔第三王朝。软弱的亚述人，又被迫成为苏美尔人属国，听候苏美尔人调遣。

沦为附庸当然是个耻辱，但是并非全无好处。公元前 20 世纪以前，巴比伦尼亚乃是文明最开化之地，听候阿卡德人和苏美尔人调遣，在某种程度上也算接受先进文化洗礼。不知不觉，亚述人便迈入了文明世界。他们最大的收获，是借鉴阿卡德人口语，吸收苏美尔人楔形文字，形成了自己的一套书面系统。就此而言，亚述文化也算是苏美尔、阿卡德文明的分支。

掌握了语言文字的亚述商人，纷纷走出家门，骑着黑驴沿山麓西上，到安纳托利亚高原从事长途贸易。他们以卡尼什城（位于现在土耳其中部的凯瑟利市附近）为枢纽，在安纳托利亚建立了发达的商业网络，来往贩运羊毛、纺织品、铅、铜、铁、锑、青金石、玉髓、粮食等商品。据估计，当时在安纳托利亚经商的亚述人多达数万，仅卡尼什商城就有两三千人。

卡尼什贸易的活跃期是公元前 19 世纪。被视为“最早中国”的河南二里头遗址，根据仇士华碳 14 测年数据，发端于公元前 18 世纪中叶，兴盛于公元前 17 世纪，较古代亚述贸易活跃期晚二三百年。有学者推测，二里头遗址繁盛时期居民人口，可能为 2 万—3 万人。如果这种推测属实，那么在安纳托利亚高原从事贸易的古亚述人，可能比夏都城人口还要多。

前文讲过，后来抵达安纳托利亚高原的赫梯人，曾先后以尼撒和哈图萨为都城，创建了西亚帝国。就此而言，亚述商人

图 5－3 卡尼什所处地理位置

实际上为赫梯人行了方便。他们不仅为赫梯开拓了定居城镇，而且将巴比伦尼亚文明传到安纳托利亚高原，促进了赫梯文明进化。

由于控制西进商路，阿舒尔城邦财富日渐增长；由于长期遭受外敌压制，亚述长老会议的权力不断向领袖伊沙库（iiaku）集中。到公元前 20 世纪，乌尔第三王朝瓦解后，掌握阿舒尔长老会议的伊沙库，成为实质上的国王，掌管行政大权。历史学家知道的第一个亚述国王叫萨尔贡，史称萨尔贡一世。

不过，我们不能将古亚述国王，想象为中国皇帝或巴比伦国王。古亚述的国王本质上仍然是商人，更像城市的大管家，而不是高高在上的权力垄断者。他在分享对安纳托利亚长途贸易红利时，并没有明显的制度特权。他不能将官方机构为我所用，更不能依靠军队强人所难，而是只能依靠私人关系照顾自家生意，且必须使用礼貌的言辞。

需要补充的是，这个萨尔贡一世不是阿卡德的萨尔贡大帝。他只是一个仰慕萨尔贡大帝的亚述领导人。除了王铭和印章，历史学家对他的政治生涯及功绩一概不知。从相关资料推断，萨尔贡一世统治期间的亚述，似乎已经面临着阿摩利人入侵，即将发生巨变。

前文提到过，从公元前 21 世纪开始，幼发拉底河以西的阿摩利人，迫于气候变冷、草原萧条，前仆后继地向两河流域迁徙。西部的埃勃拉、马瑞，中部的亚述和阿卡德，南部的苏美尔，都出现了他们的身影。乌尔第三王朝在阿摩利人和埃兰人东西夹击下四分五裂，属地纷纷独立。独立后的亚述人，建立了一个王国政权，史称古亚述王朝。

随着迁入的阿摩利人越来越多，亚述地区出现了第二次民族大融合。以前他们是阿卡德人与胡里安人的混血，现在又加入了阿摩利人元素，变得更加闪米特化，也更加粗犷勇武。

公元前 19 世纪下半叶，一支阿摩利部落在阿舒尔下方的幼发拉底河中游建立了小公国，隶属亚述王朝。公元前 1814 年（另一说为前 1809 年），这个阿摩利小国迎来一位枭雄君主，史称沙马什阿达德一世（Shamshi-Adad Ⅰ）。沙马什阿达德率军东征西讨，又北上攻占阿舒尔城，接手了古亚述王朝政统，史称阿摩利人的沙马什阿达德王朝。

沙马什没有定都阿舒尔。他为了赢得当地居民认同，也为了远离亚述传统政治势力，在一个废弃城址另立新都，称作舒巴特恩利尔（Shubat-Enli），意为恩利尔的住处。恩利尔是苏美尔人的主神，乌尔第三王朝时期传入亚述，成了当地神灵。

沙马什刚上位时，亚述还算不上强国，控制范围十分有限。亚述南邻马瑞王国扼守两河流域至小亚细亚的另一商路，国力更胜一筹，是沙马什亚述王国最大的隐患。

为解决心头之患，沙马什对外采取了远交近攻策略。他们与下游的巴比伦王朝和上游胡里安人结成同盟、互不侵犯，一心腾出手对付马瑞。即使如此，他们还是等到马瑞发生内讧，才坐收渔翁之利。亚述吞并马瑞后，疆域东起扎格罗斯山脉，西抵爱琴海沿岸，成了仅次于巴比伦王朝的西亚强国。沙马什非常自信，号称“天下之王”。

事实上，这是一种盲目自信。沙马什控制的仅是两河上游一小块地方，不必说天下，连两河流域一半都不到。它下方的巴比伦，仍然是两河流域的至尊。而且，亚述此次崛起更多是靠沙马什运筹帷幄的结果，并非纯靠实力。他们打不过巴比伦，打不过马瑞，甚至打不过埃什努纳，如果不是国王沙马什老谋深算、运筹帷幄，亚述不会获得出头机会。

沙马什在位时，恰逢巴比伦汉谟拉比执政。他知道汉谟拉比不是善茬，始终觊觎亚述领土。有一次，他听到一个传闻，说汉谟拉比有北上之意，遂担心得要死，茶不思饭不想。直到手下有人建言，说汉谟拉比不可能攻打亚述，沙马什才放心睡觉。

沙马什和汉谟拉比都属于阿摩利人，差不多算是同胞。沙马什活着时，汉谟拉比忙着征服苏美尔，确实没有骚扰亚述。但是，等到沙马什去世，而巴比伦又统一南部，两河中上游就成了汉谟拉比的政治猎物，导火索是亚述下方的马瑞王国。

马瑞归属亚述后，由沙马什的二儿子管理。但是，这个家伙吃喝玩乐、无恶不作，让当地人很是反感。他父亲活着时，马瑞贵族慑于亚述兵强马壮，不敢明目张胆反抗。等到公元前1776年沙马什一死，他们立刻邀请旧主之子复辟，驱逐了沙马什的老二。

此时，主政亚述大本营的，是沙马什长子伊什美·达干（Ishme-Dagan）。伊什美·达干忙着处理西北边患，没精力顾及马瑞政变。但是，复国的马瑞君主，却趁机从后方进攻，搞得伊什美·达干腹背受敌，手忙脚乱。

无奈之下，伊什美·达干只有向汉谟拉比求援。汉谟拉比答应出兵，前提是击退马瑞以后，亚述必须俯首称臣，交粮纳贡。伊什美·达干左右权衡，知道臣服巴比伦，远比被马瑞抄家更好，遂接受了苛刻条件。

汉谟拉比由此获得了进军上游的借口。公元前1759年左右，巴比伦大军浩浩荡荡北上，与亚述军队分头进击马瑞，将这个存续千年的古王国变成了巴比伦附属。同时亚述人再次匍匐于巴比伦脚下，成为受人役使的傀儡。

当然，巴比伦也是昙花一现。不到十年后的公元前1750年（或者更晚些时候），汉谟拉比去世，各个属国争相独立，古巴比伦王朝骤然衰退，只剩核心区域。亚述权臣普朱尔·辛（Puzur Sin）见状，指责国王卖国求荣，发动政变将伊什美·达干后代一律驱逐，篡位主政。沙马什创建的王朝名存实亡，亚述第一次雄起就此结束。

沙马什王朝存在不足百年，但是他们首次以亚述为根据地，创建了一个区域强国，让亚述人感受到政治荣光，形成了最初的凝聚力。以阿舒尔、尼尼微和伊尔比勒为核心的三角地区，成为支撑亚述人反复崛起的故土家园，也是未来亚述帝国的政治心脏。

第二节　从平和到勇武的气质蜕变

近距离看，亚述沙马什王朝的崩溃，源于沙马什去世后王国内部的分崩离析，以及汉谟拉比的趁火打劫，但是长时期看，沙马什王朝的崩溃，是印欧人涌向两河流域，取代阿摩利人浪潮中的一个浪花。

公元前 19—前 18 世纪，作为印欧人的赫梯部落在安纳托利亚崛起，抢占了亚述人辛苦创建的众多商业据点。到公元前 17 世纪下半叶，他们已经垄断整个高原东部，对亚述人占据的叙利亚地区虎视眈眈。当赫梯消沉时，米坦尼人又凭借战马和双轮战车，率领胡里安人填补赫梯衰落后的权力真空，成为悬在亚述头上的达摩克利斯之剑。

公元前 15 世纪初，米坦尼东下征服了亚述王国。亚述人逃脱了巴比伦的控制，又落入了米坦尼人的手心。米坦尼为便于控制，分解了亚述王室权力，允许阿舒尔、尼尼微、伊尔比勒各自为政，分别归属米坦尼王室领导。米坦尼在各地设置总督，派人参加长老会议，掌控当地行政。亚述王室可有可无，几乎成了政治摆设。公元前 15 世纪中叶，没有任何亚述王室铭文出土，由此可以想见亚述王室之沉寂。

不过，吊诡的是，亚述人经过上百年异族统治，并没有彻底沉沦，反而变得更加野性和坚韧。

此前，亚述人擅长经商、热衷贸易，足迹遍布从两河流域到安纳托利亚高原的商道，基本是以商立国。既然以商立国，就不能太凶太霸道，否则没人愿意与其做生意。所以，早期亚述人秉性和善，没有大规模对外战争记录。法国学者伽瑞里（P. Garelli）的研究表明，古亚述人在安纳托利亚的活动，主要是互利共赢的长途贸易，并没有伴随着军事征服。

从古亚述人留下的泥板文献来看，他们不但不热衷杀戮，而且还特别理性讲道理。他们的长老会议（议事会），基本上是一个司法论坛，对复杂的法律案件进行辩论并做出决定。多数财产继承冲突通过司法来解决，债务纠纷通过司法来解决，对在安纳托利亚商人同胞的管理，也大都通过司法来解决。

即使到了阿摩利人入主阿舒尔，创建沙马什王朝，将古亚述人改造为铁血勇武之辈，也没有留下嗜杀成性的恶评。但是，从公元前17世纪中叶开始，赫梯人、米坦尼人先后在西部崛起，占领亚述商业殖民地，使得亚述失去了商贸立国资本。同时，以阿舒尔和尼尼微为核心的本土区域，不断遭到周边民族侵蚀，形势日益严峻，逼得亚述人不得不以死相搏。

公元前17世纪后的二三百年间，亚述的西北是米坦尼、赫梯，东南是加喜特巴比伦，南部是马瑞王国，北边和东边是蛮族部落，全都是咄咄逼人、虎视眈眈的狠角色。亚述原来所依赖的周边经商环境，随着安纳托利亚高原政治发生剧变，都消失不见了。

亚述要想在这虎狼世界中站住脚，保住家园，最好的办法就是以攻为守，以暴制暴。他们在底格里斯河两岸的土地，根本无险可守。如果能将敌人消灭，既可劫掠对方物资和人力，又能弥补丧失商道后的经济缺口，可能是不得不采取的生存之道。

因此，在这二三百年间，亚述民族气质为之一变，由勇武转向好战，又由好战蜕变为嗜杀。他们的主神阿舒尔，最初可能与底格里斯河边悬崖上的一块石头有关，主要负责保佑在外平安和兴旺发财，后来竟然慢慢演变，异化为农业之神和热衷征服的战神。这意味着原来依靠商贸为生的亚述人，逐渐变成了农民和战士。

在亚述人心中，阿舒尔是无所不能、战无不胜的战神，“他征服了所有的不服从者”，“驱散邪恶”，“惩罚那些不畏惧他的话的人”，“罪恶者难逃他的法网”。国王作为阿舒尔的代理人，必须执行战神意志，率领军民出战，扩大亚述疆域。

受此精神引导，亚述人抛弃传统的商业气质，着力打造男权体制、耕战体制和军国体制，走上了穷兵黩武之路。传统的长老会议徒具形式，国王成为不受约束的专权者，以神的名义发号施令，频繁发动对外战争。

伴随着上层权力集中，亚述对社会的掌控也日益深入。举凡婚姻关系、家庭私刑、财产继承、私有财产、债务奴役、社会治安等，都被纳入王室强力调控范围之内。

1903—1914 年，德国考古学家在阿舒尔发现一批泥板文书，多数破损严重，无法修补。部分可解读的文书显示，这是制作于公元前 12 世纪，以阿卡德语亚述方言写成的《中亚述法典》。有些法典条文可追溯至前 15 世纪，恰是沙马什王朝衰落后，亚述人重新崛起的时段。与《汉谟拉比法典》相比，《中亚述法典》不再宣扬公正和正义，不再向富人和特权开炮，而是以残酷刑罚维护男权、特权和秩序。

法典透露的信息显示，这个时候的亚述，绝对男尊女卑。男性一夫多妻，妻妾都没有财产权，即使他们带来的嫁妆，也属于儿子。如果没了丈夫儿子，则归于丈夫的兄弟。她本人可以被丈夫的兄弟纳入内室，也可以被丈夫其他妻妾的儿子娶为妻子。

有身份的女性在公共场合，必须用面罩遮住脸，不能让其他男性看到。女奴则禁止蒙面，否则将被割掉耳朵。就此而言，女人蒙面在西亚早已有之，并非伊斯兰教的新发明。

女性在家不能说“可恶”的话亵渎神灵，否则将受到惩罚。丈夫发现妻子通奸，可以杀死妻子和奸夫。在某些情况下，法律还允许丈夫殴打妻子，包括割耳朵、拔头发、砍手砍脚。

至于奴隶，更是处境凄惨。法律严禁奴隶逃跑，盗窃、拐卖奴隶，都会受到严惩。主人想怎样对待奴隶都可以，打死、毒死或卖掉，都不算犯罪，最多赔偿财物。

《中亚述法典》允许买卖田地和住宅，但是必须遵照法律程序。如果有人侵犯公社田地，将被砍掉一根手指，杖责一百，服一个月王家劳役；如果在他人田地上掘井、种树、建造园地，将会被杖责三十，服一个月王家劳役。

《中亚述法典》对诽谤的惩罚力度，更是远远超过人们想象。如果一个人被证实诽谤朋友，将会被判处五十杖责、劳役一月、罚款 1 塔兰特（Talent）黑铅，以及受阉。惩戒诽谤本来是好事，可是惩戒到这个力度，就很难说是好是坏了，因为诽谤不诽谤，带有很大的主观性，搞不好就会成为当权者打压异己的便利工具。

总之，一路看下来，《中亚述法典》给人两个突出感觉，一是严刑酷法，动辄割手割脚、挖眼砍头、阉割剥皮，另一个是政治权力深入日常生活，甚至能监控每个人的言谈举止。

不过，如果横向来比，我们也不能把亚述人想象得太坏。在那个时代，人类尚生存于丛林社会中，经常面临你死我活的斗争，没有点血性很难站住脚。亚述人的残酷，并非特例。

经由米坦尼统治后，亚述人的军事技术似乎也上了一层楼。以前，他们只是骑驴、牵牛，不知道如何驯马骑马，亚述地区也不出产战马。西邻米坦尼则是养马驯马高手，他们在控制亚述期间，不可避免地将驯马技术普及，让亚述人成了驯马能手。

只要亚述人掌握了驯马骑马技术，必定会千方百计地购买或劫掠马匹，并将其运用到作战中去。据研究，这一时期，亚述军队不再是单一的步兵，而是步兵、战车和骑兵（战车）的立体组合，慢慢占据了西亚军事前沿。

亚述步兵是传统兵种，分为持矛兵、持盾牌兵、弓箭兵以及持棍棒和投掷器的辅助军队。战车的使用带来了新兵种，一般是双马驾驶，车上两人，一为车夫，一为士兵，士兵或拿战斧、长矛，或者手持弓箭。骑兵出现较晚，而且当时尚未发明马鞍、马镫等，一般不会直接骑马参加战斗。士兵们出征时以马代步，作战时下马肉搏。

气质蜕变和武器升级，使得亚述人越来越具有攻击力，也越来越具有国际视野。进入公元前 14 世纪后，亚述王室开始复苏，他们避开米坦尼宗主国，暗中与埃及、赫梯国王书信往来，怂恿他们与米坦尼对决，以图坐山观虎斗，坐享渔翁之利。那时的亚述，已经心怀鬼胎，处于半独立状态。

埃及出土的文书，反映了亚述王室的这种外交伎俩。公元前 14 世纪中叶继位的阿舒尔乌巴里特，又是一位雄猜之君，他派遣使节远赴埃及，极力讨好埃及君主："我已派人去拜望您和您的国家"，"迄今为止，我与您的交流，是我的祖先从未做过的"。

米坦尼与埃及、赫梯的对峙，确实耗费了国力。公元前 1350 年，乌巴里特联手赫梯，东西夹击打败米坦尼帝国，实现了彻底独立。他们大量吞并米坦尼的肥沃农田，为未来争霸奠定了坚实根基。

随着连年征战，亚述权力再度向国王集中。此前，阿舒尔神被视为真正的国王，现实中的国王只能称为"阿舒尔的伊沙库"，意为阿舒尔神的代理人。到了乌巴里特时期，他干脆撇开神灵，径自称"亚述之王"。这反映出亚述王权急剧扩张，成为国家绝对领袖。

西方的赫梯，也大玩太极外交，极力撺掇巴比伦与亚述开战。不过，巴比伦并没有上当。此时的巴比伦王朝，又面临着旧属兼宿敌埃兰人的入侵，根本没有精力两线作战。为稳住亚述、集中应对埃兰，布尔那布里亚什二世还向亚述国王求亲，迎娶了乌巴里特的女儿。

大约从这个时候起，巴比伦与亚述的传统关系开始被打破。此前上千年，亚述一直屈居巴比伦尼亚之下，仰视苏美尔人、阿卡德人、巴比伦人，现在巴比伦显出颓势，亚述则后来居上，逐渐成为主导者。此后六七百年基本上是亚述欺凌巴比

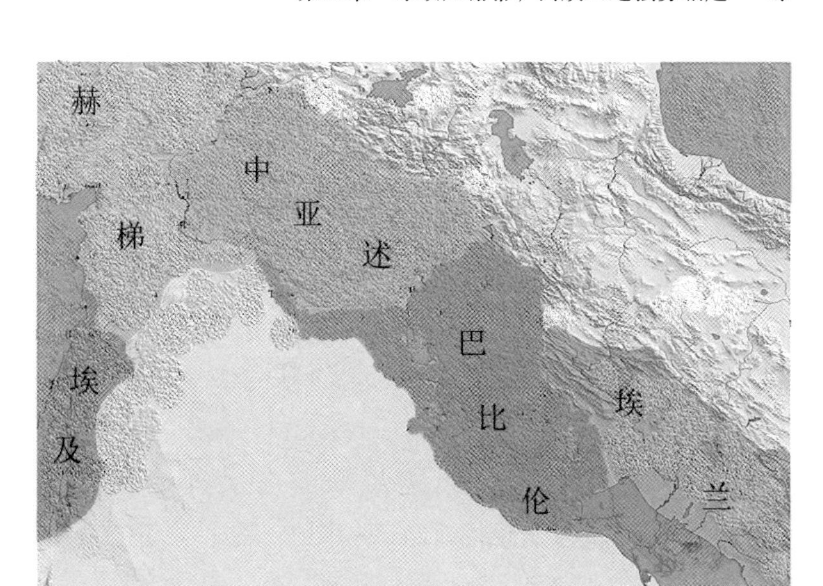

图 5－4 公元前 13 世纪中亚述势力范围

伦的历史。

亚述公主嫁到巴比伦后，生了一个儿子，按理应继承王位。这本是一件皆大欢喜的事，但是没想到，巴比伦出现内讧，有人发动政变篡位，抢了亚述的外孙即将到手的王位。亚述国君乌巴里特一听大怒，立即带兵杀向巴比伦。巴比伦毫无还手之力，乖乖安排乌巴里特的外孙登上了王位。这表明加喜特王朝已经实力不再，只剩帝国空架子。

稳住加喜特巴比伦之后，亚述仍然重点解决西部心腹之患。此时，米坦尼虽然已经崩溃，但是仍有余部反抗，并且得到赫梯暗中支持，令亚述不得安心。公元前 14 世纪末至前 13 世纪初，乌巴里特的重孙阿达德尼拉里二世（Adad-nirari Ⅱ），开始集中兵力清理米坦尼余部。

在亚述语中，米坦尼被称作“Hanigalbat”（哈尼加尔巴特）。有人说亚述讨伐哈尼加尔巴特，实际上就是讨伐米坦尼余部。此时的米坦尼，已经失去粮食基地和商贸重镇，无力抵挡亚述铁蹄。出土文献显示，亚述俘虏了14400名米坦尼士兵，将士兵刺瞎一只眼睛后，迁徙到外地，强迫种地或做工。

公元前13世纪中叶，亚述国王萨尔玛纳萨尔（Shalmaneser）在位时，赫梯与埃及刚打完卡迭石战役，势不两立。这给了亚述扩张领土的良机，他们将整个米坦尼故地吞入了腹中。

在出土泥板文献中，萨尔玛纳萨尔扬扬得意地宣称：“我发动战争打败了他们，杀得他们片甲不留，满地败兵……我占领了他们的9个要塞和都城，摧毁了他们180座城镇。”

萨尔玛不但清剿了米坦尼，而且向北用兵，占领了乌拉尔图人的50多个城邦，将边境线推进到今天亚美尼亚一带。此时的亚述君王，已经不满足于“亚述之王”称号，而是冠以“天下之王”。他们的目光，投向了整个两河流域，甚至包括两河以外的迦南。那里长期是埃及的附属地。

随着亚述直抵赫梯边境，并切断赫梯进入叙利亚的必经之地，赫梯王室终于意识到，不能再对亚述听之任之。这样下去，赫梯早晚会成为亚述的猎物。公元前1259年，他们与埃及签署和平条约，相约共同抑制亚述。埃及也意识到问题的重要性，与赫梯相逢一笑泯恩仇。

可惜，一切都太晚了。赫梯在战争中消耗了太多国力，已经无力压制凶猛的亚述。亚述将两河上游收入囊中后，既拥有肥沃良田，又垄断南来北往的商贸重镇，兵强马壮，形势一片大好。

公元前13世纪下半叶，亚述国王图库尔蒂—尼努尔塔（Tukulti-Ninurta）在位时，声称已经打败赫梯帝国，将其驱赶回了幼发拉底河以西。亚述在两河上游成为绝对霸主，几百年没有真正对手。

这个时候，亚述开始回过头来收拾摇摇欲坠的巴比伦。图库尔蒂率军顺流而下，直闯巴比伦。可怜的巴比伦城，再次遭到蹂躏，他们的君主、马尔杜克神像以及部分子民，被掠去了亚述做人质。三百年河东，三百年河西，当年将亚述人压在胯下的巴比伦人，现在反过来，成了被欺凌的对象。

公元前1225年，图库尔蒂命其书记官记曰："我虏获了巴比伦国王，用脚踩在他高傲的脖子上，就像踩在脚凳上那样……就这样我成了整个苏美尔和阿卡德的主人，以下海为国界。"这是自古以来亚述人真正后来居上，将两河中下游族群挑于马下。

据说，图库尔蒂统治巴比伦七年，便由于亚述贵族反对，不得不撤回亚述本土，在阿舒尔城附近建了一座新都。那是图库尔蒂一生的顶峰，也是中亚述帝国最辉煌的时刻。

此时，传统的西亚和北非帝国已经衰退。赫梯帝国由于内乱和外侵，基本退出了历史舞台；埃及在海上流民冲击下身心疲惫，陷入长期的消沉；南方的加喜特巴比伦王朝受埃兰人牵制，更是苟延残喘。只有亚述一枝独秀，到公元前1220年，人口达到220万左右，成为数一数二的世界级大帝国。然而，一个人占得有多高，摔得就会有多重。不可一世的图库尔蒂，死在了他儿子参与的宫廷谋杀中。他儿子又将都城迁回了阿舒尔。

亚述帝国是建立在强人政治之上的。公元前1208年，图库尔蒂一死，亚述王室动荡不安，属国立即谋求自立。弑父夺权的纳迪纳普利，仅仅享受了三年君主时光，便撒手人寰。下一任6年后遇刺身亡，再下一任4年而逝，接着又来了一个篡位的，帝国厄运不断。直到公元前1179年阿舒尔丹上台，亚述才渐渐稳定下来，酝酿着新一轮的政治狂飙。

第三节　大难不死，亚述再次崛起

图库尔蒂一世死后，亚述政局动荡，控制力急剧下降，很多被征服的属国重新独立。巴比伦王室则趁机联合亚述那些心怀不满的贵族，干涉亚述宫廷事务，削弱亚述王权。

好在，此时两河流域及其周边，都没有强大国家来犯。两河下游，公元前1155年左右，加喜特巴比伦被埃兰人一锅端，彻底沦陷；新涌现的伊新第二王朝，偏居苏美尔一隅，不具备扩张实力。

至于赫梯和埃及，公元前14世纪末13世纪初的两个超级大国，已经被外敌冲击得七零八落，自顾不暇。公元前1180年左右，赫梯在海上民族和北方蛮族轮番冲击下，最终土崩瓦解、灰飞烟灭，只留下几个小城邦苦苦支撑。埃及在海上民族和利比亚人的轮番冲击下，国力衰退、急剧萎缩，公元前1078年分裂为南北两个政权。

这一二百年，似乎是全世界大国的末日，多数强权都轰然倒塌。连屹立于东亚五六百年的殷商，都在公元前1046年烟消云散，被迫将黄河中下游拱手让给了西陲新兴的周邦。

只有位于两河中上游的亚述，在加喜特、赫梯和埃及的遮挡下，避免了国家彻底崩溃。它的核心仍然存在，王室仍然未绝，军事仍然强健，只要碰到雄武君主，便有重新爆发的可能。事实上，亚述人确实做到了。

公元前1115年左右，经过两代国君铺垫，亚述终又迎来了一位不世出的枭雄，提格拉特—皮莱塞尔一世（Tiglath-Pileser Ⅰ）。提格拉特的父亲和祖父，曾先后抵御埃兰、巴比伦联合进攻，并达成一种军事平衡，为提格拉特集中解决西部边患奠定了政治根基。

我们不知道，提拉格特继位时年庚几何，但是他的举动显示，这是一个城府很深的人。他上台后，修复了各地毁弃的神庙，并且向神献上丰厚礼物，表示他的忠诚。

在那个时代，神灵是两河民众精神世界的中心，谁能把神安顿好，对神表示虔诚，谁就能赢得民众认可。自古以来，民众就是跟着感觉走，凡是迎合了他们感觉的就是对的，反之就是错的。

提拉格特这一招，很快便赢得亚述民众认可，稳定了国内局势，使得他能够腾出精力，集中解决外患。他的第一个讨伐对象，是安纳托利亚高原东部的穆什基人（Mushki）。安纳托利亚不是赫梯人的天下吗，怎么成了穆什基人？是，那里原来确实是赫梯人天下，但是他们公元前12世纪初灭亡后，穆什基人就如潮水般，涌入安纳托利亚东部，成了新主人。

穆什基人从何而来，又是一个谜。有人说，他们从东方而来，是亚美尼亚一带的人，有人说他们从西方而来，是巴尔干地区居民，渡过海峡占领了特洛伊等地，又向东摧毁了摇摇欲坠的赫梯帝国。唯一可以确定的是，穆什基语属于印欧语系，语言与色雷斯语、亚美尼亚语、希腊语比较接近。说不定，他们就是传说中的海上民族之一。

穆什基人抵达高原东部后，不知不觉进入了亚述领土，成为亚述帝国的心头之患。提拉格特的目标，就是驱逐穆什基人，稳固西北部边境。

穆什基人虽然生猛，但是毕竟属于草莽，碰上训练有素的亚述大军，根本不是对手。提拉格特率军登上高原后，没有遭遇多少困难，一直打到幼发拉底河发源地，将穆什基赶回了安纳托利亚中部。考古出土的提拉格特铭文说：

> 穆什基人五位国王组成两万联军，占据亚述土地15年之久，但是没有向阿舒尔神奉上任何礼物。我在阿舒尔神的指引下，进攻穆什基人，击败了他们，砍了他们的头颅。行军路上，6000穆什基人不战而逃，我抓住他们，遣送到亚述当了劳力。

解决了穆什基人后，提格拉特率军北征，攻打高加索山脉以南的族群。他在编年史中说，自己征服了60多个小国，要求他们缴纳1200匹马、1200头牛的贡税：

> 我活捉了纳伊里地区的所有国王，我怜悯那些国王，饶了他们的性命。在我的主人沙马什面前，我卸掉了他们的枷锁，迫使他们以我的大神的名义发誓永远作我的附属国。我把他们亲生的皇家子弟扣为人质，把（由）1200

匹马和1200头牛（构成）的maddattu贡赋摊派到他们的身上，（然后）允许他们回到他们的国家。

这里提到纳伊里地区，是今天亚美尼亚的地盘。在亚述军事压力下，纳伊里地区的众多小邦后来被迫结成联盟，组成乌拉尔图王国，长期与亚述帝国进行对抗。这是后话，暂且不表。

提拉格特重点解决的另一大心腹之患，是叙利亚草原崛起的阿拉米人。从语言来看，阿拉米语（Aramaic language）与迦南语、希伯来语比较接近，皆属闪米特语系，算是亚述人同一个语系的远亲。不过，亚述人的祖先已经离开老家上千年，形成了独立的族群意识，早就不把其他闪米特族群当作一家人。

公元前12世纪以前，阿拉米人主要分布在幼发拉底河中游以南，此后由于气候变冷，他们跨过幼发拉底河，在两河流域流转蔓延，或者继续游牧，或者种地，或者经商，或者当强盗，对亚述和巴比伦都形成严重冲击。

阿拉米人尤其擅长经商。美国学者J. H. 布雷斯特德曾描述道："他们的贸易范围向四面八方扩张开来，远远地超过了边界。阿拉米的商队沿着沙漠的边缘不断向前，达到了遥远的底格里斯河源头，并最终控制了整个西亚的市场……虽然阿拉米并没有形成一个统一的国家，但是他们就像与自己同宗同族的现代犹太人一样，是那个时代商业的领头人。"

阿拉米人在经商过程中，与爱琴海沿岸的腓尼基人接触，掌握了他们发明不久的字母文字。然后，阿拉米人在此基础上，分化出一套新的字母文字。这套文字简洁易懂，写起来比起楔形文字方便很多，所以很快便在叙利亚、两河流域和迦南地区流行开来。后来，它直接取代楔形文字，成了亚述帝国、波斯帝国的通用文字。

如果再追溯，阿拉米语与中国还有一定关系。公元 2 世纪初，中亚粟特人根据阿拉米字母创造了粟特字母。粟特人在东迁过程中，又将粟特字母传到了中国新疆、河西走廊、内蒙古。当地回鹘人通过宗教文书认识了粟特字母，并融合自己的语言特色，改造为回鹘文字。

公元前 15 世纪，阿拉米人游弋到叙利亚一带，有的还越过幼发拉底河，顺流而下进入两河流域南部。他们在多数地方从事商贸，不参与政治，对当地政权影响不大。

但是，在亚述边境西南方向，黎巴嫩山脉东麓，阿拉米人建立了一个大马士革王国，一时商贸繁盛，国力强大。他们既与西南的希伯来人作战，也常常北上越过幼发拉底河，侵占亚述领地，让亚述人苦不堪言。

提拉格特解决西部和北部边患后，便转过身讨伐阿拉米人。出土铭文说，他一生 28 次跨过幼发拉底河，阻击阿拉米商队入侵。不过，他当时只是将其驱逐回幼发拉底河以南，没能力聚而歼之。此后几百年，阿拉米人始终是亚述帝国的心头隐患。

完成以上任务后，提拉格特继续东征西讨。他率军向西抵达爱琴海岸，征服了亚述与海岸线之间的诸多城邦；又向东攻打两河下游的伊新第二王朝，将巴比伦尼亚再度纳入囊中。

公元前 1076 年，提格拉特去世前夕，中亚述帝国疆域东到波斯湾，西抵爱琴海，再度成为无与伦比的霸主。连老牌埃及帝国，都不得不甘拜下风，奉上非洲特产作为礼物。凭借这些骄人战绩，提格拉特成为亚述历史上最伟大的君主之一。

但是，提拉格特的扩张存在致命缺陷。他的帝国只是建立在他一个人的军功和权威之上，而不是奠基于有章可循的制度之上。他死后，帝国秩序立刻面临巨大风险。

在内部，王室陷入纷争。他的大儿子在位两年，便被亲兄弟废掉，上演了骨肉相残的悲剧。这个夺权上台的小儿子，虽然像他爹一样颇具军事才能，但是已无法扭转帝国衰退的命运。

在外部，被赶回幼发拉底河南岸的阿拉米人，趁乱再次跨入两河流域，侵占地盘和财物。一波又一波的劫掠，让亚述人防不胜防，最终财力耗尽，不得不退守阿舒尔、尼尼微本土。

亚述帝国兴盛了半个多世纪，又沉默下去了。不过，如果从长时段来看，中亚述帝国的崩溃，其实并非纯由人为，而是亚欧非三大洲国家集体衰落的一个缩影。冥冥中有一股外力，让世界上的所有国家，都遭到了致命冲击。

亚述衰落的前一个世纪，即公元前 12 世纪初，赫梯和埃及在海上民族冲击下，或者崩溃或者衰退。爱琴海对岸兴盛几百年的迈锡尼城邦，突然神秘地城毁人亡，进入所谓“黑暗时代”。亚述南邻，持续四百多年的加喜特巴比伦，稍后于赫梯和埃及被埃兰端了老巢，销声匿迹。

伴随着周边大国崩溃或衰退，作为各方贸易交汇中心的爱琴海东岸，也就是黎凡特地区，渐渐变得不再船来船往、货进货出。当时最繁盛的贸易城邦乌加里特，不久便没入历史尘埃。

亚述核心区虽然位于内陆，并拥有肥沃的良田，但是其经济自古以来便依赖南来北往的贸易网络。当周边大国崩溃、贸易需求锐减时，亚述帝国必定会失去大量财政收入，陷入捉襟见肘的境地。在这种情况下，不必说应对内忧外患，就是国王发愤图强、勤俭持家，能不能维持帝国运转，都是一个大问题。

世界是一个网络，一荣俱荣一损俱损，这个道理从3000年前的西亚、北非和东南欧历史中，都体现得淋漓尽致。可惜，几千年来，人类始终视而不见或置若罔闻，必欲将对手置于死地而后快。殊不知，强敌崩溃之际，往往也是自己衰退之时。

第六章 中亚述和被它撩拨的邻居们

公元前12—前11世纪，西亚北非政治版图风云变幻。赫梯和米坦尼帝国先后崩溃消失，埃及、亚述、巴比伦则在外来族群冲击下丢城失地，区域控制力急剧下降。迦南、叙利亚、高加索南麓、小亚细亚等地的边缘族群，则得以摆脱大国主导和盘剥，获得自主发展的良机。迦南的希伯来和腓尼基，叙利亚草原的大马士革，高加索南麓的乌拉尔图，小亚细亚的弗里吉亚和穆什基，都曾一度欣欣向荣、人丁兴旺，出现从未有过的文明活力。就连被米底、波斯蚕食了后院，日趋低迷的东部埃兰人，都昙花一现冲入两河流域，毁灭了加喜特巴比伦王朝。但是，从后来的历史看，这些都是西亚历史长河中的浪花。等到亚述人再度复苏，他们所有人都未能幸免于亚述铁蹄。西亚历史拐过一个弯，又回到大国一尊的旧轨。

第一节 两河宿敌埃兰人的最后一击

讲两河流域，就不能不说其东邻的伊朗高原。自有史以来，这块高原半坡上的埃兰人，不断地俯视并冲入两河流域，强索两河文明果实。巴比伦尼亚地区的王朝政治，几次葬送于埃兰人之手。

公元前7世纪以后，随着印欧族群迁入伊朗高原，酝酿出米底和波斯两个极具战斗力的族群，伊朗高原更是成为两河流域的梦魇。亚述帝国和两代巴比伦王朝，都栽倒在了伊朗高原人手中。

其实，现在回过头看，伊朗高原的生存条件，远远不如两河流域。它被扎格罗斯山脉、高加索山脉、厄尔布尔士山脉、兴都库什山脉等环绕，形成一个巨大高原盆地。境内不是山地、盆地，就是高原、沙漠，只有西部山麓、西南部冲积平原和北方里海沿岸，条件稍微好一些，适合人类居住。

与巴比伦平原相比，伊朗高原也有独特优势。巴比伦尼亚只有两条大河，一片黄土，外加沼泽地和湖泊，没有森林、矿石等资源。伊朗高原则恰恰相反，各种木材、金属、宝石、盐等应有尽有。苏美尔城邦兴盛时，就从伊朗高原或中亚购买金银宝石、木材、金属等。

因此，从旧石器时代开始，就有人类越过两河流域，翻越扎格罗斯山脉，找到容易获得动植物和石头的地方，临水而居。其中，扎格罗斯山脉东麓中部尤其受人欢迎。

更重要的是，伊朗高原是东亚、中亚通向西亚和欧洲的要道。古代的丝绸之路，现在的新丝绸之路，都必须借道伊朗。古代阿富汗著名的青金石，也是通过伊朗运往两河流域、埃及。反过来，安纳托利亚高原的黑曜石，同样通过伊朗运往中亚。

到公元前5200年，伊朗高原人口数量可能有几万，其中绝大多数人靠畜牧业和农业为生，居住在小型泥砖建筑的村落中，每个聚落平均100—200人。此前，伊朗高原居民已经发现了铜矿，并学会提炼纯铜，通过冷锻，打造小型工具或装饰品。

从公元前5200年开始，伊朗中部高原出现灌溉系统，让人看到一抹文明的曙光。考古学家在伊朗西北部的加兹温附近，挖掘出一座着色建筑，主殿为一座台基建筑，四壁涂成红色，绘有白色和黑色装饰，墙上悬挂着18个带角的山羊头骨，殿内的圆形火塘建在洁净的沙地之上，主殿入口和殿外出土约有30个女性陶塑。这说明当地具备了修建小型建筑和进行艺术创作的能力，甚至拥有了宗教信仰。

公元前4800年伊朗高原居民制作的陶器，既有花纹，又有女性挽手跳舞的图景，看起来美感十足。这一时期的遗址内还出土了纺轮，当时人可能用羊毛纺织成衣料，制作精美的衣物。

公元前4000年左右，南方中部法尔斯开始出现大面积泥砖多室建筑，储藏室门栓部位还出土了陶筹、印章以及约140块封泥，表明已经有人对特定物品进行把控和管理。西南的苏萨（Susa）和乔加米什（Chogha Mish），则出现了大型纪念性建筑。

公元前4000—前3000年，两河流域进入文明时代时，伊朗高原受苏美尔熏陶，也跨进了人类文明的门槛，而将两者连接起来的，便是高原西南部的埃兰地区，现在属于伊朗的胡泽斯坦省。那时候的埃兰，水道纵横，树林茂密，居民既可以打猎放牧，又可以捕鱼种地，是伊朗高原为数不多的伊甸园之一。

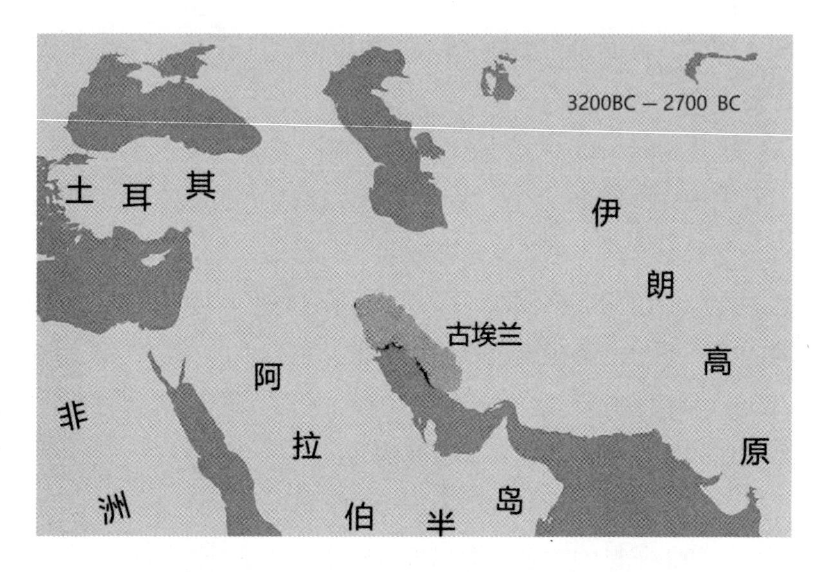

图 6－1 3200BC—2700BC 古埃兰区域示意图

1980—1988 年两伊战争时，胡泽斯坦是双方火拼的主战场。如果诸位今天去霍尔姆沙赫尔，在很多地方还能看到建筑废墟和坦克残骸。那场战争前后持续了八年之久，伤亡八九十万人，惨烈至极。不过，公元前 3000 年前后，这片被苏美尔人称作埃兰的地方，却是文明传播的桥梁。埃兰人作为中介，将两河文明传到了伊朗高原。

学者们大都认为，公元前三四千年苏美尔的乌鲁克发展出城市文化后，以苏萨为核心的埃兰人，便投入崇拜和模仿中去。他们的原始文字，他们的滚筒印章，他们的宗教建筑，基本上都借鉴自乌鲁克。有人甚至说，埃兰重镇苏萨可能就是乌鲁克的一个殖民地。

苏萨是埃兰的政治文化中心，埃兰文化又是伊朗早期文化的底色，从这个角度来说，伊朗高原骨子里带有两河文化基因。后来，米底人和波斯人带领伊朗横扫两河流域，成为西亚最强大的霸主，算是“青出于蓝而胜于蓝”。

不过，伊朗学者不愿接受这种说法，他们更喜欢突出埃兰文化的独立性。德黑兰大学考古学系法兹里教授就认为，埃兰原始文字与苏美尔楔形文字毫不相干，两者几乎同时出现，很难说谁模仿了谁。据此推论下去，埃兰文明也不是纯粹模仿苏美尔，而是独立成长起来的。

古埃兰位于现在的伊朗，伊朗学者难免民族主义心态做祟，觉得承认埃兰文化源于苏美尔有损伊朗形象。不过，从文字学的角度来说，他们的观点也并非完全没有道理。《剑桥古代史》说，原始埃兰文字不仅与苏美尔文字截然不同，而且比同时期的苏美尔符号系统更加成熟，形成的年代可能更加久远。直到今天，语言学家能够解读苏美尔楔形文字，而不能解读埃兰的原始文字，包括后来的线型文字。

太久远的事情说不清，暂且放在一旁。有一点可以肯定，苏美尔文明真正对埃兰地区造成实质性影响，是公元前 2700 年基什城邦侵入苏萨，将其变为殖民地以后。此举完全打破了埃兰及伊朗高原政治生态，促使其进入了新时代。200 年后，埃兰出现了成熟的线型文字。

此前，无论埃兰平原，还是扎格罗斯山脉山谷，都拥有大片牧场，可供境内居民自由放牧。夏天，他们游弋在扎格罗斯山谷；冬天，则转移到埃兰平原或波斯湾北岸。宽裕的牧场和稀少的人口，使他们不必像两河流域城邦那样，为了争夺资源大打出手，争夺主导。

埃兰游牧族群弥补不足时，会向上翻越扎格罗斯山脉，进入高原西部、中部或南部，从事游牧迁徙或贸易交换。这种游牧和贸易，将埃兰语言、文字带到伊朗高原中西部，形成了以埃兰为中心的伊朗早期文明。

苏美尔城邦进入霸主时代，对埃兰地区露出獠牙后，埃兰族群立刻面临巨大压力。如果再像以前那样，每个部落各自为战，轻则将沦为附属，重则被屠杀放逐。这种危机意识，逼得埃兰人走向联合。

公元前2400年，埃兰人经过三百年的煎熬和酝酿，终于进入了统一王朝时代。阿旺（Awan）、西马什基（Simaki）和埃帕尔提（Epartid）三个城邦，先后乘势而起，维持上千年的区域秩序。

大多数时间里，埃兰人像中国汉唐一样，设东西两个都城。西都是苏萨，东都是远离苏美尔、位于波斯湾以北的安鄯（Anshan）。冬天或者与两河政权关系良好时，埃兰国王就住在苏萨；夏天或者遭到两河政权攻击时，埃兰国王就踏上高原，一路狂奔到安鄯躲藏。

后来，波斯人就是从安鄯起家，向西征服埃兰、进入两河，一路走向了帝国霸业。居鲁士的祖父，曾被封为安鄯王，替埃兰人打理东方后院。

埃兰本身没有君王传统，他们实行的是联邦制。根据《剑桥古代史》，各省最高领导人为“行政长官”，行政长官直属总督，而总督又对埃兰王负责。王位继承采用兄终弟及制，很

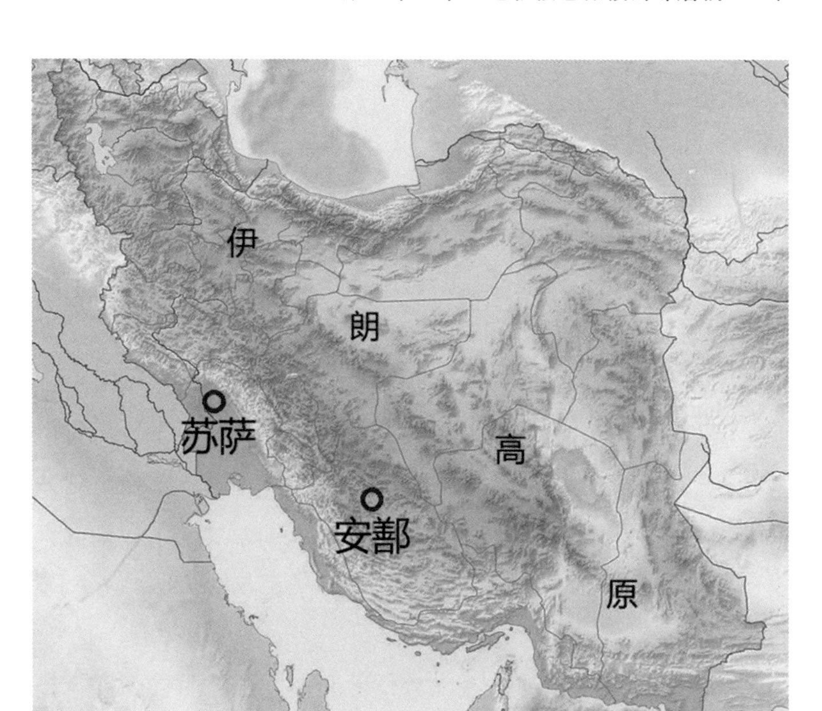

图 6－2　埃兰两大都城位置示意图

晚才变成父终子及。

埃兰人作为畜牧族群，长期保留着母系氏族残余，并没有完全接受苏美尔文明。他们在社会内部承认兄妹通婚，也允许兄长死后，弟娶寡嫂。这种双重开放确保了家庭财产在女性世系内传承，力争“肥水不流外人田”。

从地理和资源角度来说，埃兰人很难与两河流域竞争。两河流域不仅人口众多，而且拥有稳定的粮食供应，埃兰人则必须不断地进行季节性迁徙，才能维持温饱。因此，苏美尔和阿卡德人强大时，很容易渡过底格里斯河边界，直捣埃兰中心苏萨。阿卡德帝国、乌尔第三王朝、拉尔萨，都曾经占领苏萨，设置总督进行统治。

但是，尺有所短，寸有所长，埃兰人最大的优势，是他们背靠着扎格罗斯山脉和伊朗高原，拥有巨大的战略缓冲空间。与两河流域军队打得过就打，打不过就跑，只要钻入扎格罗斯山谷，登上伊朗高原，就能让敌人干着急。因此，两河流域霸主多次攻入埃兰，却始终无法驯服埃兰人，摧毁埃兰政权。

埃兰三大王朝历史模糊，现代人知之甚少，但学界清楚的是，他们曾长期臣服巴比伦尼亚政权，却不是被巴比伦尼亚政权摧毁的。阿旺王朝消失前曾遭古提人重创，埃帕尔提崩溃前夕是印欧人奔向伊朗高原之际，两者似乎都与北方印欧人南下有关。

两河流域不仅无法摧毁埃兰，反而在虚弱的时候，经常遭到埃兰王朝的致命一击。公元前 2006 年，埃兰西马什基王朝攻入乌尔，掳走乌尔第三王朝国王伊比辛，导致苏美尔政治秩序彻底崩溃。从此，苏美尔人再也没能在两河流域恢复往昔神采。

乌尔第三王朝崩溃后，西马什基王朝又一度踏入底格里斯河，扮演着主导角色。可惜阿摩利人的到来，死死挡住了埃兰人西进的步伐。其中，阿摩利人主导的伊新城邦，十年后将西马什基军队逐回了老家。

此后几十年，西马什基退守埃兰本土，具体情况不知。公元前 1970 年或者更晚一些时间，埃帕尔提取代西马什基王朝兴起时，疆域包括安鄯谷地和埃兰平原，说明苏美尔城邦已经无力东扩，埃兰人恢复了声势。

埃帕尔提似乎不是一个帝国，同样是埃兰各城邦的军事联盟。与西马什基王朝相比，这个军事联盟内部稳定，积极向两河流域扩张。他们沿着迪亚拉河南下，一度控制埃什努那，并与亚述、马尔吉等结成同盟，共同对付急速崛起的古巴比伦王朝。这条发源于扎格罗斯山脉的河流，是埃兰人与两河人对峙的前沿，双方经常在此决一雌雄。

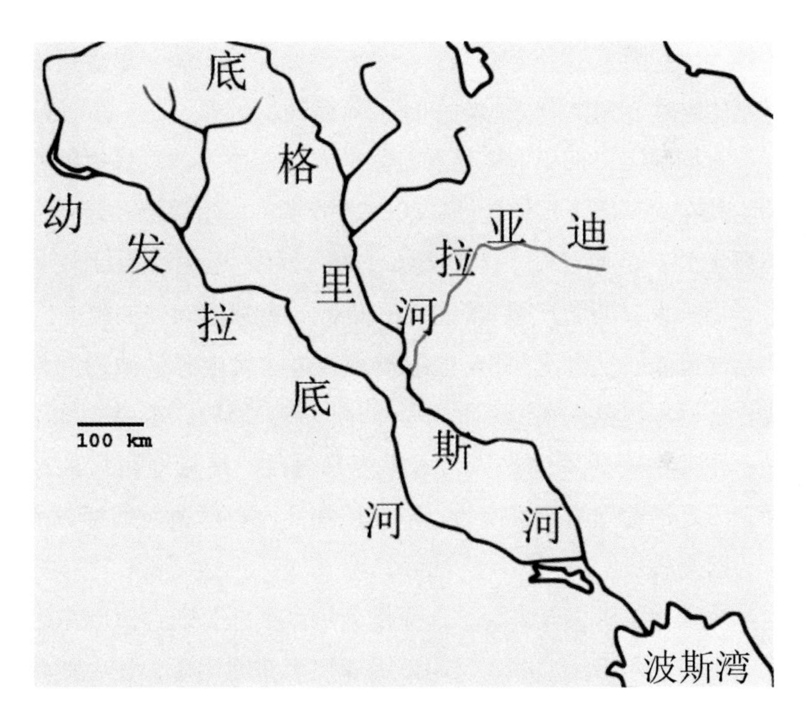

图 6－3　现代迪亚拉河流向示意图

可惜，埃帕尔提王朝碰到的，是阿摩利人最伟大的汉谟拉比。公元前 18 世纪中期，汉谟拉比击溃埃兰、埃什努那联军，将埃帕尔提王朝完全逐出了两河流域。几十年后，巴比伦急剧衰退，埃帕尔提又来趁火打劫，但此后200多年，他们的日子也是一天不如一天。公元前1595年，古巴比伦王朝灭绝；公元前1500年左右，埃兰埃帕尔提王朝也宣告结束。

与阿旺王朝消失一样，埃帕尔提的崩溃，至今也是一个谜。现代人只能根据外围研究，推测一个大概情形。

公元前18世纪左右，里海以北的哈萨克草原和乌克兰草原上，分别定居着两大印欧族群，前者称为安德罗诺夫人，后者称为木椁墓人，一个在东，一个在西，并排而居。后者可能是从中欧迁回来的，兴起时间比前者略晚。

安德罗诺夫人和木椁墓人，都是以饲养牛、羊、马等牲畜为生，在大草原上辗转迁徙，20—25年更换一次草场。最初两三百年间，草原辽阔、人口稀少，他们可能还生活得比较从容，后来人口渐增，原有的草场不够用，就只能向外扩散。

很可能，从公元前16世纪开始，这两大族群就被迫向外逃亡。对木椁墓人来说，西方是不堪回首来时路，容身之地不多；东部是安德罗诺夫人，不太容易对付，是相对可行的选择，于是沿着里海西岸南行，踏足伊朗高原。那里人烟相对稀少，阻力较小。

对安德罗诺夫人来说，选择机会更多一些，既可以向东进入天山和阿尔泰山之间，又可以沿着里海东岸南下，在中亚草原寻找出路。中亚草原待不住，还可以一路向南，再向西进入伊朗高原，或者穿过山口踏入南亚次大陆。

对埃兰埃帕尔提王朝来说，这意味着什么？意味着“后院起火”。两千多年来，埃兰人之所以能够历经沧桑，没有被两河流域强权剿灭，就是得益于伊朗高原提供的巨大战略缓冲。

伊朗高原是他们的后院，他们可以尽情地后撤，与西方来敌辗转周旋。

现在，木椁墓人从北进入伊朗高原，抢占扎格罗斯山脉东麓谷地，安德罗诺夫人则可能从东方进入，蚕食北部或南部绿洲。他们可能就是米底、波斯、帕提亚等伊朗族群的先祖。他们闯入伊朗高原，无异于占领了埃兰人后院，令其前后受压，再也不能像以前那样，肆意地在高原上流动。

在这种情况下，埃兰人优势尽失。只要加喜特巴比伦一施压，埃帕尔提就得疲于应付，陷入泥潭。日积月累，空间越来越小，政治资本越来越少，终于萎靡不振，日趋凋零。从公元前1500—前1400年，埃兰的基德努伊德（Kidinuid）王朝基本上就是一部动荡的宫廷政变史，前后上台的五个统治者都没有血缘关系，严格地说，都不能称为一个王朝。

接下来的伊吉尔基德（Igihalkid）王朝，约在公元前1400年到前1210年，似乎是外来入侵者建立的。他们的前几任国王，都与加喜特巴比伦通婚，保持良好关系。既然加喜特人属于印欧人，那么这个“入侵者”，可能也是从北方下来的印欧部落。

图6－4　乔加赞比尔神庙遗址

伊吉尔基德的倒数第二任国王，公元前 1250 年修建了一座新圣城——乔加赞比尔（Choga-Zanbil）。这是一座阶梯状神庙，今天诸位如果去胡泽斯坦的阿瓦士，还能看到它残缺的身躯。

有人将这座巨大的神庙，称作“小金字塔”。小金字塔占地 250 英亩，高达 82 英尺，原有五层，用于祭祀埃兰主神印苏施纳克（Inshushinak），现存完整的只有两层半。小金字塔全部由砖块垒成，砖块上的楔形文字仍清晰可见，令人赞叹不已。毕竟，埃兰人这座神庙修建时，中国境内还处于殷商末年，奠定中原文化的周人还是一个小部落。

不过，将乔加赞比尔神庙称作小金字塔，还是有点言过其实。埃及金字塔看起来令人惊奇，不像是人类建造的；乔加赞比尔神庙看起来也让人赞叹，但是总起来说，一看就是出自工匠之手，与埃及金字塔没法比。更何况，埃及金字塔的建造时间，还早了 1000 多年。

代伊吉尔基德王朝而兴的舒特鲁基德（Shutrukid）王朝，从公元前 1210—前 1100 年，存续了仅一百多年，却干了一件惊天动地的大事。他们趁着巴比伦虚弱，三番五次长途奔袭，最终于公元前 1155 年闯入巴比伦，推翻了加喜特巴比伦。班师回朝时，他们将马尔杜克神像、纳拉姆辛纪功碑、《汉谟拉比法典》石柱等传世宝贝，统统都掠回了苏萨。那都是巴比伦最珍贵的家底。

由此我们会明白，为何 1901 年考古人员发现的汉谟拉比圆柱法典，不是在汉谟拉比居住的巴比伦城，而是在埃兰人的都城苏萨。

舒特鲁基德将加喜特帝国连根拔起，当然算得上威风八面。但是，他们恐怕想不到，拔掉加喜特巴比伦，相当于打开了潘多拉盒子，贻害无穷。没有了加喜特巴比伦，他们将直面西方更加残暴凶狠的亚述，遭受更加猛烈的攻击。他们的后方本来就被印欧族群蚕食大半，现在又要直面即将再度崛起的亚述，其命运可想而知。

第二节　后赫梯时代的安纳托利亚

两河流域西北，是广阔的安纳托利亚高原。公元前 12 世纪以前，这里是古埃及和亚述的主要对手赫梯人潇洒驰骋的疆场。公元前 12 世纪末，赫梯帝国在海上民族、北方卡斯卡人的轮番冲击下四分五裂，消失在历史长河中。到现在，历史学家也不知道赫梯人去了哪里。

赫梯帝国崩溃后，其疆域被不同族群占据，分裂为众多城邦或王国。这些王国或城邦大体可分为三部分，东部和叙利亚是赫梯原来的属国，北部是穆什基人（Mushki）建立的卡帕多西亚（Cappadocia），西部是弗里吉亚人建立的弗里吉亚。

高原东部的塔巴尔（Tabal）、卡马努（Kammanu）、卡尔凯美什（Carchemish）等邦国，原来是隶属赫梯帝国的核心藩属，赫梯帝国崩溃以后，这些小国获得独立，各自为政，政权仍多掌握在赫梯贵族手中。他们沿用赫梯人名号，自视为赫梯帝国继承人。

叙利亚草原的比特加巴里（Bit Gabbari）、比特阿迪尼（Bit-Adini）、比特阿古斯（Bit Agusi）、哈马斯（Hamath）等，原来是被赫梯征服的异族领地，本来就属赫梯外围，离心离德。公元前 11 世纪，阿拉米人涌入叙利亚草原，逐渐掌握了这些城邦统治权，纷纷成为独立政权，完全褪去了赫梯色彩。

安纳托利亚高原东部和叙利亚诸国，都是分散的小邦，论单打独斗，肯定不是亚述的对手。因此，当亚述大军向西征伐时，除了塔巴尔等少数位于安纳托利亚高原的王国进行抗争外，多数小邦只能俯首称臣，缴纳贡赋换取自治。反正，他们地处新兴的爱琴海贸易网络的核心位置，能够凭借商贸赚取大量财富，不差钱。

但是，没有哪个族群和国家，心甘情愿地忍受他国盘剥。一旦亚述国力显示出下滑迹象，后赫梯国家便联合起来，抵制亚述帝国的控制。亚述的对手，如乌拉尔图、大马士革、以色列、犹大等王国以及腓尼基诸城邦，也都怂恿和支持后赫梯国家反抗亚述。

因此，后赫梯国家始终是亚述西部边境的隐患。每逢亚述枭雄掌权，他们就主动臣服；每逢亚述弱君上台，或者权力更替时就伺机独立。

在后赫梯国家塔巴尔北方，赫梯帝国原来的中心位置，现在叫作卡帕多西亚的地方，生活着穆什基人。穆什基人不是当地族群，是从巴尔干迁来的，参与了摧毁赫梯帝国的军事行动。他们很可能也是从草原南下的印欧人。

穆什基占据的卡帕多西亚，并不是宜居之地。当地没有一马平川的良田，没有用于灌溉的河流，随处可见的是数百万年前火山爆发形成的火山熔岩。风蚀使卡帕多西亚沟壑纵横、奇峰林立，适宜现代人观赏美景，而不利于远古人居住谋生。

当然，卡帕多西亚并非没有优势。据说，上古时期，这里盛产良马，精于冶炼，是各路豪强觊觎之地。更绝的是，卡帕多西亚的熔岩看起来很坚硬，实际上很松软，用石头就能打出石洞。今天，如果去卡帕多西亚旅行，你会看到成千上万的石洞和地下洞穴，供十多万人居住不成问题。

所以，赫梯人和穆什基人都青睐此地，应该还是有它的道理。只是，赫梯人征服了肥沃之地，可以弥补食物和生活用品短缺，而穆什基人仅占据一个卡帕多西亚，日子过得很艰难。

从历史资料来看，穆什基人没有积极对外扩张。他们与近邻乌拉尔图之间的战争屈指可数。唯一有记载的，是他们曾与接下来提到的弗里吉亚，联手进攻亚述西部属国。

弗里吉亚人占据的，是原赫梯帝国西部属地。赫梯崩溃后一二百年间，这里不仅有弗里吉亚人，还有众多从巴尔干地区、爱琴海岛屿迁来的海上民族。公元前9—前8世纪，弗里吉亚族群异军突起，成为地区霸主，史称弗里吉亚王国。

美国有一个州叫弗吉尼亚（Virginia），乍一看与弗里吉亚王国名字差不多，实际上根本不是一回事。一个在北美，一个在西亚，两者差了十万八千里。英文拼写也完全不同，弗里吉亚是Phrygia，弗吉尼亚是Virginia，两者只是碰巧，被赋予了相似的中文译名。倒是现在土耳其的邻国格鲁吉亚，听起来与美国佐治亚州风马牛不相及，英文名字却是一模一样，Georgia。养育了斯大林的格鲁吉亚，从苏联独立出来以后，现在政治偏向美国，是美国在西亚的一颗政治棋子，以Georgia作为国名有其渊源。高加索南麓并列的三个国家，分别依附三个强国。格鲁吉亚倒向美国，亚美尼亚依仗俄罗斯，阿塞拜疆结盟土耳其。这三个国家虽然多数时间风平浪静，但是暗地里上演着激烈的政治博弈。其中，阿塞拜疆和亚美尼亚势同水火，为了争夺土地至今战争不断。格鲁吉亚和亚美尼亚分别依靠美俄，关系同样淡漠甚至敌对。

再回到古代的弗里吉亚王国。根据古希腊作家记载，弗里吉亚人是特洛伊战争以前——即赫梯帝国中晚期——从巴尔干迁徙到小亚细亚的。一个有力证据是，他们的语言不属于赫梯语，而是印欧语系的欧洲分支，其中有些词汇与古希腊语很接近。

学界争议之处在于，弗里吉亚人是在赫梯帝国兴盛前来到小亚细亚，还是赫梯帝国崩溃后才进入的。目前，多数学者坚持前一种看法，认为赫梯兴盛时，他们已经来到小亚细亚，作为附属定居下来。赫梯崩溃后，他们乘势而起，一跃变为安纳托利亚高原中西部霸主。

由于弗里吉亚人来自巴尔干，与古希腊人同宗同族，同时希腊人此时又纷纷向东开拓殖民地，对小亚细亚关注尤其多，希腊神话对弗里吉亚王国的事迹多有提及。对当时落后的古希腊人来说，两河流域遥不可及，觉得弗里吉亚就是世间最繁华之地。尽管那时候的安纳托利亚高原在文明世界中只能算是二流，尚谈不上多么发达。

仰望小亚细亚的古希腊人，常常将弗里吉亚的穿戴当作时尚去模仿。他们看中了弗里吉亚人佩戴的帽子。这种红色帽子松松软软，紧紧贴在头上，帽尖向前弯曲，既暖和又可爱，让古希腊人青睐有加。

古希腊人对这种帽子印象深刻，以至于创作神话时，专门

图 6－5　弗里吉亚帽

设计了一个相关的情节。据说戈耳狄俄斯之子弥达斯（Midas），曾经与阿波罗大战，结果被阿波罗实施法术变成了驴耳朵。弥达斯无奈，只好带上帽子作为遮挡。古希腊人在描绘特洛伊王子帕里斯时，为了说明他不是希腊人，也为其“戴”了一顶弗里吉亚帽子。如果事情仅止于此，弗里吉亚帽子还不值一提，好玩的是弗里吉亚帽子后来声誉日隆，竟然成了“liberty”（自由）标志。

据传，古罗马获释的奴隶及其后人，都喜欢戴一顶类似弗里吉亚的帽子，叫作 pileus 帽，代表自由之意。这个传统一直流传到罗马帝国时期。进入近代后，欧洲人已经分不清“谁是谁非”，将 pileus 帽与弗里吉亚帽子混为了一体。弗里吉亚帽子渐渐与“liberty”相连，成为欧洲人尤其是法国人争取自由的文化象征。法国大革命期间，其国人不仅争相佩戴弗里吉亚小帽，而且在印刷品中为女神玛丽安娜（Marianne）画上了弗里吉亚帽子，也为 1792 年批准宪法的路易十六画上了弗里吉亚帽子。

后来，这种文化象征蔓延至整个欧洲，又越过大西洋进入美洲，成为诸多场合的徽标。美国参议院的院徽上，便有一顶可爱的弗里吉亚帽子。中南美很多国家，如阿根廷、玻利维亚、哥伦比亚、古巴、萨尔瓦多、海地、尼加拉瓜和巴拉圭等，受美国革命影响，更是直接将弗里吉亚帽子镶嵌到了国徽上。

在古希腊人那里，还流传着一个自弗里吉亚传来的半人半神故事。戈耳狄俄斯是弗里吉亚的一个国王，原本是农夫。相传一天耕地时，一只鹰突然落在他的牛轭上不肯离开。戈耳狄俄斯无奈，只好赶着牛车去神庙求助。他在城门口碰到一位女祭司，愿意和他同行。戈耳狄俄斯被女祭司的美貌打动，途中向她求婚，竟然得到了应允。

恰在此时，无儿无女的国王去世，王位出现空缺。国人得到神谕，说未来的国王与王后正坐着牛车赶往神庙。于是，戈耳狄俄斯被人迅速找到，顺利继承了王位。

戈耳狄俄斯一天之内既娶美人又得江山，对天空之神萨巴兹乌斯（Sabazios）感激涕零，决定将牛车献给天神，以表心意。他为了防止别人把车偷走，用绳子打了死结牢牢捆住，此即古希腊人传说的“戈耳狄俄斯之结”（Gordian Knot）。他还修建了一座城市戈尔迪乌姆，作为弗里吉亚的新都。根据考古挖掘，戈尔迪乌姆位于现在安卡拉西南七八十公里处。

据说，后来亚历山大征服小亚细亚，看到当地人打成的戈耳狄俄斯之结，一剑将其劈开，破解了不可解困境。从此，这个故事便被作为使用非常规手段解决不可解问题的一种隐喻。

由于没有文献，人们对于真实的弗里吉亚所知甚少，只能通过希腊和亚述文献进行推测。希腊文献说，弗里吉亚一位国王弥达斯（Midas），约公元前720年至前695年在位，迎娶了高原西部小邦库麦（Cyme）的一位公主，这位公主替弗里吉亚发明了硬币。

库麦是古希腊人的城邦，与希腊本土联系密切。赫西俄德的父亲就出生在那里。弗里吉亚国王迎娶希腊城邦公主，表明弗里吉亚愿意与希腊人通好，共享贸易之利。

公元前8世纪末的亚述文献说，他们在安纳托利亚东部的领土，遭到了穆什基之王弥达（Mita）的攻击。历史学者猜测，亚述文献提到的这位“Mita”，很可能就是弗里吉亚的弥达斯，而不是真正的穆什基国王。弗里吉亚人与穆什基人联手对付亚述，而亚述又不了解对方，所以在文献中误将弗里吉亚国王当成了穆什基国王。

弗里吉亚、穆什基和原赫梯属国的塔巴尔、卡尔凯美什，都是西部反亚述联盟的核心成员。公元前717年左右，亚述萨尔贡二世率军西进，打败了弗里吉亚和穆什基联军，将其势力驱赶到安纳托利亚高原中西部。塔巴尔和卡尔凯美什等邦国变成了亚述附属。

历史表明，弗里吉亚和穆什基只保持了几十年的兴盛。大约从公元前 8 世纪中期开始，他们可能就受到北方另一股蛮族的反复冲击。公元前 7 世纪初，已经无法自保而趋于瓦解。希罗多德记载，这股在安纳托利亚高原横冲直撞的新蛮族，是另一印欧人后裔——辛梅里安人（Cimmerians）。他们是从欧亚大草原翻越高加索山脉南下的。

辛梅里安人扫荡过后，穆什基人从亚述记载中消失了。也许，他们被迫向西撤退，融入弗里吉亚王国。弗里吉亚同样未能幸免。据希罗多德记载，公元前 696 年，弗里吉亚都城惨遭辛梅里安人摧毁。考古学证明，这个事确实存在，只是时间当在公元前 675 年。他们的国王弥达斯，据说被迫喝公牛血自杀。考古学家在戈尔迪乌姆遗址，发现一座陪葬品十分丰富的陵墓，判定就是弥达斯的。

为什么喝公牛血能自杀？亚里士多德曾在他的解剖学著作中说，公牛下半身的血液黏稠，颜色最深，凝结最快。古希腊人认为，人喝下公牛血以后，体内血液会凝结成块，窒息而亡。希腊神话英雄伊阿宋的父亲埃宋、埃及法老普萨美提克三世、弗里吉亚国王弥达斯，在希腊人传说中都是这样自尽的。

现代科学研究证实，牛血确实能够快速凝结，止血药物牛凝血酶就是从牛血中提取出来的。至于埃宋、普萨美提克三世、弥达斯等人到底是不是因喝了牛血而亡，就无法确定了。

第三节　高加索南麓的乌拉尔图

土耳其东部有一个凡湖（Lake Van），是土耳其最大内陆湖、中东第二大湖泊。凡湖长 119 公里，面积 3755 平方公里，湖面海拔 1646 米，平均深度约 25 米，最深处 100 米以上，地貌兼具粗犷与秀美，是土耳其旅游胜地。

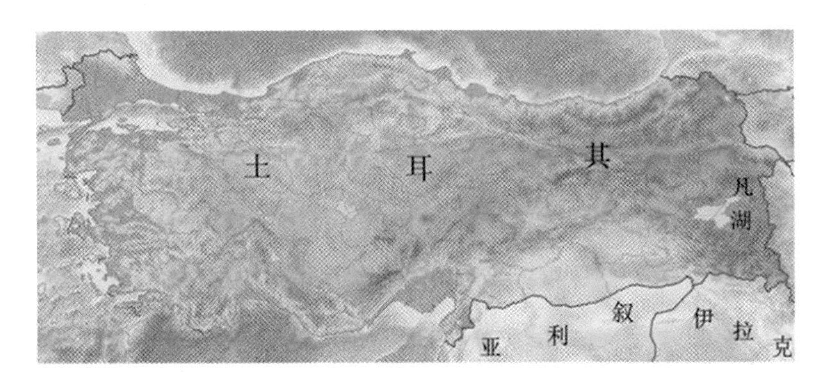

图 6－6　凡湖地理位置示意图

从 1995 年以来，当地居民一直传说凡湖里有水怪，引得考古学家和水下摄影者好奇心大发，多次潜入湖底考察。2017 年 11 月，他们的一次考察没有遭遇水怪，却发现了一个水下城堡。

这个城堡位于水面 10 多米以下，占地约一平方公里，从考古图片来看，城墙由大块石头砌成，静静矗立于水中，古朴而庄重。探测者还在城堡中发现了石雕狮子。难道真是水怪在湖底修建了城堡？

当然不是。土耳其考古学家认为，这个城堡很可能是3000年前乌拉尔图人（Urartian）遗留下来的。乌拉尔图人建造此城堡时，凡湖水面比现在低很多，周边生活着大量居民，后来湖面大幅度上升，才将城堡淹没。

乌拉尔图人是谁？与两河流域有关系吗？有关系，关系还挺密切，因为他们是亚述人的核心对手之一。不过，凡湖现在虽然属于土耳其，曾生活于其周边的乌拉尔图人，却更多被亚美尼亚人奉为先祖。在土耳其的历史叙述中，没有乌拉尔图人的影子。

咱们前面提过，公元前12世纪末11世纪初，亚述枭雄君主格拉特帕拉沙尔向西驱逐穆什基人后，又率军向北扫荡，征服了60多个小国，要求他们缴纳1200匹马、2000头牛的贡税。

这些惨遭亚述帝国蹂躏的，就是湖底城堡的建造者乌拉尔图人。乌拉尔图是亚述对他们的称呼，他们自己称为"Biainili"，不同时期也自称Van或者Nairi等。

从语言来看，乌拉尔图人的起源又是一个谜。他们说的乌拉尔图语，既不是印欧语，也不是闪米特语，唯一比较亲近的语系，是前面提到过的同样自成一系的胡里安语。

胡里安人与乌拉尔图人都在底格里斯河以北，属于近邻。胡里安人可能本来就从南高加索迁来，等到米坦尼崩溃，部分胡里安遗民可能又北迁，融入乌拉尔图族群，所以语言接近。语言学界将这两种语言单独划出，合称胡里安—乌拉尔图语系。

乌拉尔图自身流传下来的文献极少，历史学家主要依靠亚述文献推断乌拉尔图历史。

公元前13世纪，萨尔玛纳萨尔在位时，亚述文献最早提到乌拉尔图人的名字。文献说纳萨尔曾率军北上镇压Uruatri人叛乱，三天征服了8个小国家、51个城镇。亚述人把这8个国家统称“Uruatri”。学者们认为，这个“Uruatri”就是“Urartu”（乌拉尔图）的早期名字，并由地理名词延伸为族群名称。更准确地说，乌拉尔图是亚述人对Uruatri的叫法。

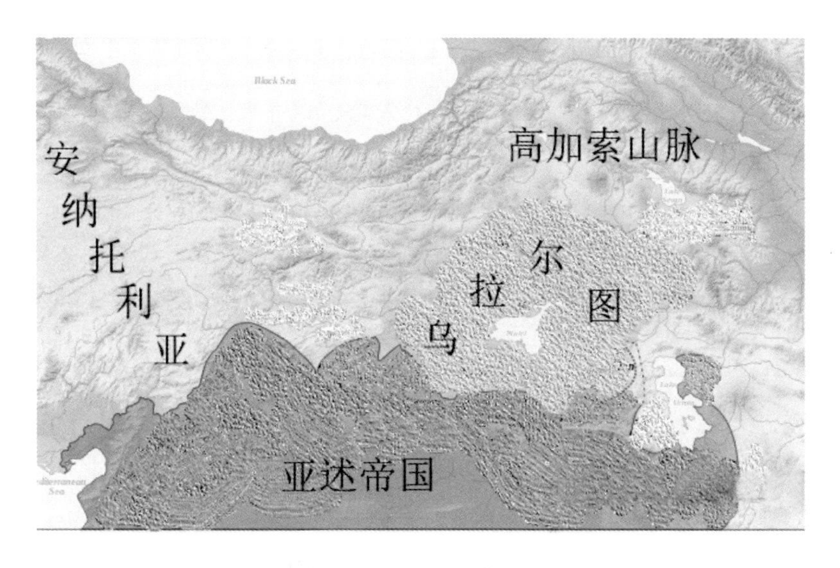

图6－7　公元前860—前840年乌拉尔图人活动范围

当时，乌拉尔图人与亚述人比起来，可以说是小巫见大巫。亚述人已经称霸西亚多时，而乌拉尔图人仍是众多松散的邦国，势单力薄，不成气候。这也不能怪乌拉尔图人，地形地貌决定了他们很难像亚述那样，形成统一而又庞大的超级王国。

乌拉尔图人的疆域界限不清楚，只知道大体由现在亚美尼亚、土耳其东部和伊朗西北角组成。这一区域是托罗斯山脉和扎格罗斯山脉交界处，海拔较高，最低处都比美索不达米亚平原高出一大块。

山脉交接的结果，是境内山头多、岩石多、湖泊多、矿物质多，地形极其复杂，河流都没有统一的流向，有的向东，有的向西。三大湖泊凡湖、乌尔米亚湖和塞万湖，连个出口都没有，只能自成一系，孤芳自赏。这种地形地貌，决定了当地政治的分散性。

不过，你要是以为这儿荒无人烟，鸟不拉屎，人不久居，那就错了。事实恰好相反，这里同样是人类文明起源地之一。至少，现在这片土地上的亚美尼亚人是这样认为的。

根据亚美尼亚文献，公元前 9000 年前的埃里温（Erivan）一带，已经出现人类生活痕迹。公元前 4000 年前，位于塞万湖和凡湖之间的阿勒山周边地区，分布着为数众多的城镇和部落。

阿勒山位于现在土耳其和亚美尼亚的交界处，海拔 5000 多米，是基督教圣山。《圣经》称挪亚方舟最后就停泊在这里。因此，上千年来，不断有人登山寻找挪亚圣迹。有人还真的宣称，他们找到了方舟残骸。

在亚美尼亚的埃奇米阿津教堂内，有一块镶着宝石和金质十字架的木片，被当作镇馆之宝，轻易不示外人。据说，这块木片就是当初挪亚方舟的残骸。真假不知，反正亚美尼亚人以及众多基督教徒是这样认为的。

顺便插一句，公元 4 世纪亚美尼亚就把基督教定为国教，是世界上第一个基督教国家，现在其境内仍有 90% 以上的民众信仰基督教。这让它在伊斯兰教笼罩的西亚地区，显得极其孤独而另类。

不过，令人惋惜的是，这座被亚美尼亚人视为圣山的阿勒山，却不在亚美尼亚境内。1923 年，控制亚美尼亚的苏联与土耳其签署条约，硬是将阿勒山划给了土耳其。从那以后，亚美尼亚人只能在边境上眺望祈祷。再加上土耳其的前身奥斯曼帝国曾经大量屠杀亚美尼亚人，现在这两个国家依然相互视如寇仇，边境不能相通。

除了宗教传说，这片土地最值得炫耀的，其实是真实的人类文明。亚美尼亚资料认为，公元前 3000 年左右，即苏美尔和古埃及踏入文明门槛之际，阿勒山东北不远的米察摩尔（Metsamor）也进入了王国时代。周边这样的王国还不止一个。

亚美尼亚人眼中，当地有两大人类遗迹特别让他们引以为傲。一是金属冶炼技术，一是天文观测。

从底格里斯河到高加索山脉之间，山谷斜坡太多，水土流失严重，冬季漫长寒冷，夏季干旱短暂，再加上河流有限，并不是理想的农耕之地。只有西部和北部的河谷、平原，适合种植谷物，南部的凡湖地区干旱程度最为严重，主要依赖畜牧业。

在这种情况下，仅靠农业不足以兴旺发达。该区域之所以吸引大量居民，并形成部落或王国，主要是当地矿产丰富，适合冶炼黄铜、青铜、铁等金属。在那个时代，黄铜和青铜是制造工具、兵器和礼器的主要原料，铁更是稀有之物，都属于战略物资，是国际贸易中的抢手货。

乌拉尔图境内恰恰蕴藏着丰富的铜矿资源。远古人类聚集到此，很可能是看中了这些资源，并能够将其携带至两河流域，甚至渡过里海、黑海或爱琴海，去交换食物和生活用品。阿卡德时代，这里是环黑海冶金区的重要组成部分，其中南高加索还是砷青铜和纯铜冶炼中心。欧亚大草原的冶金技术，就是从这里慢慢向北渗透过去的。

乌拉尔图地区重峦叠嶂，交通不便，长途旅行很容易迷路。为了解决这个问题，当地居民不得不学着观测天象，利用夜空星星来判断方位。亚美尼亚的西西安（Sissian）有一片古老巨石阵，据说就是古人用来观测天象的，被亚美尼亚称为最早的“天文台”。

不过，现在世界公认的最早天文台，出现于公元前2600年的埃及，其次是公元前2000年的两河流域。

图6－8　亚美尼亚西西安附近巨石阵

山脉阻隔的地势，决定了乌拉尔图地区的政治格局，即小规模的部落和王国不算少，但是在上千年时间里，大都各自为政，相互隔离，难以形成大一统。他们传说的远古大规模战争，应该是不可信的。

被亚美尼亚奉为始祖的哈伊克（Hayk），传说4000多年前住在巴比伦，后来不满暴君贝尔（Bel）的统治，带领子民迁到了阿勒山。贝尔要求其返回，不成后恼羞成怒带兵讨伐，结果被哈伊克杀死。今天去亚美尼亚首都埃里温，会在街头看到弯弓射箭的哈伊克塑像。

事实上，从时间和地形来推测，公元前2000年以前，乌拉尔图与巴比伦不可能发生大规模战争。当时两河流域南部还不具备长距离作战条件，也没这个必要。无论阿卡德人还是苏美尔人，控制整个两河流域已经很吃力，哪里能够北上深入高加索山区？

双方真正发生冲突，是公元前13世纪亚述崛起、马拉战车出现以后。亚述人不断北上，抢劫乌拉尔图人的牛羊、马匹和人口，偶尔会占领部分领土，严重威胁着当地政治生态。

那些没被摧毁的乌拉尔图部落，不得不囤积兵力、扩大规模，提前防御亚述劫掠。公元前9世纪中期，随着亚述开启新一轮扩张，一个力量较大的政权在凡湖周边崛起，他们自称凡（Van）王国。亚述继续叫他们乌拉尔图。

从更大的视野来看，乌拉尔图的崛起，并非仅仅是亚述刺激的结果。亚述刺激了几百年，为何直到公元前9世纪，乌拉尔图才形成统一王国？背后肯定另有他因。这个他因，很可能是东西两大文明带的兴起。

在乌拉尔图东方，印欧人陆续迁入伊朗高原，显露出文明迹象，不久便促成米底人崛起；在乌拉尔图西方，希腊和爱琴海岛屿走出400年黑暗，显示出文明复苏的萌动。公元前900年是这两大文明崛起的前奏。

文明崛起意味着人口和消费增长，意味着长途贸易增加。介于希腊世界和伊朗高原之间的乌拉尔图，很可能“坐收渔翁之利”，通过征收往来商税获得了财富。而且，他们丰富的铜矿、黑曜石和青铜制品，也是两河流域、古希腊世界的必需品。

乌拉尔图没有帝国传统，缺乏相应的政制和文化，因此他们积极借鉴两河流域文明，照搬了很多礼仪制度。比如第三代王萨杜里（Sarduri）自称“四季之王”，第四代王伊什普伊尼（Ishpuini）自称“纳伊里大地之王，光荣之王，宇宙之王”，明显是抄袭了亚述王号。

乌拉尔图都城位于现在凡湖之旁凡城的旁边，当时叫图斯帕（Tupa）。从地形来看，图斯帕交通四面受阻，不利于发布命令。因此，有人猜测图斯帕可能只是乌拉尔图的宗教中心，行政中心另有所在。

在亚述反复冲击下，乌拉尔图似乎已抛弃原始民主传统，权力逐渐集中于国王手中。国王既是行政首脑，又是军事指挥官。有时候，他会亲自带兵打仗，冲锋陷阵。敌人强大时，就要求各地总督出兵协助；敌人弱小时，就干脆以直属部队出击。

乌拉尔图王国的兵种主要包括三类，步兵、骑兵和战车。战车很少，少时五六十辆，最多时不过百余辆。骑兵数千，

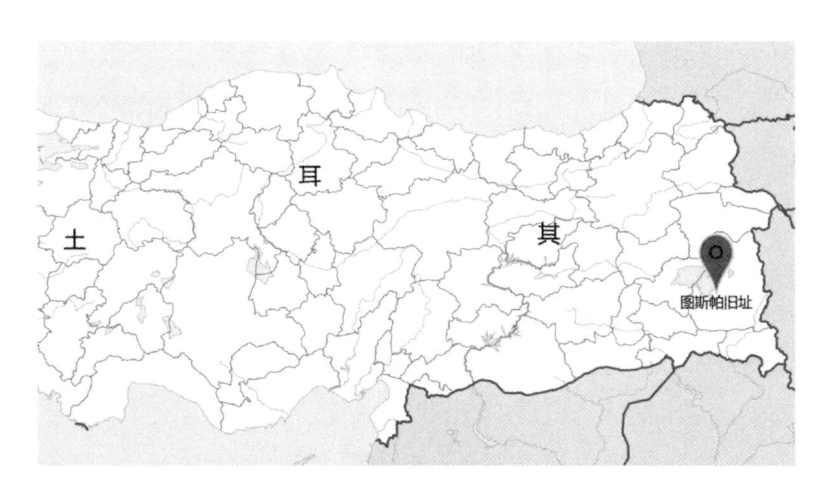

图 6－9　乌拉尔图都城旧址示意图

最多时过万。当时没有马鞍马镫，战马主要用于运输或作为弓箭兵的坐骑。步兵数万，最多时全民皆兵，据说达到 35 万。这个数字可能被夸大了。现在，亚美尼亚才不到 300 万人，要是 3000 年前乌拉尔图拥有 35 万士兵，那得需要多少人口支撑？

国王在各地设置总督，负责响应国王征召。总督的主要责任，就是王室有战事时带兵勤王。至于行政和司法，则掌握在国王派遣的人手中。大多情况下，各省行政和司法会绕过总督，直接请示国王。这样设置是为了确保各地能够服从中央，避免分裂。

对乌拉尔图来说，仅靠自力更生和征收商税，还是远远不够的。他们像亚述一样，也出去抢夺财物，俘掠人口。考古挖掘说明，乌拉尔图曾经多次发动对外战争。

乌拉尔图实力有限，自知不是亚述和穆什基人对手，所以很少主动挑衅。亚述进犯时，他们坚持运动战原则，能打则打，不能打则退，从不在乎一城一地的得失。亚述人除抢夺他们的财物，也没有什么太好的办法。

大多数情况下，乌拉尔图抢夺的，是周围弱小公国或部落。他们不太在乎金银珠宝，而是看重战俘、马、牛、绵羊、山羊，以及骆驼。每次战争，乌拉尔图抢来的俘虏少则数千，多则一两万；马匹少则几百，通常一两千，多则两三千；牛羊最多，动不动就是几万，最多时一次抢了 20 多万只羊。

乌拉尔图传到第六代国王米努阿（Menua）时，走上了发展快车道，时间约为公元前 810—前 785 年，相当于西周末年，与周幽王的父亲宣王同时代。只不过，周宣王父子肆意妄为，为王朝衰败埋下伏笔，而乌拉尔图的米努阿及其儿孙精明能干，为国家强盛奠定了根基。

当时的亚述，内乱频仍，无力进取，是乌拉尔图锐意发展的良机。米努阿的主要贡献，是借鉴亚述政制，打造出一套集中的行政机构，并大力发展灌溉技术，提高农业生产效率，促进了国家成长。他的儿子阿吉什蒂（Argishti）和孙子萨杜里二世（Sardur Ⅱ），则集中精力对外开疆拓土。

米努阿统治时期，乌拉尔图疆域已经抵达阿勒山北和阿拉斯河，即现在亚美尼亚边境；萨杜里二世在位时，又将领土向西拓展至塞万湖，向东南扩大至乌尔米亚湖，向西南延伸至幼发拉底河源头。

此时的乌拉尔图，再也不是任人宰割的羔羊。他们征服了南方阿尔帕德（Arpad），然后联合大马士革、腓尼基、犹大王国等，对亚述南北夹击，并支持亚述属国反叛。亚述通向叙利亚、安纳托利亚和伊朗的商路，几乎都被乌拉尔图切断了。

公元前 8 世纪中叶，岌岌可危的亚述，终于从内乱中清醒过来。公元前 745 年，他们迎来一位新君主提格拉特皮莱塞尔三世。这位三世像提格拉特一世一样精力充沛，能征惯战。

他上台后，一方面进行政治改革，加强中央集权，一方面东征西讨，将下方阿拉米人、东方埃兰人打败后，集中优势兵力向西讨伐阿尔帕德。乌拉尔图试图派军援救，结果被亚述半路击退。

公元前 735 年，在瓦解了西方反亚述同盟后，提格拉特三世挥师北上，讨伐反亚述联盟的总后台乌拉尔图。乌拉尔图国王萨杜里二世战败，都城图斯帕被捣毁。虽然侥幸逃脱，但是由于接连败于亚述，并被亚述剥夺了商路控制权，萨杜里二世黯然退位，乌拉尔图危机四伏。

好在，继位的八王子鲁萨一世（Rusas I）雄才大略，胆识过人。他赢得贵族支持，平定国内叛乱，出兵叙利亚北部，与乌尔米亚湖周边和扎格罗斯山区小邦结成同盟，慢慢又站稳了脚跟。特别是公元前 727 年提格拉特三世死后，乌拉尔图再度成为南高加索举足轻重的国家。

不过，乌拉尔图此时面临的挑战，也比以往更严重。公元前 8 世纪，从北方欧亚大草原突然下来一支游牧族群，不断冲击北方边境。现在，学界将这支流民叫作辛梅里安人（Cimmerians）。辛梅里安人属于印欧语系，公元前 10 世纪可能生活于里海北岸的乌克兰大草原。后来，他们遭到斯基泰人驱赶，被迫向两边流窜，部分向西进入巴尔干，另一部分向南翻越高加索山脉，进入里海东岸、乌拉尔图北部。

有心人可能会问，斯基泰人为什么要挤占人家辛梅里安人的土地？要真正展开讲，又是一个没完没了的故事。简单地说，有人认为，斯基泰人西迁，可能是周宣王讨伐猃狁、西戎的连锁反应。斯基泰人原本分布在中亚草原，猃狁、西戎被周宣王打败向西撤退，直接或间接逼迫斯基泰人也向西迁移，结果碰到了辛梅里安人。亚欧大陆一体化的政治历史，又上演了一遍。

周宣王打个仗，竟然在西亚挑起一场战争风暴，活脱脱的蝴蝶效应。而且我们后面会看到，辛梅里安人可不仅仅攻击乌拉尔图。此后百余年，他们还在安纳托利亚高原横冲直撞，不但灭掉弗里吉亚王国，连亚述萨尔贡二世都干掉了，可谓搅得西亚人仰马翻。

再回到乌拉尔图。公元前 722 年萨尔贡二世上任后，亚述向乌拉尔图发起攻击。他们说服辛梅里安人配合自己，一南一北，对乌拉尔图前后夹击。公元前 714 年，辛梅里安人与亚述人联合出击，摧毁了乌拉尔图鲁萨政权。

鲁萨一世死后，继位的阿吉什蒂二世（Argishti Ⅱ）同样是个人才。他在位期间，积聚国内力量，抗击亚述入侵，表现十分突出。公元前 7 世纪初，乌拉尔图军队一度攻入亚述，占领了底格里斯河畔的尼姆鲁德。这是乌拉尔图历史上的一段“黄金时代”。

可惜，公元前 680 年阿尔基什提二世死后，乌拉尔图一年不如一年。他们在亚述人、辛梅里安人、米底人的轮番折磨下，彻底失去自主能力。南面的亚述刚换了一个新王阿萨尔哈东（Esarhaddon），气势如虹，压得乌拉尔图喘不过气来。同时，东边的米底人日渐强大，最终在公元前6世纪初，将乌拉尔图纳入囊中。

第四节 阿拉米人的大马士革王国

从亚述跨过幼发拉底河，向南行进不久，便是一望无际的沙漠。沙漠里的绿洲中，可能游荡着放牧的族群，有些甚至冲出沙漠，融入了两河流域。自古以来，这里人烟稀少，很少对两河流域形成威胁。亚述最不必担心的，就是南方沙漠。

但是，亚述的西南方向，却是另外一番景象。以南北走向的黎巴嫩山脉为界限，这里很早便形成了两个人类文明区域，山脉以西为迦南文明，山脉以东是叙利亚文明。这两大文明是亚述的心头之患，也是亚述未来肆意蚕食，进军埃及的必经之路。

叙利亚境内大部分是沙漠，只有幼发拉底河南岸和黎巴嫩山脉以东，依靠降雨和河水形成绿洲，适合人类生存。其中，幼发拉底河南岸占据从巴比伦到地中海的要冲，后来成为丝绸之路的重要驿站。

公元前3000年左右，苏美尔文明形成不久，亚述下方草原便得其熏陶，形成了马瑞和埃勃拉两个王国。马瑞在东，相当于后来亚述的正南方向；埃勃拉在西，囊括大片地中海东岸的平原和谷地。这两个王国都是在苏美尔文明圈之外成长起来的，但是其发展程度和重要性，一点不亚于当时苏美尔文明圈内的大多数城邦。

埃勃拉四五千年前南来北往、人口旺盛，城内居民2.2

万，整个城邦人口高达 26 万，算得上是区域大国。他们在两河西南部持续了上千年，直到公元前 23 世纪，才被阿卡德帝国征服。

马瑞王国虽然不及埃勃拉，但也是幼发拉底河中上游的强国。公元前 20 世纪以前，他们死死压着底格里斯河两岸的亚述人，即使一两个世纪后，亚述地区第一次崛起，也没有击败马瑞，沙姆希阿达德乘马瑞内乱，才将其纳入亚述控制之下。

等到沙姆希一死，流亡的马瑞贵族立刻赶回，杀掉沙姆希次子，重新夺回了王位。要不是汉谟拉比挥师北上，帮助亚述打垮马瑞王国，亚述说不定沦为了马瑞附庸。

公元前 19 世纪初，另外一支阿摩利人以现在的阿勒颇为中心，创建了比马瑞更强大的雅姆哈德王国。阿勒颇早在埃勃拉时代，便出现在行政文书之中，属于东西路上的重要贸易中转站。

雅姆哈德趁着马瑞崩溃、亚述内乱、巴比伦疲于应付东方边患，迅速在幼发拉底河两岸扩张。公元前 18 世纪初，雅姆哈德最鼎盛时，疆域西抵地中海，东到亚述腹地，北与胡里安接壤，南将乌加里特囊括在内，称雄一时。此后几百年间，亚述人在雅姆哈德面前没一点脾气，俯首称臣。只是，雅姆哈德始终面临赫梯人挑战，无心向东发展，才让亚述人得以保留老巢。

雅姆哈德所据的地盘，横跨迦南和叙利亚北部，以商业和手工业作为立身之本，军事原本就不是他们的强项。公元前 1600 年，赫梯的穆尔西里一世率军东进，阿勒颇毁于一旦，雅姆哈德王国分崩离析。

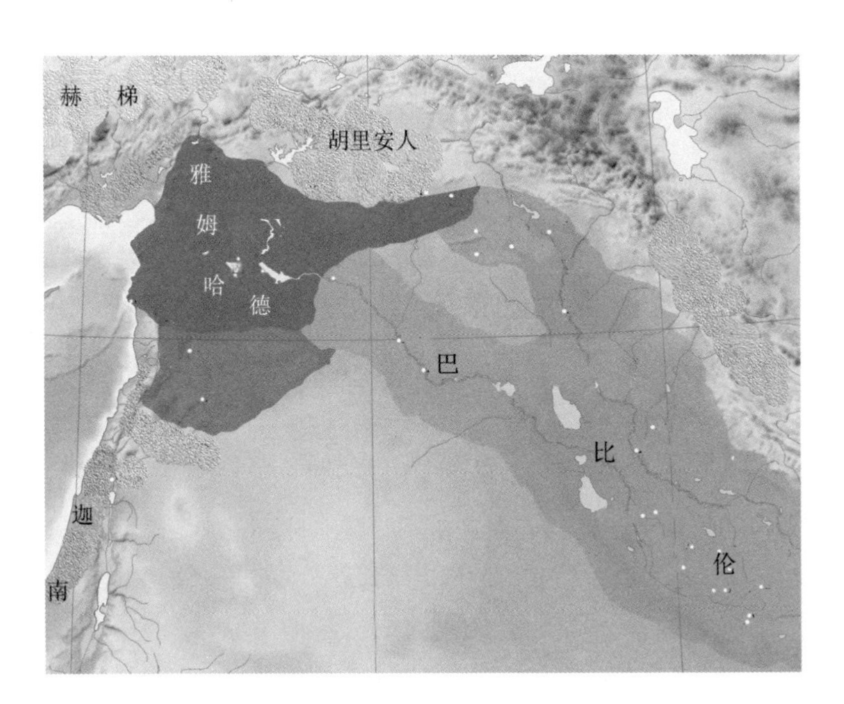

图 6－10　公元前 18 世纪中叶西亚政局

雅姆哈德的众多属地，先是被赫梯控制，公元前 15 世纪又被崛起的米坦尼接管，后来重新落入苏醒的赫梯之手。公元前 12 世纪初，安纳托利亚高原东南的后赫梯小国，基本上都是当年雅姆哈德的属地。

如果仅仅是这些后赫梯小国，对亚述算不上严重威胁。他们既没有称霸周边的雄心，也没有对外扩张的资本。问题的关键是，公元前 12 世纪以后，曾经分散、落后的叙利亚南部，也就是埃及与原雅姆哈德属地之间的狭长地带，陆续崛起了。他们的崛起使得后赫梯诸国获得后方支援，时常结成反亚述同盟，联手御敌。

前文提到过，公元前 12 世纪是“旧世界”与“新世界”的一道分水岭。旧世界的霸主赫梯和埃及，都倒在海上民族冲击之下，使得迦南和叙利亚出现权力真空，促成了边缘崛起。

在这个真空时期，一个被称作阿拉米人的族群乘虚而入，占据了幼发拉底河两岸，以及叙利亚草原的大片区域。这个阿拉米族群，也属于阿拉伯的闪米特语系。

阿拉米人与阿摩利人一样，最初都生活在阿拉伯沙漠绿洲中，过着半游牧生活。阿摩利人早走出来，进入了迦南和两河流域。大约在公元前 13 世纪，阿拉米人似乎也生活不下去，纷纷向外迁徙，有的向西进入草原，有的向北抵达幼发拉底河，然后沿着幼发拉底河两岸上下移动。

幼发拉底河两岸的部分阿拉米人，一跃变成专业游走的商人。加喜特王朝的一封信曾提到，巴比伦尼亚南部活跃着一支叫作“阿赫拉穆”（Ahlamu）的黄金商队，即由阿拉米人组成。这表明至少加喜特王朝存在期间，阿拉米人已经游弋到了两河流域最南端。

公元前 12 世纪末，幼发拉底河上游的阿拉米人，充分利用赫梯崩溃后留下的政治真空，在亚述以西建立了多个小邦。公元前 1133—前 1116 年的亚述文献称，他们曾粉碎了阿拉米人的军队。此事意味着，阿拉米人的商队建造了自己的军事武装。

公元前 11 世纪，亚述和埃及先后陷入衰退，加喜特巴比伦则干脆被外敌摧毁，两河流域和迦南地带一下子群龙无首。各地阿拉米人趁机发展壮大，到处抢占地盘。

叙利亚北部的阿拉米人，跨过幼发拉底河，不断蚕食亚述领土；幼发拉底河中下游的阿拉米人，则反复向巴比伦城发动进攻，令其承受巨大压力，政局动荡不安。

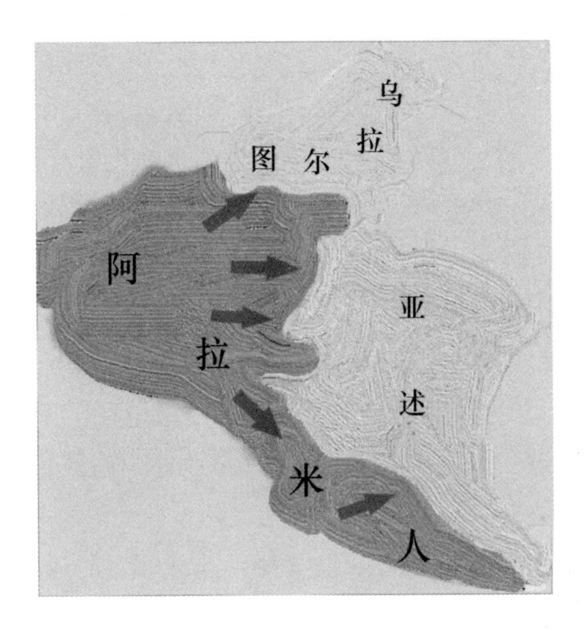

图 6－11　公元前 9 世纪阿拉米人进入两河流域

巴比伦南部，接近波斯湾的地方，干脆被几十个阿拉米部落侵占，成为他们扩张的一个据点。三四百年后，这里的一个迦勒底部落将异军突起，西上夺取巴比伦，联合埃兰人围剿亚述帝国。

不过，公元前 9 世纪以前，两河流域的阿拉米人都是小邦，不足以真正撼动旧秩序。只有黎巴嫩山脉东侧、叙利亚沙漠西部的大马士革力量最为强大，一度成为叙利亚草原霸主。

大马士革位于黎巴嫩山脉的东麓，受山脉阻挡，夏季干燥炎热，冬季凉爽湿润，按理说并不适合农耕。多亏从黎巴嫩山脉流下来一条巴拉达河，养育了一片绿洲，才让大马士革变得生机勃勃，成为宜居之地。阿拉米人的到来，更是让大马士革成为叙利亚草原的重要城市。

公元前10世纪左右，阿拉米人在叙利亚草原建立了多个城邦国家，其中以大马士革发展最为迅速。公元前9世纪中叶，大马士革已经能够在叙利亚和迦南崭露头角。前853（或前854）年，叙利亚和迦南诸国联手阻击亚述南下时，大马士革国王哈达德泽（Hadadezer）是盟主。在哈达德泽带领下，反亚述联盟成功地保住了自己的家园，而大马士革王国作为领导者，自然成为埃及与亚述之间的公认权威。

公元前9世纪下半叶，大马士革王国出现了一个枭雄国君，叫作哈薛（Hazael）。哈薛在《圣经》里出现过，最初是个大臣，后来在耶和华指引下篡位成为大马士革国王，至于真实的哈薛到底是什么人，以及如何当上国王，学界还不得而知。

哈薛上位时，大马士革王国已经步入正轨，能够调动民间资源修建大规模的工程。据说，现在大马士革的城市供水和排水系统，早在哈薛上任之前就修建完毕了。

哈薛在位期间，遭受过亚述一次重创，但是没有丢失都城。等到亚述退兵，大马士革很快恢复，重新成为区域强国。而且，它不再满足于仅仅控制叙利亚草原，还想着征服迦南的盟友。接下来若干年，哈薛率军对两个希伯来人王国大加征伐。

这两个希伯来王国位于迦南南部，靠北的叫以色列，靠南的叫犹大。以色列王室誓死不屈，结果被斩杀；犹大王室灵活

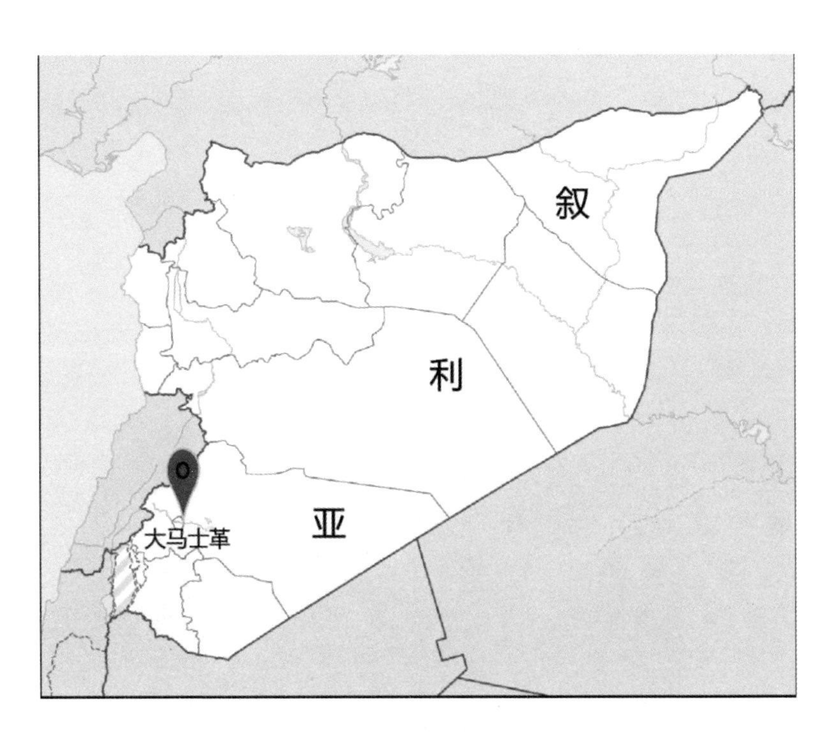

图 6－12 大马士革地理位置

应对，得以幸免。由于曾遭受过哈薛蹂躏，作为犹大王国后裔的犹太人对其痛恨至极，《圣经》对他的描述面目可憎。

1993—1994 年，人们在但丘（Tell Dan）遗址发现了两块石碑残片，经考古学家研究，认为是大马士革国王哈薛或其儿子的纪功碑。碑文形成的时间，约在公元前 841—前 798 年期间，记录的是大马士革政府以色列王国和犹大王国之事。

这块石碑可以证明，《圣经》中的“大卫王室”确实存在，也说明公元前 8 世纪前后的大马士革，一度征服以色列和犹大王国，曾在叙利亚和迦南地区耀武扬威，威震四方。

切

我的父亲北上　　与　　作战

我的父亲去世，他与他列祖同睡。然后以色列王

侵入了我父亲的国土。Hadad 立寡人为王

Hadad 立于寡人面前，寡人于　　启程

臣服于寡人的诸王。寡人斩杀两强王，他们统御两千

暴乱和两千骑兵。寡人斩杀 Joram，Ahab 之子

以色列王，寡人斩杀 Achazyahu，Joram 王之子

大卫王室。寡人设立

他们的土地

其他　　和 Jehu ru－

领导以色列

围困

图 6－13　但丘石碑及译文

大马士革的区域霸主地位，决定了亚述对它的敌对态度。对未来的亚述帝国来说，下游的巴比伦不堪一击，已成囊中之物。北方的乌拉尔图和东北的米底还属于穷乡僻壤，不值得大

动干戈。西方的安纳托利亚高原易守难攻，又没什么油水可榨，只能点到为止。

真正让亚述倾心而又必欲拿下的，是迦南和埃及。迦南商贸繁盛，很多城邦财富可观；埃及土地肥沃、粮食充裕，自古以来便是闻名遐迩的粮食基地。如果能将这两大区域拿下，必将极大充实亚述国库。因此，亚述帝国从第二次崛起开始，目光就紧紧盯着迦南沿海城邦和尼罗河三角洲，梦想着有朝一日悉数收入囊中。而要控制迦南、进攻埃及，亚述就必须击溃大马士革王国，清除横亘在南下道路上的拦路虎。所以，大马士革的地理位置和区域霸主地位，决定了它与亚述帝国之间必有一战。

第五节　迦南的腓尼基与希伯来

地中海东岸的沿海低地，一般被称为迦南（Canaan），大致包括现在的黎巴嫩、叙利亚沿海、巴勒斯坦和以色列。这片区域位于东经34°—37°，北纬30°—33°之间，属于温带气候，四季如春，冷暖宜人。每年一般只有旱季和雨季。

从地图上看，迦南是从非洲进入西亚、两河流域、安纳托利亚高原的必经之路。当年，远古人类从东非北上时，肯定在这里休整和停留过。有些人可能还在约旦河里洗过澡、游过泳。因此，迦南地区很早就有人类居住。

根据考古发掘，以色列北部的耶利哥（Jericho）1.1万年前就出现人类居住遗迹，至今未曾中断。2019年，中部哈里什附近又发现一座城市遗址，约为公元前4000年建造，相当于苏美尔文明刚刚兴起时。城市遗址的下层，则是7000年前的农业定居点。

在随后漫长年月里，迦南地带不断吸引外人迁入，阿拉伯的闪米特人，尼罗河三角洲的埃及人，安纳托利亚高原的赫梯人，爱琴海岛屿的海上民族，都在这里游荡落脚、通婚杂居，融合为最早的迦南居民。

前文提到过，公元前3000年左右，幼发拉底河上游兴起过一个叫埃勃拉的王国，其领土主体就位于迦南北部地带，也就是今天的黎巴嫩，再加上叙利亚西部。从地理来推测，埃勃拉居民应该属于闪米特语系，他们在迦南北部兴盛了上千年。

公元前23世纪，埃勃拉被阿卡德帝国摧毁后，新一代的闪米特族群，即阿摩利人又陆续涌入，创建了雅姆哈德王国。与埃勃拉相比，雅姆哈德已将疆域推进到迦南北方的地中海沿岸。

迦南北方的地中海沿岸，也就是今天的叙利亚西部，位于两河流域、埃及和希腊文明的交叉点，得两河文明、埃及文明以及安纳托利亚高原文明熏陶，很早就出现商贸往来。苏美尔的乌尔和埃利都兴起时，这里也进化到了需要修建城墙来护卫的地步。

考古学发现，至少在公元前20世纪初期，迦南的乌加里特已经被纳入埃及文化影响圈。乌加里特出土的一颗玛瑙珠，经考古研究发现，来自公元前20世纪末的古埃及。另外，这里还出土了其他埃及法老的石碑和小型雕像，说明乌加里特早期颇受埃及文化熏陶。

公元前21世纪，当阿摩利人纷纷走出迦南，涌向两河流

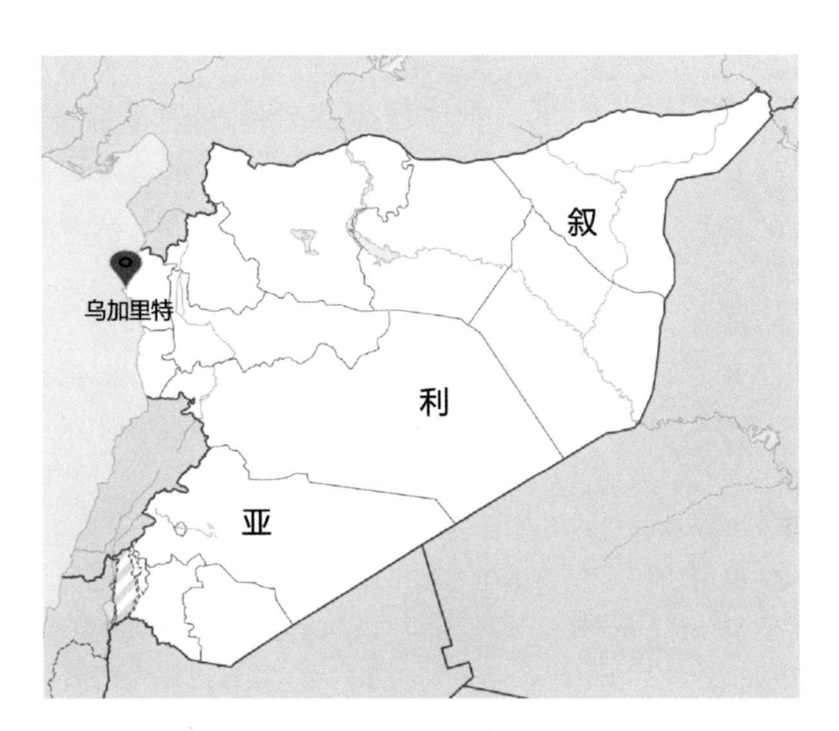

图 6－14　乌加里特地理位置示意图

域时，一个居住在苏美尔乌尔城邦的希伯来部落，却在酋长亚伯拉罕率领下反其道而行之，顺着幼发拉底河溯源而上，在雅姆哈德又折向南方，进入了迦南南部。当时，迦南已经分布着众多土著部落。

这个希伯来部落，与阿卡德人、阿摩利人以及后来的阿拉米人，都属于闪米特语系。准确地说，是西闪米特语系。

作为外来人，希伯来人的历史记忆和宗教信仰与迦南土著完全不同。他们念念不忘的，是大洪水和挪亚方舟；信仰的是从两河流域主神恩利尔演化来的埃尔神（Eli），而不是迦南当地的主神巴力哈达（Baal Hadad）。迦南地区缺少河流，又很少下暴雨形成大洪水，所以土著没有洪水记忆。

在迦南神话系统中，埃尔只是名义上的至高之神，实际大权在握的，则是巴力哈达。传说，巴力曾经遭遇海洋之神和死神的挑战，最终分别凭借魔杖和女神亚娜（Anat）相助惊险过关，成为迦南民众顶礼膜拜的主神。

巴力掌握着降雨，是风暴之神。在干旱少雨的迦南，降雨直接关系到土地收成和生物繁衍，所以成为迦南人崇拜的首要对象。但是，在希伯来人看来，巴力名不正言不顺，属于邪神或次级神灵，唯一真正的主神是耶和华。有人推断，耶和华是从埃尔神演变而来的。

由于这个原因，外来的希伯来人与当地土著格格不入。他们远离城镇，分布在偏远山区，以饲养牲畜为生，周期性地迁移。他们与周边迦南人隔绝，形成了独特的宗教和族群文化。

文化差异让希伯来人与迦南人冲突不断，难以从容立足。如果再碰上天灾人祸，生活就更艰难，只能出门逃荒。一般来说，那个时候迦南人最喜欢去的，是南方富庶的埃及。

公元前 17 世纪，埃及被一支来自北方的希克索斯人（Hyksos）攻克。希克索斯人来自哪里，属于什么人种，到现在也没个定论。不过，既然来自埃及北方，最大可能性是迦南，至少是西亚及其周边。近年来的研究显示，希克索斯人属于闪米特语系。

更有甚者，推测希克索斯人就是希伯来人，“希克索斯”是埃及人对希伯来人的称谓。这个推测有点道理，因为埃及人将希克索斯赶回迦南的时间，与希伯来人在迦南崛起的时间大体能够吻合。不过，从希克索斯人使用战车、战马和弓箭来看，他们似乎又与同时代南下的印欧人一脉相承，不太像混迹迦南上千年的希伯来人。

不管希克索斯人到底是谁，一部分希伯来人确实流落埃及，吃尽苦头。公元前13世纪初，滞留埃及的2万希伯来人，在酋长摩西带领下，决定踏上回乡之路，再到迦南去建设属于自己的家园。这段回归之路构成了犹太旧约《圣经》的主体内容。

在埃及生活了三百多年，希伯来人的文明大为精进，而且

图6－15 远古希伯来人壁画

受埃及法老阿克那顿一神教洗礼，形成了一神教观念。只不过，阿克那顿尊奉的是太阳神阿顿，希伯来人信仰的是耶和华。这种一神教信仰，让希伯来人彻底脱离迦南和两河流域多神信仰，成为闪米特族群中的“异类”。直到今天，以色列在中东地区也是独树一帜，与众不同。其他族群都信仰伊斯兰教，只有以色列人信仰属于自己的犹太教。

摩西领着子民回到迦南以后，东转西转看上了约旦河西岸“流淌着奶和蜜”的地方，也就是今日的以色列和巴勒斯坦。他们认为，这里是上帝耶和华专门赏赐给自己的“应许之地”。

如果现在去以色列，就会知道那块地方在满目沙漠和干涸的西亚，确实一片生机，鹤立鸡群。沿海平原从黎巴嫩延伸到南部加沙，土壤肥沃而潮湿，适宜农业耕作和果树种植，只有南部是贫瘠的山脉和沙漠。

旧约《圣经》说，希伯来人为了在迦南重新立足，进行了一系列征伐，并对土著实行屠城，城中所有人口，无论老幼，一律被“赶尽杀绝”。但是，无论考古挖掘还是文献分析，都无法证实希伯来人实行过“屠城”之举。

英国考古学家凯瑟琳·肯尼恩认为，传说中的希伯来人屠杀耶利哥城，事实上是不存在的。耶利哥城确实毁于一旦，但那是在公元前 14 世纪，希伯来人赶到耶利哥时，它已经变为废墟。美国考古学家威廉·迪佛考察了《圣经》提到的 40 多处战争遗址，发现只有两三处毁于公元前 13 世纪。

再者，公元前 14—前 13 世纪，埃及尚是数一数二的亚欧非大国，保护迦南不在话下。公元前 1274 年，埃及还为保护迦南而与赫梯激战于卡迭石，他们怎么会放任希伯来人为所欲为，肆意屠杀藩属？

所以，真实的情况可能是，希伯来人回到迦南时，迦南仍在埃及主导下，只是由于连年战争，这里满目疮痍，人烟稀少，并没有对回到迦南的希伯来人强力阻击。

犹太人在《圣经》中的“屠城”一说，或者是他们对迦南人厌弃情绪的一种投射，或者是后来被亚述蹂躏后极端排斥情绪的一种想象。希伯来人真正对周边动武，可能发生在一二百年以后。当时，埃及和赫梯都在外敌入侵下衰落，失去对迦南的控制。迦南地区进入百花齐放、相互争雄的时代。希伯来人凭借着精明强干，国力蒸蒸日上，开始对周边土著王国攻伐兼并。

当时的迦南，大体可分为三大区域。北部是阿拉米人与土著融合后，在地中海沿岸形成的一系列商贸城邦，被希腊人称为腓尼基。南部沿海是从地中海岛屿迁来的菲利斯丁人（Pelest）城邦。希伯来人分布在菲利斯丁人东部的山区和沙漠边缘。后来，大概菲利斯丁人走向内陆，越来越多地分布于迦南地带，这个地方便有了另一个名字——巴勒斯坦（Palestine）。有人认为，巴勒斯坦之名即来自菲利斯丁人。

在赫梯和埃及衰落后，腓尼基人成为东地中海的霸主，创造了极其灿烂的商业文明，所以必须重点说一说。

主流观点认为腓尼基人是阿拉米人分支与迦南人融合而成，少数学者认为来自克里特岛，属于海上民族一种。从他们在地中海的活动轨迹来看，应该至少混入了海上民族基因。

公元前 13 世纪以前，腓尼基诸城邦北邻乌加里特和赫梯，南望埃及，东近亚述，基本没有发展空间。此后，周边大国纷

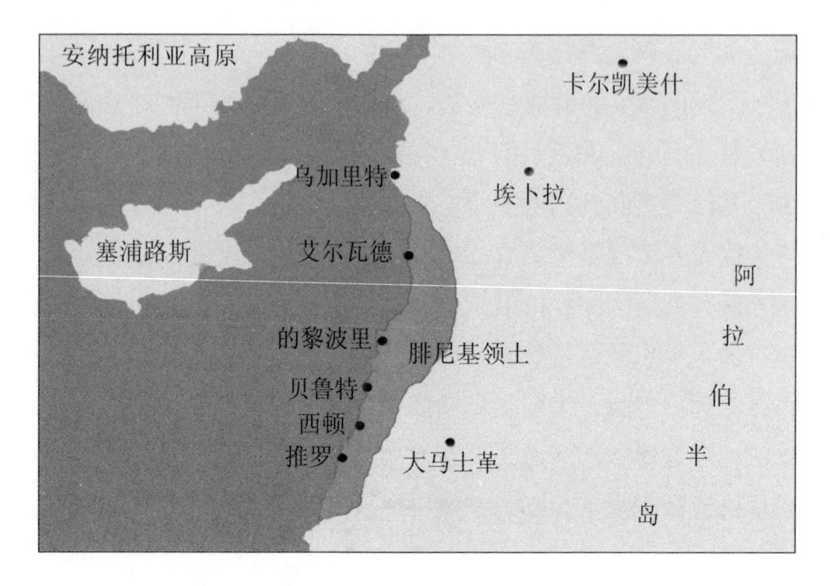

图 6－16　腓尼基主要城邦

纷解体，腓尼基人充分利用权力真空，进入地中海创建贸易据点，一举成为商业霸主。

腓尼基人主要活动在今土耳其、黎巴嫩、叙利亚和以色列的沿海地区，向内陆延伸不超过 50 公里，主要城邦包括西顿（Sidon）、推罗（Tyre）、艾尔瓦德（Arwad）、的黎波里（Tripoli）、比布鲁斯（Byblos）。

腓尼基附近的黎巴嫩山上，出产优质的雪松，可供打造轻便耐用的商船。西顿和推罗就是用雪松，交换周边地区的小麦、橄榄油和葡萄酒。他们的主要业务是从事海上贸易中转，产品包括地中海西部贵金属、埃及工艺品、两河流域的畜牧和农产品、伊朗高原及南亚的香料等。

他们还驾着商船，向埃及人学习制造玻璃、瓷器、金属器皿，编织亚麻，向两河流域学习建筑，利用当地原料提取紫色染料，成为西亚公认的能工巧匠。亚述国王雇佣他们制造家具和金属器皿，犹大国王所罗门雇佣他们修建希伯来神殿。

腓尼基人对人类更大的贡献，还不是横跨地中海的贸易网络，而是将象形文字改成了字母文字。在腓尼基人之前，乌加里特是公元前 2000—前 1000 年爱琴海的贸易中心，是两河流域、埃及和希腊世界的交汇处。公元前 1400 年前，乌加里特依据两河流域楔形文字，率先创建了一套辅音字母。

同为生意人，腓尼基人当然也喜欢字母。商业交易需要记录数据，用楔形文字不如用字母方便。与乌加里特比邻而居的腓尼基人，可能很快就获得了接触字母文字的机会。

不过，乌加里特属于两河流域文化圈，腓尼基属于埃及文化圈，各自的文化系统不一样。腓尼基可能在乌加里特人启发下，以迦南象形文字为基础，重新创建了一套字母表，时间不确定，应该在公元前 11 世纪左右。这时候，乌加里特已经崩溃了。

公元前 12 世纪，准确地说，是在公元前 1190—前 1185 年间，乌加里特与赫梯帝国在海上民族的冲击下烟消云散，他们的字母文字，没有得到大规模流传。而后起的腓尼基人，却借助其强大的贸易网络，将新发明的字母文字传到世界各个角落。

这套字母被黎巴嫩山脉另一侧的阿拉米人借鉴，改造为阿拉米字母，在两河流域广泛传播，最终取代阿卡德楔形文字，成为亚述和波斯两个时代的官方书写体系。前文说过，阿拉米字母又向东传播，演变为粟特文字、回鹘文字、蒙文和满文等；向南传播，演变为希伯来字母、纳巴泰字母，纳巴泰手写体后来演变为阿拉伯字母。

腓尼基字母向西传播的成果更为显著，希腊人将其借鉴过去，改造为希腊字母；希腊字母又演变为拉丁字母、斯拉夫字母，而拉丁字母又成为古日耳曼字母和英语字母的来源。

可以说，当年欧亚大陆的文字，只有极少数与腓尼基字母毫无关系。从这个角度说，腓尼基是欧亚文明乃至全球文明之母，是公元前 11 世纪后人类新文明的摇篮。

公元前 9 世纪，随着希腊文明崛起，东地中海的三角贸易越来越繁盛，取代两河中下游和埃及，成为全球经济的新增长点。腓尼基在这个贸易网络中如鱼得水，积累了大量财富。

对于两河霸主亚述来说，这样一个富饶的地方，当然不能轻易放过。接下来几个世纪，腓尼基将是亚述重点讨伐和征服的对象。为了摆脱亚述骚扰，也为了摆脱母邦政治纷争，部分腓尼基人穿越地中海，寻找新的立足之地。

据考证，公元前 814 年，腓尼基推罗城邦的一位公主，担心遭到大权独揽的皇兄迫害，便率人带着财宝漂洋过海，寻找栖身之所。他们漂流了很久很久，终于在北非的突尼斯湾登陆，得到当地柏柏人部落首领应允，借助一块山丘创建了迦太基。当时的迦太基，可能只是一块人迹罕见的海边乱草地，根本看不出有多少价值。

柏柏人可能没想到，他们收留的这帮逃亡者，日后竟然成为地中海上的霸主。这帮来自推罗的腓尼基人，将迦太基打造为了港口，接着充分发挥自己的贸易才能，在西地中海从事银、锡、铜等矿产贸易，成为比母邦还富有的地中海强国。

迦太基创建海军，护卫商船，控制了地中海北岸的科西嘉岛、萨丁尼亚岛西西里岛（部分），以及西部的伊比利亚岛。到了公元前7世纪中叶，迦太基已经雄霸西地中海，脱离推罗城邦而自成一系。

当然，对于亚述来说，迦太基太过遥远，既没有利益冲突，也没有历史上的恩怨，可以忽略不计。亚述最关心的，除了腓尼基，乃是迦南南部的两个希伯来王国。

大约公元前1020年左右，希伯来人在腓尼基和菲利斯丁威胁下，不得不集中力量抵御外侮。他们推举扫罗作为国王，成立了希伯来王国。扫罗带兵与腓尼基人、菲利斯丁人展开斗争，初步奠定了希伯来王国雏形。

公元前1000年左右，扫罗去世后，助手大卫阴差阳错接替王位。大卫王和他的儿子所罗门王，率众击退腓尼基人和菲利斯丁人进攻，将希伯来王国带上了政治高峰。

公元前1000年左右，耶路撒冷成为希伯来王国都城，40年后所罗门王在那里修建了第一圣殿。传说就是在这个时期，疆域纵跨今天西亚也门和东非埃塞俄比亚的赛伯伊王国（圣经称示巴王国），恰值一名女王当政，她慕名前往耶路撒冷访问，与所罗门王发生了一夜情，回去后生下一个儿子，成为埃塞俄比亚人公认的祖先。至今，就像我们自称黄帝后裔一样，埃塞俄比亚人始终号称是示巴女王与所罗门混血的后裔。

但是，据说所罗门王有点得意忘形，他掌握大权后，不仅抛弃吃苦耐劳的传统，在耶路撒冷修建了一座宫殿，还向各个部落征收重税，结果引起北方希伯来部落极度不满。

公元前931年，北方10个希伯来部落退出联合王国，另外建立了以色列王国，以撒玛利亚为首都；南方剩下的两个希伯来部落，则改名为犹大王国，以耶路撒冷为首都。

图 6-17 以色列与犹大王国示意图

北方的以色列王国土地肥沃，并受腓尼基人熏陶，手工制造和商业发达，人们享受着富足的城镇生活；犹大王国土地贫瘠，靠饲养牲畜为生，依旧过着四处漂泊的游牧生活。不同的生活方式，催生了不同的宗教信仰。

以色列王国接受了迦南古老的信仰，将巴力哈达作为主神，而犹大王国则仍然坚持信仰古老的希伯来神“耶和华”（YHVH，后来演变为 Yehovah）。犹大人认为，“迦南神只会庇护那些在城市里过着奢华而不公平生活的富人阶级，耶和华才是他们这些在沙漠中过着游牧生活的穷人的保护神”。这两个希伯来王国都翻脸不认同胞，相互对峙，一度发生战争。

希伯来人内讧的结果，是让黎巴嫩山脉另一侧的阿拉米大马士革，坐享渔翁之利。公元前 9 世纪末 8 世纪初，以色列王国被扫荡，犹大国王提前交付贡税而得以避免被屠。不过，两者都沦为了大马士革的附庸，成为反抗亚述南下联盟的一员。

至此，颠沛流离上千年的希伯来人，仍未能摆脱受人摆布的命运，似乎也没有展现过人的聪明。但是，犹大王国从埃及学来的一神教，却在此后上千年中滋长蔓延，最终催生基督教，成为全世界最大的宗教信仰。

腓尼基人与希伯来人，一个为世界提供了字母文字，一个为人类提供了宗教信仰，称他们为文明史上的双子星座，应该不为过。

第七章　西亚彻底进入“亚述时刻”

公元前 10 世纪前后，西亚各地百花齐放，群星闪耀。此前在历史中默默无闻的众多族群，随着大国崩溃乘势崛起，先后跨入国家门槛，成为西亚版图的重要成员。但是，谁也没想到，随着公元前 10 世纪末两河流域降水增加，气候从干旱转向湿润，亚述利用日渐普及的铁制农具大力发展农耕，迅速恢复了国力。更让人想不到的是，接下来百余年，亚述王室枭雄迭出，好几代君主都有勇有谋、能征惯战。他们为了满足政治野心，也为了抢夺更多物资支撑庞大开支，持续不断地开疆拓土、征服周边。经过一二百年积累，亚述竟然将东西南北的族群统统纳入麾下，创建了人类历史上前所未有的大帝国。那些年，西亚完全就是亚述人的天下。

第一节　亚述人的复苏与扩张

前文讲到，公元前 1076 年提格拉特一死，亚述帝国便面临着内忧外患，风雨飘摇。内有骨肉相残，外有蛮族侵蚀，帝国很快土崩瓦解，仅剩下以阿舒尔、尼尼微等核心区域，保存着一丝血脉。接下来近200年，亚述史迹一度中断，几乎不可寻觅。

但是，亚述不同于其他消亡的大国，在这一二百年时间里，它的老巢仍然未丢，它的王室始终存在，它的香火一直没断。到了公元前9世纪，天时地利又刺激亚述恢复了活力，香火再度旺盛。

美国加州大学阿什·辛哈（Ashish Sinha）研究团队，以尼尼微附近库纳巴洞穴中的石笋为样本，分析了过去四千年伊拉克北部的气候变迁。他们发表的论文显示，公元前950年当地降雨量逐渐增加，至公元前850年进了气候最湿润的历史阶段。气候湿润提高了谷物产量，谷物产量提高又促进了高密度城镇化及帝国扩张。

当然，经济成长只是帝国扩张的必要条件，而不是充分条件。巴比伦尼亚同样是农耕区，就没有促成帝国恢复。亚述的特殊之处在于，他们不仅仅是农业耕作区，而且受南北两大语系族群的胁迫，始终保持着勇武刚猛精神，流淌着扩张征服的血液。

大约从公元前10世纪末提格拉特二世开始，亚述继任国王一个比一个精力充沛、头脑清醒、孔武有力。他们先是整顿内政，强化中央对地方的掌控，接着支持农业生产，提高农业产量。等到稍具资本，便又展开对周边武力征服，抢夺财物。

这个时候，周边的族群或国家，或者力量太弱小，或者还没有从衰败中恢复过来，使得亚述能够从容征战、日渐恢复。公元前934—前912年，阿舒尔丹二世在位时，重启亚述扩张之路。他率军与阿拉米人作战，将其驱逐到了幼发拉底河一带，确保亚述本土安全。

他的儿子阿达德尼拉里二世（Adad-nirari Ⅱ），进一步发扬父辈雄风，成为新亚述时代的首任君主。阿达德二世将阿拉米人驱逐到幼发拉底河以西，重新征服胡里安人和后赫梯诸国，又两次顺流而下攻打巴比伦，强占其大片领土，使亚述再度成为两河中上游霸主。

当时的巴比伦，频遭阿拉米人、迦勒底人以及埃兰人袭击之苦，根本没有力量抵御亚述。第八王朝的沙马什两次都没有顶住阿达德二世进攻，只能眼睁睁看着领土渐失。曾经傲视群雄的巴比伦，彻底退居西亚政治边缘，成为东西两股势力蹂躏的对象。

好在，此时亚述元气尚弱、羽翼未丰，西部和北部边患仍然严重，没心思全力进攻巴比伦。阿达德二世在位后期，与巴比伦签署了一份和约，维持了80余年的和平。

阿达德二世的儿子，叫图库尔蒂尼努尔塔二世，在位时间只有7年，不过他很好地巩固了父亲的扩张成果。在父辈基础上，他征服西北的阿拉米人国家比特扎马尼（Bit-Zamani），使其成为亚述对上方用兵的帮手，又将扎格罗斯山区的米底人击败，维护了东北边境安全。

以上祖孙三代的积累，为公元前883年上台的阿舒尔纳西尔帕二世（Ashur-nasir-pal Ⅱ）拉开扩张序幕，奠定了坚实基础。这个阿舒尔纳西尔帕二世不得了，据说凶猛如虎，残忍如狮。他曾在一份铭文中，宣称自己一次杀死了370头狮子。

纳西尔帕二世扩张的重点是亚述西部，那里分布着众多阿拉米人国家、后赫梯小国，以及地中海沿岸的腓尼基城邦。他将比特哈鲁普（Bit-Halupe）、比特巴亚尼（Bit Bahiani）和拉克（Laqe）陆续兼并。然后，一路向西抵达叙利亚与土耳其边境的卡尔凯美什。接着，向南渡过幼发拉底河，经安条克平原，兵锋直抵腓尼基城邦。

攻打阿拉米诸邦时，亚述军队遭到当地人猛烈抵抗，纳西尔帕二世震怒，入城后残酷杀戮。其碑文声称：

图 7－1　亚述士兵浮雕

> 我将他们的青年人和老人关押，砍下部分人手脚，割下部分人耳朵、鼻子和嘴唇，然后堆放在其城市面前。我把他们的青年男女统统投入火中烧死，并焚毁他们的城市。

其他资料记载的亚述军队更为残酷，他们或刀砍、火烧、棍打、活埋、水淹敌人；或将敌人刺死，插在竖立的尖桩上、倒挂在大树上；或者将敌人绑在木桩上，剥下皮后悬挂于城墙；或者将敌人捆在一起，活活饿死、冻死。总之，在出土文献中，亚述人简直就是杀人不眨眼的豺狼。

腓尼基人以经商立国，深知硬抗绝对是死路一条，不如以财富换取和平。因此，面对亚述的虎狼之师，主动遣使投降，表示只要亚述能允许腓尼基各城邦维持自治，就会年年纳贡。

纳西尔帕二世征伐的主要目的，就是抢夺财物和补充奴隶，现在既然不费一兵一卒就能收获巨额贡赋，何乐而不为？他同意了腓尼基人请求，巡视一圈后鸣金收兵。腓尼基各个城邦暂时保住了自治地位，亚述大军则获得了金银财宝，包括金属容器，彩色装饰的亚麻服，珍稀木料、动物和象牙等。

对于其他归顺的人，纳西尔帕二世一般也不杀戮，而是将其安置到被征服的地区，为自己耕种、畜牧。比如，公元前882年，纳西尔帕二世远征乌尔拉图地区时，就将归顺的尼尔布人放过，让他们向自己定期缴纳马、驴、牛、绵羊、葡萄酒、青铜盘等物品。

回到亚述后，纳西尔帕二世为了摆脱都城贵族掣肘，也为了远离外部敌人威胁，在阿舒尔和尼尼微之间建了一座新城，当时叫卡拉赫（Kalhu），《圣经》记作“迦拉”（Calah），现在叫作尼姆鲁德（Nimrud）遗址。

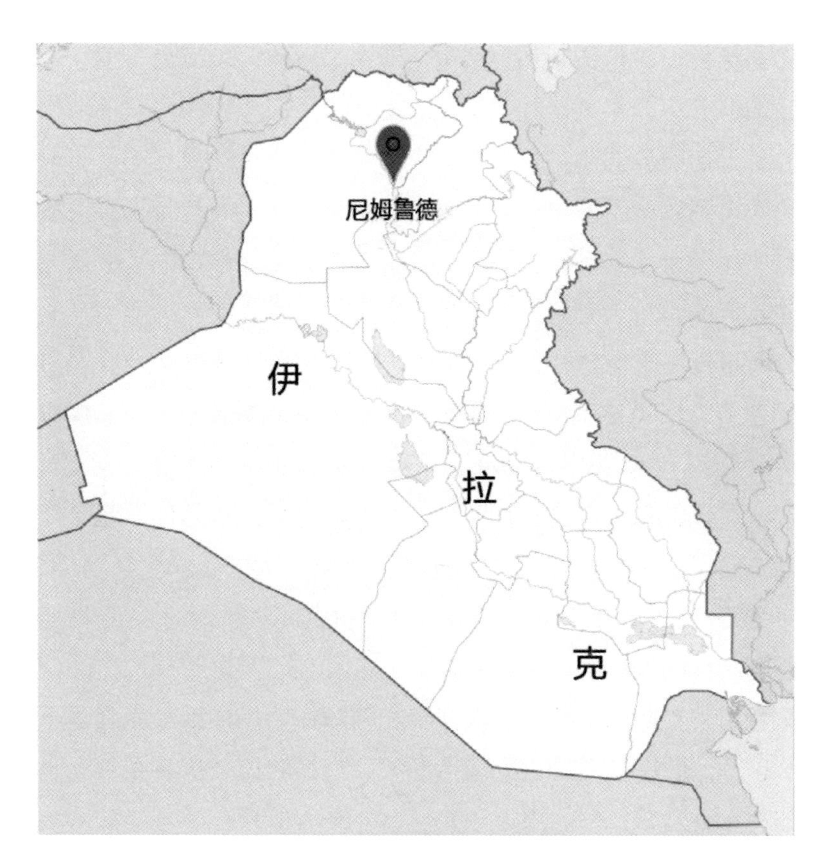

图 7－2　尼姆鲁德地理位置

公元前 879 年，卡拉赫完工，内建卫城、神庙和宫殿，宫殿周围栽种各种树木，门口摆放着两座巨大的怪物拉玛苏（Lamassu）雕像。拉玛苏拥有人的脸、牛的身体、鸟的翅膀，高达四米多。看到它们的人，无不被这奇幻的组合、庞大的造型所折服。

今天，诸位如果去大英博物馆亚述展厅，会在入口处看到拉玛苏雕像，以及从尼姆鲁德（Nimrud）出土的其他实物。那都是原件，不是仿制品。倒是尼姆鲁德遗址，2015 年已被 ISIS 武装分子夷为平地。尼姆鲁德以暴君而兴，以暴力分子而亡，也算是历史的讽刺。

再回到纳西尔帕二世。他不仅是个暴君，而且特别讲究排场，不遗余力宣扬自己的功绩。新都落成后，他举办了一场长达十天的前所未有的大规模政治宴会。

根据出土文献，宴会邀请了 47074 名当地贵族、5000 名属国使节、1500 名官员和 16000 名市民，总人数接近 7 万。供应的食物有 1000 头牛，1000 只牛犊，无数的羊、鸭、鹅、鸽子，3.3 万只陆鸟和水鸟，1000 只牡鹿和瞪羚，另配有面包、洋葱、蔬菜、鸡蛋、啤酒、葡萄酒、樱桃、坚果、蜂蜜、石榴、葡萄等。

这样的大折腾，不必说中国上古夏桀、商纣和周厉，即使后世最能折腾的秦始皇、汉武帝和隋炀帝，恐怕都只能甘拜下风。后来，即使亚历山大大帝在苏萨豪摆宴席、庆祝婚礼，也没有如此奢侈。

公元前 858 年，纳西尔帕二世驾崩，儿子沙尔玛内塞尔三世（Shalmaneser Ⅲ）继位。这个沙尔玛三世比他爹更好战，他爹一生中发动十多次战役，他自己在位 35 年，竟然有 34 年在战争中度过，年年都有大仗，属于真正的“马上皇帝”。

沙尔玛三世上任时，东南的巴比伦和埃兰依旧孱弱，东北的米底和北方的乌拉尔图羽翼未丰，亚述最大的敌人，仍然是

图 7－3　沙尔玛内塞尔三世浮雕

西部阿拉米、后赫梯诸邦以及西南的腓尼基、大马士革、两个希伯来人王国。

西部的阿拉米、后赫梯诸邦，本来已经被纳西尔帕二世征服，但当时亚述只是抢夺财物和征收贡赋，并没有设立驻军和行政机构。纳西尔帕二世一死，他们便拒绝纳贡，结成反亚述联盟自保，史称“北部联盟”。其中，阿拉米城邦比特阿迪尼（Bit Adini）是主导。

公元前 857—前 855 年，沙尔玛三世与北部联盟多次激战，最终攻占了阿迪尼都城提尔巴尔西普（Til Barsip），设为亚述的一个行省。他在那里建设了一座宫殿，作为国王西征的军事基地。

提尔巴尔西普位于幼发拉底河东岸，溯河向上走 20 公里，河对岸就是木材贸易中心卡尔凯美什，也是美索不达米亚进出安纳托利亚高原和通向地中海的必经之地。因此，这一军事基地对于亚述西扩意义重大。

瓦解北部联盟后，沙尔玛三世又将矛头转向了西南方向。在那里，原本相互攻伐的大马士革、腓尼基和希伯来等十多个邦国，看到亚述野心越来越大，只得暂时捐弃前嫌，结盟自保，史称“西方联盟”。隐身其后的，是对亚述忧心忡忡的埃及王朝。

公元前853（或前854）年，双方在奥伦河畔的卡尔卡尔（Qarqar）进行对决。这是自赫梯和埃及在卡迭石对决以来的第二次南北大战。西方联盟以大马士革和以色列为首，间杂埃及部分军队，另一方则是以亚述军队为主，以亚述属国为辅。

战役初期，亚述可能击溃了西方联盟的先锋——哈马斯（Hamath）。沙尔玛三世铭文吹嘘说，他的军队杀死了1.4万敌人，尸体多得战场都放不下，干脆用来搭了一座浮桥。不过，从战后形势来看，亚述军队似乎并没有取得绝对性胜利。

证据之一，是卡尔卡尔战役后，西方联盟盟主大马士革不但未消亡，反而蒸蒸日上，征服了联盟成员以色列、犹大等国，成为叙利亚和迦南区域霸主。证据之二，是沙尔玛三世后来又曾三番五次南征，攻打大马士革、腓尼基和以色列等国家。

经过多年讨伐，公元前840年前后，亚述虽然赢得了叙利亚和迦南部分地区的控制权，但是由于距离本土太远，沙尔玛三世实际上鞭长莫及。再加上到其晚年时，一个儿子闹独立，引起亚述连年内战，沙尔玛对叙利亚和迦南只能放任自流了。

这个时间点，对中国历史意义重大。此前的公元前841年，周厉王由于重用奸臣、独断专权、压制民意，引起城内民众暴动，被迫逃亡外地，郁郁寡欢十多年后去世。王室政务交由召公和周公共掌，号曰“共和”。共和元年拉开了中国文字记载的历史序幕，是中国历史上最早留下历史记载的年份，意义非凡。

晚年的沙尔玛三世，不知为何意志极度消沉。他深居都城卡拉赫，基本上不上朝，让幼子沙马什阿达德全权处理，结果引起另外一个儿子严重不满。公元前 829 年，不满的这个儿子联合其他军事贵族，煽动 27 个城市发动政变，企图强行夺取江山。

沙尔玛三世依旧不出面，授权小儿子镇压叛乱。五年后，不可一世的沙尔玛三世，在郁郁寡欢、心灰意冷中病逝。他的小儿子继位，名号为沙马什阿达德五世。

沙马什五世在巴比伦支持下，虽然最终平定叛乱，稳定了国内局势，但是长年内战严重消耗了国力。备受亚述欺负的乌拉尔图趁机崛起，反过来向南蚕食底格里斯河流域，并支持亚述西边的阿拉米、后赫梯国家再度结成联盟，共同对付亚述。

在西南方向，大马士革王国趁着亚述无暇外顾，在叙利亚和迦南地区大显神通，将哈马斯、以色列、犹大等国先后拿下，影响力直抵幼发拉底河，逼得亚述再度缩回幼发拉底河以北。

公元前 811 年沙马什五世死后，亚述君主变得软弱无能，难以收拾王朝烂摊子。横行百余年的亚述人重新归于平淡，只能固守核心地盘。不过，大多数人都想不到，这并不是亚述的沉沦，而是独步西亚前的小憩。

第二节　提格拉特三世重塑亚述辉煌

公元前9世纪末，一度中兴的亚述王朝，由于兄弟阋墙、属国反叛，重新陷入衰退困境。继承沙马什五世王位的阿达德尼拉里三世及其三个儿子，相对都比较软弱，导致王室松散、属国独立。

一般来说，一个国家或民族，一旦遭遇这种情况，基本上就一蹶不振。更何况，亚述已经中兴了两三次，看起来不可能再度崛起。但是，没想到三十多年后，亚述竟然又奇迹般地了站起来，而且超越以往，创建了一个更加庞大的世界帝国。

创造这一奇迹的，是阿达德三世的第四个儿子，即前文提到的提格拉特三世。提格拉特三世是卡拉赫的总督，因其皇兄在内战中身亡，匆忙登上王位，时在公元前745年。

不过，有人猜测提格拉特三世并非阿达德三世的亲儿子，那场导致国王身亡的叛乱，可能就是他密谋发动的。他是篡位，而不是继承。提格拉特三世精明强干、文韬武略，与阿达德及其前三子截然不同，也可能真的是假托皇室之名，发动了宫廷政变。

提格拉特三世刚上位时，亚述面临内忧外患，几乎就是个烂摊子。北方的乌拉尔图国势日盛，不但将亚述赶出南高加索，而且与阿拉米人联手，切断了亚述与叙利亚、安纳托利亚高原之间的商路关卡，让亚述经济大受冲击，财政捉襟见肘。

提格拉特三世没有直接与乌拉尔图硬碰硬，而是先拣软柿子捏，以帮助巴比伦抵御阿拉米人为名，南下侵占了西帕尔和

图 7-4　提格拉特三世浮雕

尼普尔。这两个地方，原是巴比伦的属地。亚述接着穿过巴比伦尼亚，征服了一系列南部阿拉米小邦，力求稳固大后方。

当时，巴比伦平原南部阿拉米人不堪一击，亚述大军所到之处，阿拉米人非逃即降。但是提格拉特万万想不到，一个南部迦勒底的阿拉米人小邦，日后将会异军突起，给他的国家带来灭顶之灾。此为后话，暂且不表。

对于主动臣服的巴比伦人，提格拉特三世没有过多为难，允许其保留王室统治，只需称臣纳贡。毕竟，巴比伦是历史悠久的文明大国，在亚述人心中还残存着一丝神圣。

接下来，提格拉特将矛头转向西方，解决阿拉米、后赫梯以及乌拉尔图的反亚述联盟。阿勒颇以北的阿尔帕德（Arpad）是反亚述联盟的核心。它原来是阿拉米城邦比特阿古斯（Bit Agusi）的都城，公元前 743 年归附乌拉尔图，成为西部反亚述阵营的先锋。

提格拉特集中全国兵力直奔阿尔帕德。乌拉尔图一看，赶紧派兵救援。亚述与乌拉尔图在萨姆塞特（Samsat）两军对垒，大获全胜。然后，继续向阿尔帕德进军。阿尔帕德人颇有血性，前后抵抗三年，直到公元前 740 年才兵败让亚述军队破城而入。不必说，这样的抵抗后果很严重，提格拉特恼羞成怒，下令屠城，血流成河。

然后，亚述军队又向南渡过奥伦特斯河，再次迫使腓尼基、以色列、犹大等王国俯首称臣。公元前 734—前 732 年，提格拉特三世基本恢复了沙尔玛三世时代的疆域。

提格拉特三世对外征战时，头脑非常清醒。他明白，真正困扰亚述的根本问题，不是外交而是内政；内政之中，最严重的问题又是军阀割据、官僚横行。因此，他站稳脚跟不久，便着手进行改革。

此前，亚述各省由总督管辖。总督或由朝廷重臣兼任，或任命被征服地的统治者担任。总督管辖的区域十分广阔，权力不受限制，一旦朝廷力量衰退或者国王驾崩，总督往往就拥兵自重，甚至发动叛乱。

提格拉特大刀阔斧，将每个行省的管辖范围拆分，并任命亲信或宦官取代旧总督，以便有效节制。每占领一个新部落，提格拉特都废黜原来的统治者，代以中央任命的新总督。

即使这样，特格拉特也不相信新总督。他在总督之外，还在行省设置一名委任官，专门负责行省政务。总督与委任官分别直接隶属中央，相互牵制，各自制衡。

在此基础之上，提格拉特允许百姓上书，监督各级官吏的效率和忠诚；又公开派遣代表，或暗中派遣亲信，到各地视察和侦查，以确保整个官僚系统都能奉公守法、效忠王室。

这样的治理模式，是人类政治史上的一次革命。此前的庞大帝国，无论阿卡德、乌尔第三、巴比伦，还是赫梯、古埃及，都是依靠当地贵族间接统治。每个行省都保留自己的传统，实施自己的法律，服从自己的统治者。准确地说，那更像是联盟或王朝。至于同时代的周王朝，更是实行基于诸侯自主治理的松散控制模式。

提格拉特三世打造的控制模式，则是将王权延伸到各个行省，以统一的国家权力取代土著权力，以标准化的官僚队伍取代地方豪强。从此以后，那些被征服的人，理论上与亚述本土居民一样，都成为国王的仆人和帝国人民的一员，享受相似的义务和权利。

这种帝国治理模式，在欧洲至少到罗马帝国，在中国至少到秦汉，才逐渐获得实施。

行政改革之外，提格拉特精心打造了一支王室常备军。原来的军队，都是定期强制征召，凝聚力不强，战斗力不稳定。而且，为了方便士兵耕种，只在农闲期间集结出兵。

提格拉特改为募兵制，组建常备军。凡是符合条件的自由人，都可以加入中央军队，享受固定收入。这样一来，既解决了兵源，又为失地的自由人提供了出路，还使得军队不必考虑农耕生产，可以随时出征，一箭三雕。这是人类历史上较早的专业化常备军。

在兵种上，亚述常备军仍然分为步兵、战车兵和骑兵。与此前相比，这时的骑兵更加成熟，逐渐成为独立作战单位。他们不仅省略掉仆役，而且可以在弓箭之外持矛，冲击力胜过了战车。战车也有改进，每辆战车增加 1—2 名持盾牌的士兵，使得一辆战车载员上升到 3—4 人，他们各司其职，相互协调，攻防更加平衡。

经过一番深度改革，亚述解决了权力分散、内部攻伐问题，成为一辆上紧发条、蓄势待发的战车。只要提格拉特一声令下，整个国家就能迅速集中人力、财力和物力，向敌人发起猛攻。在当时条件下，这样的军队，大多数国家都抵挡不住。

公元前 735 年，提格拉特三世挥师北上，决心扫荡最大的威胁乌拉尔图。此时的乌拉尔图，占据南高加索南麓，控制亚述西部、叙利亚北部，进入有史以来的巅峰。在位的萨杜里二世自信满满，声称自己为“伟大的王，强大的王，宇宙之王，纳伊里大地之王”，与亚述国王南北对峙。

可是，亚述虎狼之师一来，乌拉尔图军队立刻现了原形。他们根本没有招架之力，只能退入都城图斯帕中的一个堡垒严防死守。此堡垒建在凡湖东岸的悬崖峭壁上，上下都用石头垒成，易守难攻。直到现在，这个堡垒历经数千年风雨，仍然高高矗立，俯瞰湖面。

提格拉特三世攻不上去，遂带领军队对都城及其周边大肆扫荡，抢夺了战利品班师回朝。

次年，提格拉特三世曾经征服的迦南出现异常。大马士革和以色列这两个区域内最大的国家，企图胁迫犹大王国反叛亚述，没想到犹大王国不从，甘愿保持臣服状态。估计，犹大国王知道，反叛成功的可能性极小，而失败后的后果却极其严重。与其主动求死，还不如继续臣服。大马士革和以色列遂向犹大王国发动进攻，予以惩罚，犹大国王独木难支，赶紧向亚述告急。

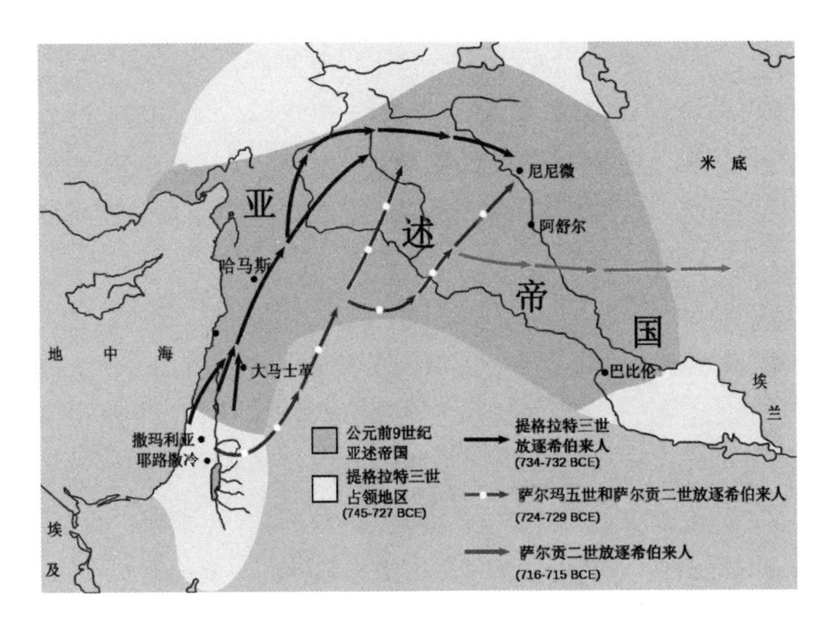

图 7－5　提格拉特三世征战示意图

提格拉特接到报告后，决定再次率领大军南征。他们没有直捣黄龙，而是先向西进入地中海沿岸，然后向南扫荡，陆续将腓尼基、以色列、菲利斯丁等国家拿下，接着从犹大东进，征服了大马士革的三个核心盟友，以及沙漠边缘的阿拉伯部落，最后才北上围困大马士革，试图瓮中捉鳖。

公元前 732 年，亚述军队开始攻击大马士革。他们在野战中击溃大马士革部队，然后进入大马士革都城，烧杀抢掠一番后夷为平地。至此，阿拉米人的精神支柱灰飞烟灭。

大马士革和以色列的大部被划为亚述行省，接受提格拉特三世指派官员的直接统治。表现温顺的犹大王国，得以继续通过每年缴纳贡赋，保持王室的自治地位。

刚平定完大马士革和叙利亚，东南的巴比伦又生险情。此前，加喜特人统治下的巴比伦，为了抵挡阿拉米人和迦勒底人侵蚀，不得不接受亚述保护，甘作提格拉特三世的附庸。双方一强一弱，倒也能够各得其所。

然而，公元前732年，巴比伦尼亚骤起纷争，一位叫穆金泽瑞（Mukin-Zeri）的阿拉米将领攻入巴比伦，登上了王位。提格拉特三世自然不能容忍，遂派人去实施离间，称只要巴比伦人交出穆金泽瑞，就会免去他们的贡赋。

没想到，巴比伦人不听。一看离间不成，提格拉特三世干脆带兵南下，与穆金泽瑞两军对垒。经过三年围困，亚述军队占领了整个巴比伦尼亚，提格拉特在巴比伦祭司的迎接下，进入巴比伦城，兼任巴比伦国王。巴比伦进入了第十王朝时代。从阿摩利人创建巴比伦城开始，这个地方迎来送往，一千多年时间里，统治者换了十拨人，上演了不知多少次悲欢离合。唯一不变的，只有那悠悠流淌的幼发拉底河水。

不过，巴比伦毕竟是文明悠久之地，曾经让亚述人长期仰望。提格拉特三世拿下巴比伦后，没有像对待其他被征服地一样，作为行省并入帝国领土，而是给予其特别的待遇，允许其以盟友身份编入帝国。他亲自兼任国王兼最高祭司，以凸显巴比伦与亚述本土的平等地位。

在提格拉特三世带领下，亚述帝国迅速膨胀。公元前727年，提格拉特三世驾崩时，亚述疆域西至安纳托利亚高原东部，东至扎格罗斯山脉，北抵凡湖，南到迦南最南端，成为首屈一指的世界大帝国。

第三节　大器晚成的萨尔贡二世

提格拉特三世死后，他的一个儿子，腓尼基北部一个城市的总督，登上了王位，史称沙尔玛内塞尔五世。真不知道这个名字为何如此受欢迎，竟然被亚述国王用了五代。

沙尔玛五世在位仅五年，功绩屈指可数，但是他在《圣经》上，在犹太人的历史记忆中，却留下了难以磨灭的烙印。相传，公元前732年上台的以色列国王何细亚（Hoshea）没有充足合法性，在亚述支持下才站稳脚跟。不过，提格拉特三世一死，何细亚便生了异心，企图趁着亚述政治动荡，转投埃及阵营。

沙尔玛五世得到报告，非常生气，不仅将何细亚投入大牢，而且派兵讨伐以色列和腓尼基。以色列人在没有国王的情况下，硬是据城坚守了三年。而且，诡异的是，亚述军队攻下以色列都城不久，沙尔玛五世便死了。国王一死，继位的萨尔贡二世赶紧调回军队，以防政局动荡。

萨尔贡二世自称提格拉特三世之子，但是学者大都认为，他可能又是一个篡位者，发动宫廷政变杀死了沙尔玛五世。无论实情如何，这家伙对得起“萨尔贡”的称号。

在此前两河流域历史中，曾经出现过两位萨尔贡，一位是阿卡德的萨尔贡大帝，另一位是亚述早期的萨尔贡一世。萨尔贡二世是根据亚述的萨尔贡一世来排位的，与萨尔贡大帝没任何关系。

那个萨尔贡一世，只留下了王铭和印章，似乎并无引人注目的军功，但这位萨尔贡二世，尽管上位时可能已经40多岁，韬略和气概却直追阿卡德的萨尔贡大帝。

萨尔贡二世初登王位时，由于合法性不足，受到内外一致挑战。内部是政治异己和底层联合发动的反叛，外部是叙利亚、迦南、巴比伦以及乌拉尔图等地发起的挑战。

在西南方向，哈马斯（Hamath）联合大马士革、腓尼基等属国，拒绝向萨尔贡二世效忠；在东南方向，迦勒底城邦德尔雅金（Der-Yakin）的领导人马尔杜克阿帕尔伊迪纳二世（Marduk-Apla-Iddina，以下简称伊迪纳二世）征服巴比伦尼亚南部，攻入巴比伦城，取代了亚述宗主国地位；在北方，乌拉尔图联合伊朗高原、叙利亚北部的小国家，组成同盟反击亚述。

从广阔的视野来看，这些挑战并非纯粹针对萨尔贡二世，而是亚述帝国崛起引发的必然反弹。亚述帝国侵占犹大、以色列和腓尼基，让埃及损失了北上贸易通道和附属国；亚述帝国攻打扎格罗斯山脉部落，控制伊朗高原西北，让两河宿敌埃兰丧失西进商路，陷入重重包围。他们对亚述当然是恐惧中带着十二分的怨恨。

为了抑制亚述，夺回领土和权益，埃及和埃兰趁着亚述政治动荡，分别怂恿迦南和巴比伦尼亚反叛，摆脱亚述控制。哈马斯、大马士革、腓尼基等反亚述联盟背后，闪烁着埃及法老的影子；伊迪纳二世入主巴比伦背后，则隐含着埃兰与迦勒底人的结盟。至于乌拉尔图，深受亚述摧残之苦，都城都差点被毁，更是竭力合纵连横，千方百计遏制亚述东山再起。

萨尔贡二世当时可谓内外交困，岌岌可危。但是，成熟的心理和冷静的头脑帮了他。他一方面宣布取消阿舒尔城的兵役和赋税，解除自由民的政治压力，缓解国内矛盾，另一方面将远在以色列的军队调回，镇压誓死不从的政治对手，花费一年时间平定叛乱，站稳了脚跟。

按年龄来说，萨尔贡二世已经 40 多岁，火气没那么大，不应该醉心战争和暴力。但是，权力和野心让他像年轻人一样好战。他在位 17 年，每年发动大规模战争，从来没停歇过。

很多记载都说，公元前 722 年，也就是萨尔贡二世上位当年，就派兵打回以色列。不过，考虑到萨尔贡二世上台不稳，忙于镇压内乱，不可能当年立刻派兵打回以色列。这件事很可能发生于次年，甚至是公元前 720 年他稳固政权以后。

那一年，萨尔贡二世带兵西进，讨伐联合反叛的反亚述联盟。反亚述联盟似乎不堪一击，战争很快以亚述的胜利而结束。反亚述联盟的头儿，哈马斯王国的国王姚比迪（Yau-bi′di）被处以极刑。萨尔贡二世命人将其带回亚述，剥皮示众。

然后，亚述军队一路南下，重新占领了以色列。没有参与反叛的犹大王国得以幸免，继续通过缴纳贡赋保持自治。

此时的亚述，除了对顽强抵抗的敌方国王施以酷刑，一般不再进行大规模杀戮，而是强制其平民长距离迁徙，既可避免再度反叛，也可增加劳动力，供帝国役使，萨尔贡二世将 27290 名以色列人，迁徙到了尼尼微及其西部区域。上一次攻打以色列，亚述已经迁徙了部分以色列人；此后，又将剩余的以色列人一锅端，都迁到了两河流域。

几次反叛下来，以色列不仅国破城灭，而且 10 个部落都散落在两河流域的政治洪流中，失去了族群身影。反倒是贫瘠而讲究外交策略的犹大王国，幸免于亚述的屠戮。

原本是12个部落的希伯来人，至此只剩犹大王国的两个部落，希伯来人等同于犹大人（希伯来文*yehudiς*，辗转演变为英文Judas，中文译为犹大）了。再后来，犹大之地被罗马帝国占领，罗马人用**Ιουδαιος**称呼*yehudi*，成为犹大人的通称。再加上传说害死耶稣的那个人名为犹大，使得犹大人的称谓更加负面。上千年后，拉丁语**Ιουδαιος**又辗转演化为英语的Jews，成为犹大人的新称谓，中文译为“犹太”。

这样说来，现在的犹太人主要是犹大王国后裔。他们建立的以色列，叫作“犹大”其实更准确。被亚述掳走的那批消失的希伯来人，才是古以色列王国的真正子民。

事实上，以色列刚建国时，确实有人觉得应该叫“犹大”。至于最终定名为以色列，不过是投票表决的结果。大概，古犹大王国地方太小，远不如以色列这个名字更能涵盖联合国巴以分界线为其划定的疆域。而且，犹大王国与古以色列王国分离以前，希伯来人建立的统一国家，就叫“以色列”，现在用这个名字，也合情合理。

再回到萨尔贡二世。他在解决了西南边患后，便立刻转过身处理迦勒底人和埃兰人发动的巴比伦政变。双方在底格里斯河东岸的德尔摆开阵势决一死战。双方铭文都说自己获胜，但从旁证来看，很可能是埃兰而非亚述取得了胜利。最具说服力的证据，是埃兰支持的迦勒底国王伊迪纳二世，战后盘踞巴比伦长达11年之久。如果亚述取胜，伊迪纳二世不可能久居巴比伦。

萨尔贡二世一看，埃兰与迦勒底联盟不太好惹，干脆暂时放弃收复南方的打算，先转过头解决北方心腹大患乌尔拉图。公元前 719 年和前 717 年，乌拉尔图大军向南进犯，打到了亚述边境。萨尔贡二世将其击退后，劫掠了其左右两侧的小邦国。

接下来，萨尔贡二世又把目光转向了西方。叙利亚和安纳托利亚高原交界的卡尔凯美什，是一个极其富裕的贸易中心和小型城邦。此前，亚述曾多次征服过它，但每次都是收取贡赋，没有牢固控制。

公元前 717 年，萨尔贡二世以卡尔凯美什加入反叛联盟为借口，带兵直抵城下。可怜的卡尔凯美什根本无力招架，只能眼睁睁看着亚述军队抢夺国库。据说亚述军队获运回 330 公斤黄金、60 吨白银，还有青铜、锡、铁等，极大补充了国库和军备。

征服卡尔凯美什后，亚述军队向西踏上安纳托利亚高原，讨伐经常侵犯其边境的弗里吉亚和穆什基。弗里吉亚当时的君主，就是前面提到过的，在希腊神话中鼎鼎大名的弥达斯。

萨尔贡二世曾在铭文中吹嘘，夺取了弗里吉亚 300 多个要塞、10 个城市和 2400 名俘虏，似乎占尽优势。与此同时，辛梅里安人从东北部窜入，开始骚扰弗里吉亚后方，令其没有精力再与亚述抗衡。只是亚述对安纳托利亚中部实在鞭长莫及，不想过多纠缠，遂鸣金收兵。

从西方归来后，萨尔贡又率军赶赴东北，攻击曼努亚王国（Mannea）和米底部落。曼努亚似乎是南高加索当地人，主要集中在乌拉尔图以东、乌尔米亚湖的南面，以农耕和畜牧为生。米底人是从北方欧亚大草原迁入的印欧语族群，分布在扎格罗斯山脉以东。

公元前 8 世纪，米底人还处于部落状态，受曼努亚支配；而曼努亚又常常受乌拉尔图侵犯，成为其打压控制的对象。乌拉尔图试图改变战略东携曼努亚，西联弗里吉亚，共同对抗亚述。

现在，弗里吉亚已经被萨尔贡二世打败，如果曼努亚、米底再被其征服，乌拉尔图就成了孤家寡人。因此，公元前 716—前 715 年，萨尔贡挥师东北，劫掠了曼努亚和米底。

乌拉尔图国王鲁萨一世深知此中厉害，采取了围魏救赵之术。他们趁亚述空虚，直接杀向亚述边境，一度占领其 22 个边境城市。但是，此时乌拉尔图北方面临险情，从乌克兰草原南下的辛梅里安人，闯入他们北方的边境，直接进犯乌拉尔图后院，逼得鲁萨一世不得不赶紧收兵。据说，乌拉尔图军队被辛梅里安人袭击，损失惨重。

公元前 714 年，萨尔贡二世感觉万事俱备，开始集中兵力攻击乌拉尔图。他为了避免与乌拉尔图打山地战，没有直捣其都城图斯帕，而是出其不意，迂回到乌尔米亚湖南部，从东南方向进入乌拉尔图领土。

这一战略既避开了乌拉尔图精心准备的防线，又避免了亚述军队最不擅长的山地战，在乌尔米亚湖畔大败鲁萨一世。此后，亚述军队如入无人之境，毁坏乌拉尔图圣城穆萨希尔（Musasir），劫掠了当地主神像。

亚述文献说，当鲁萨一世听说圣城被毁、神像被劫，羞愧难当，当即拔剑自刎。不过，现代学者倾向于认为，鲁萨一世并非自杀，而是死于抵御辛梅里安人时留下的创伤。不管怎么样，这一仗让乌拉尔图损兵折将，大伤元气，不得不暂时向亚述俯首称臣。

至此，萨尔贡二世只剩下一个心腹之患，那就是巴比伦。从公元前721年开始，迦勒底人伊迪纳二世就背靠埃兰支持，占据巴比伦王位，让萨尔贡二世寝食难安。现在，亚述已经将其他敌对国家全部搞定，是时候转过身来彻底对付迦勒底人了。公元前710年，萨尔贡二世趁着埃兰内乱，无力支援巴比伦，带军讨伐伊迪纳二世。

这一次，萨尔贡二世也吸取教训，没有直接杀向巴比伦，而是像讨伐乌拉尔图那样，同样使用了迂回战略。他率军沿着底格里斯河顺流而下，攻占了一个叫德尔阿萨拉（Dur - Athara）的要塞。亚述军队在那里休整以后兵分两路，一路驻守埃兰边境，阻击埃兰可能派出的援军，另一路由萨尔贡二世亲自带领，扑向巴比伦。

驻在巴比伦的伊迪纳二世，本来就不受当地贵族和祭司阶层待见，听闻亚述大军兵临城下，收拾了金银财宝就逃往埃兰。没想到，埃兰感觉大势已去，背叛了伊迪纳二世。他们接受了伊迪纳二世的礼物，却没有让他入境。

伊迪纳二世走投无路，只得向老家德尔雅金逃跑。这是巴比伦尼亚平原南端的一个小城邦。萨尔贡二世大军紧追不舍，在城外将其抓获，然后以释放伊迪纳二世为条件，逼迫德尔雅金城守军投降，并拆除了城墙。萨尔贡二世雄赳赳进入巴比伦，兼任巴比伦总督，亚述又成了巴比伦主人。

收拾巴比伦前后，亚述已经征服了周边几乎所有的国家，萨尔贡二世功成名就，风头盖过两河流域历史上大多数君主。他有点飘飘然，从公元前 717 年开始打造一座全新都城，以显示自己举世无双。

以前的亚述君主，都是在旧城基础上扩建新都，萨尔贡则在尼尼微东边选择一块风水宝地，另起炉灶建造了一座新都，叫杜尔沙鲁金（Dur-Sharrukin，今伊拉克霍尔萨巴德，Khorsabad），意为萨尔贡二世的要塞。

杜尔沙鲁金位于现在的科尔沙巴德，大致呈正方形，方圆 3 平方公里，是当时亚述最大的城市。城墙高 24 米，四周分布着 7 座石雕城门，157 个塔楼。城内建有神庙、宫殿，城外则有公园和猎场。宫殿门口两侧放置两座庞大的人面翼牛兽石像，内部装饰着雕塑和宣扬萨尔贡二世战功的浮雕。

新都修建了十年，耗费人力、财力和物力无数，到最后却并没有发挥多少效用。从公元前 719—前 716 年，萨尔贡二世在巴比伦享受了三年帝王生活，公元前 716 年，新都还没有竣工，他就匆匆将皇宫从卡拉赫迁到了杜尔沙鲁金。次年，他就不得不再次挥师西进，到安纳托利亚镇压塔巴尔的反叛。这一走，再也没能回头。

塔巴尔位于安纳托利亚中部，原是一个后赫梯王国。萨尔贡二世为了笼络他们，曾将自己唯一的妹妹许配给塔巴尔国王。但是，政治婚姻只能缓和一时，不能确保一世。公元前 706 年，塔巴尔与流窜在高原的辛梅里安人结盟后，威力大增，拒绝臣服亚述，惹得萨尔贡二世大怒，亲自带兵讨伐。可惜，一生很少败绩的他，这次没能全身而退，与辛梅里安人交战时血染疆场，身首异处。

萨尔贡二世亲自督建的新都，仅伺候了主人一年时光，便陷入孤寂。不知为什么，此后的亚述新主都不喜欢杜尔沙鲁金，没有完成剩余建筑，还将王宫搬去了尼尼微。等到一个世纪后亚述崩溃时，杜尔沙鲁金彻底被废弃了。

1842 年，法国政府任命了一位意大利裔科学家博塔（Paul-mile Botta），担任驻伊拉克摩苏尔领事，实际任务是考古挖掘。当年他一无所获，次年 3 月，突然在科尔沙巴德揭开了杜尔沙鲁金的面纱。

最初，博塔以为他发现的是传说中的尼尼微古城，后来才意识到这是一座完全不同的城址。此后十多年，法国政府派遣多名考古学家参与挖掘，并试图将珍贵资料运送回国。可惜，几次水上运输，不是掉入河中，就是遭遇海盗抢劫，只有少部分古物成功抵达法国，现藏于罗浮宫。

2015 年 3 月，ISIS 武装分子盗取了杜尔沙鲁金文物，并试图将古城夷为平地，使得数千年遗址损毁殆尽。诸位现在要看阿尔贡二世的遗物，只能去法国罗浮宫。在罗浮宫亚述展厅，你会看到两座巨大的人面翼牛石兽，以及栩栩如生的萨尔贡二世浮雕。

萨尔贡二世将亚述推向了世界政治的最高峰，死后却阻挡不了小毛贼的胡作非为。任何英雄，不过是昙花一现。那些想着生生世世永为帝王的人，其实连子孙的平安都保证不了。

第四节　辛那赫里布的成功与失败

公元前 705 年，萨尔贡二世在安纳托利亚倒地不起，他的

图7－6　人面翼牛石兽

儿子辛那赫里布（Sennacherib）继承王位。辛那赫里布大约出生于前745年，这样算来，他登上王位时，恰好40岁，正值人生最成熟之际。

辛那赫里布不仅年岁大，政治经历也很丰富。他父亲在位17年间，长年率兵南征北战、东征西讨，是一个马上皇帝。父王每次出征，都留下辛那赫里布担任摄政。所以，他很早就担负起“一国之主”的角色。

辛那赫里布在位期间，亚述北方和西方的心腹之患已经消除。北方的乌拉尔图，长期遭受亚述冲击和蹂躏，从公元前714年起，又面临辛梅里安、斯基泰人的背后冲击，从此一蹶不振。西方高原上的弗里吉亚，被辛梅里安人蹂躏得更是惨不忍睹，几无还手之力，于公元前675年分崩离析。

至于遇佛杀佛的辛梅里安人，过惯了游牧生活，并没有在南高加索、安纳托利亚高原创建国家。他们乱打乱杀几十年，分散于不同区域，充当不同国家的雇佣军，对亚述威胁有限。

更重要的是，即使辛梅里安人组成国家，恐怕也难以立足。从公元前750年开始，希腊半岛人口增加，生存压力陡增，一些部落遂渡过爱琴海进入小亚细亚谋生。他们的到来，使得当地原住民承受着亚述与希腊移民的双重夹击，难以获得伸展空间。

辛那赫里布的最大威胁，主要来自巴比伦尼亚和迦南。巴比伦的老居民，是苏美尔人、阿卡德人、阿摩利人、加喜特人的混合体，他们经过长期定居和文明熏陶，已经丧失了野性和勇武，本来对亚述威胁不大。但是，迦勒底人、阿拉米人以及阿拉伯人的出现，改变了两河流域南部的政治格局。

迦勒底人怀抱部落忠诚观念，桀骜不驯，坚决不服从亚述统治。阿拉米人与亚述恶斗了好几个世纪，对其恨之入骨。沙漠里的阿拉伯人，本来与亚述没有多少交集，但是随着双方疆域急剧扩张，他们的冲突日渐增加。面对泰山压顶般的亚述，这些阿拉伯人本能地站到迦勒底人、阿拉米人一方，成了反亚述联盟的一员。

伊朗高原西南角的埃兰，背后遭受米底人和波斯人侵蚀，完全失去几百年前的战略纵深，已经难以与亚述对抗。但是，他们可以支持迦勒底、阿拉米人，给亚述火上浇油。

在西南方向，迦南的腓尼基、犹大以及阿拉米人，多次被亚述大军敲打和蹂躏，没有实力反叛。然而，就像巴比伦尼亚的迦勒底、阿拉米人拥有后盾埃兰一样，他们也有一个隐形后盾——埃及。

公元前10世纪以后的埃及，已经不是埃及人的埃及。从公元前945—前730年，来自西部利比亚高原的雇佣兵，趁埃及孱弱不堪，起兵夺权，建立了异族政府。公元前8世纪中叶，利比亚人治下的埃及四分五裂，混战不休，其中的弱小势力向南方努比亚人求援。公元前730年，努比亚领袖皮耶（Piye）率军北上，一路夺关斩将，统一上下埃及，建立了第二十五王朝。

不用说，这又是一个异族王朝，且连肤色都不一样。居住在阿斯旺以南的努比亚人，黑皮肤，短头发，过去长期被埃及人蹂躏，现在竟然反过来，骑到了埃及人脖子上耀武扬威。

皮耶征服埃及后，随即回到了老家，使得埃及重新陷入分裂。公元前715年，他儿子舍比特库（Shebitku）二度北伐，才开启了努比亚人对埃及的正式统治。舍比特库在任期间，作为异族政权面临巨大压力，所以与北方的亚述保持友好关系，鲜少开衅。

不过，公元前705年，舍比特库的叔叔沙巴卡（Shabaka）取得政权后，改变了外交战略。或许是他们已经在埃及站稳脚跟，抑或是惧怕亚述过于强大，终有一天吞掉自己，所以由交好改为暗中钳制。就这样，亚述和埃及成了明争暗斗的两大军事集团。

沙巴卡很清楚，埃及与亚述势不均力不敌，不能硬抗。他们采取的对抗策略是在迦南寻找代理人，怂恿他们脱离亚述统治，回归埃及大家庭。同时，巴比伦的伊迪纳二世，也就是被萨尔贡二世赦免过的迦勒底人领袖，趁机暗中联络迦南诸国，希望共组反亚述联盟，东西两面夹击亚述。

有了埃及、迦勒底人支持，犹大和腓尼基、菲利斯丁的部分城邦，真的被说动了。公元前705年辛那赫里布上台后，这些城邦拒绝向亚述进贡，并囚禁了不追随他们的以革伦（Ekron）城邦国王。

对于迦南诸国的反叛，辛那赫里布非常恼怒。无论心理上，还是经济上，他都不能容忍迦南城邦脱离自己的控制。迦南自赫梯时代就商业繁盛，及至公元前8世纪希腊城邦兴起，更是成为三大文明的贸易中转站，积累了巨大财富，成为亚述帝国的重要税源。辛那赫里布怎么可能轻易拱手让出？

公元前701年，辛那赫里布亲率大军，剑指迦南。腓尼基和菲利斯丁的城邦都是小国寡民，又缺乏领土的战略纵深，根本顶不住亚述的铁蹄。因此，多数城邦都没有抵抗，就乖乖投降了。那些反叛亚述的城邦君主，则乘船逃到海上，躲过一劫。至于盟友埃及，确实派来了军队，但是一击即溃，只能眼睁睁看着迦南落入敌手。

真正的僵持，发生在犹大王国。当时的犹大国王叫希西家（Hezekiah），他的父亲亚哈斯，在犹太人记忆中是个昏君，不仅大搞偶像崇拜、亵渎耶和华，还将儿女焚烧献给了假神。

希西家与父亲截然不同，他上台后拆除偶像，恢复神殿和耶和华崇拜，召集北方分散的同胞（以色列王国子民），使得犹大王国蒸蒸日上。在犹大王国历史上，希西家被视为最完美的君王。不幸的是，希西家在位时，碰到了雄赳赳来讨伐的亚述大军。

亚述军队先攻占了拉吉什（Lachish），这是仅次于耶路撒冷的犹大城市，也是耶路撒冷的外围堡垒。然后，辛那赫里布坐镇拉吉什，派军攻打耶路撒冷。尽管希西家做了充分准备，但是两者悬殊太大，很快便分出了胜负。犹大人只好退到城内，严防死守。亚述大军在城北安营扎寨，层层包围，用石头和泥土建造了一座巨大的攻城土墩，士兵站立其上，向城内发射弓箭。

在亚述军队围困之下，犹大王国山穷水尽，据说最后连弓箭都只能用骨头来磨制。根据犹太人的历史叙述，守城进入到最困难阶段，希西家内心打起了退堂鼓，他一面派人与辛那赫里布谈判，一面准备逃跑。关键时刻，一位叫以赛亚的先知告诉他，上帝不会袖手旁观，耶路撒冷不会遭遇蹂躏。以赛亚鼓励希西家坚守下去。

后来的事，确实让希西家目瞪口呆。有一天，他突然看到亚述大军匆忙收拾营地，默默地陆续撤走了。《圣经》的记载是，上帝耶和华派人杀掉亚述 18.5 万士兵，摧毁了其攻势，辛那赫里布不得不黯然撤退。这种神话传说当然缺乏可信度。

亚述人的说法截然相反。辛那赫里布铭文说："犹大国王希西家不顺从我的意旨，我带着强大的军队来攻击他，我打下了 46 个防守坚固的城市，以及无数的城镇。我攻取和掠夺无数。从这些地方我带走了 200156 个男女老少，以及数不清的马和骡子，驴和骆驼，牛和羊。"

事实到底怎么样，亚述军队到底撤离没有？耶路撒冷到底被攻占没有？真相已经湮没不彰。据历史学家猜测，最大的可能性是亚述军营发生瘟疫，让大量士兵不治身亡，严重削弱了辛那赫里布攻城的决心。他们决定接受希西家的谈判要求，承诺希西家只要把过去几年的贡赋补上，并且割让外围领土，就放犹大人一条生路。

所以，亚述军队确实遭受重创，也确实撤军了，但是并非上帝所致；犹大王国也得以保全，但是付出了沉重代价，再度沦为亚述附庸。犹大王国构筑的防御堡垒，都被亚述破坏殆尽；他们的大片领土，都被迫割让给了周边小邦，只剩下孤零零的耶路撒冷。

让人意想不到的是，这场战争给犹大人带来了巨大的精神鼓舞。此前，犹大人每天向耶和华祈祷，请求耶和华赋予力量，但是每次祈祷求情的结果，都是犹大人沦为俎上肉。他们不得不怀疑，到底是耶和华厉害，还是亚述或迦南北部的神灵更厉害。

以赛亚预言亚述撤军，让犹大人终于相信，耶和华确实具有无上神力，是独一无二的真神。这次“不战而屈人之兵”，成了犹大人耶和华信仰形成中的一个关键节点。

再回到亚述。对辛那赫里布来说，迦南地区皆为蕞尔小国，最擅长经商而非作战，并没有致命威胁。即使迦南仰仗的“后台”埃及，进入铁器时代后，既没有养育骏马的牧场，又不盛产铁矿，也逐渐沦为北方族群践踏的对象。

亚述的真正威胁，来自巴比伦尼亚及其依赖的伊朗高原。阿拉米人、迦勒底人的迁入和融合，让巴比伦尼亚民风变得彪悍坚韧，拒不服从。一有机会，便相互联络，反抗亚述统治。

公元前 705 年，萨尔贡二世死后，伊迪纳二世从埃兰赶回，趁着巴比伦贵族闹独立，率领迦勒底人和阿拉米人冲入巴

图 7 - 7　辛那赫里布浮雕

比伦，又夺取了王位。辛那赫里布替父报仇回来后，立即挥师南下，捉拿伊迪纳二世。双方在基什、库塔决战，亚述胜利，伊迪纳二世逃亡。

巴比伦人没有抵抗，便将辛那赫里布迎入城内。看起来，形势似乎尽在亚述掌握之中。其实不然，亚述实际上在不知不觉中，已经将巴比伦人和埃兰人都变成了自己的敌人，它在巴比伦的处境一天比一天被动。为什么这样说？且看历史的发展。

辛那赫里布拿下巴比伦后，先是扶植一位当地贵族担任国王，不久便怀疑其缺乏忠诚，以儿子阿舒尔纳丁舒米取而代之。这让巴比伦人很不乐意，开始萌生怨言，心理的天平倒向了亚述仇敌埃兰。

公元前694年，为了搜捕逃亡的伊迪纳二世，也为惩罚叛乱的后台埃兰，亚述破天荒地调遣腓尼基工匠建造了一支舰队，然后雇佣推罗、西顿和塞浦路斯的水手，运送亚述军队进入波斯湾，对北岸埃兰和迦勒底人据点进行疯狂扫荡，企图一劳永逸地解决后患。

亚述的残酷深深地刺痛了埃兰人和迦勒底人。不久，他们便联手转过身攻打亚述统治下的巴比伦，要求血债血还。令辛那赫里布想不到的是，巴比伦人竟然将国王，即辛那赫里布的儿子，拱手献给了埃兰大军。埃兰人将其带走后，再无音讯，估计被处决了。埃兰国王为了拉拢巴比伦，没有直接占领，而是指定一位当地贵族担任新国王。

一方主动献上祭品，另一方赋予其自治，这意味着巴比伦与埃兰结成了某种程度上的同盟。他们宁愿寻求埃兰保护，接纳迦勒底国王，也不愿意让亚述入主巴比伦。

对此，辛那赫里布当然怒火中烧。他痛恨埃兰处死了自己的儿子，更痛恨巴比伦人临阵倒戈，将自己的儿子送入虎口。接下来的好几年，他调集军队，屡屡与埃兰—巴比伦联军交战。公元前690年，辛那赫里布看到埃兰政局动荡，顾不上同盟，决定直接出兵巴比伦。亚述大军将巴比伦围困了15个多月，围得城内山穷水尽，饿殍遍地。

公元前689年，气急败坏的辛那赫里布，没有再要求军队保持纪律。他的军队破城以后，不但掳掠走了马尔杜克神像，而且开闸放水，淹没了古老的巴比伦城。对此，辛那赫里布颇为自豪："我像暴风骤雨般袭击巴比伦，我像台风过境般占领巴比伦。我用手中的攻城器打开缺口，进入城里，扫荡了大大小小各股势力，无一遗留。他们的尸体堆满了城市广场，巴比伦王和他的家人、官员，都被俘虏到了亚述；他们的金银财宝和货物，都被尽情地占有。"一座存续了1000多年的文明古城，一个巴比伦尼亚人心中的文化象征，就这样被辛那赫里布粗暴毁弃了。

辛那赫里布光顾着自豪，没有意识到他这个举动是多么愚蠢。他毁掉的不仅是一座城，也是巴比伦人的心。此前，亚述君王大都崇拜巴比伦文明，给予特殊优待，巴比伦则借助亚述抵挡迦勒底人、阿拉米人、埃兰人等蚕食，两者各取所需，相互支持。现在，亚述毁城彻底伤了巴比伦人的心，让他们死心塌地地与迦勒底人、阿拉米人和埃兰人结成盟友对抗亚述。

辛那赫里布的狂妄、鲁莽和残忍，把包括巴比伦人在内的几个下游族群，都逼成了死敌。不久，他就要为此付出亡国灭族的代价。

第五节　阿萨尔哈东的致命战略失误

辛那赫里布并不知道，他自己犯下了多么愚蠢的错误，反而在帝国范围内大搞王权神授，到处为自己树碑立像。可惜，这套把戏连他两个儿子都不信。公元前681年10月20日，当他在神庙祈祷时，竟然被两个儿子锤死了，起因是储位之争。

本来，辛那赫里布想把王位传给大儿子，即被封为巴比伦国王的那个，可惜公元前694年，埃兰人把他掳走，处死了。没办法，辛那赫里布只好将老二阿达穆里苏（Arda-Mulissu）立为王储。

没过几年，辛那赫里布又改变了主意，他越看幼子越顺眼，遂废掉阿达穆里苏，把小儿阿萨尔哈东（Esarhaddon）立为继承人。阿萨尔哈东的生母，是来自巴比伦的一位阿拉米人公主，似乎与老二不是同一个母亲。

阿达穆里苏对于被废非常不满，三番两次要求父亲收回圣命。辛那赫里布感觉到问题严重，将来可能会起内讧，就随便找了一个借口，将阿萨尔哈东支派到了帝国西部，名为放逐，实则保护。他怕老二急红了眼，加害于弟弟。阿达穆里苏一看没有挽回余地，便与另一个弟弟密谋，并联合不满父亲的部分贵族，弑父夺权。就这样，不可一世的辛那赫里布，竟然稀里糊涂地被儿子干掉了。

阿萨尔哈东听说父亲被杀，马上带人回走，想抢回合法王位。阿达穆里苏在都城以西摆开阵势，等待幼弟自投罗网。可是，没想到，这些士兵临阵倒戈，大都投向了阿萨尔哈东。阿达穆里苏兄弟无奈，落荒而逃，一路北上，落脚于亚述宿敌乌拉尔图。父亲死后第六周，阿萨尔哈东继承王位，成为亚述帝国新一代君主。

或许是因为母亲来自巴比伦尼亚，或许是意识到父亲犯下的过错，阿萨尔哈东一上台，便花费大量人力和财力修复巴比伦城。被毁弃的城门、城垛、排水沟、庭院、神庙、通天塔都被一一还原。重修埃萨吉拉神庙时，还特别在地基中放置了宝

图 7－8　阿萨尔哈东浮雕

石、精油和香水。神庙大门用珍贵金属制作，供奉马尔杜克神像的基座则使用了黄金，处处显示对神灵的敬重。

阿萨尔哈东不仅重建巴比伦，还将乌鲁克、尼普尔、博尔西帕、阿卡德等地的神庙一并修复，被辛那赫里布掳走的神像，也都物归原主。为了表示诚心，阿萨尔哈东甚至亲自模制泥砖，修复巴比伦。

这番折腾没有白费。包括巴比伦人、迦勒底人在内的巴比伦尼亚人，多少原谅了亚述，愿意暂时接受他们的统治。公元前675年，当埃兰军队再次入侵巴比伦尼亚时，巴比伦尼亚人没有拱手投降。但是，我们后面会看到，人的感情犹如镜子，破碎掉以后，很难重圆如初。

安抚住巴比伦尼亚以后，阿萨尔哈东面临的挑战，主要来自西部、东北和西南三个方向。西方的威胁，主要来自辛梅里安人。辛梅里安人在安纳托利亚横冲直撞，先前已经冲垮了弗里吉亚王国，现在趁着亚述刚刚更换君主，又向东侵犯亚述属国。公元前679年，安纳托利亚东南部的奇里乞亚和塔巴尔，都急切向亚述王室告急，声称受到辛梅里安人攻击。阿萨尔哈东带兵迎战，杀死了辛梅里安人大头领，西部边患暂时得以缓解。

东北的威胁，主要来自斯基泰人、曼努亚人和米底人。前文说过，曼努亚人是南高加索当地人，位于乌拉尔图东部，建立了马纳王国；斯基泰人紧随辛梅里安人，是从北方草原南下的。米底人也是从北方迁来的，但是时间上比斯基泰人早了几百年，此时已在亚述三番五次地刺激下，组建了自己的政权。

公元前676年，斯基泰人联合曼努亚人进攻亚述，被阿萨尔哈东击退。三年后，米底人又联合曼努亚人、斯基泰人，发起了反抗亚述的活动。阿萨尔哈东没费吹灰之力，就将这个松散联盟打垮，然后率军登上伊朗高原，一路追击到德黑兰东部的沙漠。

至此，阿萨尔哈东的战略应对，都是非常成功的。但是，接下来，当他着手处理西南边患时，却犯下了难以弥补的战略失误，导致亚述帝国走上了漫漫不归路。

公元前690年，埃及的努比亚王朝发生宫廷政变，塔哈尔卡（Taharqa）将沙巴卡赶下台，成为埃及新君主。塔哈尔卡是老国王皮耶的儿子，沙巴卡是皮耶的兄弟。沙巴卡此前从皮耶另一个儿子手中继承王位，现在等于又被哥哥的儿子抢了回去。

塔哈尔卡确实是个人才。他精力充沛，政治成熟，深知作为南来异族，不能对埃及颐指气使，而是必须“智治”。因此，他按照埃及风格修复和扩建各地神庙，带头敬拜埃及阿蒙神，遵循埃及传统，以金字塔为墓葬，并将埃及文字定为官方语言。

埃及在塔哈尔卡统治下，政治稳定，农业丰收，文化昌盛，再次表现出蓬勃生机。在这种情况下，塔哈尔卡自然不甘心退缩，任由亚述独享迦南之利。他趁着亚述政权更替、忙于巴比伦事务，北上征服了菲利斯丁的霍尔（Khor）和腓尼基的西顿、推罗等城邦。

对此，阿萨尔哈东非常气愤。他稳住巴比伦后，于公元前677—前676年，亲率大军讨伐迦南，获胜后斩杀西顿国王、夷平西顿都城，逼迫推罗签署了不平等条约。腓尼基人在这场战争中付出了沉重代价，政治上一蹶不振。

阿萨尔哈东仍然不解气。他知道迦南各个城邦每次反叛，都是埃及在背后捣鬼，要想彻底切断迦南城邦反叛之心，必须直接攻占埃及。从那时起，阿萨尔哈东下定决心，一定要吞下尼罗河三角洲。

公元前674年，阿萨尔哈东曾进攻埃及，半路被塔哈尔卡打败。三年后，阿萨尔哈东镇压了米底反叛，感觉已经没有后顾之忧，便调集全国兵力，再次浩浩荡荡冲向尼罗河三角洲。

这一次，塔哈尔卡没能顶住，被迫离开孟菲斯，撤回南方库施老家，把埃及让给了亚述。但是，公元前 669 年，他看到亚述主力部队回国，带领军队北上驱逐亚述代理人，重新占领了孟菲斯。

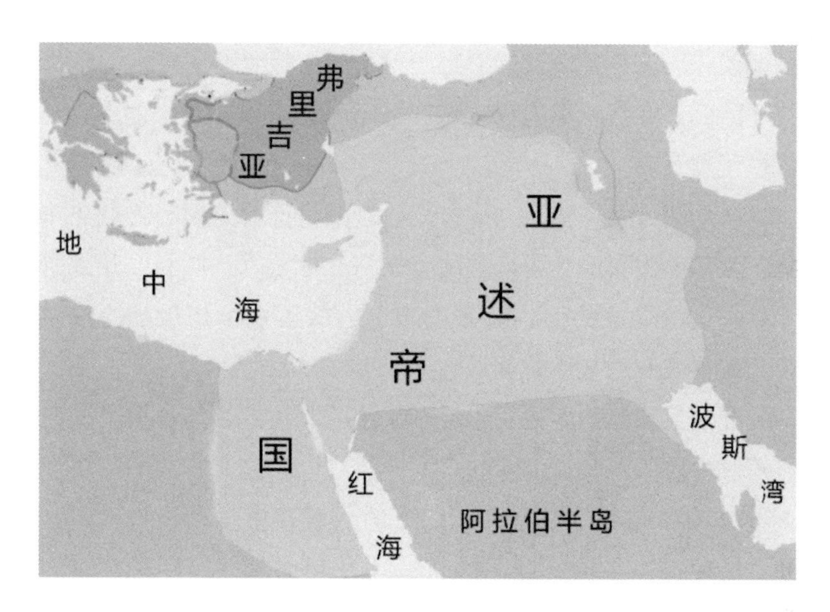

图 7－9　公元前 671 年亚述疆域

阿萨尔哈东听闻后，第三次率领大军南下征讨塔哈尔卡。然而，亚述大军还没跨过幼发拉底河，体弱多病的阿萨尔哈东就撑不住了，于公元前 669 年 11 月离世。阿萨尔哈东死了，一了百了，再也不会为埃及而烦恼，但是他开启的埃及征途，却让亚述陷入泥潭。

亚述费了半天劲，能眼睁睁看着塔哈尔卡东山再起吗？能甘心让埃及恢复往昔、怂恿迦南城邦再次反叛吗？肯定不能。

因此，阿萨尔哈东的小儿子阿舒尔巴尼拔继位后，继续长途跋涉镇压埃及反叛。

公元前667年，阿舒尔巴尼拔投入重兵，打败了塔哈尔卡联军，恢复了对埃及的统治。但是仅仅两年后，努比亚新国王坦塔玛尼（Tantamani）上台后，又率领军队卷土重来。而且，与亚述人比起来，埃及僧侣集团似乎更愿接受努比亚人，他们打开城门，迎接坦塔玛尼进城。坦塔玛尼击败亚述代理人，又控制了埃及。

没办法，阿舒尔巴尼拔只好继续派兵征讨。愤怒的亚述军队获胜后，没有逮住坦塔玛尼，便将一肚子怒气撒到埃及人身上。他们抢夺底比斯的金银财宝，大肆屠杀参与叛乱的埃及人，使得埃及对亚述的痛恨达于极点。

此后十多年，尽管亚述想方设法控制埃及，但是埃及人始终不甘心臣服。公元前655年，亚述代理人的儿子普萨美提克一世（Psamtik I），联合小亚细亚的吕底亚王国和希腊殖民城邦，反抗亚述统治，并最终带领埃及获得独立，迎来又一波复兴。

现在，终于可以回过头检讨亚述战略，说一说为什么他们远征埃及是一个大败笔了。

从亚述角度来说，埃及躲在背后，经常怂恿迦南城邦争取独立，确实是一个隐患。只要不征服埃及，迦南就永远心怀二心。但是，无论内政还是外交，都必须两者相权取其轻，要认清哪一个是自己的致命敌人，哪一个是自己不疼不痒的骚扰者。

埃及是亚述的致命敌人吗？显然不是。此时的埃及，已经不是几百年前的埃及，而是努比亚人控制下的埃及。努比亚人的老家在阿斯旺以南，相当于现在的苏丹。对他们来说，埃及已经很靠北，迦南更是北方的北方。

努比亚从埃及传统政治出发，认为必须控制迦南，最起码让迦南城邦保持独立，作为埃及与亚述之间的缓冲。否则，亚述占据迦南，随时都可以冲下来占领埃及，太危险。他们的想法，仅此而已。他们没有想过攻打亚述本土，也没有能力攻打亚述本土。不必说这个时候的埃及，连拉美西斯二世时代的埃及，疆域也不过抵达叙利亚而已。

所以，如果阿萨尔哈东头脑清醒，不应该远征埃及。埃及那么远，征战一次花费巨大，轻则损兵折将，重则伤筋动骨。征服以后，鞭长莫及，如何维持统治也是一个难题。可以说，除了能够震慑迦南、宣扬国威、满足权力野心，远征埃及弊远远大于利。

更为致命的是，阿萨尔哈东及其子孙都没看明白，他们的后院并不是固若金汤，可供他们全力对攻埃及。事实上，他们的后院巴比伦尼亚和伊朗高原，才是最致命的隐患。不必说别的，仅从冷兵器时代的政治格局上，就能看出谁将是亚述真正的掘墓人。

公元前10世纪以后的冷兵器时代，决定战争成败的，主要是三大因素。一是精良战马，二是铁制兵器，三是野性气质。哪一个族群同时具备三者，善于组合利用，就会大杀四方，称王称霸。

无论埃及还是努比亚，既没有千里牧场，又缺乏铁矿资源，即使有点野性气质也不成事。相反，伊朗高原的米底人、波斯人，则是三者兼具。他们自身是游牧出身，不缺乏野性；扎格罗斯山麓遍布牧场，盛产战马；伊朗高原是人类最早的冶炼中心之一，矿藏丰富。

这一点决定了伊朗高原游牧族群一旦组织起来，有效发挥他们的战马和铁器优势，必将居高临下，对两河流域产生降维打击。事实上，亚述的真正危机确实从这里发酵，而危机的导火索，则是被辛那赫里布重创过的巴比伦。

事情还得从阿萨尔哈东的继承人说起。阿萨尔哈东有四个儿子，大儿子英年早逝，小儿子体弱多病，只有二子沙马什舒穆乌金（Shamash-shum-ukin，以下简称乌金）和三子阿舒尔巴尼拔（Ashurbanipal）能胜任王位。按理来说，乌金应该继承王位，但是其母亲来自巴比伦，受到许多大臣和贵族反对，他们更喜欢母亲为亚述当地人的阿舒尔巴尼拔。

阿萨尔哈东不想违背众意，遂将老三指定为接班人。不过，经过兄弟相争登上王位的他，深知其中隐含的风险。当初，阿萨尔哈东的两个哥哥就是不服气父亲传位于他，密谋策划了宫廷政变。因此，他为了安抚老二乌金，封其为巴比伦王位继承人。

让乌金当巴比伦王，既可以抚慰他受伤的心灵，又能够让巴比伦人找到自主自治的感觉，也算一箭双雕。公元前 669 年阿萨尔哈东离世后，阿舒尔巴尼拔成为亚述王，几个月后，乌金成为巴比伦王。次年春天，亚述将马尔杜克神像送还给了巴比伦，以便增加乌金在巴比伦的合法性。

但事实证明，阿萨尔哈东的苦心，并没有避免骨肉相残。乌金上台以后，发现所谓巴比伦王与亚述王平起平坐，只是一种假象，自己只能控制巴比伦城及其周围，南部行省的总督，直接向阿舒尔巴尼拔汇报工作，根本不把他这个巴比伦王放在眼中。平日里，三弟阿舒尔巴尼拔也是对自己居高临下，俨如上下级的关系。

公元前652年，乌金向巴比伦人发出号召，呼吁大家共同站出来反抗亚述的侵蚀，确保巴比伦的自主自治。同时，他还向南部各个行省总督写信，希望他们加入自己的队伍，共同对付作为亚述王的三弟。

早就对亚述不满的巴比伦人，真的站出来支持乌金。至于长期被亚述人打压的迦勒底人、阿拉米人，以及苏美尔东部的埃兰人，更是一呼百应，都愿意支持乌金反叛。

如果反叛力量仅止于此，亚述并不需要担忧。巴比伦尼亚缺少矿石、木材和战马，难以持久作战。埃兰人失去高原战略缓冲，国内政治又动荡不已，也不是阿舒尔巴尼拔的对手。

但是，南方的阿拉伯人和东北的米底人，都加入了这场战争。他们的加入，将这场战争拖入了持久的对抗。直到公元前648年，阿舒尔巴尼拔才攻占巴比伦，将他哥哥的反叛镇压下去。

亚述大军再次血洗巴比伦，并乘势挺进埃兰，瓦解了埃兰王朝。乌金据说跳入了火海，也可能被弟弟捉住处死了，总之一命呜呼。阿舒尔巴尼拔任命一名行政官员管理巴比伦，成为他的附属。原来还具有一定自主权的巴比伦城，自此彻底成为傀儡。

此时，亚述疆域南至埃及，北抵凡湖，东含埃兰高地，西上安纳托利亚，成为世界上最大、最威风的帝国。其兵锋所指，无人能敌，人人臣服。从这个角度来说，阿萨尔哈东的立储似乎赌对了，阿舒尔巴尼拔似乎成功了，整个西亚北非都进入了亚述时刻。

可惜，这一切都是假象，或者说是昙花一现。公元前 627 年阿舒尔巴尼拔一死，亚述立刻急剧衰退，反过来成为近邻势力的俎上肉。举起屠刀的，就是被他们压在胯下的巴比伦人、迦勒底人和米底人。

第六节　流水落花春去也，亚述之逝

世人往往佩服阿舒尔巴尼拔的盖世战功，感叹巴尼拔的威风气概，而将其视为最伟大的亚述君主之一。但是，阿舒尔巴尼拔真的有那么伟大吗？真值得人们衷心钦佩吗？其实，不必说他对其他族群的绞杀，即使站在亚述帝国角度，恐怕都得打个问号。很明显，巴尼拔离世后仅仅 18 年，他的帝国子民就变成了可怜的刀下鬼。

一个真正的政治家，应该让子孙后代享受安全、秩序、经济福祉和正义，而不是追求变幻不定的帝国疆域和虚无缥缈的帝国荣耀。疆域和荣耀意味着对其他族群的屠杀蹂躏，而这种屠杀蹂躏，必定招致他人更加残酷的报复，最终面临灭顶之灾。

巴尼拔及其父阿萨尔哈东在位时，多次带兵长距离深入埃及，进行征服或者平叛。亚述距离埃及两千多公里，每次征伐都得一二十万人，这得耗费多少人力物力和财力？公元前 656 年放弃埃及后，阿舒尔巴尼拔又不计成本地对埃兰及其他地区用兵，耗费无数。长年征战和大规模修建，让收入丰厚的亚述财政渐趋枯竭。尽管他们从外地掳掠了大量人力和财富，尽管附属国每年都缴纳巨额贡赋，但是亚述王室仍然负债累累。

尼尼微出土的档案文献中，包含着十多份债务清单。部分可辨识的债务清单表明，新亚述时期的亚述国王和宫廷，拖欠总督、市长和地方官吏诸多财物，如银子、谷物、绵羊、葡萄酒等。一位商人之子专门致信国王，催讨建造都城时借出的570 米纳银子。

最强盛时，亚述就是靠着不断掳掠，增加新的税源和贡赋，才能维持财政运转。一旦碰上弱主或者王室动荡，不能对外征伐和抢夺财物，亚述帝国就会立刻陷入困境而风雨飘摇。

阿舒尔巴尼拔死后，甚至当巴尼拔活着时，亚述的好运已经结束。尽管巴尼拔去世的时间常被记为前 627 年，但是至少从前 636 年开始，巴尼拔就很少留下统治信息。公元前 631 年尼普尔的一则记录，是他活着的最后证据。那一年，他很可能去世了，要不就是退位或被废了。

毕竟，从指定接班人到公元前 631 年，时间已经过去 29 年，王储至少四五十岁，很难再心平气和地等待权力交接。

巴尼拔有两个儿子，一个叫阿舒尔埃提尔伊兰尼（Ashur-etil-ilani，以下简称伊兰尼），另一个叫辛沙里施昆（Sinshar-ishkun）。伊兰尼接替王位后，像历任新主一样遭到了强力挑战，王宫遗址显示有火烧的痕迹，似乎有人攻入过内殿。多亏首席太监、辅佐大臣、大将军辛舒姆利希尔（Sin-shumu-lishir，以下简称利希尔）鼎力相助，伊兰尼才得以保住王位。

现有资料表明，伊兰尼没有强烈的宗教信仰，很少大规模兴建工程；也不热衷战争，几乎没有对外征伐的记录。从个人品德角度，似乎比他的父辈、祖辈好很多。但是，亚述帝国是依靠强力维系的，财政是靠属国纳贡支撑的，当王国仁慈而不能展示勇武时，属国和贡赋就会渐生二心。

伊兰尼没干几年，公元前627年就去世了。几乎同时，他在巴比伦的附属国王也一命呜呼。这为其兄弟辛沙里施昆提供了大好机会，一跃而成为亚述和巴比伦双料君主。

对权臣利希尔来说，这显然不是一件好事。一朝天子一朝臣，利希尔作为伊兰尼的扶持者，注定不受新君信任。辛沙里施昆为了控制政局，想方设法剥夺利希尔的权力，甚至性命。

利希尔决定先下手为强。辛沙里施昆登基不久，他便宣布独立，自立为亚述国王。尼尼微出土的一套印章，描绘着没有胡须的国王，与传统亚述国王的长须形象截然不同，很可能就是利希尔。

作为一个宦官，利希尔竟然敢于夺取王位，并且得到部下认可，可谓开创亚述帝国政治先例。此前，亚述宫廷还从来没有一个宦官，吃了熊心豹子胆，敢于夺取王权。就此而言，亚述与黄河流域的周王室一样，可能也落入了礼崩乐坏的困局。

辛沙里施昆是个强人。他率兵镇压利希尔叛乱，竟然在短短三个月之内后来居上，粉碎了利希尔另立门户的企图。不过，利希尔是帝国内乱的象征，折射出帝国的分裂和虚弱。受其影响，原来迫于压力而臣服的附属国和雇佣军，接连反叛。

在西南方向，犹大王国趁亚述王位交接空挡，向北占据以色列故土，并兼并了周围几个亚述行省。公元前622年左右，犹大国王约西亚还废除阿舒尔神灵和教义，清除偶像崇拜，颁布律书《申命记》，重新强化耶和华一神教信仰，抵制亚述神灵。

要是放在以前，亚述君王对犹大王国的这种“大逆不道”，必定亲自带兵讨伐，施以残酷的惩罚。但是现在，辛沙里施昆暂时顾不上。利希尔的反叛刚被平定，巴比伦就爆发了规模更大的叛乱。

巴比伦尼亚南端的迦勒底人，曾屡次与埃兰人联手抗击亚述。辛那赫里布和阿萨尔哈东征服巴比伦以后，这些迦勒底人暂时屈服，部分成为亚述帝国雇佣兵。但是，他们内心里，从来没有心悦诚服、甘心为奴。

公元前 626 年，一位叫那波帕拉萨尔（Nabopolassar，以下简称那波）的迦勒底将领，以乌鲁克为根据地，借着利希尔反叛制造的混乱，再度向亚述发动攻击。他率军北上占领巴比伦、尼普尔等地，当年 11 月自立为王，史称新巴比伦王国或迦勒底王国。

亚述卧榻之侧，岂能容他人酣睡？辛沙里施昆几次带兵讨伐，誓将那波碎尸万段。如果双方纯凭各自实力，那波当然不是亚述对手。但是，这个时候，辛那赫里布毁弃巴比伦的恶果浮现出来了。从文献来看，巴比伦人似已经完全倒向迦勒底人一边，将亚述视为仇敌。亚述大军攻打三年，只恢复了西帕尔、尼普尔、乌鲁克等外围城市，始终没能夺回巴比伦。

雪上加霜的是，埃兰人看到迦勒底人反叛，也企图浑水摸鱼，拒绝向亚述纳贡；亚述西部省份一位不知名的将领，看到辛沙里施昆忙于平定巴比伦尼亚的叛乱，都城空虚，遂带兵杀向尼尼微，企图夺权。守城部队没作抵抗，便与叛军合作占领了亚述宫廷。

公元前 622 年，辛沙里施昆不得不放下巴比伦，返回去清剿篡位者。此后两年，他虽然夺回都城和王位，避免了垮台，却给了那波东山再起的机会。接下来两年，那波率领迦勒底和埃兰联军，重新将乌鲁克、尼普尔、西帕尔等夺回，稳固了自己的巴比伦统治。

那波清醒地意识到，埃兰人已不足恃，仅靠巴比伦无法与亚述抗衡，必须寻找新的强力联盟。恰好，过去曾长期被亚述肆虐的伊朗高原的米底人，现在已经成长起来，颇有超越埃兰人成为高原新主人之势。而且，米底人长期遭受亚述帝国压制，同样对其恨之入骨。

至此，巴比伦独立，米底独立，埃及趁机控制迦南，亚述失去了绝大多数附属国，只能退守本土。失去附属国，就意味着失去贡赋，失去战马和铁器的来源，再也无力对外扩张。从公元前 620 年以后，没有记录显示辛沙里施昆讨伐过哪个国家。

对亚述来说，这是一个不祥征兆。过去几百年，亚述残酷地打压、蹂躏甚至屠杀周边族群，在他们心中种下了仇恨的种子。这些族群做梦都想着冲入亚述首都，鞭挞亚述国王，瓜分亚述财富。现在，亚述不再耀武扬威，他们报仇雪恨的日子到来了。

公元前 620 年以后，那波帕拉萨尔率领巴比伦军队，不断北上蚕食亚述帝国领土，南方幼发拉底河流域被他们吃掉了一大块。四年后，那波又与米底国王联手进攻亚述，辛沙里施昆双拳难敌四手，节节败退。关键时刻，埃及法老普萨美提克担心米底人和迦勒底人做大，威胁自己在迦南的影响力，试图出兵救助亚述一把，可惜一切都太晚了。

这个普萨美提克，咱们前面提过，他是亚述扶植的埃及代理人之子，公元前 655 年，利用埃及人对亚述的仇恨起兵反叛，并将努比亚人赶回南方老家，统一了埃及全境。埃及在普萨美提克领导下，与日益活跃的希腊诸邦进行合作，抵御亚述兵锋。后来，当亚述王室动荡、众叛亲离之际，普萨美提克又率军北上，将包括犹大、腓尼基在内的迦南，纳入埃及帝国。

到公元前 616 年，随着亚述帝国陷入颓势，埃及转变了外交立场。他们感觉让一个孱弱的亚述横亘在两河中游，作为埃及与巴比伦、米底的缓冲，要比直面急剧崛起的巴比伦和米底好得多。

因此，当迦勒底和米底联手进攻亚述时，普萨美提克派军北上，渡过幼发拉底河，支援辛沙里施昆。埃及与亚述联军汇集于幼发拉底河畔，试图收复被迦勒底攻占的部分地盘。不承想，这两大曾经威风八面的帝国联军，竟然被迦勒底部队打得落花流水，兵败如山倒。

此后，埃及军队止步于幼发拉底河西岸，给亚述提供的帮助微乎其微。亚述只能单独面对迦勒底与米底的合击，形势越来越不妙。迦勒底占领阿拉拉赫，将亚述军队逼回到了扎布河下游以西。

公元前 615 年 10 月或 11 月，当迦勒底与亚述形成对峙状态时，东北的米底人开始介入。他们冲下伊朗高原，从东北方向横切入亚述，使得辛沙里施昆陷入左支右绌的困境。

米底在底格里斯河上游的塔比苏（Tarbisu）战役中，决定性地击败了亚述军队。公元前614年，又在南方斜切过去，攻占了亚述中心阿舒尔。米底国王基亚克萨雷斯（Cyaxares）在那里与迦勒底国王那波胜利会师，确立了共同消灭亚述的百年大计。

此时的辛沙里施昆，还占据着首都尼尼微，以及西部诸多省份。公元前612年，米底与迦勒底大军汇合于尼尼微，经过残酷的攻坚战，最终破城而入。辛沙里施昆据说点燃王宫，投火自焚了。

图7－10　约翰·马丁（1789—1854）画作《尼尼微陷落》

尼尼微陷落后，辛沙里施昆的一个儿子阿舒尔乌巴里特二世，向西逃到边境的哈兰（Harran），在月神辛（Sin）殿举行

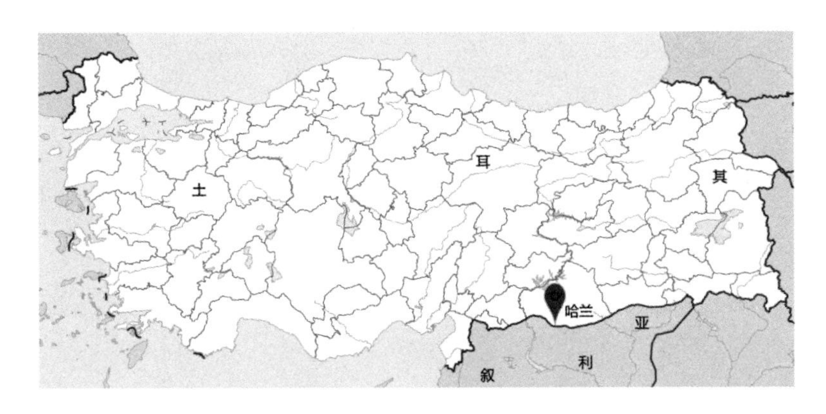

图 7－11　哈兰地理位置

加冕典礼，试图依靠埃及和曼努亚支援，夺回亚述心脏地带。

哈兰旧址今天位于土耳其边境，至少公元前 23 世纪就是一个城镇。它位于两条河流交汇处，又是连接尼尼微、大马士革、巴比伦的交通要道，所以战略意义非凡。亚述帝国将其征服后，设为哈兰省的首府。那里是西部闪米特人月神辛的崇拜中心之一。月神崇拜是从苏美尔传过来的，其原型是乌鲁克的主神南纳。

可是，迦勒底和米底根本不给他们机会。这两个族群被亚述奴役几百年，深知亚述坚忍顽强，不能给他们丝毫机会，执意痛打落水狗，斩草除根。公元前 610 年 11 月，迦勒底和米底联军长途奔袭，将哈兰围得水泄不通。可怜的亚述小朝廷只能龟缩城内，任由迦勒底人羞辱。

尽管埃及继续援助，乌巴里特二世坚持了大半年，最终还是失败了。他和埃及残军撤退到叙利亚，三个月后卷土重来，企图夺回哈兰。可是等到迦勒底援军一到，乌巴里特二世毫无取胜机会，只能悻悻撤退。这是他最后一次出现在历史记录中，也是亚述王室最后一次见诸史书。没人知道，亚述最后一个国王到底去哪里了。

曾经威风八面、不可一世的亚述帝国，至此永远画上了句号，随风消逝，遁入历史。更可悲的是，如果不是19世纪以来的考古挖掘，人们几乎不知道历史上存在过一个亚述帝国。

第八章　迦勒底、米底与波斯的三角纠缠

公元前7世纪末，亚述帝国彻底崩溃。此后，它再也没能重新回到历史舞台。迦勒底人继承了亚述遗产，使古老的巴比伦再次焕发生机，成为西亚政治中心。但是，此时的西亚已今非昔比，面临着更深刻的变局。过去，巴比伦的主要政治对手，来自叙利亚草原、安纳托利亚高原、尼罗河三角洲，都位于巴比伦的西方或西南。现在，伊朗高原上的两个印欧族群米底人和波斯人，经过数百年文明熏陶和战火淬炼，成了更具活力和雄心的政治力量。西方的希腊城邦也在茁壮成长，显示出顽强的生命力，隐然具备了成为新文明中心的潜质。这两大政治集团一东一西，对两河流域形成了夹击之势。但迦勒底人沿袭亚述人的战略思维，仍然将目光集中于西南方向，为新巴比伦大崩溃埋下了伏笔。

第一节　迦勒底人意外成为两河霸主

辛那赫里布放过伊迪纳二世时，做梦也不会想到，迦勒底

人会将他的子孙杀得片甲不留，踏平整个亚述帝国。阿萨尔哈东三番五次攻打埃及时，也不会想到他们真正的敌人，其实是酣睡于近旁的迦勒底和米底。

迦勒底，一不留神容易看成加勒比。实际上，两者横距十万八千里，纵隔上下两千年，根本不是一回事。迦勒底（Chaldea），源于希伯来语，原指两河流域入海口的沼泽地带。公元前11—前10世纪，加喜特巴比伦崩溃后，巴比伦陷入权力真空，西方新的闪米特族群陆续迁入，填充空隙。公元前9世纪中期，一个不知来源的闪米特游牧族群，抢占了南部入海口的沼泽地带，后来被称为迦勒底人。

加勒比（Carib），原指15世纪欧洲殖民者发现美洲以前，居住在南北美洲之间岛屿上的原住民。殖民者借用其名指代周边水域，即后来闻名于世的加勒比海（Caribbean Sea）。

16世纪，加勒比海成为西班牙与美洲殖民贸易的必经之地。他们的船只在美洲大陆装满金银财宝，从加勒比海出发，跨越大西洋驶向伊比利亚半岛。法国和英国政府眼红不已，暗中支持私人船只，在加勒比海半路抢劫。由此，加勒比海成为海盗的乐园。迪士尼出品的奇幻冒险系列电影《加勒比海盗》，就是以这段历史为原型拍摄的。

加勒比海盗大都不是加勒比人，而是从欧洲流窜过去的冒险家，属于背靠白道抢劫白道的黑道。说得再直白一点，就是英法等政府支持的官方海盗，拥有官方颁发的“私掠许可证”，重点抢劫西班牙政府运宝船。后来，这些海盗多数被英、法政府招安，成为皇家海军核心成员，如英国海军创始人约翰·霍金斯、海军中将弗朗西斯·德雷克、英属牙买加总督亨利·摩根，原来都是大西洋上赫赫有名的海盗头目。

再回到正题，说迦勒底人。迦勒底人祖居哪里，现在不得而知。有人说像阿拉米人一样，来自西部草原或沙漠，也有人说他们来自阿拉伯半岛，多数学者感觉前者可能性更大。只是他们与阿拉米人分离太久，已经拥有完全不同的祖先认同，几乎成为完全不同的族群。他们的 5 个部落与阿拉米人的 40 个部落风格迥然有别，亚述人也将他们分开来看。

不过，迦勒底人与阿拉米人一样，都非常善于吸收高级文明。阿拉米人致力于贸易，热衷商业文明，他们以腓尼基字母为基础，创造了适合商业书写的阿拉米字母。迦勒底人则入乡随俗，吸收巴比伦农耕文明，热衷政治权力。以伊迪纳二世为代表的迦勒底精英，前仆后继地反抗亚述，撺掇巴比伦恢复主权。这种不断地反抗，使得迦勒底人始终保持着勇武精神。

但是，以迦勒底人的规模和实力，单靠勇武是不可能战胜亚述的。况且，巴比伦尼亚缺少木材、石头、矿石和良马，自从亚述发展起来以后，就始终被压得抬不起头来。外来的迦勒底人，仅依靠一己之力，不可能掀起政治风浪。

迦勒底碾压亚述、问鼎两河，完全是拜辛那赫里布、阿萨尔哈东战略失误所赐。辛、阿父子二人，不顾迦南和埃及路途遥远，一心要彻底予以征服，结果三番五次派军南下，耗费了大量人力、财力和物力不说，还给了近邻米底人急速崛起、厉兵秣马的好机会。

同时，辛那赫里布一改亚述君王优待巴比伦的传统，毁弃巴比伦城、掳掠马尔杜克神像，彻底伤透了巴比伦人的心，并让寄居在此的阿拉米人深恶痛绝。他们与受摧残更严重的埃兰人，都逐渐集中在迦勒底人周围，形成了坚定的反亚述同盟。

因此，迦勒底人不是一个族群在战斗，他们背后混杂着大量巴比伦人、阿拉米人、埃兰人，甚至是阿拉伯人。当他们与伊朗高原的米底人联手时，威力更是猛然大增。米底人有马有铁器，迦勒底人有粮有底蕴（受巴比伦文明滋养），两者完美互补。

一切准备妥当后，米底人从东北进攻，迦勒底联盟从东南进攻，让亚述陷入极端被动。亚述顾首顾不了尾，顾头顾不了脚，再加上西部行省趁机反叛，亚述必须分出部分兵力进行防护，根本没办法集中抵御迦—米联军，结果最终灰飞烟灭。

公元前605年，迦勒底国王那波帕萨沙尔派遣他的儿子，后来著名的尼布甲尼撒二世（Nebuchadnezzar Ⅱ），率军远赴安纳托利亚高原边境，在卡尔凯美什彻底击溃了亚述残余及埃及援军。尼布甲尼撒一路向南追，快要踏入迦南地区时，巴比伦传来噩耗，他的老父亲去世了。作为长子和王储，尼布甲尼撒赶紧撤兵回赶，到巴比伦继承王位。那一年，他只有29岁。

这个尼布甲尼撒，借用了公元前12世纪巴比伦第四王朝一代枭雄尼布甲尼撒的名字。作为抗击外来侵略者的英雄，尼布一世带领巴比伦人赶走埃兰人，夺回马尔杜克神像，抵御亚述，创建了新的巴比伦王朝，深受后人惦记，几百年后仍负盛名。迦勒底的小尼布甲尼撒估计是他的粉丝，所以沿袭其名，史称尼布甲尼撒二世。其实，这两个人相隔五百年，没有一点血缘关系。

尼布二世比老尼布更勇猛，更富有国际视野。他深知米底人是个硬茬，得罪不起。与其与米底为敌，不如与其联手，瓜分西亚版图。他一方面迎娶米底公主为妻，使得两国关系更加紧密，另一方面与米底达成共识，瓜分了能打下的亚述领土。

尼布二世不仅娶了米底公主，据说对公主还特别宠爱。他为了缓解米底公主的思乡病，专门建造了一所“空中花园”。花园建在四层平台上，种植了各种花草树木，并配有使用齿轮的灌溉系统。平台由25米高的柱子支撑，远远看起来，就像悬在半空中的花园，被世人誉为“世界七大奇迹”之一。

不过，一百多年来的考古挖掘，却始终没有在巴比伦发现任何实物证据。因此，有人觉得这个传说纯粹是虚造的，有人觉得空中花园可能有，但是早就被完全毁灭了，没有留下任何遗迹。还有的人认为，空中花园可能确实存在，但不是尼布二世修建的，而是此前的亚述君主辛那赫里布建造的，其位置在尼尼微而不是巴比伦。

不管怎样，尼布二世确实娶了米底公主，与米底达成政治协议，各自发展一摊。尼布二世负责经营两河流域及其以西，米底则重点拓展从伊朗高原经南高加索山地，再到安纳托利亚高原的北线。两者平行发展，井水不犯河水，倒也相安无事。

解除后顾之忧的尼布二世，像亚述帝国一样，将征讨重点放在了迦南及其背后的埃及身上。后面会提到，这个战略选择同样是败笔，将葬送迦勒底巴比伦的国运。

当然，也不能完全怪尼布二世。此时，随着希腊半岛开始崛起，爱琴海成为连接三大洲的贸易中心，迦南沿岸城邦获得更多商业机会，财富源源不断。谁能控制迦南各个城邦，谁就能扩大财源收入，国力更上一层楼。

公元前604年，稳住国内形势的尼布二世，带领大军再度

图 8－1　16 世纪欧洲画家想象的空中花园

西征，浩浩荡荡奔向迦南。事实证明，此时号称复苏的埃及，距离当年雄风差距甚大，没怎么抵抗就缩回了尼罗河三角洲。迦南各国拼死阻击，无奈双方实力悬殊，最后还是落入迦勒底魔爪。公元前 601 年，迦南又成了两河流域的迦南。尼布二世凭借从迦南抢夺的金银财宝，开始了重建巴比伦的浩大工程。

迦勒底崛起之前，巴比伦多次遭受亚述蹂躏，已经有点衰败不堪。尼布二世登基后，从迦南和叙利亚抢夺大量珍宝，建造了一个新巴比伦城。新巴比伦呈正方形，据说占地 100 多平方公里。

新巴比伦城横跨幼发拉底河，一座桥将两个城区连为一体。巴比伦城墙宽厚无比，可供四马战车同时转身。城墙以泥土烧制的砖块垒成，从远处看与大地和风沙融为一体，皆为浅黄，唯有城墙顶部的瞭望台，涂以青花瓷般的深蓝，格外刺眼。

城有八个门，北门是主门，也是最宏伟的城门，被称为伊什塔尔。伊什塔尔是巴比伦神话中掌管战争与胜利的女神。大门外壁贴着蓝青色的琉璃砖，墙壁饰以金色或银色的原牛和蛇龙浮雕。据说，后来巴比伦城陷时，只有此门得以完整保存。

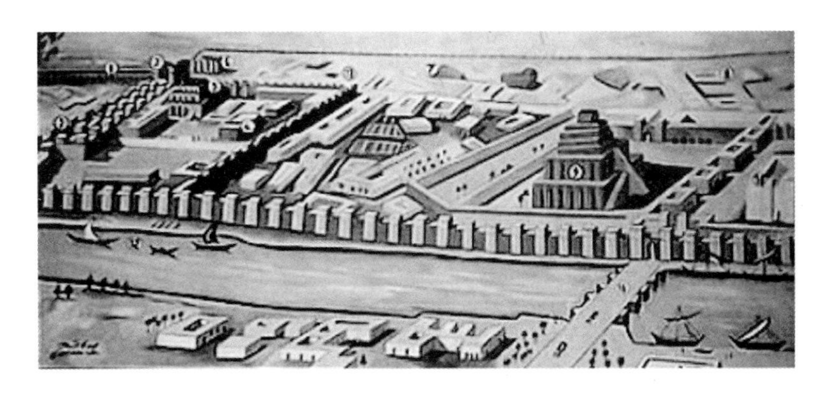

图8-2　公元前600年新巴比伦城示意图

现在，如果诸位参观巴比伦城遗址，已经看不到原版的伊什塔尔。不过，可以去德国帕加马博物馆瞻仰复制品，也可以去伊斯坦布尔博物馆，欣赏残留下来的琉璃砖雕，那是真品。

贯通伊什塔尔大门的，是一条呈南北向的城内大道，巴比伦帝国隆重的盛典游行，都会在这条大道上举行。主干道用1.05米见方的石灰石砌成，中央用白色与玫瑰色石板镶拼，石板上刻着楔形铭文。在那圣道的尽头，是马尔杜克神庙。

重建巴比伦时，尼布二世仍然不放心迦南。他觉得埃及始终对迦南“贼心不死”，只要埃及一天不投降，迦南就一天安稳不了。为了一劳永逸杜绝后患，公元前601年，尼布二世第三次率军南征，企图像阿舒尔巴尼拔那样，横扫尼罗河三角洲。

这个时候的埃及，国王早就换成了尼科二世。尼科二世也是个明白人，知道巴比伦对自己觊觎已久，所以励精图治提防迦勒底进犯。他的苦心没有白费，成功地将尼布二世拒之于国门之外。尼布二世费了九牛二虎之力，只能望着埃及兴叹。就此而言，新巴比伦比鼎盛时期的亚述帝国，还是差了一个档次。

这次战役可能误导了犹大国王约雅斤（Jehoiachin）。约雅斤是老国王约西亚的孙子，前任国王约雅敬的儿子。他是埃及北上征服犹大王国后扶植上台的，即使被迫臣服巴比伦，内心里似乎更认同埃及。他看到埃及成功阻击了巴比伦，误以为胜利的天平会偏向埃及，便表明了自己的亲埃及立场。

公元前598年，约雅斤宣布脱离迦勒底，而与埃及结盟。他觉得，上帝会保护他的犹大王国不受侵犯。这个消息让尼布二世怒不可遏，带领大军急匆匆杀向耶路撒冷。这一次，犹大王国没能获得上帝保佑。

尼布二世攻入耶路撒冷后，洗劫了圣殿，将约雅斤及1万多犹大王国贵族和工匠，都掳到了巴比伦。根据巴比伦出土的泥板，犹大人像当地乡下人一样，盖房子、耕田、纳税，或者做其他苦工，为尼布效力。不过，他们可以选择居住地和职业。

犹大王国剩下的人，受尼布二世指定的新国王统治。这位新国王是约西亚的另一个儿子，上台后改名为西底家（Zedekiah）。算起来，西底家是约雅斤的叔叔。

西底家在犹大人历史上，多被视为愚蠢之君。公元前 594 年，埃及尼科二世驾崩，代之以普萨美提克二世。不知埃及新国王许诺给了西底家什么好处，犹大王国和腓尼基诸城邦，都趁着迦勒底爆发内乱之际，像约雅斤一样“改旗易帜”了。

尼布二世最初忙于平定内乱，腾不出手来。等到公元前 587 年，解决了内乱之后，迦勒底大军便再次浩浩荡荡，包围耶路撒冷。埃及此时刚更换新国君，虽然派来援军，无奈人数既少，又缺乏战斗力，根本帮不了忙。犹大王国只能据城固守。

据说，迦勒底大军足足围困 18 个月，耗尽了耶路撒冷所有积蓄。通常情况下，犹大人吃小扁豆、小麦和大麦，但考古学家在围城期间的水管道内，仅发现了植物和药草。很可能，被围期间，耶路撒冷已经弹尽粮绝，人们不得不以树叶、草充饥。为寻找食物，人们在街上四处游荡，孩子饿昏倒地，有的地方甚至可能发生了“人相食”。

公元前 586 年，迦勒底大军终于冲入耶路撒冷，进行了较几年前更加残酷的烧杀抢掠。圣殿和王宫被付之一炬，祭司们被处死，耶路撒冷城墙被拆毁。西底家被挖掉眼睛，戴上铜锁链，连同其多数子民，迁到了巴比伦。

没有被俘虏的贵族，要么向南逃往埃及，要么渡海前往希腊半岛。耶路撒冷成为废墟，犹大人开始了流亡之旅。那些留在原地的贫弱老穷犹大人，忍受着周围邻居的侵入，甚至被迫与其通婚生子，失去了族群文化特征。

后世将新巴比伦尼布二世两次掳掠犹大国人，并囚禁于巴比伦城，称为“巴比伦之囚”。

其实，就待遇来说，迦勒底帝国对待犹大人，似乎比亚述对待以色列人宽容一些。亚述将以色列人掳到两河流域后，化整为零，强制改宗，最终使他们“消失”在了茫茫人海。迦勒底将犹大人迁到两河流域后，不仅同意他们在特定地点聚族而居，还允许他们延续宗教信仰和生活习惯，使得犹大人避免了以色列王国那样的“文化灭绝”。

与犹大王国相比，腓尼基城邦推罗的抵抗更加悲壮。他们从公元前 586 年开始，躲在小城内坚守了 13 年，直到前 573 年才让迦勒底大军进入陆地堡垒，而且海中的岛屿堡垒，仍得以幸存。长年被困让推罗城邦损失惨重，失去了海上贸易优势。不过，对埃及来说，推罗这 13 年的抵抗，却具有至关重要的意义。

推罗被围期间，埃及法老阿普里斯（Apres）同样面临重重危机，南有阿斯旺兵变，北有希腊人入侵，首尾难顾。当抵抗希腊人入侵遇挫后，本土军队和雇佣军又发生冲突。公元前 570 年，一位高级将领趁机夺取王位，史称雅赫摩斯二世（Amasis Ⅱ）。

旧王阿普里斯逃往巴比伦，撺掇尼布二世远征埃及。公元前 568 年，迦勒底集中了一支军队，带着阿普里斯攻打他的老家。可惜，此时的埃及已经度过了艰难时刻。雅赫摩斯二世化解了军队内部冲突，并与希腊人达成同盟，转而联手抵御迦勒底。尼布二世未能取胜，阿普里斯被俘处死。经此一役，迦勒底永远失去了征服埃及的机会。

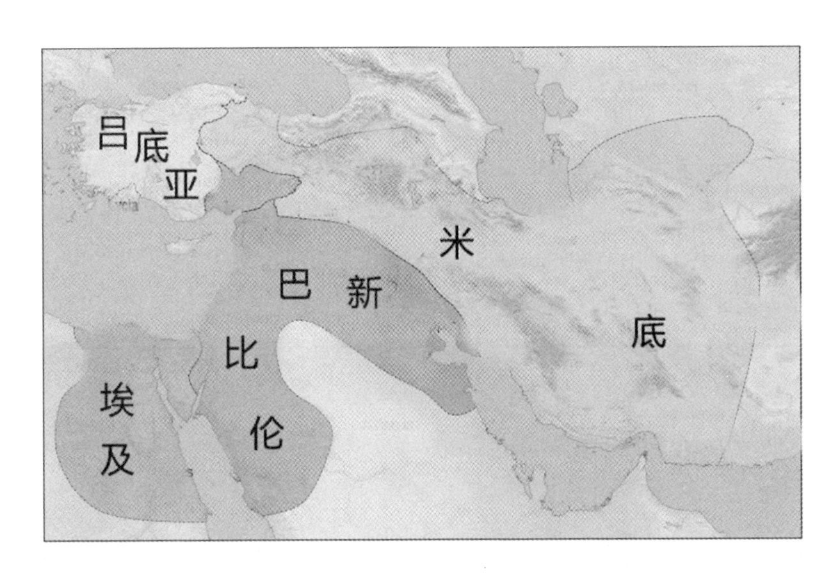

图 8－3　公元前 7 世纪西亚政局示意图

接下来的日子，迦勒底不仅再也无法远征埃及，连自身都陷入危亡境地。根据旧约《圣经》以及巴比伦古诗，尼布二世晚年似乎得了一种奇怪的精神病，四肢爬行，吃草如牛，疑神疑鬼，无心上朝。不出几年，便一命呜呼。

公元前 562 年尼布二世一死，巴比伦帝国立刻风雨飘摇，陷入动荡。他的儿子在位仅两年，便被女婿谋害；女婿在位不到四年，即意外去世，将王位传给了幼子；幼王登基不到一年，又被一位叫那波尼杜斯（Nabonidus）的将军抢了王位。

巧合的是，这位那波尼杜斯将军来自西部的哈兰，即新巴比伦最后消灭亚述王室的小城。新巴比伦在哈兰消灭了亚述王室，一位哈兰人又抢走了新巴比伦王室的江山，历史总是充满各种各样的吊诡。

那波尼杜斯的性格非常奇怪，他竟然在一篇铭文中自称：

"我不配成为一位伟人，我并不具备君主的身份和尊严。"或许是出于这种心理，他上任后三年便借西征之便，留在了阿拉伯绿洲小城泰马（Tema），不再返回巴比伦王宫。接下来的17年中，那波尼杜斯竟然10年待在泰马，颇有几丝故意躲开宫廷、远离旋涡的意味。

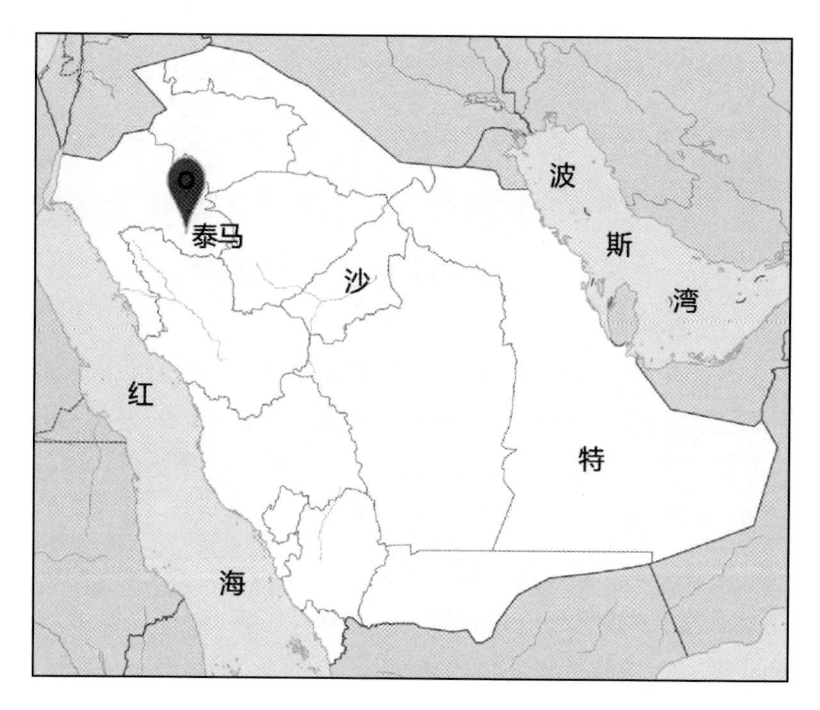

图8-4　泰马古城所在位置

泰马位于现在沙特西北部，距离新巴比伦都城遥远。从政治上来说，君主远离都城、偏居一隅乃是大忌，无论如何都是不明智的。一个正常的政治家，不会这样选择。

一个可能的解释是，来自亚述西部边境哈兰的那波，笃信其祭司母亲侍奉的月神辛（南纳），而不是巴比伦传统主神马尔杜克。他与巴比伦的祭司们格格不入，完全感受不到信仰带来的安定，所以宁愿离开都城，偏居西域。

这个举动让巴比伦暗流涌动。那波本来就是“异族”，现在又轻视主神马尔杜克，对巴比伦来说无疑是双重背叛。巴比伦祭司对他越来越冷淡，甚至希望更换一个新统治者。这个时候，伊朗高原政治变幻，恰好为他们更换君主提供了千载难逢的契机。

第二节　高原米底人搅局两河流域

在伊朗高原西部和西北部，扎格罗斯山脉与卡维尔沙漠之间，曼努亚王国以南，埃兰王国以北，有一大片山麓、山谷和平原组成的宜居之地。公元前 22 世纪摧毁阿卡德帝国的古提人，公元前 16 世纪占据巴比伦的加喜特人，以及亚述帝国讨伐过的鲁鲁比人（Lullubi），都曾流连于此。

公元前 11 世纪，当迦勒底、阿拉米人从西北向两河下游迁徙时，一支从西伯利亚草原南下的印欧人，很可能是安德罗诺夫族群的一支，经由中亚来到伊朗高原西北部，进入了鲁鲁比人地盘，并成为该地区的主导人群。现代学者称他们为米底人，共计 6 个部落。

与米底人同期南下的另一支印欧人近亲，叫作波斯，定居于扎格罗斯山脉南麓、波斯湾北岸的帕尔苏亚地区。帕尔苏亚原来是埃兰东都安鄯所在地，两河霸主一攻打埃兰，埃兰王室就会撤退到安鄯避难。公元前 11 世纪后，10 个部落的波斯人迁徙至此，成为埃兰人的附属。公元前639年，亚述大军横扫埃兰，波斯人跟着受牵连，也向亚述称臣纳贡。

米底人刚进入扎格罗斯山麓时，估计还处于松散的游牧状态。即使转化为定居畜牧，各个部落仍然各自为政，互不统属。六大部落间的部落联席会议或酋长会议，只是一种带有原始民主性质的协商机制。

这样的米底人，自然抵不过中央集权的亚述帝国。亚述经常穿越山口，深入米底腹地抢掠马匹和牛羊。他们北方的曼努亚王国，也经常来打劫。米底人来自北方草原，擅长养育和训练马匹，他们所生活的山麓，也拥有上等的天然马场。伊朗高原东部、现在里海东南的土库曼斯坦，更是宝马良驹产地。中国传说中的“汗血宝马”，就来自那里。所以，亚述大军只要登上伊朗高原，就能抢到最好的战马。

根据亚述文献，从公元前9世纪下半叶开始，重新崛起的亚述君主，不断北上攻城略地，抢劫财物。在不到半个世纪的时间里，仅有记载的攻伐行动，就达十多次。公元前8世纪下半叶，曼努亚沦为亚述附庸，位于其下的米底人，也没能避免被奴役的命运。

由于组织散漫、各自为政，米底人似乎始终没能发展出成熟的文字。到目前为止，学者很少发现米底文献，关于米底的零星记录，都来自亚述、新巴比伦、波斯和古希腊文献。

古希腊的希罗多德，曾讲述过一个完整的“米底故事”。根据他的说法，公元前700年左右，米底各部落为争取独立，决定成立统一王国，并推举一位叫迪奥塞斯（Deioces）的部落首领担任国王。迪奥塞斯的儿子弗劳尔特斯（Phraortes）征服了波斯部落，进攻亚述时不幸身亡；弗劳尔特斯的儿子基亚克萨雷斯（Cyaxares，以下简称基亚克）英明神勇，不仅驱逐了斯基泰人，而且联合新巴比伦，踏平了亚述帝国。

希罗多德还提到，米底摧毁亚述以后，与安纳托利亚的吕底亚进行了旷日持久的战争。战争的导火索是一支斯基泰人，这支斯基泰人逃难到米底，最初受到基亚克的热情款待，并选拔米底子弟跟随他们学习骑马射箭。然而，时间一长，基亚克对斯基泰人越来越不满，有时甚至恶语相向。斯基泰人感觉伤了自尊，遂一不做二不休，杀了一个米底男孩，谎称是猎物，端到了基亚克餐桌上，然后连夜投奔吕底亚。

当基亚克知道真相后，向吕底亚国王阿律阿铁斯二世（Alyattes Ⅱ）要人，竟然遭到拒绝。一怒之下，基亚克带领米底大军远征安纳托利亚。双方断断续续打了五年，没有分出胜负。到第六年，双方交战的时候，天空突然一片漆黑。现在想来应该是发生了日食。当时的人不懂，以为是神灵降怒，遂停止战斗，化敌为友。

按照这个叙事，米底王国不仅坐拥伊朗高原，而且吞并亚述本土、曼努亚和乌拉尔图，疆域接近300万平方公里。整个两河流域，不过七八十万平方公里；同时代的中国东周，各诸侯国领土之和，也只有200万左右平方公里。如此一算，米底应该是当时世界第一大帝国！

可是，米底真的曾经如此强大？那么强大的米底帝国，怎么就没留下档案文献？两河流域、南高加索以及米底本土，怎么就没有多少米底遗迹？

王以欣的研究显示，事实可能并非如此。希罗多德所说的前两个米底国王纯属张冠李戴，从来就不曾存在；米底王国只是固守本土，没有占据亚述，也没有长途跋涉征伐吕底亚。

迪奥塞斯的原型，应该是亚述指定的一位曼努亚总督，他受乌拉尔图国王挟裹而起兵反叛，兵败后全家遭亚述流放叙利亚。如果他是米底国王，全家都被流放了，儿子弗劳尔特斯怎么能继承王位？

弗劳尔特斯也不是迪奥塞斯的儿子，很可能是臣服亚述的一位米底部落酋长（城主）。公元前 716 年，萨尔贡二世驾临米底时，共有 28 位米底城主奉上贡赋。弗劳尔特斯便是其中之一，时在公元前 7 世纪上半叶。

从亚述文献来看，至少公元前 7 世纪中期以前，亚述始终控制着米底各个部落。他们在那里设置了 4 个行省，任命总督进行统治。米底各个部落的酋长，必须服从亚述总督调遣，宣誓效忠亚述王室。当然，也不断有米底部落起兵反叛，挑战亚述的遥控。

无论如何，当时的米底仍然是分散、各自为政的，不存在统一王国。即使他们想组建，亚述也不会允许。

不过，公元前 7 世纪下半叶，随着亚述国力下降以及阿舒尔巴尼拔政治倦怠，米底人开启了国家建设进程。基亚克可能是他们推举的第一位国王，以便争取摆脱亚述控制。作为首位国王，基亚克的权力不能与亚述或新巴比伦君王相提并论。在很大程度上，基亚克的国王权力应该受制于部落酋长，很难一个人说了算。

基亚克就任王位后，参照亚述建制提高了军队专业化程度。米底人出身游牧族群，以饲养马、牛、绵羊为生，擅长养马、冶金，能够制造战车。以前，米底人缺乏组织，这些优势发挥不出来。基亚克扬己之长，组建矛兵、弓箭手，配备重装和轻装骑兵后，将米底人优势淋漓尽致地展现出来。

这时候，米底王国实际上处于政治的十字路口。北方是不断骚扰自己的斯基泰人，西南是几百年宿敌亚述人，米底到底应该重点对付谁？事实证明，基亚克头脑非常清醒，他决定与斯基泰人结成同盟，先解决宿敌亚述。

恰好，此时两河流域风云突变，大有江山易代之势。公元前626年，迦勒底人已经借助阿舒尔巴尼拔死后的亚述内乱，率军从苏美尔南端北上，占领了巴比伦、尼普尔等地，创建新的巴比伦政权。不可一世的亚述帝国，丢掉了整个巴比伦尼亚，风声鹤唳。

新巴比伦国王那波帕拉萨尔知道，仅靠一己之力不足以击溃亚述。以前，巴比伦长期借助埃兰人对抗亚述，但是二十年前，埃兰已经基本被亚述废掉。那波帕拉萨尔想来想去，看上了崭露头角的米底王国。米底同样遭受亚述压制，是可以拉拢的盟友。

那波帕拉萨尔登基不久，便派人向基亚克求亲，希望结成儿女亲家。基亚克将女儿，抑或是孙女，许配给了新巴比伦王子，未来的那波二世。迎亲之余，那波帕拉萨尔透露了邀请米底军队联手消灭亚述的计划，得到米底人响应。

亚述蹂躏米底几百年，米底各部落对亚述恨之入骨，现在有了报仇雪恨的机会，当然不会轻易放掉。于是乎，他们与迦勒底人结成军事同盟，秘密筹划讨伐事宜。

迦勒底人属于闪米特语系，米底人属于印欧语系，两者都是两河流域的外来户。他们的政治结盟，等于是一南一北两个外来户，联合起来清除早已本土化的亚述人。

十年后，巴比伦和米底终于做好了准备，分别从东北、东南出兵，直奔亚述千年老城阿舒尔，并顺利攻克。两年后，他们会师于亚述的尼尼微，完全占领亚述心脏地带。又过两年，米底派人赶到西部边境的哈兰，协助迦勒底将亚述残军彻底逐出了两河流域。

就这样，定居两河数千年，称霸两河上千年的亚述帝国，从此没入历史的尘埃，再也没能苏醒过来。不但他们的王公贵族下落不明，连大多数普通的亚述子民，都只能隐姓埋名流落他乡。在此后的历史长河中，就像秦崩之后的秦人，亚述族群消失得无影无踪。到如今，只有分散在世界各地的少数人，还凭借着宗教和语言，声称是亚述后裔。

在摧毁亚述帝国过程中，精于骑射的米底军队，发挥了至关重要的作用。阿舒尔和尼尼微，都是以他们为主力攻下来的。但是，或许他们本来就是新巴比伦的雇佣军，或许新巴比伦给予了他们财富作为回报，也或许是米底部落首领不愿意参与两河事务，他们摧毁亚述后，并没有留下来抢占一席之地，而是回到了伊朗高原。

从亚述本土到幼发拉底河以西、安纳托利亚东南端，亚述帝国的半壁江山都落入了新巴比伦手中。米底撤回伊朗高原，集中精力向西扩展。他们向北接收了曼努亚，又向西吞并了亚述宿敌乌拉尔图。乌拉尔图与亚述对抗几百年没有被吃掉，最后竟栽倒在外来的米底人手中，让人出乎意料。

兵强马壮的米底，可能还趁势沿着扎格罗斯山脉南下，征服了南麓的同胞波斯。当时，波斯各部围绕在阿契美尼德家族周围，形成了松散的王国，但是并无实质性政权，未能抵挡住米底大军。米底征服波斯后，为了显示同宗同族，仍然允许波斯保留王权。

公元前 585 年，米底新王阿斯提阿格斯（Astyages，以下简称阿斯提）上台，他是基亚克的儿子。为稳固波斯部落，阿斯提将自己一个女儿许配给波斯王冈比西斯一世。他女儿很争气，生了一个儿子，后来继承波斯王位，即大名鼎鼎的居鲁士二世。

从辈分上来说，阿斯提是姥爷，居鲁士二世应该带领波斯子民效忠米底。但是，自古以来，亲情在权力面前就一文不值。不必说外孙与姥爷，就是儿子与父亲，拔刀相向的也不鲜见。

更何况，从各种传说来看，阿斯提与居鲁士的关系并不好。希罗多德的版本说，阿斯提梦到外孙对自己不利，曾命人将其处理掉，多亏了一对牧羊夫妇，居鲁士才阴差阳错脱离虎口，回到波斯继承王位。波斯宫廷医生克特西亚斯的版本则说，居鲁士本来就不是王子，而是一个被父母抛弃的孤儿，后来依靠神明保佑和聪明才智，成为波斯国王的义子，才侥幸继承王位。

按照前一个版本，居鲁士对姥爷心怀嫉恨；按照后一个版本，阿斯提根本不是居鲁士的姥爷，没有感情。

无论如何，雄才大略的居鲁士二世，没把米底当亲人。他不满足于当一个虚有其名的国王，更不愿意做米底人的傀儡。公元前 559 年上台后，他暗中整合波斯各部落，组建统一军队，公元前550年起兵反叛。

阿斯提当然不能容忍，派军南下讨伐，结果没想到，米底将军内讧，阵前反将国王献给了居鲁士二世。波斯由此将米底挑落于马下，翻身成为伊朗高原的新主人。

图8－5　被俘的阿斯提阿格斯

以上所述，仅仅是历史学者的一种解释。其实，米底和波斯早期历史还存在另一种可能。按照《剑桥古代史》推测，米底和波斯很可能是两个相互独立的政权，阿斯提实力强于居鲁士二世，试图南下吞并波斯，没想到阴沟里翻了船，反被居鲁士二世俘虏，使米底成为波斯帝国的一部分。

在伊朗高原政权易主的过程中，新巴比伦恐怕扮演了重要角色。波斯部落原来归附埃兰，后来臣服亚述，新巴比伦崛起后，应该又向迦勒底君主纳贡。米底想要征服波斯，实际上是动了新巴比伦的“奶酪”。

即使波斯自足自立，不向新巴比伦纳贡，米底将波斯纳入麾下，也会改变新巴比伦与米底的平衡，给新巴比伦造成无形的压力。从南高加索到米底本土，再到波斯地区，米底王国就像一个半圆形镰刀，卡在了新巴比伦脖子上，让新巴比伦寝食难安。

所以，从米底南征波斯那天起，新巴比伦恐怕就一肚子怨气。只是，碍于传统盟友关系，不好意思直言。他们从两河上游修筑长城，明显是为了防御米底南下。等到居鲁士二世上台，他们很可能暗中进行了怂恿甚至资助，支持居鲁士二世打破米底的控制。

只是，新巴比伦君主恐怕没想到，一旦波斯翻身成为伊朗高原新主人，野心会比米底更大，给新巴比伦带来的祸害也更惨烈。

第三节　最弱的波斯人笑到了最后

波斯人与米底人本是“一母同胞”，都属于从欧亚大草原南下的雅利安人或印度—伊朗人。他们拥有相近的宗教信仰、生活方式和社会结构，古希腊人甚至把他们看作同一族群。

从这个角度来说，波斯人取代米底成为伊朗高原主人，更像是一个族群内部的权力更替，而不是一个族群取代另一个族群的江山易色。波斯人主政以后，延续了米底的政治体制、宗教法律和文化风俗，在伊朗高原并没有引发巨大的政治动荡。

但是，对两河流域来说，伊朗高原权力更替却是一个不祥之兆。因为，当伊朗高原的政治中心从西北转移到西南以后，伊朗高原统治者看待两河流域的眼光和心态，就会变得不一样。

米底首都为埃克巴坦纳（Ecbatana），即现在伊朗西北部的哈马丹。哈马丹位于扎格罗斯山脉东北麓，北邻加雷河上游谷地，夏季凉爽干燥，春冬常有雨雪。当地居民可以借助降水种植果蔬粮食，圈养家禽牲畜，是伊朗高原上为数不多适宜农耕的地区之一。

现在，如果初春季节抵达哈马丹，那连绵不断的麦田和随风翻滚的金色油菜花，不亚于中国黄河两岸。两千多年前，当地气候想必更加湿润，随地都是绿油油的牧场。再加上冬暖夏凉，温度多在0℃到25℃之间，哈马丹简直就是伊朗高原上的世外桃源。

更重要的是，哈马丹四通八达，是东方通向两河流域和安纳托利亚高原的必经之地。向东走不远是米底时代的拉伊，即现在的德黑兰，向西穿越扎格罗斯山脉就是两河流域，向西北可以抵达四季分明的古里河谷，都是非常适宜人类居住的地方。

米底人生活在这样一片区域，既能畜牧耕种，又能坐享东西贸易之利，气候还不冷不热，没有强烈的动力东征西讨、频繁对外发动战争。如果扩张，也是向东北、西北，或者沿着扎格罗斯山脉向南高加索扩张。即使亚述帝国崩溃后，东西贸易一度陷入停滞，米底人城镇化进程遭遇重创，他们也没有对两河流域发起进攻。

波斯人占据的安鄯地区，即现在伊朗东南部的法尔斯省，就完全是另外一个样子。现在坐飞机去法尔斯，降落之际俯瞰大地，除了看到钢筋水泥和土黄色的砖房子，就是光秃秃的扎格罗斯山脉。这里夏季炎热少雨，如果不是山上溪水汇流成河，波斯人很难休养生息。

居鲁士二世以前，波斯部落各自为政，没有庞大的王室和军队，日子应该还能过得去。等到居鲁士吞并米底以及东北的帕提亚，非生产人口成倍增长，压力必定骤然增加。

安鄯地区南邻波斯湾，东边是山区和盆地，东北是沙漠，都没有办法可资利用。沿着扎格罗斯山麓向北，可以抵达埃克巴坦纳（哈马丹）、拉伊（德黑兰）等地，但是路途遥远，行进不易。更重要的是，从考古来看，亚述崩溃以后，米底商贸遭受重创，似乎又退回到了散居时代，社会发展水平骤降，解决不了波斯王国的需求。

真正让波斯人念念不忘的，是西边的两河流域。那是几千年来的粮仓和文明中心，是君王能够尽享奢华的地方。所以，统一了伊朗高原的居鲁士大帝，日夜觊觎两河流域以及整个西亚大地。

以波斯王国当时的实力，如果硬攻巴比伦，胜算应该很小。新巴比伦帝国不仅拥有天下粮仓，还吞并了贸易繁盛的迦南，国力较波斯高出不知几个档次。而且，波斯劳师远征，后勤供给困难，万一不能速战速决，很容易陷入死胡同。所以，正常情况下，居鲁士大帝只能望巴比伦兴叹。可是，新巴比伦帝国的三大命门，又为居鲁士提供了“蛇吞象”契机。

新巴比伦的第一大命门，是将战略防御重心放在西方，对

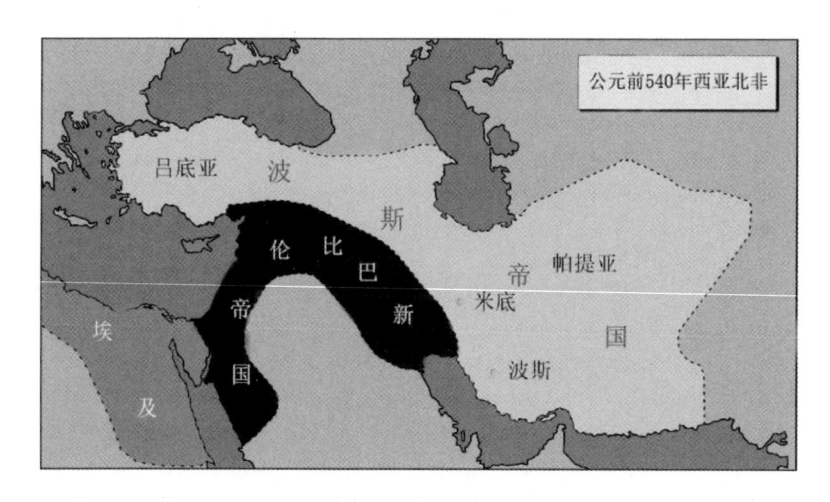

图 8-6 波斯与巴比伦

身后的伊朗高原戒心不足。

自从公元前 10 世纪以后，随着希腊城邦崛起，迦南地区成为三大洲贸易中转站，积累了大量财富。无论亚述还是新巴比伦，艳羡迦南财富，始终不惜一切代价，争取控制迦南。亚述为了彻底控制迦南，还多次投入重兵远征埃及。可以说，他们的眼光完全是向西的。

新巴比伦建国后，延续了亚述的战略思维，将大部兵力投入西方战场，驱逐埃及和亚述联军，控制叙利亚和迦南各个城邦。他们还不得不派军驻扎边境，防止阿拉伯人偷袭。

按理说，新巴比伦是在米底军队帮助下，才彻底击溃亚述的，应该意识到米底和波斯对自己的潜在威胁。但是，一来迦南和叙利亚的诱惑太大，必须投入重兵突破；二来可能觉得与米底是盟友，波斯人力量又太弱，没有必要在东线投入太多。其结果是，新巴比伦与亚述一样，始终把战略中心放在西方，都没把伊朗高原当回事儿。

新巴比伦的第二大命门，是失去了关键的战马来源，难以保持骑兵的强大冲击力。

两河流域河道纵横、地域局促，平坦的土地都被开发为农田，缺乏养马和驯马的草原。几百年来，亚述的优良战马，主要来自曼努亚、米底进贡，以及对乌拉尔图、吕底亚的抢掠。那时候，乌拉尔图、曼努亚、米底以及安纳托利亚高原东部都是手下败将，亚述不愁没战马。

可是新巴比伦建国后，周边形势为之一变。最重要的变化，是米底成为强大帝国，并且将曼努亚、乌拉尔图、波斯纳入囊中，不会再像以前那样，主动向两河流域进贡。等到波斯一统伊朗，对两河流域念念不忘，就更不会放任良马随意进入新巴比伦。和平时期，双方还可以交易，一旦打起仗来，波斯完全可以禁绝马匹出口。

可以想象，当米底与新巴比伦形成两强，或者波斯称霸伊朗高原时，伊朗高原上的战马，肯定不会再轻易被输送给迦勒底了。失去了伊朗高原战马，就意味着新巴比伦战车和骑兵补给不足。何况，迦勒底士兵在农耕世界享受了近百年温柔梦，慢慢丧失了勇武之气。

新巴比伦的第三大命门，是迦勒底君主与祭司阶层貌合神离，整个国家成为两张皮。

自从苏美尔时代开始，两河流域就存在两种权力，一种是神权，另一种是王权。多数情况下，国王以神的代理人自居，甚至直接自称为神，两种权力是一体的。作为神的侍奉者的祭司，也多由国王指定，为国王提供合法性。国王为祭司提供祭品和保护，祭司们带头神化国王，增加其神性，两者相互支持，是一条线上的蚂蚱。

但是，这种政教合一的制度，需要一个前提才能正常运转，即国王和祭司们信仰的是同一个神。如果国王信仰一个神，祭司们信仰另一个神，双方谈不到一起，就无法合作。新巴比伦末期面临的，恰恰就是这种困境。

公元前 556 年，新巴比伦帝国的权臣那波尼杜斯，趁着王室内讧果断下手夺权上位，成为不折不扣的异族统治者。那波母亲是西部哈兰的高级女祭司，他小时候很可能在哈兰长大。迦勒底王室迁入巴比伦几百年，基本上已经本土化，得到祭司们认可，而从哈兰来的那波，则完全是一个"新人"。

对于那波抢班夺权，巴比伦祭司们最初没有干涉。可时间不久，那波尼杜斯就把巴比伦祭司惹烦了。他可能受到母亲熏陶，内心里更认同早已被闪米特化的月神辛，而不是巴比伦千年主神马尔杜克。他上台后，不仅将月神辛提升为巴比伦主神，铸造了神像，还以辛神托梦为由，花费大量财力人力重修哈兰的月神神庙。

这让长期侍奉马尔杜克的巴比伦祭司们如何是好？从祭司的角度来说，那波是在破坏大统、提倡异端，是不可饶恕的渎神行为，内心难免产生怨恨。从那波的角度来说，巴比伦祭司顽冥不化，不知道跟随自己信仰真神，愚蠢至极，恨不得都换掉。

可是，要想将巴比伦祭司们都换掉，简直比登天还难。据记载，当时巴比伦城有 53 座大神庙，55 个祭大神的神坛，300 个地神神坛，600 个天神神坛，380 个其他神的神坛。在这些神庙和神坛中，负责供奉马尔杜克主神的祭司，占据主导地位。

既然祭司们不配合，换又换不掉，那波干脆眼不见心不烦，借着讨伐敌人留在阿拉伯绿洲不回来了。他将军国大事交给儿子，自己在阿拉伯沙漠城镇泰马一住就是十年。他的儿子也贪恋繁华，更喜欢住在尼尼微，偌大的巴比伦王宫，竟成了摆设。

那波不回巴比伦不要紧，问题的关键在于，他作为神的世间代表，如果不在巴比伦，祭司们就无法举行宗教仪式，庆祝宗教节日。宗教节日是祭司大放异彩的时刻，也是收受祭品的日子。那波十年不主持宗教节日，等于断绝了祭司们的财路。是可忍孰不可忍，巴比伦祭司们需要更换一个新国王，来结束黯淡无光的时刻。

没有证据表明，居鲁士二世是否了解新巴比伦的命门，也没有证据表明巴比伦祭司是否向波斯通风报信。不过，无论如何，公元前539年，居鲁士二世下定决心征服巴比伦，问鼎两河流域。而巴比伦的祭司们，则是暗送秋波，欢迎居鲁士二世光临。

此时，那波尼杜斯似乎已经回到了巴比伦。可是，他远离巴比伦十年，很难游刃有余地指挥战事。长年定居生活和缺少战马补给，也使得新巴比伦军队脆弱不堪。据说，只有那波的儿子率军抵挡了一下，整个帝国军队几乎没有反抗，就让波斯人兵临城下了。

那波本人弃城逃走，后来还是被活捉。有的记载说他被处死了，有的说他被派到伊朗东部担任了总督。总之，居鲁士二世趾高气扬地进入巴比伦，加冕成为新两河流域之王。

那些恨透那波的祭司们，主动打开城门，迎接居鲁士大帝入继大统。到这个时候，祭司们已经不在乎什么血统了，无论是谁，只要打赢了战争，能够登上王位，就会受到他们拥戴。

居鲁士大帝入主巴比伦，不是一次普通的政权更替。以前的政权更替，要么是两河流域内不同族群的王朝交接，要么是外来民族冲入两河流域，依据当地宗教和政制建立霸权。波斯则是以完全局外人身份，摧毁两河流域霸主，将其纳入了一个全新的帝国体系。这个帝国的中心在伊朗高原，而不是两河流域。

这是两河流域第一次失去自我，也是第一次沦为伊朗高原藩属。过去，都是两河流域压着伊朗高原打，现在则沦为伊朗高原的附庸。西亚的政治版图彻底换了颜色。

从族群角度来说，则是以波斯代表的印欧人，取代以迦勒底为代表的闪米特人，再次成为两河流域的主导力量。此后上千年，闪米特人始终被压制，无法再掌控两河事务，直到公元7 世纪伊斯兰教崛起，才重新找到巴比伦时代的那种感觉。

第九章　波斯帝国与西亚政治中心的转移

波斯接盘新巴比伦帝国，完全打破了西亚地缘政治传统。长期以来，西亚政治中心虽然屡有变更，多次向上转移，但是始终在苏美尔故地和亚述之间兜兜转转，从未出过两河流域。居住在伊朗高原的波斯人，则打断两河流域两千多年的政治传统，把政治中心放在了自己的老家——伊朗高原。此后 200 多年，波斯波利斯而不是巴比伦或阿舒尔，成为八方朝贺之地。本属夷狄的波斯人，凭借政治优势汲取两河流域和埃及文化，为西亚缔造了一套新的政治秩序和文明形态。上千年后，印欧人再次击败闪米特人，成为西亚的主导者。政治中心的转移，主导族群的更替，消解了两三千年来两河流域的绝对优势，使其成为西亚历史的配角。

第一节　波斯人的崛起之路

公元前 6 世纪，波斯人不仅攻下巴比伦和亚述地带，而且此前已经征服南高加索、安纳托利亚高原，此后又打下迦南、阿拉伯、埃及、巴基斯坦，成为货真价实的世界最大帝国。

鼎盛时期，波斯帝国人口超过5000万，疆域接近500多万平方公里。与其同期的东周，人口2000多万，疆域200多万平方公里，而且分裂为各自为政的诸侯国。气势上，波斯帝国更胜一筹。

对两河流域来说，波斯不同于以前的统治者，他们是纯粹的外来人。以前的统治者，像苏美尔人、阿卡德人、亚述人，都在两河流域生活了数千年，属于妥妥的土著族群。创建古巴比伦的阿摩利人，支撑中巴比伦的加喜特人，打造新巴比伦的迦勒底人，以及缔造米坦尼的米坦尼人，固属外来族群，但都是迁入两河流域数百或上千年，充分融入当地后，才建立起强大政权。他们奉持的，仍然是两河流域文化和传统。

波斯人则不同，他们与米底人、帕提亚人一样，是从里海北岸大草原上迁徙而来的，从来没进入过两河流域，始终介于农耕和畜牧之间。他们的文化传统是属于草原的，与两河流域迥然有别。

据希罗多德说，波斯人有10个部落。其中，一个叫帕萨尔加德的部落地位最高，他们的一个阿契美尼德家族，统治着原来埃兰人倚重的安鄯地区，号称安鄯之王。波斯都城帕萨尔加德位于安鄯旧城东北，也即现在法尔斯省设拉子市东北。

帕萨尔加德所在的地方三面环山，是一片东北—西南走向的长条形谷地。周边山上多为岩石，缺少草木。多亏三条河流贯穿谷地，为这里带来生机。波斯人应该就在河流两岸耕种或畜牧。

由于来自草原，波斯人的宗教文化和社会结构，都别有一

图 9－1 帕萨尔加德地理位置

番风味。两河流域的王公贵族都生活在城里住宫殿；米底人和波斯人，则保持草原传统，居住在帐篷里。无论在米底人的埃克巴坦那，还是在波斯人的帕萨尔加德遗址，都鲜少室内居住的痕迹。

在信仰上，两者更是天差地别。两河流域是多神信仰，巴比伦的主神是马尔杜克，亚述的主神是阿舒尔，波斯人和米底人信仰的，则是琐罗亚斯德教的阿胡拉·马兹达（Ahura Mazda）。这是一种完全不同于两河流域多神信仰的宗教形态。

琐罗亚斯德教教义认为，世界由善恶两大神灵创造，阿胡拉·马兹达创造了光明世界，包括人的原型；阿里曼（Ahriman）创造了黑暗世界，包括魔鬼和邪恶的生物。

既然世界有善恶两种力量，那么人就得选择。追随善神还是侍奉恶神，都由自己决定，不同的决定会面临不同的将来。

图9－2　伊朗浮雕上的阿胡拉·马兹达（右）

末世到来时，每个人都要接受神灵审判，为善的进入光明天堂，为恶的进入黑暗地狱。

火是阿胡拉·马自达最早创造出来的儿子，象征着神的绝对和至善，是“正义之眼”，所以阿胡拉·马兹达信徒会围绕着火祭拜，将火当作神的象征。除了火以外，琐罗亚斯德教认为水和土地皆为神圣，不得玷污，信徒死后只能实行天葬，即放到高台或塔上，任由兀鹰啄食，魂归荒野，而不是埋在地下，也不能洒到海里。

日系汽车品牌马自达（Mazda）的名字，便是来自阿胡拉·马兹达，其商标图案也与琐罗亚斯德教相匹配，设计成了火焰的形状。犹太教和基督教中的撒旦形象，则是由罪恶之神阿里曼演变而来。

居鲁士大帝的陵墓，不像中国君王陵墓一样向下挖掘，而是矗立在旷野的一座六层高台，高台之上是墓室。居鲁士的尸体，就是装入金棺，放在高台墓室中风化消失的。

波斯人和米底人的这种宗教信仰，传说是由琐罗亚斯德（Zoroastrianism）所创，故被称作琐罗亚斯德教。诸位可能觉得这个名字有点陌生，或者叫起来有点绕口，我们换一个中文译法，你就会感到亲切。尼采有一本很有名的书，叫《查拉图斯特拉如是说》。这本书借查拉图斯特拉之口，讲述了尼采的哲学观念，书中的“上帝已死”一语流传甚广，成为一个时代的名言，常常为人引用。

没读过尼采的人，估计都会疑惑，查拉图斯特拉到底是何方神圣，读了后就会明白，他与琐罗亚斯德实系同一个人。琐罗亚斯德是经由希腊文音译而来，查拉图斯特拉是经由波斯语“Zarathutra”音译而来。尼采是德国人，用的是波斯文叫法。所以，查拉图斯特拉就是琐罗亚斯德。

琐罗亚斯德半神半人，人们至今不知道他生于何时何地。现代研究者多倾向于认为，他生活于公元前11世纪以前伊朗高原东部，也就是现在的阿富汗。这样说来，他应该既不是波斯人，也不是米底人，属于帕提亚部落的可能性更大一些。

由于教徒在火前祈祷，琐罗亚斯德教又被称作拜火教，中国历史上称之为祆教。公元3世纪，波斯先知摩尼以拜火教教义为基础，吸收基督教、佛教信仰而演变出了摩尼教。金庸小说中张无忌加入的明教，就是已经汉化的摩尼教。摩尼教来自拜火教，又脱离拜火教而自成一系，严格来说不是一回事。

波斯人和米底人举行拜火仪式时，都会有专门的祭司。祭司不是人人都可以当的，多由米底的一个部落垄断。

在巴比伦和亚述，祭司负责管理神庙、主持祭祀，代表民众与神灵沟通，是一个特权阶层。国王虽然以神的代表自称，甚至以神自居，但是他们必须借助祭司阶层，才能实现对民众的引导，获得民众认可。在这个意义上，国王凌驾于祭司之上，而又受到祭司牵制。

在巴比伦，国王要是不管不顾，像那波尼杜斯一样与祭司阶层反着来，就会引发祭司阶层的怨恨，酿成内乱。当外敌入侵时，祭司会怂恿信徒脱离旧主，投靠新王。迦勒底帝国就是这样崩溃的。

波斯王国的祭司，没有这个能力。波斯人多从事农耕或畜牧，日常居住在帐篷里，相互之间非常分散。他们的祭祀仪式，主要借助露天的祭台，而不是两河流域那样的庙宇。希罗多德和斯特拉波都说过，伊朗人没有神庙，多在户外高山上做祈祷。

没有神庙，祭司们就很难组织化和集体化，就不易形成特权阶层。波斯和米底的祭司，就是纯粹的仪式祭司。宗教力量在波斯和米底社会中不具备政治支配力，无法对国王进行根本制约。换句话说，波斯和米底的国王，权力比两河流域君王大得多。

如果说巴比伦由王室、祭司和军队组成，波斯王国则是由王室、贵族和军队组成的。对波斯王室来说，这种社会结构的好处显而易见，它使得国王不必担心宗教势力掣肘，而又能得到贵族鼎力相助。波斯国王很容易凭借一己之力，牢牢控制整个国家。

波斯有据可查的国王，最早可追溯到阿契美尼德（Achaemenid）。他是阿契美尼德家族的始祖，大约生活在公元前700年左右。阿契美尼德可能统一了波斯各部落，组建了独立王国。

阿契美尼德死后，儿子铁伊斯佩斯（Teispes）继位；铁伊斯佩斯去世前，将王国分为东西两半，由两个儿子分别继承。阿里亚兰尼斯（Ariaramnes）留在故地，称波斯国王；居鲁士到西南的埃兰旧都，称安鄯王。这个居鲁士是一世，不是后来声名显赫的居鲁士大帝，成为大帝的是居鲁士二世。

从这个安排来看，老国王明显更喜欢阿里亚兰尼斯，而不是居鲁士。或者说按照惯例，本该就是阿里亚兰尼斯继承大统。居鲁士所在的安鄯，应该是波斯的陪都。可是两代以后，强势崛起的却是居鲁士一支。他的孙子居鲁士二世，战胜大流士那一支，成了波斯国王。

直到这个时候，波斯对外仍然是个弱者。他们的人口不足10万，勉强自给。不必说与巴比伦、亚述相比，就是衰落的埃兰，都能把他们夷为平地。

居鲁士二世以前的波斯王国，先是跟着埃兰混，吸收他们的文化，学习他们的组织；接着又臣服亚述，定期缴纳贡赋。等到迦勒底人崛起，波斯又成了新巴比伦附庸。

时间不久，北方的同胞米底人，助力迦勒底人灭掉亚述帝国后声势大振，乘机将波斯兼并。反正都是同胞，文化习俗和宗教信仰相差不远，估计波斯人不会太抗拒臣服米底。

由此，波斯成了米底帝国的诸侯国。据说，居鲁士二世幼年时，被送入米底王宫做了人质。像后来的腓力二世、秦始皇一样，这种人质经历培养了居鲁士二世的隐忍，也让他看到了米底的脆弱和堕落。

回到波斯继承王位后，居鲁士二世决心联手巴比伦帝国，摆脱米底国王的统治。他甚至有可能取得米底大将支持，商量好了里应外合之策。当他与巴比伦一东一西，分别进攻米底领土时，米底国王大怒，率军征讨。

没想到，仗还没打，米底将军就阵前倒戈，逮住国王献给了居鲁士二世。米底没能驯服波斯，反倒被波斯轻而易举拿下，沦为了臣属。波斯驯服米底后，原来服从米底的高原东北帕提亚人部落，很快也见风使舵，承认了波斯王国的霸主地位。就这样，本来弱小的波斯人鸟枪换炮，从一个山谷小国，骤然变成了高原帝国。

安纳托利亚高原的吕底亚，乃米底原来的盟友，不想承认居鲁士二世，甚至想乘波斯立足未稳，趁火打劫。居鲁士二世决定御驾亲征，彻底将小亚细亚纳入版图。

公元前547年，居鲁士二世带兵从埃克巴坦那出发，经由南高加索乌拉尔图故地，向安纳托利亚高原进发。从伊朗西北部到安纳托利亚高原，层峦叠嶂，山谷众多，真不知道波斯军队如何长途跋涉，一路跨越过去。

从历史资料来看，波斯军队可能并非向西直走，穿越乌拉尔图地区奔赴安纳托利亚高原。他们很可能是先向西南穿过扎格罗斯山口，抵达底格里斯河北岸的阿比拉小城（Arbela，现在伊拉克北部Erbil），再在城南横渡底格里斯河，借助两河流域通道，扑向了吕底亚王国。

波斯军队与吕底亚军队在普特里亚大战一场，没有分出胜负。吕底亚是弗里吉亚王国崩溃后兴起的王国，占据着安纳托利亚高原西半部，境内很多人都来自希腊半岛。他们还有一支斯巴达雇佣军。公元前 546 年冬天，吕底亚以为波斯不会来攻，让雇佣军回老家休整了。

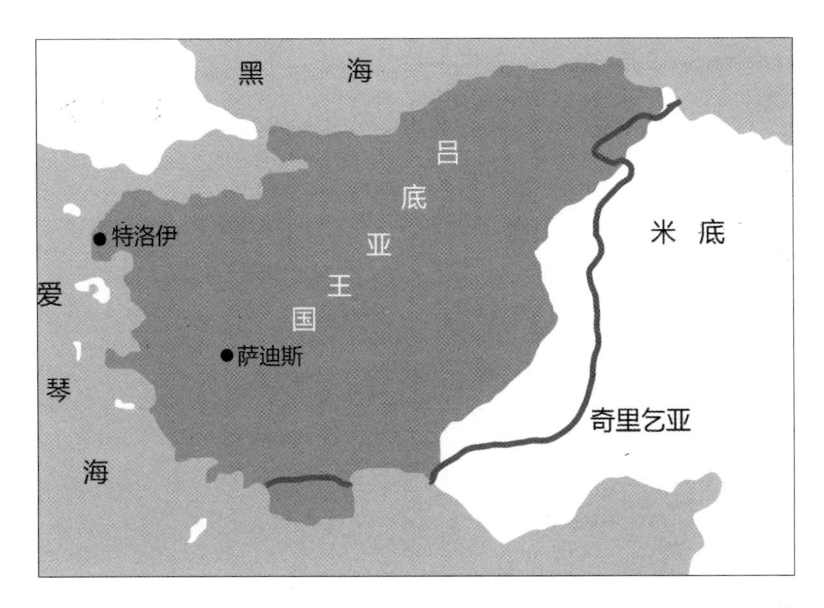

图 9－3　鼎盛时期的吕底亚王国

居鲁士闻听，立刻率军乘虚而入。希罗多德记载说，吕底亚军队是骑兵，波斯派的是骆驼兵，前者的战马闻到骆驼气味不肯冲锋，结果一败涂地。居鲁士将其都城萨迪斯团团围住，半月以后破城而入，逮捕了吕底亚国王。这个最早铸币的国家，成了波斯行省。

居鲁士二世班师回朝时，顺带征服了幼发拉底河以西的叙利亚地区。次年，新巴比伦帝国的埃兰总督，直接投降居鲁士二世。至此，新巴比伦东西两端都归附了波斯，迦勒底王室已经岌岌可危。居鲁士二世却不急不躁，避开新巴比伦，先征服东部众多王国。

公元前540年以前，居鲁士二世率军在伊朗高原东部、印度河上游的犍陀罗横冲直撞，势如破竹，将同为印欧人后裔的斯基泰人、印度人，统统纳入帝国版图，奠定一个新的超级帝国。居鲁士二世随之升级为居鲁士大帝。

波斯帝国统一伊朗高原、南高加索和安纳托利亚高原，对新巴比伦帝国而言是一个噩梦。从地图上可以看出，此时波斯帝国的领土，犹如泰山压顶般，将巴比伦帝国的上方和左右围得严严实实。巴比伦帝国与整个北方的经贸联系，都牢牢掌握在波斯帝国手中。

这意味着什么？意味着只要居鲁士大帝一声令下，伊朗高原和安纳托利亚高原的良马、铁器，包括南高加索的石头、中亚的宝石，甚至叙利亚的木材，都不会流向巴比伦境内，而两河流域缺少的，恰恰就是这些东西。在冷兵器时代，巴比伦人没有这些东西，就上不了战场。

公元前540年，居鲁士大帝从东部回来后，便马不停蹄地冲下高原，向两河流域进发。替他打前锋的，是新巴比伦原来册封的埃兰总督，现在倒戈投降了居鲁士二世。在巴比伦，埃兰被叫作古蒂乌姆。

新巴比伦的祭司、军队和民众，早已厌烦了迦勒底王室，尤其对国王那波尼杜斯秉持“异端信仰”极度不满。即使那波尼杜斯返回巴比伦，重新主持新年盛典，供奉各城主神，也没能挽回民心。新巴比伦军队仅打了一仗，便纷纷缴械投降，将居鲁士这个完全外来的君主，兴高采烈迎入了王宫。

第二节 文武双全的居鲁士大帝

居鲁士大帝逝世于公元前530年。他的家族谱系，到今天仍然不确定。贝希斯敦铭文（Bagastana）和希罗多德记载都说，居鲁士是波斯人，来自阿契美尼德家族，与大流士（Darius）父子同族而不同支。不过，居鲁士二世早期自称“安鄯王”，成就霸业后又自称“世界之王，伟大的王，强有力的王，巴比伦王，苏美尔阿卡德王，天下四方之王”，唯独不说自己是波斯王，更没说来自阿契美尼德家族。这不由得让人疑惑，他到底是不是来自阿契美尼德家族。

贝希斯敦铭文是波斯帝国第三代国王大流士雕刻的，位于米底都城埃克巴坦那通往巴比伦的交通要道上，核心内容是歌颂大流士的文治武功。问题的关键在于，大流士与居鲁士本非一家人。

大流士本来是居鲁士大帝手下大将，居鲁士死后，跟着新王冈比西斯二世远征埃及。公元前521年，冈比西斯二世回国平定叛乱，半路死掉，其弟巴尔迪亚（Bardiya）继位。

大流士率军回到本土后，联合其他六个贵族，以巴尔迪亚乃“冒牌货”为由诛杀之，然后登上了王位。贝希斯敦铭文说，大流士与居鲁士、冈比西斯同属一个王族，即阿契美尼德家族；冈比西斯远征前担心弟弟篡权，已经将巴尔迪亚干掉，冒充巴尔迪亚继位的，实际上是一个叫高墨达的祭司；大流士杀掉高墨达是为了替家族夺回王权，维护正统。

现在学者们多认为，大流士这种说法很可疑。事实相反，他诛杀的所谓高墨达，可能就是真正的王位继承人巴尔迪亚。冈比西斯远征埃及，本土空虚，必须留下兄弟护卫，怎么可能先杀掉弟弟再远征？他如果有三长两短，帝国本土怎么办？所以，大流士更像是凶手和篡权者，为了争取上位合法性，故意捏造了一个家族故事。

如果是这样，那么居鲁士的阿契美尼德族系，就是大流士故意编造的，他们根本没有血缘关系。大流士上台以后，肯定会千方百计消除居鲁士的真实家族信息。久而久之，人们只知道铭文所讲的居鲁士父子族系，而不知道他们真实的来源了。

希罗多德和色诺芬出生时，大流士已经去世，由其子孙执政。他们从波斯听到的居鲁士族系，早被官方修改润色多年，失去了本意。所以，希罗多德《历史》和色诺芬《居鲁士的教育》对居鲁士族系的记叙，也不一定可信。

有人甚至认为，居鲁士可能连波斯人都不是。他的王号显示他是埃兰东都安鄯的国王；他的名字更接近埃兰语言传统，而不是波斯；他的陵墓是天葬，有别于大流士的崖葬。据此，他们觉得居鲁士说不定是一个埃兰人。

综合各种信息来看，居鲁士父子不一定来自阿契美尼德家族，但至少应该是波斯人。要是他们是埃兰人，完全可以打出埃兰旗号，恢复埃兰面目，没必要披上波斯外衣。在伊朗高原，埃兰人才是千年正统，波斯只是一个从北方逃难而来的游牧部落。

居鲁士和他的部落虽然是外来的，但是通过数百年臣服于埃兰王室，参与对亚述或巴比伦交涉，饱受两河文明熏陶，他们较同宗的北方同胞米底，文明程度似乎更胜一筹。他们会写埃兰文字，熟知两河流域政治传统，懂得如何以外人身份驾驭各地民众。

居鲁士大帝可以说是波斯受两河文明熏陶而产生的结晶。他的战略选择，他的政治驾驭，他的话语宣传，出于两河传统而又胜于两河传统，处处透露出顶级政治家的智慧。

在叙说居鲁士大帝统治之前，先来看看两河流域的政治技艺。

前文对亚述、巴比伦战争着墨较多，很容易给人留下他们只知打打杀杀的印象，认为他们没有政治理性，缺少政治技艺。实际上，这是一种错觉，亚述和巴比伦在长期对外战争中，摸索出了很多高超的统治技巧，形成了很多成熟的政治惯例。

首先，无论亚述还是巴比伦，都不会轻易取缔被征服者的宗教信仰。两河流域是多神论，并不绝对排斥外人的神灵系统，只要被征服者默认主神降格，不借助神灵来进行反叛，亚述和巴比伦大都允许其保留宗教信仰。

亚述人征服巴比伦后，多数时间不敢慢待马尔杜克。公元前 14 世纪，阿舒尔城就有一座马尔杜克神庙。从公元前 9 世纪开始，马尔杜克和那布（传说为马尔杜克之子）进入了阿舒尔神灵列表，并且享有越来越高的宗教地位。公元前 8 世纪后半叶，提格拉特三世进入巴比伦后，完全像巴比伦王那样，向马尔杜克献上祭品，参加新年仪式。

迦勒底巴比伦作为外来异族政权，更是完全融入当地宗教系统。他们放弃了自己的主神信仰，跟着巴比伦人一起供奉马尔杜克。对于被征服者，他们也不强制改宗。最典型的事例是“巴比伦之囚”。被掳掠到巴比伦的犹大君臣，始终得以保持自己的宗教信仰。否则，就不会有后来的犹太教和基督教了。

其次，两河流域的霸主，无论米坦尼、加喜特，还是亚述、迦勒底，大都不是乱打乱杀。他们四处征战的目标，主要是征收贡赋或抢夺财物，如果对方同意臣服，并主动定期缴纳贡赋，基本上不会被随意屠戮。

以色列、犹大、腓尼基等遭到亚述重创，主要是他们拒不臣服，或者臣服以后又反叛。辛那赫里布将巴比伦夷为平地，也是因为巴比伦人不忠，将其子献给了死敌埃兰。总之，亚述人的残酷杀戮，是惩罚对抗者和反叛者，进而震慑那些心怀不忠的附属。

再次，两河霸主征服一地后，通常会撤销前王朝施加于当地的沉重负担，争取民心支持。公元前 20 世纪，亚述王伊鲁舒玛（Ilu - shuma）袭击阿卡德后，便曾下令取消不合法的赋税。从公元前 8 世纪末提格拉特三世起，大多数亚述国王都会给予巴比伦特殊地位，允许他们免除赋税和劳役。这种特殊待遇部分缓解了巴比伦人的怨气，使得双方能够达成一种政治平衡。

最后，放逐被征服族群，并非亚述永恒不变的国策，而是依据政治形势不断予以调整的灵活举措。在亚述历史上，提格拉特三世、萨尔贡二世和辛那赫里布对外征服时，为了防止被征服者反叛，常常将其分散放逐。以色列王国的十个部落，就是这样消失的。不过，随着帝国趋于稳定，亚述君王不再大规模流放，其中三位君主还大发善心，安排被放逐者返回了巴比伦。

相对来说，萨尔贡二世在亚述君王中表现最好，堪称表率。他尊重巴比伦传统，敬拜巴比伦神灵，主持新年仪式，授予巴比伦特权，帮助他们追回被迦勒底人抢走的神像，让巴比伦人感激涕零。

对于自己人，萨尔贡二世也擅长驾驭之道。他夺权上台后，曾发布一份阿舒尔城特许状，安抚当地贵族和民众。这份特许状宣称，萨尔贡二世的前任萨尔玛五世亵渎神灵，向亚述人施加从未有过的赋税和劳役，引得阿舒尔龙颜大怒，特命他（萨尔贡）为合法国王，恢复神庙信仰，完善宗教仪式，重建巴比伦秩序。萨尔贡还声称，他一定会免除亚述人的赋税和劳役，让他们摆脱萨尔玛的奴役，重获自由。

萨尔贡二世在亚述和巴比伦的以上举措，弥补了夺权上台的合法性缺陷，赢得两河流域民众信任。若非如此，他是不可能带领亚述齐心协力，大张旗鼓地对外征服，成就一代霸业的。

从居鲁士大帝所作所为来看，他显然熟知两河政治传统，从中汲取了诸多驾驭灵感。他知道如何做一个成功的政治家，如何借助宗教和文化传统，笼络那些被征服的族群。流传于世的居鲁士圆柱铭文，便是居鲁士大帝政治智慧的集中体现。

1879 年，英国考古学家拉萨姆（Hormuzd Rassam）受大英博物馆之托，在巴格达进行考古时，挖掘出一块断裂的陶片。半个世纪后的 1920 年，美国耶鲁大学尼斯教授（J. B. Nies）在古文物商手中也买到一块陶土残片。1972 年，有人碰巧将两块残片放在一起，竟然发现它们高度吻合，似属一体。合起来，是一个长约 22.5 厘米的圆柱铭文。

铭文用阿卡德文字写成，共计 45 行，现存于大英博物馆。专家经过释读以后，确认是居鲁士大帝修复巴比伦城墙的筑基铭文，史称居鲁士圆柱铭文。这篇铭文与萨尔贡的阿舒尔城特许状一样，都是新王上台后的政治宣誓，或者说是对民众的政治安抚。

图 9－4　居鲁士圆柱铭文

巧合的是，居鲁士铭文与萨尔贡特许状的话语表达，竟然极其相似。它声称那波尼德斯不敬马尔杜克，损害了巴比伦民众，引起神明震怒；马尔杜克指定居鲁士作为新的国王，打败了那波尼德斯，和平降临了巴比伦城。这完全是模仿萨尔贡二世阿舒尔城特许状的话语逻辑。接下来，圆柱铭文记叙了居鲁士的丰功伟绩：

第 24 行：波斯大军和平地进入了巴比伦，居鲁士不允许任何人在苏美尔和阿卡德土地上捣乱。

第 26 行：居鲁士解除了那波尼德斯强加在巴比伦人头上的负担，让他们休养生息。

第 32 行：居鲁士将各种神像都送回原处，让他们永远住在那里；同时，将不同附属王国的子民集中起来，送他们回归家园。

第 33—34 行：那波尼德斯将苏美尔和阿卡德的神像，都强制搬到了巴比伦，而我居鲁士，根据主神马尔杜克的命令，让他们返回各自的神庙，安康地生活。

谴责旧主，获得主神感召，解放民众，归还神像，让被放逐者返回自己的家园，这些两河政治传统中的政治技艺，都被居鲁士学到手，运用得炉火纯青，天衣无缝。

更让居鲁士大帝得分的是，他对犹太人出手相救的举动，后来被犹太人写入圣经，成为千古流传的义举。《旧约·以斯拉记》说，早在居鲁士进入巴比伦 170 年前，犹太先知耶利米就预告，说一位叫居鲁士的外邦国王会解放犹太人，让他们返回家园，结果真的灵验了。居鲁士占领巴比伦后，“受耶和华感召”，不仅安排犹太人返回耶路撒冷，还支持他们重建了圣殿。

其实，居鲁士圆柱铭文列举的回归家园者，主要是两河流域和伊朗高原的族群，并没有犹大部落。不过，既然犹大人自己都说被解放了，可能是波斯在实际操作中扩大范围，将犹大人纳入被解放的行列。或者是，铭文列举的名单不完整。

居鲁士大帝这样做，当然不是纯粹出于善心。自公元前10世纪以来，连接亚非欧三洲的迦南商业繁盛，成为兵家必争之地。波斯要想分享迦南之利，或南下征服埃及，就必须获得迦南人支持。允许犹大人回归家园、重建圣殿，无疑是收服人心的一种政治手段。

事实上，很多犹太人习惯了两河流域生活，甚至经商发了财，并没有回到贫瘠的犹大王国。否则，也不至于到现在，两河流域以及伊朗，仍然存在着大量犹太社区。真正回去的，多数是那些居无定所的犹太人，或者宗教心思特别重的犹太人。

无论如何，对巴比伦人和犹太人来说，居鲁士大帝所为能让他们重归家园，过上安定生活，燃起人生希望，属于莫大的善举。因此，居鲁士大帝在整个西亚留下了美名，以至于连雅典的色诺芬，听闻居鲁士义举后都被感动，专门写了一部《居鲁士的教育》，借居鲁士大帝形象阐发自己对理想政制和社会教育的想象。

两千多年来，欧洲人通过色诺芬之笔，长期膜拜居鲁士大帝，把这个异邦首领当作君主典范。直到马基雅维利写出《论君主》，他们对色诺芬作品的热情才逐渐下降。得到居鲁士解救的犹太人，更是常念他的恩情。2018年以色列还发行纪念币，向居鲁士大帝致敬。另一个被他们致敬的，是一边倒地支持以色列的前美国总统特朗普。

作为波斯后裔的伊朗人，当然更以居鲁士大帝为荣。他们敬仰这位先祖，推崇他留下的圆柱铭文，称其为人类“第一份人权宣言”。1971年，伊朗巴列维国王借纪念居鲁士缔造波斯2500周年之际，专门向大英博物馆申请了一份圆柱铭文复制品，赠给联合国总部，以彰显伊朗为人权发展所作出的贡献。那时候伊朗与美国还是密友，很多事情都跟着美国走。

其实，居鲁士圆柱铭文没有提到宗教自由，更没有提到人权。居鲁士大帝要是真讲人权，就不可能成就霸业。而且，如果说居鲁士圆柱铭文是“第一份人权宣言”，那么与其内容极相近的萨尔贡二世“阿舒尔城特许状”，比居鲁士铭文早二百年，更担当得起“第一人权宣言”的美誉。

居鲁士大帝打下巴比伦后，并没有贪图当地繁华，沉溺于享受，而是返回了伊朗高原。他任命长子冈比西斯二世担任巴比伦王，代替他主持巴比伦的新年庆典。回到伊朗高原的居鲁士大帝，在酝酿一项更具挑战性的远征计划，即进军埃及。为确保后方安全，他决定再度东征，彻底征服斯基泰人。可惜，这次神灵没有保佑他。

就像其出生扑朔迷离一样，居鲁士大帝的死同样迷雾重重。有人说他病死在帕萨尔加德，有人说他与马萨革泰人作战时牺牲了。马萨革泰人是斯基泰人的一支，住在中亚草原，相当于现在的阿富汗。传说波斯军队杀死了他们的王子，激起当地人愤恨，坚决抗击来犯的波斯人。他们成功地接近居鲁士大帝，将其刺于马下。马萨革泰王后为了替儿子报仇雪恨，还特地将居鲁士头颅割下，制作成了酒器。

如果居鲁士大帝死于战场，他的尸体是怎么被抢回来，天葬于帕萨迦德尔的？如果他的头颅被割掉了，帕萨迦德尔陵墓里的尸首又是怎么回事？所以，很多伊朗学专家都对居鲁士被割掉头颅持怀疑态度。

唯一可确定的是，公元前530年秋，一代大帝居鲁士确实与世长辞了。他的离去不仅对波斯帝国是巨大损失，对巴比伦、两河流域、西亚来说，都是一个巨大遗憾。没有了居鲁士大帝，波斯帝国很快变了样子。

第三节　大流士对波斯帝国的政治重塑

居鲁士大帝死后，他的长子冈比西斯二世继位。此前，冈比西斯当了八年巴比伦国王，并在父亲出征时担任摄政，代为参加巴比伦新年仪式，是居鲁士大帝着力培养的继承人。

居鲁士战死沙场后，冈比西斯二世依法继位，成为第二代国王。他击溃东部游牧部落后，继承先父遗志，公元前 525 年带兵远征埃及。此时的埃及，处在雅赫摩斯二世（Ahmose Ⅱ或 Amasis Ⅱ）统治下。

雅赫摩斯二世原为法老手下大将，公元前 570 年篡权成为国王。他上台后娶了一位希腊妻子，雇用了很多希腊人，并与希腊城邦、吕底亚结成政治同盟，共同制衡波斯，让埃及稳定了几十年。但是，由于他大量任用外人，引起国内民众极度反感。在某种程度上，波斯大兵压境前夕，埃及与当年的迦勒底巴比伦大同小异，都是君王触逆民意、不得民心，祭司和平民巴不得有人推翻他们，另立新主。

雅赫摩斯很幸运，波斯大军还没到，在位 45 年的他便长眠不起，将抵御波斯的重任，留给了儿子普萨美提克三世（Psammetique Ⅲ）。普萨美提克三世年纪轻轻，既没有政治经验，也驾驭不了来自希腊的雇佣军，自然难以抵御波斯铁蹄。

波斯大军在阿拉伯人和萨摩斯岛希腊人支持下，经由阿拉伯沙漠，穿过西奈半岛，抵达埃及东大门。双方激战一场，埃及军队大败，普萨美提克三世夺路而逃。波斯军队一路向南，顺利进入都城孟菲斯，将埃及变成了波斯帝国的一个行省。

这是埃及第二次沦为西亚帝国的属地，上次是被亚述征服。但这一次征服埃及的，却不是两河流域霸主，而是来自伊朗高原的新贵。南北对抗已经没了两河流域的份儿，转换为伊朗高原与尼罗河三角洲的角力。此后，尼罗河三角洲也将退出争霸舞台，让位于波斯和日渐崛起的希腊诸城邦。

冈比西斯二世占领埃及后，自称埃及法老。像他父亲一样，他想方设法赢取当地民众支持。他不仅虔诚地敬拜埃及神像，参加宗教仪式，还声称自己是居鲁士二世与埃及公主的儿子，拥有埃及血统。看来，冈比西斯二世深得他爹居鲁士大帝真传，精通驾驭之术。

在埃及三年期间，冈比西斯向西征服了利比亚，向南兼并了努比亚北部，然后又试图进攻东南部的埃塞俄比亚。那是尼罗河的发源地，对于埃及来说相当重要。不过，埃及王朝历来都没征服过埃塞俄比亚，冈比西斯作为一个外来人，多少有点自不量力。

此时，阿拉伯人与东非土著混血而成的阿姆哈拉人，早已在埃塞俄比亚建立王朝国家，兴盛了几百年。冈比西斯南征的结果是损兵折将，无奈撤军。公元前 522 年，他听说千里之外的帝国都城发生叛乱，赶紧将埃及交给总督管理，自己带兵匆匆回赶。结果刚走到叙利亚，就不明不白地死掉了。有人说他是死于伤口感染，有人说他死于自杀，总之没有定论。

冈比西斯二世死后，他的弟弟巴尔迪亚继承王位。这个时候，冈比西斯的一位贵族将军，也就是后来的国王大流士，说这位巴尔迪亚是假的，真的巴尔迪亚早被他哥哥杀掉。因此，他密谋联合了其他六位贵族，冲进王宫杀死了刚登基的巴尔迪亚。

直到今天，我们仍然不知道巴尔迪亚到底是真的还是假的。很多历史学家认为巴尔迪亚是真的，篡权后的大流士一世，故意编造了谎言，以便赢得政治合法性。不管怎样，公元前 522 年，来自阿契美尼德家族的大流士，接过了居鲁士父子开创的帝国基业。

图 9－5　贝希斯敦大流士浮雕

夺权上台的大流士，免不了要制造一番说辞，为自己的上位正名。根据大流士的说法，波斯王室分成两支，一个是居鲁士大帝家族，另一个是大流士一世家族。前者称安鄯王，在西；后者称波斯王，在东。两者相距不远，都在今天伊朗西南部的法尔斯省。

大流士的父亲，是波斯王族后裔，居鲁士大帝时期担任东部行省帕提亚的总督。所以，大流士也算世家子弟。居鲁士大帝在位时，怀疑大流士参与反对皇室的阴谋，不甚重用，但是他儿子冈比西斯二世继位后，却对大流士青睐有加，带在身边远征埃及，成为心腹大将。

对于大流士发动兵变黄袍加身，很多贵族都看不过去，或者心有不甘，纷纷起来闹独立；两河流域被征服的族群中，也有不少人趁机起义，其中巴比伦的起义，是借助原迦勒底国王名义发动的。起义者自称尼布甲尼撒三世，杀掉波斯总督，自称巴比伦国王。

巴比伦是波斯帝国的粮仓，整个帝国的财政运转，1/3 都要靠两河流域支撑，大流士当然不可能放任巴比伦独立。公元前 522 年初，他带兵冲向底格里斯河平乱。

此时的巴比伦，脱离战事上百年，又不能像从前那样，强迫周边族群进呈骏马和铁器，战斗力大大退化。大流士渡过底格里斯河后，没费吹灰之力，便进入巴比伦城，俘虏了尼布甲尼撒三世。

当年居鲁士大帝入主巴比伦城时，还带着几分敬仰和崇拜。毕竟，与厚重的巴比伦相比，波斯只能算中了彩票的暴发户，气势上虽然压倒对方，精神上还是自觉矮小。居鲁士愿意放低姿态，高看巴比伦一眼。

等到大流士入主巴比伦，波斯人已经称王称霸十多年，不再将巴比伦放在眼中。或者说，他们已经习惯了居高临下看待巴比伦。所以，当巴比伦人起来反叛时，大流士怒气冲冲，处理起反叛者来，完全失去了居鲁士大帝的那份仁慈和宽容。

据说，不计其数的反叛者，被赶入幼发拉底河溺死，领头的尼布甲尼撒三世自然更加凄惨。大流士像指责巴尔迪亚一样，声称尼布甲尼撒三世是个冒名顶替者，真名叫作尼丁图贝尔（Ndintu Bel）。审讯完后，大流士连游行示众都省略掉，直接把尼丁图贝尔钉在了木桩上。一同被处死的，还有尼丁图贝尔的49名追随者。

这一年，东亚长江以南的楚国同样鲜血四溅。昏庸的楚平王杀掉太子太傅伍奢及其长子伍尚，逼得其次子伍子胥投奔吴国，埋下了一段替父报仇的借兵伐楚故事。

大流士此举，无疑大大伤害了巴比伦人的感情。作为拥有近3000年文明史的他们，怎能忍受蛮族的血腥统治？第二年，一个自称尼布甲尼撒四世的人又领着巴比伦人造反了。大流士同样指责他滥竽充数，名为巴比伦人，实为乌拉尔图人。波斯大军攻入巴比伦，像对待尼丁图贝尔一样，将所谓的尼布甲尼撒四世钉死在了木桩上。

可是，没过多久，当波斯攻打希腊城邦萨摩斯岛时，巴比伦人第三次掀起了反叛浪潮。据希罗多德说，巴比伦人这次痛下决心，准备血战到底。他们将年老的母亲和子女都送到外地，每家只留一位年轻女性负责做饭，其他的都被窒息而死，以便节省粮食，持久抵抗。

这种近乎自杀的防守，确实有效。波斯大军围困巴比伦一年半，竟然没能入城。这时，一个残忍的波斯人出现了，他叫佐披洛司，是一个做梦都想着为国王立功的波斯贵族。

据说佐披洛司割下自己的鼻子和耳朵，剃光自己的头发，弄得遍体鳞伤，然后向大流士请愿，说愿意投敌上演苦肉计，混到巴比伦城内当内应。大流士喜出望外，表示同意。

佐披洛司假装遭受大流士迫害，请求面见巴比伦起义领导人。进入巴比伦王宫后，他声泪俱下，控诉大流士残暴无情，说愿意帮助巴比伦人，共同抗击大流士侵犯。巴比伦人信以为真，交给他一支军队，名为重用，实则试探。

此后一个多月内，佐披洛司三次率军出击，杀死了7000余波斯兵，成为巴比伦的头号功臣。起义者开始完全相信他，将整个巴比伦军队的指挥权都交给了他。等到波斯大军发起总攻时，起义者才发现佐披洛司的真面目。佐披洛司打开城门，与波斯大军里应外合，攻占了巴比伦。

大流士对巴比伦人的“屡教不改”感到愤怒，他下令拉走巴比伦城门，捣毁外层城墙，填平护城河，让他们无险可守。同时，杀掉3000名反叛的主犯，迁来5万名外族妇女，从血缘上稀释巴比伦人。

现代学者一般认为，这个类似特洛伊木马的故事，并不完全真实。波斯攻陷巴比伦，不会花费那么长时间，巴比伦人也不可能为了争取独立，而残忍地杀死多数女人。

不过，巴比伦人屡屡反叛，引发波斯大军几次压境，搞得生灵涂炭、废墟遍地，应属历史事实。以前那个挥斥方遒、坐拥天下的巴比伦，那个对埃兰人颐指气使的巴比伦，那个如璀璨明珠般镶嵌在两河大地的巴比伦，如今落得只有屡遭蹂躏的份儿。

两年时间里，大流士成功镇压巴比伦、苏萨、米底、波斯、南高加索、安纳托利亚高原的反叛，凭借武力坐稳了王位。

公元前520年，大流士在从巴比伦到埃克巴坦那的途中，将自己平定反叛的成就，以三种语言铭刻于悬崖峭壁之上。后来又陆续补充，终成一篇完整宣扬自己十全武功的铭文，即前文提到的贝希斯敦铭文。铭文图画中，挑战过大流士的十个叛王，被绳索捆着手、套着脖子，排成一列站在大流士面前，接受训斥和惩罚。

图9-6　贝希斯敦铭文

从大流士开始，居鲁士大帝时代的宽容被放弃大半，取而代之的，是亚述式的残酷惩罚。无论是谁，只要挑起反叛，轻则被割掉鼻子、耳朵，重则被送上绞架、钉死在木桩。

平定叛乱、坐稳王位后，大流士又更换吕底亚和埃及行省总督，彻底巩固了帝国疆域。这个疆域西至博斯普鲁斯海峡，东到印度河，南抵埃塞俄比亚，北依高加索山脉，达到有史以来西亚帝国的极点。

无论从波斯历史，还是从人类能力来说，大流士驾驭如此庞大的帝国，已经实属不易。但是，有的君王从来不这样想。他们觉得神灵永远保佑自己，自己可以永远征服别人。帝国的终极目标，不是占有固定的疆域，而是征服一切不服从的人。大流士的目光，转向了仍流连于欧亚大草原上的斯基泰人分支。

前文说过，位于黑海和里海以北的欧亚大草原，其实是波斯人和米底人的故乡。他们就是从那里出发，经过中亚草原南下，闯入了伊朗高原。波斯人、米底人远走高飞后，欧亚大草原经过几百年休养生息，又孕育了一个野蛮强悍的游牧族群，古希腊人称为斯基泰人。当时的伊朗、印度称他们为萨卡，中国文献称他们为塞族。

斯基泰人拥有很多分支，分布在欧亚大草原以及中亚各地，对亚述和米底都造成过致命威胁。或许是想彻底解决北患，大流士御驾亲征，准备远赴乌克兰草原“剿匪”。

斯基泰时代的欧亚大草原，由于气候变冷，生存环境越来越恶劣。斯基泰人只能借助马匹，定期迁徙和转换牧场，才能维持基本生活。他们以帐篷和马背为家园，以物物交易和抢夺为生计，天生就是出色的骑兵和射手。公元前 8 世纪下半叶，一部分斯基泰人向西移动，赶跑了辛梅里安人，成为乌克兰大草原的新主人。辛梅里安人翻越高加索山脉，从乌拉尔图杀到安纳托利亚高原，成为西亚的搅局者。

斯基泰人没有文字，也没有留下记载。不过，依据两河流域材料，可以确定当亚述帝国不可一世时，斯基泰人也遇到了生存困境，不得不南下寻觅新的栖息之地。一部分人翻越高加索山脉，冲击亚述、乌拉尔图、曼努亚和米底，还有一部分沿着中亚草原南下，进犯伊朗高原和印度河流域。

波斯帝国建立后，居鲁士父子几次东征，已经将中亚的斯基泰人驯服，并纳入帝国控制。只有欧亚大草原上的斯基泰人，不受波斯帝国约束，仍然过着桀骜不驯的游牧生活。

从地缘政治角度来看，欧亚大草原与波斯帝国之间，要么是黑海里海，要么是高加索山脉，井水不犯河水，本可各安其事。大流士却执意不惜一切代价，征服那里的斯基泰人。

有人猜测，大流士可能醉翁之意不在酒，他名义上攻打斯基泰人，实际上是想切断希腊本土的对外贸易，为接下来远征希腊本土做好铺垫。希腊本土主要靠着与埃及、迦南和黑海周边进行贸易为生，现在埃及和迦南已经统统落入波斯之手，只有欧亚大草原，还向希腊本土输送血液。如果切断这条路线，希腊本土外贸渠道尽断，控制起来就易如反掌。这样一说，攻打欧亚大草原似乎是一步极其高明的战略部署。

但是，大流士千算万算，没有算对这一步棋的凶险。公元前 513 年，他亲率大军从小亚细亚出发，渡过海峡向西进入欧洲地界，再沿着黑海沿岸北进，越过多瑙河，抵达乌克兰草原边境。

从波斯都城苏萨到小亚细亚沿海，大约需要半年，大流士从苏萨出发到乌克兰草原，最少得花费大半年。这样长距离的征战，无论士气还是后勤供给都是难题，再加上斯基泰人居无定所，收起帐篷、骑上战马便是机动部队，来无踪去无影，波斯人取胜的可能性微乎其微。

事实也果真如此。面对波斯大军，斯基泰人不做抵抗，主动后退，只给波斯大军留下烧焦的土地、毁坏的桥梁和废弃的水井。波斯大军既找不到可以决战的敌人，又无法就地取材补充供给，还得时时提防斯基泰人突然袭击，真可谓进退两难。

无奈之下，大流士只能抛弃老弱病残，狼狈撤回亚洲。他唯一的收获，是派人征服了巴尔干的色雷斯、马其顿，将帝国疆域扩展到了欧洲地界。这是西亚第一次将欧洲拖入战争，预示着伊朗高原与希腊城邦将成为竞争的主角，两河流域乃至埃及，都将退居为战争背景。

波斯帝国征服巴尔干后，对希腊半岛形成了半包围。从埃及到迦南，再到小亚细亚和巴尔干，全是波斯帝国构筑的钳制据点，逼得希腊人不得不思考反制之道。

公元前 499 年，机会终于来了。小亚细亚的希腊人城邦，在米利都僭主阿里斯塔格拉斯（以下简称阿里斯塔）煽动下，决定发动起义反叛大流士。为了壮大声势，阿里斯塔前往希腊本土求援。大部分希腊同胞拒绝节外生枝，只有雅典和埃雷特里亚（Eretria）两个城邦被说动，决定分别派遣 20 艘战舰，横穿爱琴海予以支援。

造反军队和赶来支援的雅典、埃雷特里亚军队，浩浩荡荡

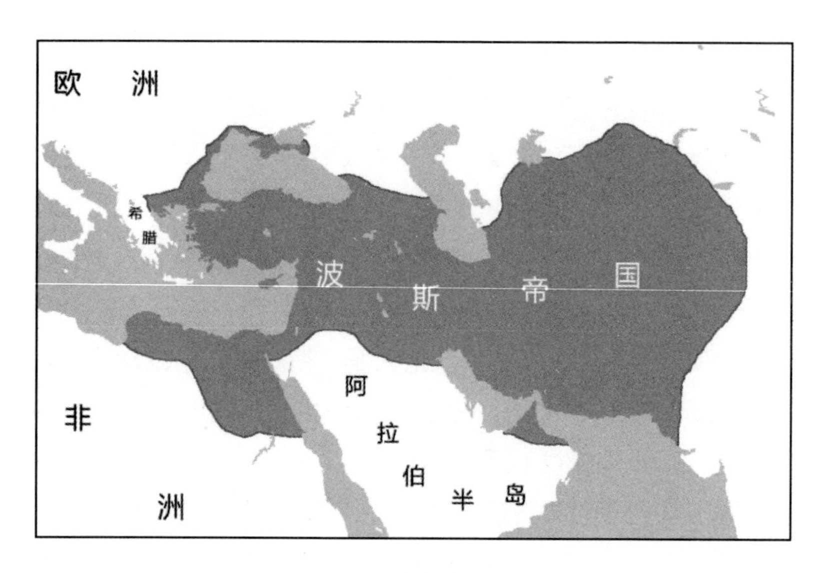

图 9－7 波斯帝国疆域

奔向萨迪斯。萨迪斯是原吕底亚王国的都城，后成波斯帝国省督所在地。阿里斯塔的军事计划，可能是想联合吕底亚人，共同对抗波斯。不承想，他们的士兵纪律太差，竟然放火把萨迪斯城给烧了。

这一下子，不但没能争取吕底亚人，反倒将其彻底推向了波斯。他们协助赶来围剿的波斯军队，一路向南追击，前后持续六年，决战多次，最终将反叛者镇压下去。详细情况，我们后文再说。

阿里斯塔阵亡了，雅典军队撤走了，米利都城邦公民要么战死，要么被波斯人掳掠至都城苏萨为奴。但是，战争至此并没有结束，而是拉开了另一场战争的序幕。

镇压米利都反叛后，大流士认为只要不征服希腊本土，小亚细亚的希腊人城邦就不会俯首称臣；只要希腊本土暗中怂恿，小亚细亚的希腊人城邦就会蠢蠢欲动。因此，为了彻底稳固小亚细亚，让伊奥尼亚希腊城邦死心，必须不惜一切代价征服希腊本土。

据说，大流士指定一个仆人，每天提醒他三遍，不要忘记雅典人，不要忘记雅典人，不要忘记雅典人！

这个逻辑，很像他们此前对待埃及：为了彻底断绝迦南城邦的后路，让他们忠心服从波斯，必须打垮隐身其后的埃及，将其纳入帝国版图。可惜，他们就是没有考虑这样做的政治风险。

准备了三年后，公元前 490 年，大流士向希腊本土各邦派出使者，要求他们主动归附。结果不但被拒，使者还遭雅典和斯巴达斩首。大流士大怒，派人率军远征希腊，尤其是曾支持小亚细亚叛乱的雅典。

就国力对比来说，波斯帝国横跨三大洲，属民 5000 万，是世界首屈一指的大帝国。希腊只是若干个分散的小城邦，斯巴达还故意拖延，不愿出兵相助，双方实力根本不在一个档次。

可是，波斯骑兵在希腊未能派上用场，他们的弓箭手在希腊重装步兵面前又威力大减，最终失败的竟然是波斯，而不是希腊联军。波斯军队不得不回到小亚细亚，再等战机。不可一世的大流士，首次进攻希腊本土遭遇了滑铁卢。

第四节　波斯政制的来源

公元前 6 世纪中叶以前，两河流域既是西亚的政治中心，也是西亚的文明中心。无论伊朗高原人、南高加索人，还是迦南人、阿拉伯人，去一趟巴比伦城或阿舒尔城，估计就像伊斯兰教徒赴麦加、犹太教徒去耶路撒冷一样，有种朝圣的感觉。

来自欧亚大草原的波斯人和米底人，原来只知畜牧、驯马、冶炼和耕种，缺少文明积累。与埃兰人比邻而居过程中，虽然吸收了不少文明要素，但是与两河文明比较起来，还是差了几个档次。至于爱琴海对面的希腊人，更是艳羡东方的富足和威武，争先恐后地向小亚细亚移民。

然而，文明不是恒定不变的，必须依靠一定人气，而人气又需要政治或商贸来支撑。自古至今，凡文明发达之地，要么是政治中心，八方来朝，要么是商贸中心，四方辐辏。反过来，只要一个地方成为政治中心或商贸中心，经过日积月累，就会萌发文明的种子，脱胎换骨成为新的文化圈。

波斯人创建帝国，将西亚、中亚、埃及甚至巴尔干半岛纳入版图，他们居住的伊朗高原，就成为八方朝贺的中心，每年都吸引着无数来此朝贡、膜拜、经商、谋生或寻求司法支持的人，他们带来了文字、思想、技能、物品、艺术，让原为文化沙漠的“化外之地”，迅速登堂入室，晋升为西亚乃至欧亚非大陆的政治和文明中心。

早期波斯人没有文字，当他们成为西亚的主人时，这个问题迎刃而解。他们借用阿卡德和埃兰楔形文字书写波斯语，同时又引入阿拉米人作为书吏，在帝国范围内普及阿拉米文字。阿拉米字母成为帝国境内的主要书写工具，伊朗、巴比伦、埃及的法律和行政记录，大都由阿拉米文字记录而成。

帝国境内，波斯用阿拉米字母作为官方语言，少数地区和场合使用波斯、阿卡德楔形字母，最终构建起了一套文字书写体系。有了文字，借鉴和创造文明便成为可能。

对于波斯人来说，创建帝国以后，当务之急是找到驾驭天下之道。作为游牧民族后裔，他们没有多少政治传统，更缺少驾驭帝国的经验，但是无论居鲁士大帝还是大流士一世，都特别擅长学习，懂得如何借鉴他山之石，构建自己的治理体系。

居鲁士和大流士两代君主，先后参照两河流域的帝国政治，建立起了王权和行省。粗看起来，波斯帝国这套政治体系与两百年后秦始皇创建的秦帝国，颇有几分相似。

说他们相似，是两者都绝对尊崇君权，以君王的命令为法律，以君王的意志为转移。大流士在贝希斯敦铭文中表示，凡是他发给臣民的命令，不论是白天还是黑夜，臣民都必须遵行不误。无论是谁，只要冒犯了君王威严，轻则流放，重则处死。

波斯君王的威权大到什么程度？举两个例子说明。公元前480年，大流士之子薛西斯远征希腊时，曾经在达达尼尔海峡架设浮桥。没想到桥刚架好，就被风暴摧毁了。薛西斯大怒，下令向海中投入黄金锁链，示以对大海施行鞭刑。连大海都不放过，可见波斯君王的野心和权力欲望有多么大。

故事到此并没有结束。当薛西斯兵败归来时，在海上遭遇风暴，有舵手建议说，最好能减轻船上载重，否则可能回不了家。薛西斯遂对周边人表示，考验你们真心的时候到了，你们看这事怎么办？不少贵族一看，赶紧向薛西斯行礼，然后投身大海，表示忠心。

另一个例子，是关于贵族麦伽比佐斯（Megabyzus）的。

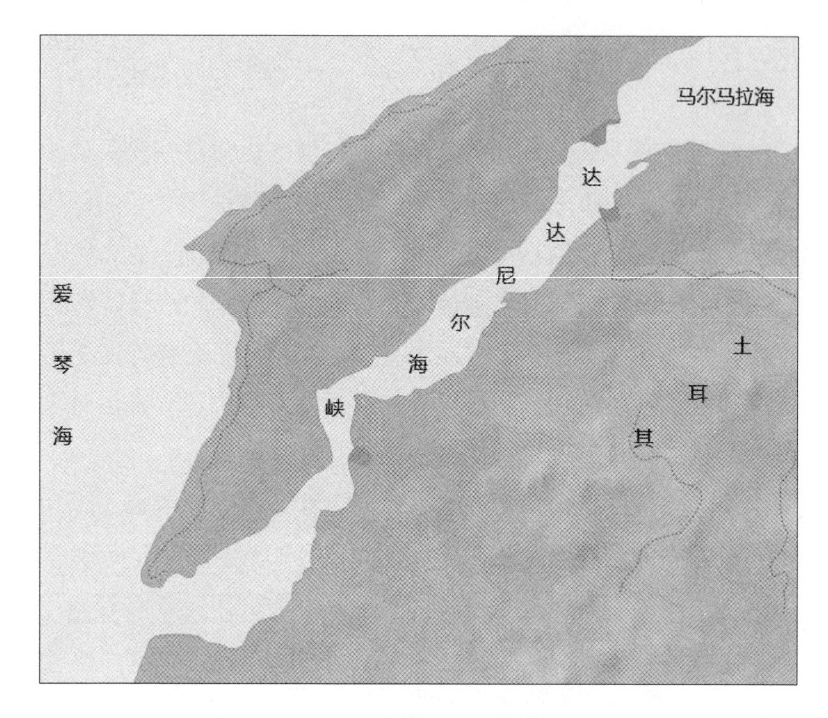

图9-8　土耳其达达尼尔海峡

麦伽比佐斯既是征战四方的波斯大将，又是薛西斯的驸马，对薛西斯忠心耿耿、唯命是从。有一次，他陪同薛西斯狩猎，突然发现一头狮子向国王扑来，遂在国王做出反应之前，用标枪刺死了狮子。

按理来说，麦伽比佐斯救了薛西斯一命，应该算大功一件。可是，根据波斯法律，国王碰触猎物以前，任何人不得擅自行动，违者处死。麦伽比佐斯虽然救了国王，但是仍然必须承受砍头之罪。多亏王后求情，才得以免去死罪，改为流放。

以上两个例子说明，帝国确立以后，波斯君王掌握着至高无上的权威，他的意志就是命令，他的命令就是法律，无论普通臣民，还是达官显贵，都必须无条件服从，正是君叫臣死，臣不得不死。

普天之下，只有最高神灵阿胡拉·马兹达，理论上居于波斯君王之上，能对他发号施令。现实中，波斯君王不受任何约束。在这一点上，波斯君王比秦始皇有过之而无不及。

但是，具体到地方权力运作，波斯就与秦帝国截然不同了。秦帝国有一套完善的官僚体系，能够将君王旨意传递到基层，确保整个国家都按照君王的设想来运转。那是一个从上到下严密控制的权力网络。波斯帝国尚没这个能力，它还没有建立起发达的官僚体系。波斯君王对各地的控制，主要体现在任命和撤换总督上，而不是下发具体指示；从领域来说，主要集中在赋税和征调军队上，而不是像秦帝国一样全面控制。

居鲁士大帝在位时，就注意到了两河流域的行省传统。他很可能熟知亚述和新巴比伦历史，了解借助行省掌控天下的传统。因此，每次攻下一个地方，居鲁士都任命一个总督，代替他全权施政，有点像周天子分封到各地的诸侯。

根据文献记载，倒戈的新巴比伦埃兰总督，被居鲁士任命为巴比伦总督；大流士的父亲，被居鲁士任命为波斯本土总督。被征服的吕底亚，也指定了总督人选。

居鲁士大帝在位时，帝国还忙于四处征战，顾不上筹建系统的管理体系，真正全盘性的行省制度，是大流士上台后确立的。他将帝国划分为23个行省，后来扩展到30个。

波斯各省总督的权力来自君王任命，必须听命于国王。但是，他们在自己辖区内，拥有非常大的自主权，不像秦帝国的郡县负责人那样，一举一动都要受中央指导和监控。

波斯君王对总督们的核心要求，是按时按量缴纳贡赋，遇到战争派遣军队出战，平时的军事和行政，只要不出现异常情况，总督可以自行做主。有时候，小亚细亚两个总督开战，或与希腊城邦签订外交条约，都可以不必请示君王。这样的事情，在秦帝国是绝对不可能出现的。

总之，原来粗犷散漫的波斯人，依据两河流域传统，短短几十年就构建起了张弛有度的帝国政治。中央层面的“张”类似中国秦制，地方层面的“驰”则接近中国周政。或许正是这种松散的君主集权体制，才让波斯没有像秦帝国那样短促而亡。

作为一个庞大帝国，波斯人仅依靠粗犷的王权和行省，显然还不能保障社会正常运转。不仅波斯如此，任何一个庞大国家，都不可能仅靠王权或强权维持社会运转。要保障社会正常运转，最有效也是最常见的手段，就是借助司法和宗教化解社会纠纷和冲突。

两河流域素来人口稠密、纠纷频发。为了解决纠纷，从苏美尔时期开始，就出现了专业的法庭和法官，逐渐发展出完善的司法程序、习惯法和成文法典。古巴比伦、中巴比伦、新巴比伦和亚述，都编有完备的成文法。连安纳托利亚高原上的赫梯人，都受其影响制定了法典。

司法是解决发生的纠纷，防范纠纷或更严重的冲突，还得靠宗教力量。两河流域原来是一个城邦一个主神，后来巴比伦人和亚述人先后崛起，他们的主神就变成了两河流域的两大主神，南方巴比伦尼亚信仰马尔杜克，北方亚述信仰阿舒尔。巴比伦和亚述帝国，就是借助民众对马尔杜克和阿舒尔的信仰，整合思想观念，统领精神世界。

宗教和司法，而非王权，才是维系两河流域基层社会的核心力量。司法化解纠纷，宗教统一思想，两者共同确保社会乱中有序。当然，在那个时候，两河流域的司法和宗教都不是独立的，必须接受国王领导，甚至奉国王为最高法官和最高祭司。司法和行政没有明确区分。

波斯人长居于两河东侧，肯定知晓这两大社会机制及其意义。因此，大流士上台后，不仅模仿两河流域构建了王权和行省，还汲取两河流域“软权力”，着手打造宗教和司法两大辅助机制。波斯人、米底人和帕提亚人拥有自己的神灵系统，不必照搬两河流域。他们需要借鉴的，是如何将宗教融入国家政治，成为王权的辅助。

前文说过，波斯、米底和帕提亚信仰的是琐罗亚斯德教。琐罗亚斯德是远古宗教，很可能在波斯人、米底人、印度人祖先没分离时，就已经存在了。如果诸位去过伊朗和印度，就会有一种感觉，这两个地方都极其崇拜火，伊朗有亚兹德拜火庙，印度有恒河夜祭，主角都是火焰。他们的远古信仰，也具有很大的相似性，只不过流传太久，各自演变，出现了角色错位，甚至对立。

琐罗亚斯德教的经典叫《阿斯维塔》（*Avesta*），印度吠陀教的经典是《吠陀经》（*Veda*），读音和词义都高度相似，但是他们各自尊奉的核心神灵，恰好颠倒了过来。琐罗亚斯德教的善神阿胡拉·马兹达，到了吠陀教中成为恶神阿修罗（Asura）；琐罗亚斯德教的群魔德弗（Daeva），到了吠陀教中却成了天神提婆（Deva）。

很明显，阿胡拉与阿修罗是同源的，德弗与提婆也是同一个原型。这两大宗教为什么把神魔颠倒了？一个可能性最大的假说是，雅利安人还在欧亚大草原上时，伊朗人信仰阿胡拉，印度人信仰提婆，两个部落世代为敌，时间长了，遂分别将对方的神灵降格为魔鬼，而把自己的神灵升格成了天神。

不管怎样，琐罗亚斯德教在波斯帝国出现以前，早就流行于伊朗高原了。只是，那时它只是一种自发的宗教信仰，由专门的家族担任祭司，尚处于萨满教阶段。

大流士上台以后，意识到了两河流域政教一体的意义，遂将传统自发的宗教信仰，提升为国家宗教，使阿胡拉·马兹达与波斯国王产生联系。贝希斯敦铭文最上方，雕刻的是阿胡拉·马兹达，象征着至高无上、宇宙主宰，下方就是大流士画像。

大流士铭文说，他是被阿胡拉·马兹达选中的国王，王权是阿胡拉·马兹达赐予他的。换句话说，他的王位不是抢来的，甚至不是通过武力征服来的，而是阿胡拉·马兹达授予他的。显然，大流士已经吸收两河流域传统，学会了君权神授的把戏。

从此以后，波斯君主都声称自己的合法性来自阿胡拉·马兹达，拥有不可剥夺的神性。同时，琐罗亚斯德教上升为波斯国教，阿胡拉·马兹达上升为整个帝国的最高神灵，两河流域的马尔杜克、阿舒尔，以及犹太人的耶和华，理论上都成了阿胡拉·马兹达的陪衬。

至于司法，游牧出身的波斯人，原来肯定没半点传统。迁到伊朗高原后，受埃兰和两河文化熏陶，开始接触司法。等到大流士定于一尊，引进司法成了要政之一。研究者认为，大流士很可能模仿两河流域法典，制定了一部属于波斯帝国的成文法。

伊朗研究的权威奥姆斯特德，曾比较过大流士铭文和《汉谟拉比法典》，发现前者所使用的话语和逻辑，与后者存在很大相似性。他推测，大流士及其智囊制定铭文时，手边可能有一部现成的《汉谟拉比法典》作为参照。事实上，埃兰人抢来的《汉谟拉比法典》石柱，当时就被收藏在波斯都城之一苏萨，他们要想参考，非常方便。

一个国家仅仅拥有法典，还算不上法治。最高限度的法治，应该由法官依据法典独立判案，最低限度的法治，至少也要配备专业法官，而不是由行政兼职审判。波斯帝国借鉴两河传统，设置了负责审判的专业法官。

巴比伦、阿拉米、犹太文献显示，波斯国王从波斯人选拔了精通法律和司法判决的人，担任王室法官。他们为波斯人审判诉讼，解释古老的规矩。他们像现在北美的最高大法官一样，除非去世或违法，可以终身任职，具有非常高的权威性。

王权、行省、国教和司法，这一套制度文明的确立，让伊朗高原迅速摆脱松散粗陋的游牧状态，蜕变为当时最成熟的政治文明圈。经过二百多年，这个文明圈不仅向西渗透至小亚细亚、希腊半岛，还有可能通过中亚、新疆传入了黄河流域。

第十章　被波斯拖入战争泥潭的古希腊

波斯帝国出现以前，西亚的外部政治对手主要是埃及。两河流域与埃及之间的角力持续两千多年，屡屡上演巅峰对决。不过，到了波斯帝国出现，埃及人在努比亚、利比亚和亚述轮番攻击下，渐渐显出疲态而沦为附属。波斯不费吹灰之力，便将埃及纳入帝国控制之下。在这种情况下，西亚霸主的征服目光，随即从北非转移到了希腊半岛。希腊城邦常常资助小亚细亚同胞反抗波斯，让波斯君主不胜其烦。为了确保小亚细亚稳定，波斯决定彻底征服希腊诸邦。由此，西亚与北非之间的千年南北巅峰对决，一跃而演变为西亚与希腊半岛之间的东西百年对抗。同时，闪米特人与古埃及人之间的纷争，也让位于南下的东西两大印欧族群之间的对抗。

第一节　印欧人南下与希腊人的形成

在两河文明和尼罗河文明面前，古希腊只能算一个稚嫩的小学生，一个在很长时间里，可有可无的背景性存在。当两河流域和埃及进入文明阶段时，希腊半岛还人烟稀少，混沌一片；当两河流域和埃及经过城邦争霸，进入帝国时代，古希腊人还刀耕火种、栖身荒野，不知文明为何物。

直到公元前21世纪左右，相当于两河乌尔第三王朝崩溃、埃及中王国开启之际，希腊半岛对面的克里特岛，才酝酿出一个米诺斯王国（Minos）。“米诺斯”不是他们本来的名字，而是考古学家根据希腊神话人物命名的。

克里特岛位于地中海中心，按理说不具备发展文明的条件。但是，当时的米诺斯人学会造船技术后，既可以向东南到埃及打工谋生，又可以向东登陆两河流域经商，因而接受了两种文明的洗礼。

相对而言，米诺斯人去埃及更方便，受埃及文化熏陶更深。他们从埃及那里学会了陶器制作、石材雕刻及青铜锻造，又模仿埃及象形文字，发明了欧洲最早的文字。几代国王在克诺索斯修建宫殿，组建军队，成为东地中海的一支重要武装力量。

公元前1628年，大约东亚殷商代夏之际，克里特岛北边的塞拉岛火山突然喷发，其引发的巨大海啸，摧毁了克里特北岸居民点，并且造成恶劣天气，使得米诺斯文明逐渐走向衰落，退居为北方希腊半岛的背景存在。

其实，米诺斯王国刚刚兴起时，北方的希腊半岛也迎来了大变局。公元前2500年左右，从欧亚大草原西迁的印欧人，部分顺着多瑙河继续西上，进入西欧境内，陆续分化为不同的族群；部分从多瑙河流域南下，集聚在希腊北部的马其顿、色雷斯、伊庇鲁斯、色萨利等地。这些地方，都是日后亚历山大大帝和他父亲发迹的地方。

印欧人没有在希腊北部停下脚步。从公元前 2000 年左右开始，大量希腊北部的印欧族群又翻山越岭，分批南下进入希腊半岛中部和南部。

印欧人抵达以前，希腊半岛居住着皮拉斯基人（Pelasgians），荷马史诗称他们是希腊原住民，可能来自北非和西亚，已经在希腊半岛生活了几千年。印欧人将皮拉斯基人或驱逐，或屠杀，或同化，形成了一种新的文化族群，我们暂且叫希腊人。这些希腊人又分为不同的亚族群，如伊奥尼亚人、爱奥尼亚人、阿卡亚人、多利安人等。

没有被屠杀或驱逐的皮拉斯基人，集中到中部阿提卡地区，也慢慢接受印欧人的语言和文化，被同化为希腊人的一个分支，即雅典人。他们的祖先经历了岛屿漂泊，习惯了海上生活，更适应海上贸易和作战，他们的目光向着爱琴海和东方。

南下的印欧人是北方游牧后裔，更喜欢陆地生活，尤其不喜欢海上远征，也不擅长海上贸易，其中的代表便是阿卡亚人和多利安人。

公元前 1600 年左右，当米诺斯文明陷入衰退时，最后一支印欧人迁徙到希腊半岛南端，定居伯罗奔尼撒，被称作阿卡亚人。其中一个部落建立了迈锡尼城邦（Mycenae），成为一方霸主，现在称迈锡尼人。

后来的历史表明，迈锡尼人比克里特人更有活力，更有战斗力。他们组建军队、建立国家、修建宫殿、开发农业、发展手工业，国力渐渐超过了克里特。而且，这个由武士领衔的贵族政体，热衷战争和搏斗，死后都以武器作为主要的随葬品。

希腊印欧人南下，完全改变了希腊土著的精神世界。此前的希腊世界，从米诺斯文明来看，是沉静而阴柔的；此后的希腊世界，则是躁动而粗犷的，他们的神话人物几乎都是战斗英雄。有人总结说，希腊神话中的英雄就干两件事，一件是战斗，另一件是享乐。

公元前15世纪下半叶，迈锡尼人青出于蓝而胜于蓝，南下渡海攻入克里特岛，将其变成了自己的殖民地。米诺斯文明彻底消亡，他们的子民或逃往小亚细亚，或逃往埃及和迦南，另觅栖身之地。迈锡尼接管了克里特海上商路，成为爱琴海的新霸主。

接下来的三四个世纪，南下伯罗奔尼撒半岛的阿卡亚人，以半岛东北部阿尔戈斯平原（Argos）为根据地，以迈锡尼为都城，创建了新的城邦国家。他们前往克里特岛取经，掌握了青铜制造技术，学会了瓷器和建筑技术，还以米诺斯线形文字为基础，创造了迈锡尼线形文字。今天，学界称前者为线形文字A，叫后者为线形文字B。

但是，即使掌握了商路和文字，仍然不能让迈锡尼人过上好日子。希腊半岛不是山就是水，能耕种的土地屈指可数，很难维持生计。人口稍微一多，压力就大。对于迈锡尼人来说，最便捷的谋生之道，就是到富庶的地方去抢掠，而当时距离他们最近且相对富庶的地方，就是小亚细亚。

从公元前15世纪中叶开始，迈锡尼联合希腊半岛多个城邦，渡海袭击小亚细亚沿岸城镇，抢夺财富和人口。他们还将米诺斯人在小亚细亚创建的殖民点米利都，变成了自己的附属城邦。迈锡尼人以米利都为军事基地，撺掇安纳托利亚西部城

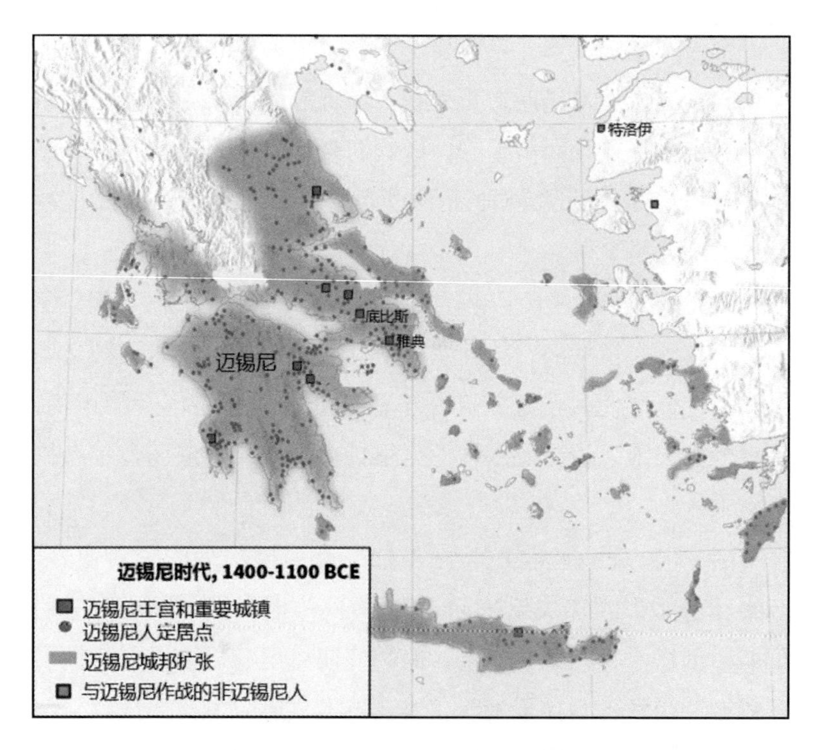

图 10－1　迈锡尼人控制范围

邦脱离赫梯，国势日盛。鼎盛时期，迈锡尼能够与赫梯、埃及、亚述、巴比伦平起平坐，称兄道弟。

迈锡尼人对小亚细亚的侵蚀，让赫梯国王气不打一处来。考古发现的赫梯文献中，有一封赫梯国王写给阿黑亚瓦（Ahhiyawa）国王的信，信中指责他煽动赫梯西部属国造反，损害了兄弟国家情谊。有学者认为，这个阿黑亚瓦，其实就是赫梯人对迈锡尼阿卡亚人的称呼。赫梯国王指责的，就是迈锡尼。

从这个角度来说，欧亚大陆之间的战争，并非始自希波战争，而是早在公元前 15 世纪就开始了。战争的发起者，是希腊半岛以迈锡尼为首的联军，而非西亚的霸主们。那时，西亚多强对立，相互制衡，尚无心顾及希腊半岛上的迈锡尼王国。

公元前13世纪下半叶，赫梯国王图特哈里四世（Tudhaliya Ⅳ）决定先解决西部隐患。他集中兵力，从迈锡尼手中夺回了米利都，并与迦南地区的阿姆鲁王国（Amurru）签署条约，要求其切断迈锡尼人与亚述的贸易通道："你们不能允许阿黑亚瓦的任何船只前往亚述。"失去米利都，又被切断了与两河流域的贸易通道，迈锡尼经济每况愈下，逐渐失去了区域霸主地位。但是，陷入绝境的迈锡尼人，也不会让赫梯好过。

公元前12世纪，赫梯帝国在与埃及争霸中损失惨重，一天天衰落下去。迈锡尼人与海上民族乘虚而入，联合希腊军队发起更猛烈的进攻。这些持续的远征可能就是《荷马史诗》的灵感来源，所谓特洛伊战争，应该就是迈锡尼连续攻击小亚细亚城邦特洛伊的传说。

根据神话传说，希腊联军为了争夺美女海伦，渡过爱琴海进攻特洛伊，最终通过木马计，混入特洛伊城内，取得了战争胜利。

从历史来看，迈锡尼与特洛伊的真正冲突，很可能源于它与赫梯帝国的商业利益之争。特洛伊是老牌的贸易中心，是迈锡尼与赫梯帝国都想占有的对象。公元前13世纪至公元前12世纪初，迈锡尼被赫梯夺回米利都、切断东方航道，对小亚细亚、迦南和两河流域贸易锐减，遂一不做二不休，对赫梯的小亚细亚属国进行了持续攻击。特洛伊战争恐怕就是其中之一。

今天，学界还不能确定，希腊联军是不是通过木马计，进

图 10－2　迈锡尼战士

入特洛伊城并摧毁了它，但是可以确定，公元前 12 世纪，繁盛了一千多年的特洛伊城邦，确实消失了。摧毁特洛伊的，就是爱琴海对面的迈锡尼人。

传说，特洛伊人被打败后，向西一路溃逃，进入了意大利半岛，成为罗马人的祖先，罗马人亦以特洛伊人后裔自居。但历史学家觉得，这恐怕只是一种传说，特洛伊人具体跑到哪里去了，现在还不能确定。

有历史学家不仅怀疑罗马人是特洛伊后裔的说法，连《伊利亚特》所讲的特洛伊战争也不太相信。他们认为攻击特洛伊的行为确实存在，但是并非只有迈锡尼人，也包括赫梯人；赫梯文献中，甚至不存在迈锡尼人大规模攻击特洛伊，导致其灭亡的记录。或许，围绕特洛伊而起的所有冲突，构成了《伊利亚特》传说的原型。

按理说，不管特洛伊是不是迈锡尼摧毁的，它的崩溃对于迈锡尼都是一种利好。迈锡尼人垄断了爱琴海北端贸易，应该会变得更强大。再加上此时赫梯、中巴比伦崩溃，埃及和亚述陷入衰退，希腊半岛的迈锡尼不受任何压制，应该蒸蒸日上才对。

可不知道为什么，公元前1100年左右，即特洛伊崩溃后，迈锡尼文明也突然消失了。毁坏的宫殿不再修复，海上贸易陷入停顿，文字记录几乎中断，人口锐减，城镇大都没落，希腊半岛骤然退回到了史前时代。此后三四百年，希腊半岛似乎又退回到了刀耕火种的黑暗时代。

剑桥大学古典考古学家安东尼·斯诺德格拉斯指出：“到公元前9世纪，此前迈锡尼文明的所有重要痕迹业已从希腊世界消逝……它那复杂的、高度分层的社会，连同那些从城堡和王宫里进行统治的国王，精心安排的土地所有制，对生产与税收细致入微的监控，手工业的专门化，军队和道路网络，都已一去不复返了。”

耶鲁大学古典学家唐纳德·卡根说，迈锡尼文明衰落后，不仅海上对外贸易停止了，连各城邦之间的内部贸易，也陷入停顿。此前，希腊各个城邦之间的艺术风格，拥有明显的共同点，此后则分道扬镳，平行发展，似乎失去了交流和融合机会。只有在贸易和文化交流停顿情况下，才会出现这种现象。

以斯诺德格拉斯、卡根为代表的西方古典学者，都认为在公元前 12 世纪以后的四百年间，希腊文明出现了致命中断。一度人丁兴旺的克里特岛和伯罗奔尼撒岛，变得人烟稀少而又贫穷脆弱。

为什么会这样？一个看起来颇具活力的希腊文明，怎么一下子就消失了，比赫梯还快？英国学者西蒙·普莱斯设想了一种最可能的情景：在公元前 1100 年前的一个世纪里，迈锡尼本来就受到内部经济问题的困扰，来自北方多利安人连续不断地入侵，使得阿卡亚人无法恢复精力，最终轰然倒塌，成了多利安人的刀下鬼。

不过，迈锡尼文明崩溃后，他们的英雄战迹和文治武功仍然在民间流传，成为行吟诗人歌唱的主题。这些歌唱主题，随着向东逃亡的人，传到了小亚细亚希腊殖民城邦。

公元前 9 世纪至前 8 世纪下半叶，一个小亚细亚的希腊行吟诗人，后世称为荷马，将民间流传的史诗加以整理，形成了《伊利亚特》和《奥德赛》。前者描述了希腊众将远征特洛伊的历史，后者记述了奥德修斯历经千难万险回归故土的情景，两者合起来，就是长篇《荷马史诗》。

阿卡亚人南下希腊半岛时，还有三个同宗部落紧随其后，一个叫伊奥尼亚（Aeolia），落脚于半岛东北部；另一个叫爱奥尼亚（Ionia），落脚于半岛的中部；第三个叫多利安，最初定居半岛西北伊庇鲁斯（Epirus），后来南下进入迈锡尼崩溃后的伯罗奔尼撒。

希腊神话将阿卡亚人、爱奥尼亚人、伊奥里亚人和多利安人，均视为同一祖先赫楞（Hellas）的子孙。其实，前文已经讲过，根据考古学和语言学资料，阿卡亚人、爱奥尼亚和伊奥尼亚人都属于印欧语系，他们的祖先赫楞应该是欧亚大草原上的游牧人，爱奥尼亚人则很可能融合了土著皮拉斯基人血液，所以文化传统与前三者有所不同，这一点从雅典与斯达巴的区别中即可见一斑。

公元前 12 世纪多利安人的南下，再次改变了希腊族群分布。东北部的伊奥尼亚人，被迫沿着陆地向东移动，进入小亚细亚海岸建立殖民地；中部的爱奥尼亚人，住地本来就局促狭窄、缺少耕地，现在受到多利安人冲击，也不得不派人东渡爱琴海，到对面小亚细亚海岸创建城邦。这波移民潮促成了小亚细亚更多希腊城邦的出现，也导致了赫梯帝国的瓦解。

多利安人在伯罗奔尼撒半岛安营扎寨，分化出无数个新的城邦，其中最强大的，就是赫赫有名的斯巴达。原来的阿卡亚人，被他们驱赶到北部一隅，成为可有可无的配角。

至此，古希腊四大方言区域基本定型。其中，多利安语分布于伯罗奔尼撒岛中南部、克里特岛以及伊庇鲁斯沿岸地区，阿卡亚语分布于伯罗奔尼撒北部及其对岸地区，爱奥尼亚语分布于东部阿提卡地区，伊奥里亚语分布于希腊东北以及对面小亚细亚沿岸城邦。

伊奥里亚人的核心是底比斯城邦，爱奥尼亚人的核心是雅典城邦，多利安人的核心是斯巴达城邦。这三个城邦从北到南，一字排开，成为后来希腊半岛争霸的主角。

迈锡尼崩溃后，原来相对发达的生产、贸易和管理体制随之消失，取而代之的，是印欧人部落残留的原始民主制。无论斯巴达，还是雅典底比斯，主要依靠农业为生，城邦之外就是农田。遇到战争，全民皆兵；和平时期，全民皆农，国王都要参加生产。

这个时候，两河流域已经兴盛两千余年，形成了丰厚的制度和文化遗产。亚述和巴比伦，即将成为地跨亚非两大洲的帝国。与之相比，希腊半岛简直就像穷乡僻壤，根本拿不上台面。要是亚述大军进入希腊半岛，希腊城邦根本没有还手之力。

不过，当时亚述忙于攻击周边族群，兵锋向西至多抵达迦南海岸、塞浦路斯岛，根本顾不上隔海相望的希腊本土，以及小亚细亚沿岸地带。所以，希腊人尚能够自得其乐，从容生活。

第二节　迥然不同于西亚的爱琴海文明

希腊半岛80%以上的地方是山区，降雨稀少，气候干燥，如果完全依靠农业生产，根本不能维持温饱。他们必须从埃及、黑海和两河流域进口粮食，才能弥补不足，享受较为舒适的生活。其中，黑海沿岸是雅典城邦的生命线，他们从那里输入粮食和其他生活物资。

顺便说一下，介于黑海和里海之间的南高加索地区，可能是葡萄酒的发源地之一。葡萄酒从那里传入埃及，又从埃及传入克里特岛、希腊本土，最终促使希腊形成了成熟的葡萄酒酿造工艺。他们用葡萄酒与西亚、黑海沿岸以及埃及居民交换粮食。

这种需求催生了繁荣的长距离贸易，以及希腊人向小亚细亚沿岸的移民。至公元前 8 世纪，伊奥里亚人、爱奥尼亚人和多利安人，都分别渡过爱琴海，在小亚细亚沿岸对应地建立了殖民城邦。也有人向西，登上意大利半岛南部或西西里岛，开垦新的荒地。

希腊城邦崛起以前，古希腊人背井离乡，东上西进寻找谋生之地。从安纳托利亚到迦南、埃及，再从爱琴海岛屿到西边的意大利半岛、西西里岛，到处都闪烁着希腊人的身影。

相对来说，多利安人安土重迁，不喜欢海上生活，只是占据了少数岛屿，如东部的克里特岛、罗德岛和西方的西西里岛。伊奥里亚人和爱奥尼亚人则是遍地开花，布满了整个爱琴海岛屿、小亚细亚海岸，以及意大利半岛南部。

人类历史上，贸易从来就不是纯粹的货物交换。它带来的文明刺激，远远超过货物交换的意义。小亚细亚沿岸的希腊人城邦，凭借长途贸易之利，尽情沐浴埃及、两河和小亚细亚文明，迅速改变了原始精神面貌，成长为文明世界里的一员。

希腊有一句谚语，叫“光（或光明）来自东方”。这里的“光或光明”包括文字、日晷、度量衡等，“东方”则是指小亚细亚、美索不达米亚、埃及等希腊的东方，不是现代意义的东方（东亚）。这句话所折射的，就是近三千年前古希腊人对西亚北非的仰望。

最早接触亚洲的古希腊人，可能是优卑亚岛上的阿班忒斯人（Abantians）。在雅典和底比斯的上部，横亘着一个南北走向的狭长岛屿，面积仅次于克里特岛，叫作优卑亚岛（Euboea）。优卑亚岛上住着阿班忒斯人，传说是海神波塞冬的后裔，属于爱奥尼亚族群，也就是说，与雅典人同宗。他们与下方的底比斯人是世仇，对抗若干年。

生于小亚细亚的荷马，流浪多地以后，就在优卑亚岛度过了余生。有的学者甚至认为，荷马就是优卑亚岛人，他记录的长篇史诗，实际上是阿班忒斯人参与东征特洛伊的故事。不过，更多人还是认为，荷马史诗原型是半岛南部阿卡亚人的东征故事。

至少从公元前 9 世纪开始，阿班忒斯人就活跃于爱琴海岛屿，分享腓尼基人主导的贸易之利。他们很可能率先抵达叙利亚与土耳其交界处，成为沐浴两河文明的希腊先锋。

1936 年，英国考古学家伍利爵士在北叙利亚奥龙特斯河入海口，发掘出一个古代港口，命名为阿尔米那（Al Mina）。此港口建立于公元前 800 年左右，恰逢阿班忒斯人兴盛之际。而且，考古学家也确实在这里，发现了大量的希腊文化遗迹。

阿尔米那可能是希腊人进入亚洲的最早集聚地之一，也是希腊人接触黎凡特和两河文明的历史表征。考古学家在那里发现了希腊陶器、用具、住宅以及工匠居住痕迹。这都意味着公元前 8 世纪，有大量希腊工匠，很可能以阿班忒斯人为主，来到了阿尔米那谋生。

阿尔米那当时是国际港口，出土的工艺品来自希腊、塞浦路斯、腓尼基、埃及、迦南、两河流域等，可谓西亚、北非和希腊文化的交叉地。阿班忒斯人在这里耳濡目染腓尼基字母，接触两河和埃及文明，渐渐摆脱粗鄙状态，升堂入室进入文明世界。

阿尔米那向南去不远，就是当年的腓尼基诸城邦。所以，

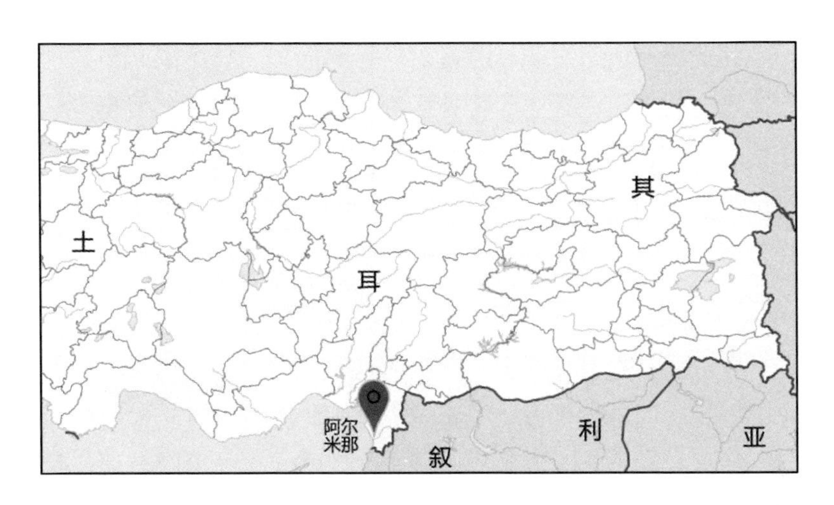

图 10－3　阿尔米那遗址示意图

阿尔米那人可能是最早学会腓尼基字母的外人之一。到了公元前 8 世纪，他们在腓尼基字母基础上改进完善，形成了前文所讲的阿拉米字母。所以，阿尔米那算是阿拉米字母的诞生地。不过，希腊人最初抵达阿尔米那时，阿拉米字母还没有与腓尼基字母分离开来，他们学习的仍然算是腓尼基字母。

在爱琴海两岸穿梭的阿班忒斯商人，很快便将腓尼基字母传入优卑亚岛、阿提卡，甚至意大利半岛南部。现在已知的两件最早希腊字母文献，不是出自希腊本土和岛屿，而是来自阿班忒斯在意大利的殖民地伊斯基亚。很可能是阿班忒斯人，将改造后的字母传到了意大利半岛。

从公元前 8 世纪开始，优卑亚字母一直盛行于古希腊世界，并成为罗马人创建拉丁文的参照。公元前 4 世纪以后，经过雅典人优化的阿提卡希腊字母，才取代优卑亚字母，成为希腊世界的新书写体系。

到了公元前7世纪，随着人口急剧增加，狭小而贫瘠的希腊本土，已经人满为患，生计困难。大量伊奥尼亚和爱奥尼亚人追随阿班忒斯人脚步，向东渡海谋生。有的去了小亚细亚和黑海周边，有的去了迦南和两河流域，有的去了埃及和利比亚，还有的去了意大利和西西里。有的是去经商，有的是去当工匠，有的是去开垦荒地，还有的是去当雇佣军。

古希腊人去当雇佣军？听起来有点不可思议。古希腊人不是以思想和民主著称吗，怎么会干替人打仗的粗活？

其实，思想和民主是古希腊后来的事。公元前8—前7世纪，希腊本土经济落后，很多人谋生不易，没有经商头脑和手工技术，除了替人打仗，也没什么太好的出路。更何况，作为草原印欧人后裔，古希腊人始终保有质朴、狂野和好武气质。

对于那些贫穷的希腊人来说，拿人钱财、替人消灾是最常见的谋生手段。事实上，他们深入两河流域和埃及后，很快显示出强大的战斗力，成为备受欢迎的雇佣军。公元前4世纪，无论波斯还是埃及，都雇佣过大量希腊人。

古希腊人四处占地，最初并没引起小亚细亚和两河流域重视。亚述和新巴比伦一心征服迦南和埃及，而小亚细亚的弗里吉亚王国，轮番遭受亚述和辛梅里安人冲击，根本没精力顾及西海岸。所以，没过多少年，小亚细亚沿岸就成了希腊人的天下，从北到南全是希腊人建立的殖民城邦。

当时著名的古希腊城邦，如米利都、以弗所、萨摩斯、罗德岛等，其实都不在希腊本土，而是在小亚细亚沿岸和附近岛屿。叙拉古也不在希腊本土，而是在意大利半岛的西西里岛。

因此，历史上的古希腊与现在的希腊根本不是一回事。前者不是一个国家名称，而是一种基于族群和文化的地理称谓。古希腊大体上包括希腊半岛、爱琴海岛屿、小亚细亚沿海、西西里岛和意大利半岛南部，比现代希腊大很多。现代希腊国家仅包括希腊半岛和爱琴海岛屿。

古希腊人建立的殖民城邦，与近代欧洲各国建立的殖民地不同。无论英国还是法国，殖民地都从属于帝国，服从帝国命令。古希腊人创建的殖民城邦，则是按照母邦政治结构复制的，享有完全的决策独立性，不用向母邦请示汇报。当然，反过来，母邦也不会管子邦兴亡。充其量，外敌入侵时，双方结成同盟一致杀敌而已。

希腊城邦的政治结构与两河、埃及不同。无论两河流域还是埃及，都是王权主导一切，贵族、祭司、法官阶层必须听命于国王，普通人根本没有参与政治的机会。早期希腊城邦也实行王政，以国王为主导。但是迈锡尼文明崩溃后，新兴的希腊城邦，不像两河和埃及国王那样唯国王独尊，而是允许贵族和平民参与政治。其中，贵族代表发挥着决定性作用。

公元前 11 世纪，以雅典为代表的希腊城邦更进一步，直接撤销了国王这个职位。

传说，当时刚南下伯罗奔尼撒的多利安人四处征战，试图吞并雅典。他们从德菲尔神庙求得的神谕说，只要不杀害雅典国王，就能入侵雅典。于是，多利安大军浩浩荡荡杀向雅典。雅典国王科德鲁斯（Codrus）听说了神谕，决定舍身守护城邦。他化装成农民，混入多利安人营地，然后故意激怒对方，最终被杀死。多利安人后来知道，他们违背神谕，杀死了雅典国王，只能赶紧退兵，以求避免酿成更大的错误。

《剑桥古代史》说，雅典思想家柏拉图的父系，可以追溯到雅典最后一任国王科德鲁斯。若果真如此，那柏拉图与孔子一样，都算是王族后裔。孔子的远祖是殷商王室。

雅典城邦为了纪念科德鲁斯，决定将国王职位永久保留，另设执政官行使城邦行政大权。就这样，雅典城邦成了没有国王的城邦，主要由元老会议和执政官管理国家。执政官最初为终身制，相当于半个国王，但是公元前 753 年改为 10 年任期，公元前 683 年又改为 1 年任期，彻底沦为贵族政治的执行机构。

雅典贵族通过议事会，控制国家大政方针，实际上是一种轮流坐庄的寡头政治。公元前 7 世纪末 6 世纪初，自耕农在对外作战中越来越重要，商人在海外贸易中获利甚丰，两者对贵族寡头政治严重不满。一些贵族领袖，比如梭伦、庇西特拉图和克里斯提尼，趁机顺应平民阶层呼声，强制贵族阶层开放权力，允许平民参加政治。

公元前 6 世纪，当阿契美尼德家族创建波斯帝国、中国东周诸侯争霸时，雅典用上百年时间完成了政治转型，由贵族寡头政体变成了向所有公民开放权力的民主政体。凡是雅典公民，无论穷富、居于何地，都有资格参加公民大会，参与决定城邦大事。

当然，无论古希腊民主，还是现代欧美民主，第一要务就是区分公民与非公民。只有公民才能参与集体决策，享受当家做主的感觉。古希腊的外邦人和奴隶是没有资格的。

占据伯罗奔尼撒平原的斯巴达，与雅典民主政制不同，他们始终保留着国王职位。不过，作为游牧后裔，他们不喜欢国王专权，而是更倾向于权力分散和相互制衡。到公元前6世纪，经过多次调整，斯巴达形成了一种十分奇特的政治体制。

斯巴达城邦设有国王、元老院、国民会议和执政官。其中，国王分别由两个大家族的代表担任，相互牵制和监督。他俩没有实权，主要作为象征，发挥祭司长、议长、裁判长、元帅等职能。元老院负责立法，由28个年满60岁的免役者担任，加上2个国王，共计30人。由全体公民普选产生的国民议会，名义上可以审核元老院提议的法案，事实上很少做到。

斯巴达的日常大权主要掌握在执政官手中。执政官由公民选举产生，任期一年，有资格召集元老院和国民议会，监督国家一切公私大权。执政官没有任期限制，是斯巴达最有实权的职位。不过，为防止个人专断，斯巴达设立了5个执政官，只有5人达成共识，才能做出决策。

由此可见，斯巴达政体很复杂，用现代话来说，几乎是君主、民主和共和的大杂烩，其中又以分权制衡的共和为主。不过，若与雅典相对照，两者有一点是相通的，即包括自耕农、贵族在内的所有公民，都有参与政治的权利。在某种意义上，也可以说主权在（公）民。

古希腊大大小小的城邦，至少1500个以上。由于各自独立，每个城邦的政治体制不尽相同，但是总体来说，大都具备雅典、斯巴达的主权在民精神，允许公民参政议事。当然，允许公民参与政治，并不代表平民子弟能够登上高位，执城邦之牛耳。事实上，长期主导城邦政治的，还是世家大族子弟。

在两河流域和波斯帝国，王权不仅是个人实现野心、满足私欲的工具，还是法治的起点和动力。从巴比伦到亚述再到波

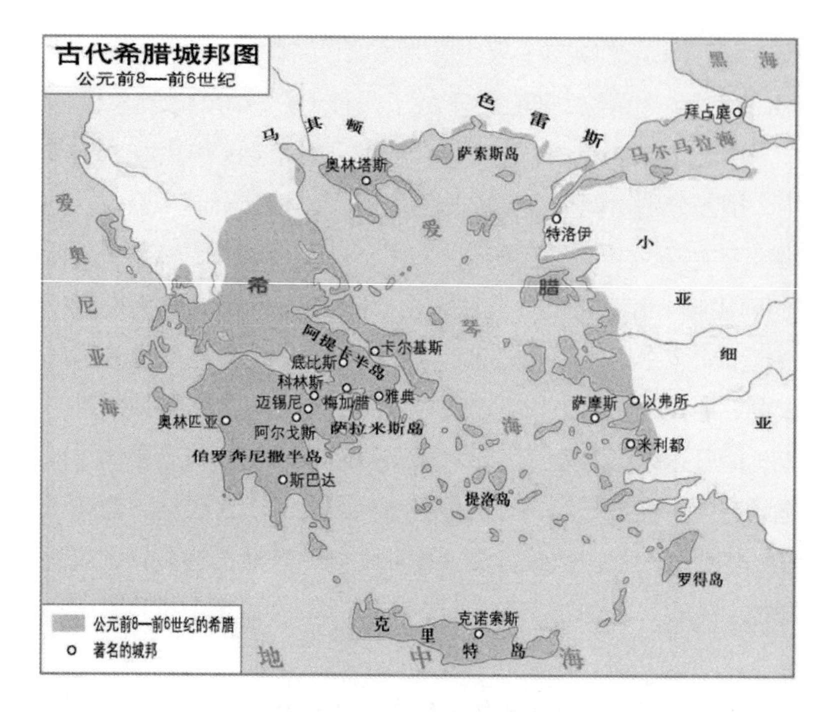

图 10－4　古希腊城邦示意图

斯，所有的成文法典，都由国王编纂公布；法律的效力以及法官阶层的公正性，也由王权保障。可以说，如果没有王权，两河流域和波斯帝国就没有法治。

进入民主制度以前，希腊城邦也是由类似君王的立法者制定法令。传说公元前 7 世纪，斯巴达有一个老兵，名叫莱库古（Lycurgus），曾官至国王导师。他受谗言迫害，不得不离开斯巴达，去克里特岛、埃及等地游历，顺便观摩政制和法律。回国后，斯巴达人弄清了原委，原谅并推举莱库古担任立法者。斯巴达的政制、教育和法律，都是由莱库古奠定的。

巧合的是，传说公元前 7 世纪，可能比莱库古晚半个世纪，雅典同样出现了一位立法者，名叫德拉古（Draco）。德拉古为雅典设计了400人委员会，制定了一部完整的成文法典。

《莱库古法典》和《德拉古法典》的全文，现在已经不得而知。学界连《莱库古法典》的基本立场，都一知半解。不过，透过亚里士多德等人文字，我们还能了解《德拉古法典》的立法倾向。

《德拉古法典》的一个最大特征，就是异常严酷，即使很轻微的犯罪，比如偷棵白菜，都要被处死；懒惰也是罪，以死刑论处。赫梯和亚述法律，也没到这种严酷的程度。另一个特征，是对上层宽大而对下层严厉。比如，如果债权人社会地位高于欠债的人，有权将其收为奴隶；反过来，上层人士欠了下层人债，则不能被收为奴隶。这是典型的“只许州官放火，不许百姓点灯”。

当有人问到德拉古，为什么要把大多数罪犯都判处死刑时，德拉古回答：“轻罪理当处死，至于更大的罪，还找不到比死刑更重的惩罚。”由于《德拉古法典》严酷无比，有人说它是用鲜血写成的。时至今日，欧美仍然用“Draconian”表示严酷的法律或判决。

说实话，受这样的法律约束，普通人生活在雅典城邦，还不如寄居两河流域。两河流域历代以来的法典，不仅逐渐减少死罪，且大都宣扬公平正义，努力照顾弱者。至少，理论上是这样宣扬的。

但是，一个多世纪后，雅典逐渐废除《德拉古法典》，代之以较为温和公平的法律规定。执法者也由贵族议事会和执政官，转移到了6000名公民组成的公民法庭手中。凡三十岁以上的男性公民，无论阶层或财富多寡，经过抽签，都能担任陪审员。

被抽中的陪审员，会获得猫头鹰官印及陪审法官签名的证明票证，然后参加就职仪式，誓词为："我将根据公民大会与500人会议通过的法律作出投票，至于无先例可循的案件，亦会尽己之所能，作出最佳判决，不偏不倚，并仅对案件事实作出判决。我会秉公无私，听取控辩双方的证词。"

从这个证词可知，到公元前6世纪，雅典已经以公民大会和500人会议制定法律；公民法庭审判时，除了以法律为准绳，还会考虑先例；陪审员必须秉持公平公正原则，对案件事实进行判断。这样的司法，实际上是民主在司法领域的延伸。换句话说，一个人有没有犯罪，不是法官说了算，而是人民说了算，公众说了算。

斯巴达不一样，它不让公众主导司法，也不将司法权交给一个机构，而是由三个机构分享。国王负责处理军事行动中的违法行为，元老院审判刑事案件，监察官审判民事案件。

由行政机构分享司法并不稀奇，中国周代的司法也是由天子、大小司寇共同负责。斯巴达司法的特殊之处在于，监察官的审判对象涵盖所有公民，上到国王官吏，下到黎民百姓，如果涉嫌犯罪，都必须接受监察官的审判。这种监察官的角色地位，颇有点类似今日欧美各国的最高法院。中国周代的大小司寇，是无论如何也不能审判天子的。

伴随文字、民主、司法而来的，是古希腊神灵系统的确立。希腊半岛及其周边地区，本来信仰海上神灵，等到印欧人南下，增加了草原战神信仰。公元前9世纪以后，古希腊人纷纷涌向小亚细亚，又吸收了农耕社会信仰。结果，古希腊城邦逐渐形成了一个错综复杂、千姿百态的信仰体系，可以说什么神都有，什么神都信。

古希腊人信仰的神多种多样，有家神、城邦神、地域神，有灶神、门神、天神、地神、海神、战神。可以说，古希腊人从生下来，就与神灵打交道，直到死去。几乎大大小小的事情，都向神灵卜凶问吉。连行兵打仗，都得尊重神谕的指示。

他们最主要的神有十二个，分别是天神宙斯、天后赫拉、海神波塞冬、智慧女神雅典娜、太阳神阿波罗、狩猎女神阿耳忒弥斯、爱神阿芙洛狄忒、战神阿瑞斯、农神德墨忒耳、火神赫淮斯托斯、灶神赫斯提亚、神使赫尔墨斯。在古希腊人看来，这些神住在北部奥林匹斯山上，是一个“神圣家族”，属于整个古希腊神灵系统的第三代和第四代精英。

图 10－5　古希腊十二神浮雕

其中，宙斯是第三代天神的核心，波塞冬是他二哥，赫斯提亚和德墨忒耳是他的姐姐。赫拉则既是宙斯的姐姐，也是三位合法妻子中的正妻。其他剩下的天神，除了阿芙洛狄忒存在争议，都是宙斯的子女。这样一说，奥林匹斯山上的十二天神，其实就是近亲结婚的宙斯一家人。

就对神灵的虔诚信仰而言，古希腊人与美索不达米亚、迦南、埃及以及波斯相比，有过之而无不及。但是，古希腊人宗教有一个特点，它没有系统的经典文献或教规教义，没有绝对的主神，也没有独立的祭司集团。

古希腊神庙里的祭司，多由俗人担任，且由城邦政府指定。不同城邦指定的祭司，自然各自独立、互不统属，形成不了利益集团。各个神庙的祭司，没有教义可以凭借，完全凭借自己的理解传递神谕。城邦或公民接受神谕时，也可以有自己的理解，不必照单全收，有时候甚至可以拒绝接受，反过来要求祭司改变神谕。

这样的宗教信仰，使得古希腊人不像巴比伦或埃及人那样，饱受祭司阶层的压制和教义的束缚，而是能够享受精神上的自我慰藉和超脱。再加上多数城邦允许公民参政，赋予其平等的政治地位，古希腊人的精神世界相对轻松，能够观察和思考他们身处的世界，能够思考他们感兴趣的问题。

如果说古希腊与波斯帝国相比有什么优势，最大的恐怕就是精神放松。古希腊兴起前，美索不达米亚和埃及文明已经持续两千多年，积累了相当丰厚的思想遗产。但是，由于宗教和政治对个体束缚太重，两河和埃及都只有集体文明，而缺少五彩斑斓的个性思想。沐浴东方文明成长起来的古希腊人，仅仅几百年，便涌现出数不胜数的哲人。

移居小亚细亚的古希腊人，由于接近两河流域、迦南和埃及，率先实现文明突破，涌现一批卓越的思想家。米利都出了一个泰勒斯，以弗所出了一个赫拉克利特，萨摩斯出了一个毕达哥拉斯，科洛封出了一个色诺芬尼。

他们所生活的时期，都是小亚细亚希腊城邦从属于吕底亚或波斯帝国的时期，肯定受到后者文化的影响。在当时希腊人眼中，吕底亚是世界上最富强的国家。可是，吕底亚和比它更强的亚述、新巴比伦，却都没有孕育出让后人回味的个性思想家。

毕达哥拉斯、色诺芬尼向西游历，将个人思想传入希腊人在意大利半岛南部的殖民地，分别形成了毕达哥拉斯学派和爱利亚学派。这两大学派又熏陶出巴门尼德、恩贝多克利、芝诺等人。

公元前 5 世纪中叶后，随着希腊城邦击溃入侵的波斯大军，雅典等城邦人来人往，思想家群集，更是催生出苏格拉底、柏拉图、亚里士多德等照耀历史的名家和先贤。

总之，新巴比伦和波斯帝国兴盛之时，他们西部的环爱琴海地区，出现了一种别样的文明形态。这种文明允许公民参与政治，允许公民自主地信仰神灵、理解神谕，允许公民自由地观天测地、察古论今，探求宇宙、自然、城邦和人生的奥秘，体现出完全不同于东方（西亚）的精神气质。

第三节 波斯大军激战希腊半岛

在波斯帝国以前，两河流域从来没与古希腊世界打过仗。无论亚述还是巴比伦，兵锋向西最多抵达安纳托利亚高原中部，顾不上小亚细亚沿海，更顾不上希腊本土。那时候，他们目光向南，想的都是迦南和埃及。希腊半岛尚属于穷乡僻壤，不值得他们日思夜想。

从地理位置来看，波斯在两河流域的东方，离着希腊人更远，犯不着兵戎相见。即使现在，伊朗力量深入中东，最多也就是抵达黎巴嫩，不可能与希腊有什么冲突。

但是，公元前 6 世纪末 5 世纪初，欧亚大陆的政治格局骤然改观，波斯与希腊阴差阳错，成了冤家对头。前文讲过，希腊半岛土地贫瘠、气候干旱，粮食产量很低，且只能种植大麦、葡萄之类，很难养活自己。相对来说，两河流域和尼罗河三角洲，犹如农耕天堂。尼罗河泛滥带来的肥沃泥土，能够让埃及人轻松种植粮食。希罗多德说，埃及人根本不需要深耕和施肥，只要撒上种子，再把猪赶到地里踩一踩，就能等着收获粮食。至少公元前三千年前后，尼罗河三角洲是这样的。

当然，凡事有好就有坏。埃及人享受了尼罗河三角洲泥土的红利，代价就是没动力、没心思琢磨农业耕作。它是人类最早出现农业文明的地区，但是在很长时间里，农业耕作技术止步不前，落后于两河流域。不仅农业耕作技术没有发展，由于没有强烈需求，又缺乏冶炼所用原料和资源，古埃及的冶炼技术也长期地落后于西亚，靠着从西亚输入。

再回到波斯与希腊。

公元前 6 世纪末，随着波斯吞并两河流域、小亚细亚、埃及和利比亚，希腊半岛进口粮食的地方，等于都落到了波斯帝国手中。如果波斯帝国愿意放行还可以，如果他们禁止粮食出口，或切断爱琴海贸易路线，很多希腊城邦就会失去粮食来源，生计艰难。

不仅如此，大流士活着的时候，还渡过达达尼尔海峡，经巴尔干北上讨伐斯基泰人，并顺道征服了马其顿和色雷斯。马其顿人、色雷斯人和古希腊人同宗同源，都是草原下来的印欧人后裔。他们分布在巴尔干半岛，客观上对希腊半岛发挥拱卫作用。波斯帝国将其纳入麾下，意味着从南到北，完成了对希腊本土的半月形包围。

此后，希腊商人不但无法自由进出埃及、迦南、小亚细亚，连巴尔干和黑海周边都受限制。对迫切需要东方商品的希腊人来说，这无疑是个致命枷锁。他们对波斯人的怨气，与日俱增。公元前 499 年，雅典人终于等到一个机会，发泄他们对波斯的不满。

这个机会，就是前文提到的小亚细亚希腊城邦大起义。小亚细亚东南沿海有一个希腊人城邦叫米利都（Miletus），早在赫梯帝国时就已经存在。它的命运很可怜，屡遭赫梯帝国蹂躏，最终被摧毁。公元前 11 世纪，一帮雅典人来到这里，重建了米利都。

希腊人的米利都，仍然与内陆霸主冲突不断。等到波斯取

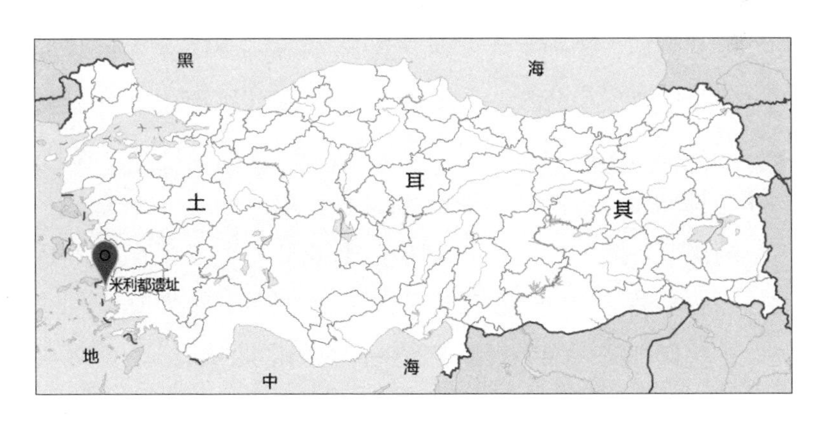

图 10－6　米利都旧址

代吕底亚，成为新的霸主，米利都与其他希腊人创建的城邦，一起投靠了波斯帝国。所以，公元前6世纪中叶以后，古希腊世界实际上一分为二，小亚细亚希腊人城邦从属于波斯帝国，希腊半岛及爱琴海西部城邦保持独立。

波斯帝国为米利都指定了一个统治者，叫阿里斯塔格拉斯（Aristagoras，以下简称阿里斯塔）。如果阿里斯塔老老实实地做他的傀儡，替波斯帝国服务，也不会有什么难事。但是，阿里斯塔不甘心。

爱琴海中间，有一个纳克索斯岛（Naxos）。岛上有些贵族在政治斗争中失败，逃亡到了米利都，希望阿里斯塔提供帮助，打回老家去夺取政权。阿里斯塔妄图扩大统治范围，便向大流士的兄弟、吕底亚总督请命，称打下纳克索斯岛，不仅可为帝国获取诸多金银财宝，还能为进攻优卑亚岛提供跳板。优卑亚岛与雅典、底比斯隔海相望，距离希腊半岛大陆非常近，占领了优卑亚岛，就相当于拥有了登陆希腊半岛的前哨。

吕底亚总督最终被说动了，经请示大流士后，借给阿里斯塔200只战船，随他去攻打纳克索斯。可是，没想到，阿里斯塔与军事主帅发生分歧，让纳克索斯人提前得到情报，早就做好了防御准备。波斯大军围困四个月，竟然没能成功登陆，不得不悻悻而返。

阿里斯塔知道，此行没有为波斯获得好处，反而损兵折将，回去后肯定要遭受惩罚。与其被动受罚，还不如主动求生。被控制在波斯的米利都老僭主，也秘密通知他，可以择机起兵求变。

于是，阿里斯塔回到米利都后，声称要辞去波斯任职，带领大家反抗波斯压榨，谋求独立。米利都人怦然心动，投票通过了他的提议。阿里斯塔又赶到邻近的其他希腊人城邦，鼓动他们斩杀或者放逐波斯任命的僭主，恢复原有的民主政体，同样得到响应。一场反抗波斯的小亚细亚希腊城邦起义，由此拉开了惨烈序幕。

两河帝国统治者历来痛恨反叛。大流士闻听小亚细亚反叛，自然气不打一处来，命令吕底亚总督严厉镇压。阿里斯塔一看波斯来势汹汹，赶紧跑回希腊本土寻求援军。

当时，斯巴达陆军在希腊城邦中首屈一指，阿里斯塔自然最希望得到他们的支援。他添油加醋地描述波斯的富足，诱惑斯巴达国王出兵支援。斯巴达国王问他，打到波斯都城苏萨需要多长时间？阿里斯塔说大约三个月，斯巴达国王一听泄了气，礼送阿里斯塔出境。其实，斯巴达国王可能不知，阿里斯塔说了谎话骗他，当时从斯巴达到苏萨，至少得七八个月以上。

不过即使路程近点，斯巴达人也不一定参加小亚细亚起义，因为他们不喜欢远征。他们占据的斯巴达平原背山面水，易守难攻。一条河流贯穿平原南北，境内适宜耕种，盛产柑橘，比起雅典占据的阿提卡肥沃得多。一般情况下，无须外出抢掠。

更重要的是，斯巴达的社会和政治结构，决定了他们也不能轻易出兵。斯巴达人作为游牧后裔，既不擅长耕种，也不愿意耕种。他们从原住民中留下一部分人充当奴隶，替他们进行耕种。公元前 8 世纪，他们又两次向西翻越泰格图斯山脉，将麦西尼亚（Messenia）居民变成“黑劳士”（奴隶），为斯巴达耕种粮食和其他经济作物。

在某种程度上，斯巴达人完全靠国内外奴隶养活。要维持这样的生活，必须维持强大的军队，防止奴隶叛乱。因此，不干活的斯巴达人，从 7 岁就接受军事训练，在军营中成长和生活。每个人都必须接受城邦安排，整个斯巴达就是一座大军营。

斯巴达人将全部军事精力，投入重装步兵方阵，打造出了一支强大的陆上部队。斯巴达士兵身着头盔重甲，一手持长枪，一手持圆盾，排列成密集方阵，相互支持、共进共退，拥有强大的冲击力和防御力。斯巴达重装步兵代表了古希腊陆军最高水平。

靠奴隶体制为生的斯巴达，每天就像坐在火山口上。怨气满腹的奴隶们，随时都会群起暴动，谋求自由。所以，斯巴达军队的核心任务不是外出征战，而是防止奴隶起义，维护国内稳定。他们拒绝阿里斯塔的诱惑，不愿介入小亚细亚起义，是自古以来的传统。

阿里斯塔只好北上赶赴阿提卡，诱惑雅典等城邦出兵相救。雅典地区土地贫瘠，高度依赖海上贸易，对波斯帝国的不满远远超过斯巴达，所以很快就被说动了。与之相同的，还有优卑亚岛上的埃雷特里亚。这两个城邦分别派出 20 艘和 5 艘战船，支援小亚细亚同胞起义。

公元前 499 年，雅典、埃雷特里亚军队赶到小亚细亚后，汇合当地希腊城邦军队，杀向波斯的吕底亚省都所在地萨迪斯。他们觉得，同样受波斯压制的吕底亚人，肯定会像他们一样起来反抗。可事实是，希腊联军乃乌合之众，他们抵达萨迪斯后放火抢掠，激怒了吕底亚人。后者不但没有帮助希腊人，反而站在了波斯大军一方，将希腊联军逼退。

波斯军队一路追击，在以弗所再次击溃希腊联军。雅典和埃雷特里亚干脆撤军返回了希腊本土。小亚细亚希腊城邦没有放弃，前后坚持六年，于公元前493年宣告失败。

撺掇起义的阿里斯塔，逃亡到色雷斯后被杀死；米利都被屠城，男子不是战死就是被杀，女子被掳走为奴。其他参与起义的希腊城邦也惨遭蹂躏，失去自治权。

这次小亚细亚希腊人起义，给波斯与希腊本土的关系，造成了深远影响。大流士意识到，小亚细亚希腊城邦与其本土藕断丝连，如果不连希腊本土一块儿荡平，小亚细亚终难安定。因此，平定小亚细亚起义后，他就着手准备远征希腊半岛。

此时，一位避居波斯的雅典贵族，也极力劝说大流士讨伐雅典，帮助他重掌政权。这个雅典贵族叫希庇阿斯（Hippias），原是雅典的僭主，也是雅典僭主庇西特拉图（Pisistratus）的儿子。

庇西特拉图是梭伦的表弟，借助梭伦的关系，在雅典政坛崭露头角。公元前565年，他指挥雅典军队打败麦加拉，立下一大军功。梭伦下台后，公元前561年，庇西特拉图对公民大会谎称自己遭遇刺杀，然后授意一位支持者提议给予他50人卫队。庇西特拉图借助这50人的卫队，占领卫城夺取了最高权力，成为雅典一代僭主。

凭借50人的卫队就可以夺权？听起来有点不可思议。但是，只要明白古希腊城邦的特点，就能明白是怎么回事。以雅典为代表的古希腊城邦，没有常规部队，更没有御林军或禁军，由自耕农组成的重装步兵，只有在对外战争时才集中出战，平常里都是各自在家耕种。庇西特拉图带着 50 个人到卫城去，如入无人之境，很容易夺取执政权。

西方历史学家将这种不通过世袭、传统或合法选举上台，超越公民授权或法律进行统治的人，叫作僭主。

自从柏拉图以来，人们对僭主多抱负面印象，认为他们不遵守法治，以谋取私利为宗旨。其实，这个事不能一概而论。具体到庇西特拉图，在雅典城邦历史上，更多发挥了积极作用。其中最重要的一点，是他提高中下层农民地位，打击贵族利益，发展工商业，化解平民与贵族之间的张力，为后来的雅典民主奠定了基础。

这样的僭主，中下层农民喜欢，那些世袭贵族就恨得咬牙切齿了。贵族最反感有人煽动普罗大众带头闹事。

庇西特拉图去世后，他们的两个儿子希帕克斯和希庇阿斯继承统治权。公元前 514 年，希帕克斯被雅典贵族刺杀。四年后，遭希庇阿斯放逐的阿尔克迈翁家族，取得德尔斐神谕，邀请斯巴达出兵进攻雅典，又驱逐了希庇阿斯。随着两个儿子一死一走，庇西特拉图在雅典建立的僭主政治灰飞烟灭。

希庇阿斯逃出雅典后，渡过爱琴海投奔了波斯帝国。小亚细亚希腊城邦起义时，他就在波斯王宫，为大流士出谋划策。公元前 490 年，波斯大军浩浩荡荡西渡爱琴海时，他也是随军的向导。他建议波斯大军从马拉松平原登陆，对雅典展开攻击。

其实，除了希庇阿斯，还有一大批希腊贵族流亡波斯，比如被废的斯巴达国王德玛拉图斯、原萨摩斯僭主的弟弟叙罗松等。他们都建议大流士对希腊本土动武，以便从中渔利。

波斯大军的进攻目标很明确，就是报复上次支援小亚细亚起义的两个希腊城邦，雅典和埃雷特里亚。他们先登上优卑亚岛，攻破了埃雷特里亚，接着又渡过海峡，登陆马拉松平原，准备进攻雅典。

当时的雅典还是一个军事小邦，对能否抵挡住波斯大军毫无信心。他们只有 1 万军队，而波斯军队数量不详，希罗多德说是 10 万，肯定是夸张，不过至少在 2 万以上。

雅典内部分为两派，一派主张打，一派主张和。经过内部投票，主战派占据多数，遂派军赶往马拉松平原迎敌。同时，派人飞速到斯巴达求援。可是，斯巴达人却说，他们必须等到七天后月圆时才能出兵。这明显是找借口，不想帮助雅典。也不能怪斯巴达，当时希腊分散的城邦与波斯帝国比起来，简直是小巫见大巫。连德尔菲神庙的祭司，都传出神谕说波斯势不可挡，使得大多数希腊城邦悲观失望，不愿出兵相助。

雅典人没办法，只能硬着头皮向前冲。没想到，他们迎难而上，竟然打破了波斯大军不可战胜的神话。

波斯大军的优势，在于骑兵和弓箭手。每次打仗，两者配合，箭如雨下，让敌人未到身前，已经损失过半。可是，雅典军队是身披盔甲、手持藤盾的重装步兵，能够有效抵御长矛和弓箭。再加上双方决战的马拉松是一块狭长地带，波斯骑兵和弓箭手施展不开拳脚。

双方激战一番，希腊军队通过诱敌深入、两翼包抄，重创波斯军队。希罗多德说，波斯军队损失 6400 人，雅典只阵亡 192 人。这个说法有点夸张，但是雅典大获全胜，则应毋庸置疑。

雅典战胜来犯的波斯军队，极大鼓舞了希腊人士气，但是对波斯的冲击并不大。当时的波斯兵多将广、国力强盛，损失上万人不算事。大流士原本准备继续征讨希腊，只是埃及出现叛乱，打乱了原定计划。公元前486年，64岁的大流士积劳成疾，一病不起，传位于薛西斯。薛西斯的亲生母亲，是居鲁士大帝的女儿阿托莎。这样算来，大流士是居鲁士大帝的女婿，薛西斯是居鲁士大帝的亲外孙。

与外祖父比起来，薛西斯这个外孙野心勃勃，有过之而无不及。他花费六年时间，平定了埃及和巴比伦叛乱，公元前480年率军远征希腊，企图完成他父亲的遗志。薛西斯的一生，主要就是干两件事，一是稳固和扩充边疆，二是修建波斯波利斯。宏伟的波斯波利斯，基本上就是他的丰碑。

希腊远离伊朗高原，中间还隔着爱琴海，对波斯帝国没什么威胁。波斯帝国远征希腊，不仅要长途行军，还得打自己不擅长的水战，无论如何都不划算。亚述和新巴比伦，都是不计代价地远征埃及，才削弱了自己，给予了后方敌人可乘之机。

波斯人东征西讨、北上南下，很少失手，遂觉得自己战无不胜，可以让帝国不断扩展。他们不相信自己打不过弱小的希腊城邦。亚述和新巴比伦灭亡的前车之鉴，对他们没意义。

希罗多德说，薛西斯调动了1000艘战船、170多万人，现代学者认为实际不超过500艘战船，军队介于10万—25万人。即使按20万大军算，对希腊也是一个相当大的震慑。这一次，斯巴达感受到了唇亡齿寒的气息，决定出兵支持雅典。他们通报各邦，号召同仇敌忾，组成了一支10万多人的联军。

薛西斯吸收上次教训，不再横渡爱琴海直取雅典，而是沿着海岸前行，实施堡垒推进战略，一步一个脚印地从北向南征服整个希腊半岛。希腊联军决定在半岛中部的温泉关进行堵截。温泉关是一个狭长通道，一边是大海，一边是山崖，易守难攻。

驻守温泉关的，是斯巴达国王莱奥尼达斯一世（Leonidas I）率领的300斯巴达士兵、400底比斯士兵以及6000名其他希腊联军。斯巴达重装步兵长年进行高强度训练，战斗力极强，在他们的英勇带动下，希腊联军硬是以一敌十，让波斯大军损失惨重，两天未能过关。

第三天，波斯人收买了一名当地向导，绕道迂回到希腊联军后方，才掌握了战场主动。莱奥尼达斯为避免希腊联军覆灭，命令300斯巴达士兵和部分其他士兵断后，保护整个希腊联军撤退。最终，波斯大军前后夹击，踏着斯巴达士兵的尸体，挺进阿提卡半岛，奔向雅典卫城。

雅典主帅地米斯托克利（Themistocles）知道不能死守，只能智取。他安排妇女老幼和财产转移到南方，男子则登上战船，集中到阿提卡下方的萨拉米湾待命。随后，派人伪装成平民向薛西斯通风报信，说雅典人都集中在萨拉米湾，准备逃跑，建议赶紧攻击。

薛西斯抵达雅典后，看到一座空城，一肚子怨气无处发泄，遂下令将雅典卫城夷为平地。继而听说雅典人在萨拉米湾，哪能让他们轻易跑了，命令船队赶快追击。

他们不知道，这是雅典人的一计。萨拉米湾水域狭窄，风向北吹，使得波斯战船根本施展不开。五百余艘战船相互碰

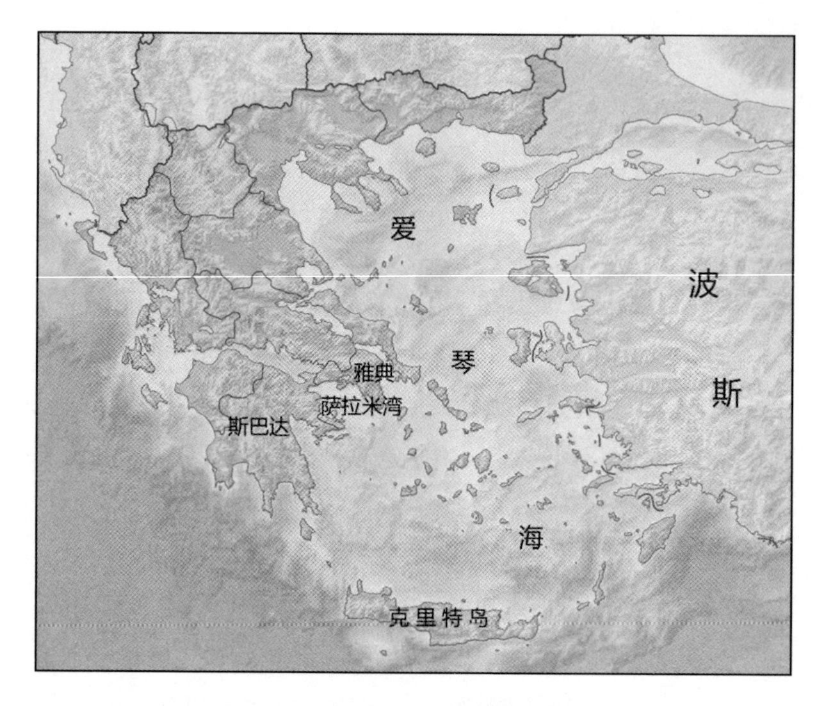

图 10－7　萨拉米湾所在位置

撞，阵脚大乱，最终被雅典水师打得稀里哗啦，仓皇撤退。

波斯大军的后勤供给全靠船载，现在主力战船被毁，随时都有后勤供给中断的危险。薛西斯为了以防万一，赶紧返回波斯王宫，只留下陆军和部分战船继续骚扰。战船被毁、主帅一撤，波斯大军士气低迷，渐渐失去战斗力。次年，留下的波斯步兵和战船依次被毁，薛西斯远征彻底失败。

这次远征失败，让波斯海军元气大伤，丧失了控制爱琴海的能力。雅典海军趁热打铁，与其他城邦结成同盟，组织舰队出海扫荡。经过三十年纠缠，雅典同盟将波斯海军逐出了爱琴海，并迫使其承认小亚细亚希腊城邦独立。爱琴海真正成了希腊人的内海。

不过，让人想不到的是，曾率领雅典打败波斯的地米斯托克利，后来却投奔了他们的敌人。原来，他带领雅典称雄以后，权力和威望达到巅峰，雅典公民担心他搞个人独裁，投票把他放逐了。他只好投奔斯巴达。没想到，斯巴达又指责他私通波斯，放走了被俘的波斯贵族。地米斯托克利有口难辩，干脆一不做二不休，投奔了波斯大王薛西斯。

更让人惊讶的是，整个希腊联军的领袖、斯巴达国王保萨尼阿斯（Pausanias），也被国内指控“暗通”波斯。其罪名有二，一是率军攻占拜占庭和塞浦路斯后，释放了部分波斯贵族；二是向波斯国王薛西斯写信，说愿意帮助他将希腊人置于麾下，为了显示诚意，还希望迎娶一位波斯公主。虽然经过审判，斯巴达没有找到保萨尼阿斯通敌的实锤，把他释放了，但是这位威名远扬的斯巴达将军，从此跌落政坛，郁郁而终。

无论君主专制还是民主政制，内讧都是无可避免的主题。在民主政制下，唯一的好处是，失败者可能有一条活路。

第四节　对抗百余年，希波两败俱伤

薛西斯远征受挫，让波斯遭受重创。大流士派人征讨希腊时，只是调集了少数人马，也没有很放在心上，损失不算大。可是，这次薛西斯御驾亲征，调集了几乎所有舰队，又从北向南步步推进，稳扎稳打，结果仍然溃败，其创伤之大可想而知。

对于希腊来说，这次战争则是巨大的鼓舞。如果说上一次，雅典战胜波斯大军，还有点运气成分，那么这次再让波斯大军有去无回，就不是运气，而是实力使然了。

由此，希腊城邦收获了前所未有的自信。他们觉得自己已经具备实力，不必再缩手缩脚，而是可以与波斯分庭抗礼，掰一掰手腕了。至少，打起海战来，雅典完全不惧。

经过两次抗波战争，雅典被激发了出前所未有的活力。此前，他们既不敢挑战波斯，也打不过斯巴达。斯巴达是希腊半岛上公认的魁首，经常出兵羞辱雅典人。第二次联合抵抗波斯大军，主帅也是由斯巴达大将充当。不过，两次击败波斯让雅典找到了底气，他们决定趁热打铁，乘胜追击，一举扫清波斯海上势力，抢回赫勒斯滂海峡粮食贸易路线。如果可能，再解放对岸的希腊人同胞，将爱琴海变为自己的内湖。

希腊联军盟主斯巴达却不同意。一来，斯巴达存在大量强制性奴隶，维稳压力很大，不敢出兵太远，也对海上扩张没兴趣。他们只要镇住伯罗奔尼撒半岛的奴隶，让他们老老实实地从事生产，就能保障斯巴达公民吃喝拉撒，没必要控制爱琴海。二来，他们觉得与其解放小亚细亚的希腊同胞，还不如将他们直接迁回希腊，一劳永逸地解决问题。

两相比较，北方和小亚细亚多数城邦更认同雅典。北部城邦觉得，如果跟着雅典成功了，能够分得一杯爱琴海贸易的羹；小亚细亚城邦觉得，斯巴达的设想不现实，目前最实际的，还是摆脱波斯，谋求独立。

公元前 478 年，希腊联军占领拜占庭后，内部矛盾公开化。斯巴达和雅典各执一词，谁也说服不了谁，最终不欢而散。斯巴达主帅率领着他们的兄弟城邦回撤老家，丢下雅典等城邦自生自灭。

剩下的城邦仍然不少，大约有一百多个。斯巴达主帅一走，雅典主帅自然成了盟军领袖。雅典既拥有抗击波斯的荣耀，又掌握着最强大的海上舰队，锐气十足。

雅典代表率领剩余联邦代表，赶到提洛岛上召开会议。提洛岛是希腊神话世界中的圣地之一，据说宙斯及其两个子女阿波罗、阿尔忒弥斯，都出生在这座岛上，所以曾经很繁荣。由于不方便居住，现在已经是荒草萋萋，渺无人烟，只剩断壁残垣供人凭吊。

雅典率领的城邦，决定组成反波斯同盟，有钱的出钱，有力的出力，彻底将波斯逐出爱琴海，并解放小亚细亚同胞城邦。他们将铁锭扔进海里，誓言永结同心，不破波斯终不还。

提洛同盟在海上势如破竹，不断向东挤压波斯舰队。公元前 466 年，他们在小亚细亚南部欧里梅敦河入海口打败波斯，彻底摧毁波斯海军，断绝了其再度入侵希腊的可能。雅典和它的提洛同盟，取代波斯及其控制的腓尼基，成为东地中海的贸易霸主。东地中海贸易的主导权，第一次从亚洲转到欧洲手中。

不过次年，雅典海军就遭到了重创。当时，波斯大王薛西斯被暗杀，其子阿塔薛西斯一世（Artaxerxes I）刚刚上台，还处于权臣控制之下，政局不稳，埃及统治者趁机反叛，并向希腊远征军求援。雅典舰队前往支援，没想到战争一打就是六年，几乎全军覆没。反叛的埃及，也再度沦入波斯之手。瘦死的骆驼比马大，波斯仍是庞然大物。

公元前 450 年，雅典率领海军卷土重来，再次攻占塞浦路斯。波斯眼看重建海军无望，遂派人与雅典和谈。雅典长时间对外战争，也是筋疲力尽，后院又屡屡起火，同意及时收手。次年，两者签署了《卡里阿斯和约》。

和约规定，波斯允许小亚细亚沿海城邦自治，而希腊不再干涉波斯在小亚细亚、塞浦路斯、利比亚以及埃及的统治。换句话说，波斯答应不出海，雅典承诺不登陆，双方井水不犯河水，各守一摊。此后，雅典暂时停止对外进攻，转过头来解决后院战火。这场战火就是与斯巴达的冲突。

希波战争以前，斯巴达是希腊绝对的霸主，很少有城邦敢于挑战。但是，第二次希波战争以后，雅典成为新兴的海上霸主，反过来滋长了其在希腊本土的威风。一山难容二虎，雅典势力的急剧崛起，对斯巴达的希腊霸主地位形成了严重挑战。

一时之间，以雅典为首的提洛同盟和以斯巴达为首的伯罗奔尼撒同盟，剑拔弩张，冲突不断。不过，双方一个擅长海战，一个精通陆战，各有所短，势均力敌，谁也不想轻易开衅。他们几次签署和约，始终保持克制。只是，追随斯巴达的科林斯（Corinth）与雅典势如水火，最终还是将老大哥拖入了战争泥潭。

科林斯位于伯罗奔尼撒半岛入口，扼守从阿卡亚进入伯罗奔尼撒的咽喉要道。同时，它又临近两个海湾，拥有希腊最好的港口，所以早在公元前8—前7世纪，它便依靠手工制品率先兴旺发达。科林斯人制作的陶器一度独步希腊世界，远销两河流域。

那时候的科林斯，贸易兴盛，航海发达，生活富裕，是希腊人向往的圣地之一。据说，其卫城神庙拥有上千名妓女，吸引着各地的高官富商光临，以至于后来的基督教徒，指责科林斯腐化至极，乃藏污纳垢之地。科林斯在早期基督教世界成了堕落的代名词。

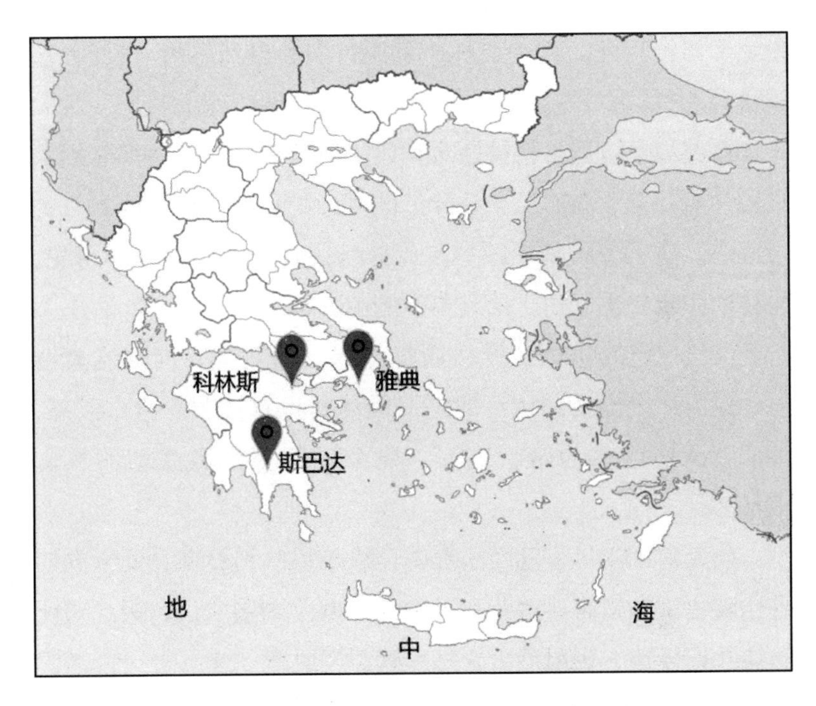

图 10－8　科林斯所在地理位置

科林斯强盛时，也算是一方霸主。不过，由于土地太少，它不得不出外拓展栖身之地。与雅典向东不同，科林斯主要是向西。他们派人乘船驶出海湾，沿着半岛北上，创建了阿波罗尼亚殖民地，也就是现在的阿尔巴尼亚。还派人一路向西走到西西里岛，创建了叙拉古殖民地。早期的希腊西部海域，基本上是科林斯的领地。

与科林斯隔湾相望的雅典，看到制作陶器、对外贸易，能够赚取到这么多利润，遂下定决心照猫画虎，如法炮制。几十年过后，他们制作的陶器青出于蓝而胜于蓝，取代科林斯的产品，成为最受希腊人欢迎的东西。科林斯的生意渐趋萎缩，而雅典却日渐兴旺。对于科林斯来说，内心自然憋着一股怨气，视雅典为仇敌。

希波战争以后，科林斯对雅典的怨气更大。雅典率领提洛同盟称霸海上，雄心万丈，开始向周边扩张。它在向西扩张的过程中，吞并了科林斯的科尔库拉殖民地。是可忍孰不可忍，科林斯决定强力回击，给雅典点颜色瞧瞧。

仅凭自己的实力，科林斯肯定掰不过雅典，何况雅典背后，还有一个提洛同盟。但是，科林斯也有援军。自古以来，他们就认斯巴达为带头大哥，属于伯罗奔尼撒联盟的核心成员。

公元前 432 年，已经与雅典兵戎相见的科林斯，反复向斯巴达陈言，指责雅典违背和平条约、欺凌同盟成员，进而对比雅典和斯巴达，影射后者未能尽到盟主之责。

作为几百年的盟主，斯巴达人怎能受得了如此嘲讽？要是再不出手，老大的脸往哪里搁？他们决定介入纷争，惩罚雅典，保护同盟兄弟。公元前 431 年，希腊世界的两大政治同盟，最终爆发了大规模、长时段的战争对抗，史称伯罗奔尼撒战争。

伯罗奔尼撒战争从前 431—前 404 年，打了 27 年。大多数时间里，斯巴达发挥步兵优势，不断进犯阿提卡，抢掠雅典城邦的庄稼，逼迫其投降；雅典则借助海军舰队，围着伯罗奔尼撒半岛发动突然袭击，打击其有生力量。两大集团你来我往，对抗十年没能分出胜负，不得不暂时讲和。

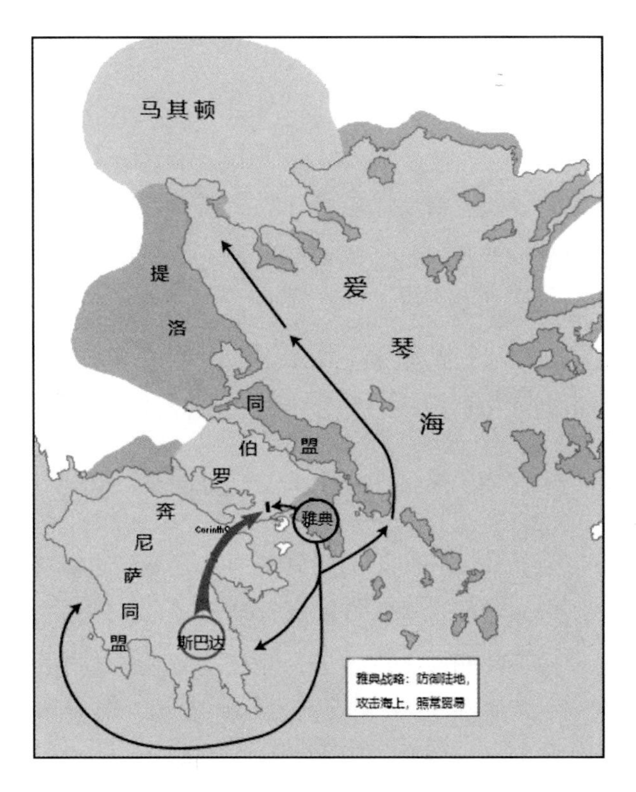

图 10-9　伯罗奔尼撒战争

公元前 415 年，雅典接受西西里岛一个城邦求援，决定出兵弄点战利品，目标是叙拉古（Syracuse）及其周围的小城邦。

值得一提的是，叙拉古城邦的英文译名与美国纽约州雪城（Syracuse）的名字，是一模一样的。很可能是早期来到雪城的意大利裔，借用老家叙拉古的英文名，命名了他们重新做梦的这块地方。美国现任总统拜登，就是从雪城大学毕业的。

前文说过，叙拉古是科林斯人创建的，而科林斯又属于伯罗奔尼撒同盟。雅典攻击叙拉古，斯巴达和科林斯当然不能坐视不管。公元前413年9月下旬，他们接到叙拉古求援，先后派军赶到西西里岛，与叙拉古里应外合，几乎全歼雅典上百艘战船。

雅典军队惨败，让坐山观虎斗的波斯大王看到了机会。他始终没有真正放弃小亚细亚的希腊城邦，只是忌讳雅典海军强大，不容易扳回局面，才不得不暂时忍让。现在，雅典海军遭受重创，机会来了。波斯大王指示小亚细亚总督与斯巴达进行谈判，以资助其建造船队、摧毁雅典为条件，换取小亚细亚雅典城邦的控制权。

其实，此时的希腊双雄都在巴结波斯，希望得到外部支持。双方打得筋疲力尽，谁能得到波斯的金钱资助，谁就能笑到最后。所以，雅典人也捐弃前嫌，暗中派人争取波斯援助。

此时，阿塔薛西斯去世十年，坐在王位上的，是他的儿子大流士二世。大流士二世知道，对波斯来说，雅典海军的威胁，远远大于斯巴达步兵。步兵一般到不了两河流域，而雅典海军则可以霸占爱琴海，随时登陆。所以他决定支持斯巴达而放弃雅典。

公元前413年或前412年冬天，大流士二世指示西部两个总督，派人与斯巴达接洽，商量共同对付雅典。斯巴达此时虽然在陆上占优，但是它的联盟不能征收贡金，无法建造战船，在海上仍然极其被动，所以很高兴地接受了波斯提出的条件。由此，斯巴达获得波斯大量资金援助，建造舰队，招募水手，最终摧毁了雅典舰队。公元前404年，斯巴达大军水陆并进，直逼雅典卫城。雅典人抵抗数月，弹尽粮绝、山穷水尽，不得不俯首称臣，任由斯巴达宰割。辉煌一时的雅典城邦，从此一蹶不振。

雅典城破之年，波斯国王大流士二世升天，将王位交给了大儿子阿塔薛西斯二世。

按理说，波斯支持斯巴达打败雅典，夺回了小亚细亚沿海城邦，是再度兴盛的好机会。可惜，任何帝国都是一样，不是面临外患，就是发生内讧。阿塔薛西斯二世上台后，他远在小亚细亚担任总督的弟弟小居鲁士不服，要求哥哥将王位让给自己。

遭到王兄拒绝后，小居鲁士一不做二不休，起兵反叛。他在小亚细亚担任总督的几年，与希腊人建立了密切关系。公元前401年夏，他招募1万多希腊雇佣军，横穿小亚细亚，沿着河流顺势而下，企图到波斯都城逼宫。后来的雅典历史学家色诺芬，就是其中一员。

令人想不到的是，不知道波斯驻军不愿阻挡，还是战斗力不行，小居鲁士的雇佣军，竟然没受到任何有力阻击，一路冲到了巴比伦。以当时的行军速度，从小亚细亚西岸到巴比伦，至少得花费半年以上。这么长时间里，小居鲁士的雇佣军竟能横冲直撞，足见波斯内政的松散。

瘦死的骆驼比马大，波斯毕竟是西亚巨无霸。阿塔薛西斯二世调兵遣将，在巴比伦布下重兵围剿。小居鲁士和雇佣军头领战死，色诺芬被推举为新的军事领导人，带领残部突出重围，顺着底格里斯河溯源而上，又穿越大半个波斯帝国，神奇地回到了希腊本土。

希腊雇佣军在波斯帝国的这次进进出出，或许已经预示了后来亚历山大东征的可能。杂牌军都能来去自如，何况拥有重装方阵的马其顿大军？事实上，这支希腊部队回去后，确实激发了希腊人对波斯帝国的蔑视，让他们不仅不再惧怕波斯，反而幻想能够征服波斯。那是后话，暂且不表。

阿塔薛西斯二世继位以前，波斯与斯巴达乃是盟友，双方关系良好，但是小居鲁士雇佣的希腊军队，很多是斯巴达人，而且他们的行动，得到了斯巴达将领的默许，这让阿塔薛西斯二世厌恶至极，一下子改变了对斯巴达的好感，开始重整水师，为惩罚斯巴达做准备。

机会很快就来了。打败雅典后的斯巴达，不但对同盟收取贡金，还屡屡干涉同盟国内政，很快成为众矢之的。传统的宿敌雅典、阿尔戈斯自不必多言，连原来的盟友科林斯和底比斯，都对斯巴达怨气冲天。

公元前400年，当斯巴达同盟骚扰小亚细亚时，波斯小亚细亚总督感觉势单力孤、难以招架，便派人赶赴底比斯、雅典、科林斯和阿尔戈斯游说，撺掇他们抄斯巴达后路，并表示愿意提供援助。这四个城邦都害怕被斯巴达吃掉，决定趁机起事。

公元前395年，以底比斯、雅典、科林斯、阿尔戈斯为一方，以斯巴达及其追随者为一方，希腊半岛再度上演集团战争。波斯隐身其后，成为反斯巴达的幕后推手。由于反斯巴达联盟总部设在科林斯，战争也集中于科林斯，故史称科林斯战争。

当时的斯巴达，既拥有最精锐的重装步兵，又具备强大海上舰队，垄断了爱琴海贸易。不过，双拳难敌四手，波斯和科林斯同盟联合起来，就分散了斯巴达兵力，令其难以招架。

公元前 394 年，波斯完成腓尼基海军重建后，随即在克尼多斯海战中获胜，夺回了爱琴海主导权。斯巴达不得不退缩陆地，坚守伯罗奔尼撒平原；科林斯同盟乘胜追击，将水陆两军集中到科林斯及其海湾，准备与斯巴达决一死战。在此过程中，雅典利用波斯援助，重建了军队和城墙，力量得以恢复。

两年后，斯巴达步履维艰，不得不主动向波斯求和，结果遭拒。一来波斯大王痛恨斯巴达，不能忘怀他们当初支持小居鲁士叛乱；二来也不相信斯巴达会遵守和约，真的放弃霸主地位。所以，这次谈判无果而终，科林斯同盟与斯巴达继续对抗。

不过，对波斯来说，让希腊城邦相互对立和制衡，而不是一权独大，才是最理想的外交格局。公元前 387 年，随着雅典等城邦逐渐恢复元气，波斯大王决定放过斯达巴，让他反过来抑制科林斯同盟。双方经过谈判，波斯以要求科林斯联盟解散、科林斯重新归附斯巴达等为条件，再度从斯巴达那里换回了小亚细亚希腊城邦控制权。波斯竟然都满足了斯巴达。

到这个时候，科林斯同盟恐怕才明白过来，他们与斯巴达对抗七八年，其实是为波斯做了嫁衣。波斯才是最大的受益者。斯巴达虽然有所损失，但是借波斯之手解散了外敌，尚不算最惨，最惨的是雅典、底比斯、科林斯、阿尔戈斯等反斯巴达的主力，赔了夫人又折兵，一点好处没捞着。

科林斯被迫再度归附斯巴达，阿尔戈斯失去吞并科林斯的机会，雅典则在和约规定的希腊城邦自治原则下，永远失去了重新组建海上帝国的机会。战争结束后，他们都成了孤零零的个体。进而言之，都成了依附于波斯仲裁和控制的单一小邦。

既然如此，科林斯同盟为什么同意和谈？恐怕也是没办法。他们的经济非常脆弱，不足以支撑持久战，一旦失去波斯援助，就会陷入困境。在波斯面前，他们没有多少讨价还价的余地。

当然，希腊各个城邦也并非一无所获。长年累月的战争支出，拖垮了波斯财政，激发了其内部危机，波斯大王再也没有精力和能力思考入侵希腊半岛了。他们所能够做到的，仅仅是借助庞大的帝国虚壳，让希腊各城邦相互制衡，避免任何一方觊觎小亚细亚。

无论希腊还是波斯，都变得昏昏沉沉，失去了当年活力。可是，人类历史永远变幻莫测。造物主让两强衰落的同时，往往又会促成第三方崛起，成为螳螂背后的黄雀。

第十一章　斜刺里杀出一个马其顿王国

鹬蚌相争，渔翁得利，这是历史的铁律。赫梯与埃及对决，便宜了亚述；亚述与埃及互殴，促成了新巴比伦；新巴比伦与埃及对峙，成就了波斯。波斯与希腊城邦作战数十年又会为谁提供机会呢？公元前 4 世纪以前，估计没人会想到，王者既不是出自西亚，也不是来自北非，而是很少人关注的希腊边缘小邦马其顿。公元前 4 世纪中期，腓力二世父子充分利用希腊内讧导致的权力真空异军突起，成为希腊世界新霸主，进而又孤注一掷进入小亚细亚打败波斯军队，征服腓尼基城邦、吞并埃及，向东追击大流士三世至中亚，彻底摧毁了波斯帝国。短短三四十年，这个名不见经传的小王国，竟将希腊、西亚、北非、中亚和南亚打通，建立了一个史无前例的跨三洲超级大帝国。这个大帝国与中国境内的东周只有一山之隔。

第一节　名不见经传的马其顿王国

对波斯帝国来说，马其顿并不陌生。大流士借道巴尔干远征斯基泰人时，顺路派人扫荡的巴尔干小邦，就包括马其顿。从相关记载来看，波斯军队当时没费吹灰之力，就打得马其顿王国落花流水、俯首称臣。时在公元前519年。

波斯帝国征服的马其顿，与现代马其顿共和国不是一回事。1992—2019年间存在的马其顿共和国，疆域多数不在古马其顿王国范围之内，其主体民族也不是古马其顿人。马其顿共和国居民自认为是斯拉夫人，与塞尔维亚、保加利亚属于同一族群。

1992年，马其顿共和国总统基罗·格利戈罗夫曾经对外宣称："我们是6世纪迁到这里的斯拉夫人"，"我们不是古马其顿人的后裔"，"我们是马其顿人，但是属于斯拉夫马其顿人"。

由于这个缘故，1992年马其顿共和国成立时，希腊公民义愤填膺，群起抗议，觉得斯拉夫人使用"马其顿"这个名字，占用了他们的文化资源，他们的中马其顿和西马其顿大区，才是古马其顿王国的真正继承者。马其顿共和国拗不过希腊抗议，2019年改为"北马其顿共和国"。

从地缘和种族来说，希腊人的抗议确实有一定道理。古马其顿王国的疆域，主要是今希腊西马其顿和中马其顿大区所在地，仅包括北马其顿共和国南部很小的一部分。古马其顿王国的居民，也不是斯拉夫人，而是今希腊人的祖先之一。

根据地形，古马其顿分为上马其顿和下马其顿。西部连绵的山区为上，相当于现在希腊的西马其顿大区；东部沿海平原为下，相当于现在希腊的中马其顿大区。马其顿人最初集中在上马其顿，后将王室迁到沿海平原地带，使得下马其顿慢慢成为政治和经济中心。

传说，马其顿第一位国王叫卡拉努斯（Caranus），是阿尔戈斯国王泰麦努斯（ Temenus）的儿子，约生活于公元前9世纪末一前8世纪初。泰麦努斯是多利安人三大领袖之一，领着族群南下伯罗奔尼撒半岛，分得了阿尔戈斯作为建邦之地。泰麦努斯死后，卡拉努斯没能争得王位，遂率领亲信北上，另立门户。他们翻过奥林匹亚山脉，发现了一个适宜居住的山谷，停下来建城称王，史称阿吉德王朝。

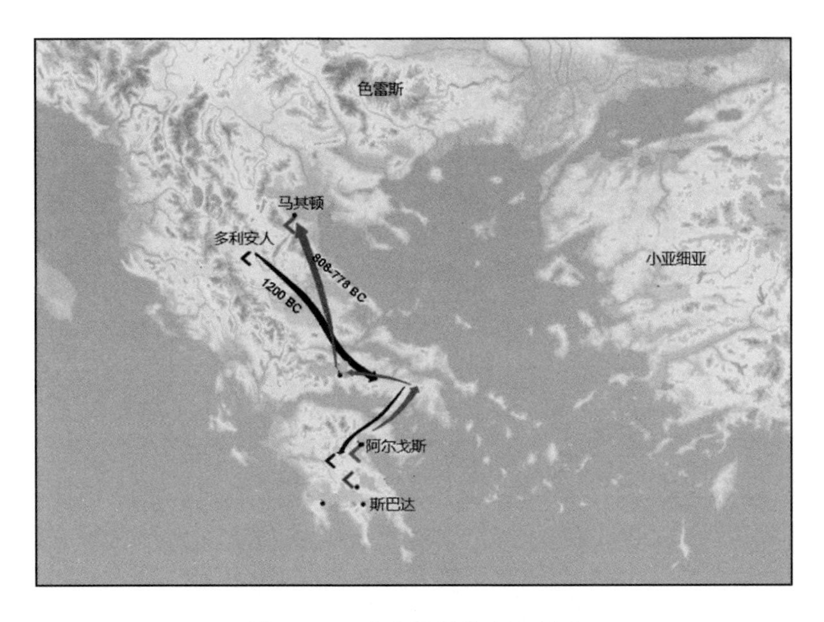

图11－1　卡拉努斯北上示意图

如果传说为真，那么古马其顿王室就属于多利安人，与阿尔戈斯、斯巴达、科林斯同宗同族，都是勇武好斗的印欧人后裔。当然，真实的古马其顿人，可能并非纯粹的多利安人，很可能是多利安人与当地居民——如东部的色雷斯人和西部伊利里亚人——混血的结果。否则，他们的文化不会与奥林匹亚山以南的希腊人存在如此大的隔阂。

卡拉努斯建立的王城叫埃盖（Aigai），即现在的小镇维吉纳（Vergina），属于希腊中马其顿大区。公元前5世纪末另建都城佩拉以前，阿吉德王朝一直驻扎在此。由于文化落后，古马其顿很长时间缺乏历史记载。到了第九代国王阿明塔斯（Amyntas），才留下点滴信息。

这个阿明塔斯，就是大流士攻打斯基泰人、进入巴尔干半岛后，顺带征服的那个马其顿国王。此后，马其顿及其周围的巴尔干城邦都成为波斯附属，定期纳贡和派军参战。

公元前480年薛西斯率军远征希腊时，马其顿不是站在希腊一方，而是作为波斯属国，协助进攻雅典。雅典取得萨拉米海战大捷后，马其顿国王亚历山大一世还作为波斯外交代表，被派往雅典进行谈判。

在人类历史上，叫“亚历山大”的实在太多，仅“亚历山大一世”就有十二个。马其顿王国的这个亚历山大算第一个。不过，他可不是诸位熟知的亚历山大大帝，大帝是一个多世纪以后的事。

马其顿毕竟具有希腊人基因，受希腊文化熏陶。他们协助波斯的同时，也寻找机会向希腊城邦通风报信，可以说首鼠两端。公元前479年，普拉提亚战役前夕，据说亚历山大借参观希腊营地之际，透露了波斯的作战计划，使得希腊联军能够从容应对，击溃了波斯第二次远征。

当波斯残军经由马其顿撤退时，亚历山大又率军落井下石，几乎让波斯全军覆没。此后，随着雅典反攻、波斯东撤，亚历山大整合马其顿，成为巴尔干的一股重要势力。

亚历山大一世领导下的马其顿，声称祖上来自文明地区，是文明世界的组成部分，但是文明世界却视其为蛮夷，迟迟不愿接纳。最有说服力的证据，就是希腊人举行奥林匹克运动会时，不允许马其顿参加。马其顿人始终憋着一股气，要证明给南方看。

政治终归还是实力说了算。马其顿凭借在希波战争中的表现，以及冉冉升起的气势，获得希腊世界认可，得以参加公元前504年奥林匹克运动会。

历史上，奥林匹克运动会是希腊人的大集会，外邦没资格参加。亚历山大一世能够率领马其顿参赛，意味着他们终于获得希腊大家庭承认，成为希腊文明世界的一员。

融入希腊世界的马其顿强邻环伺，仍面临着极大的生存压力。西边的伊利里亚人，东边和北边的色雷斯人，南边的色萨利人，都对马其顿虎视眈眈，伺机占而有之。

亚历山大一世的政治目标，是提高军队战斗力，防御外敌觊觎，确保王国安全。他模仿波斯“万人队”，以忠诚贵族为核心，组建了骑兵和步兵队伍，推动马其顿军队向专业化方向迈进。不过，等到亚历山大一世去世，马其顿又沦于平庸，倍受欺凌。

公元前5世纪末，阿奇拉一世统治时，将都城从埃盖迁到了东北的佩拉。埃盖作为古都，仍承担着宗教和礼仪功能，国王死后也埋葬在那里，新都则成为王室办公和居住之地。

接下来百余年，马其顿国势仍然没有起色。内部一盘散沙，矛盾重重。尤其是进入公元前4世纪后，马其顿政治动荡，权力更替频繁，国王像走马灯一样，两三年就换一个，公元前393年竟然换了4个。如此频繁的权力更替，让马其顿风雨飘摇，只能依靠与南方色萨利、雅典结盟，抵御东西两大近邻的侵蚀。

公元前4世纪上半叶，马其顿国王是阿明塔斯三世。这位亚历山大大帝的爷爷，一辈子饱受动荡和屈辱之苦。他曾被伊利里亚人驱赶，多亏色萨利人出手相助，才得以复国。到了晚年，他的王后和权臣托勒密勾结，为掩人耳目，还将女儿嫁给托勒密。阿明塔斯三世知道真相后，气得一命呜呼，留下三个年幼的王子支撑残局。

谁想到，马其顿王国苦尽甘来，迎来了两代雄才大略的君主。

公元前370年，按照王室规矩，老大亚历山大二世继承了王位。亚历山大二世的处境，比他老爹在世时还危险。内部，权臣托勒密虎视眈眈，企图取而代之；外部，伊利里亚人趁火打劫，挥师东进。亚历山大没办法，只能向盟友雅典求救，才勉强保住了王位。

不过，亚历山大二世没想到，当他接受南方色萨利贵族邀请，介入色萨利内战时，却招来一场横祸。因为马其顿军队进驻色萨利，触犯了色萨利南邻底比斯的地缘利益。

当时的底比斯，已经是希腊世界的霸主。此前，底比斯不满斯巴达霸权，联合希腊中部城邦成立了维奥蒂亚联盟，挑战伯罗奔尼撒联盟秩序。斯巴达为解除威胁，几次派兵北上讨伐，都没有让底比斯屈服。公元前371年，他们不但没有打垮底比斯，反而被底比斯大将埃帕米农达（Epaminondas）打得落花流水，国王战死疆场，从此一蹶不振。

埃帕米农达一战成名，三次带领底比斯盟军南下，释放斯巴达的奴隶，争取斯巴达附属城邦，瓦解斯巴达霸权秩序，促使底比斯一跃成为新的希腊霸主。底比斯力量实在太强，以至于雅典和斯巴达都不得不放弃成见，暂时联起手来予以制衡。

色萨利就在底比斯的北边，底比斯当然不可能坐视马其顿南下，任意改变色萨利的政治格局。他们派军一路北上，强逼着亚历山大二世退军，又支持他的政敌托勒密，以便掌控马其顿局势。同时，底比斯还要求亚历山大二世放弃与雅典结盟，归附自己。为了确保亚历山大二世听话，底比斯命令马其顿送上一个王子当人质，时在公元前 368 年。

亚历山大二世兄弟三人，二弟佩尔迪卡斯，三弟腓力。二弟需要作为王储来培养，不能外派，亚历山大二世便将三弟腓力，送到了底比斯当质子。这位 14 岁的腓力王子，便是未来的腓力二世，亚历山大大帝的父亲。

不知道为什么，在上古时代，被作为人质送到外国的人，长大后成才的几率特别高。居鲁士大帝当过人质，腓力二世当过人质，齐桓公当过人质，秦始皇当过人质，他们回去后都带领国家快速崛起，成为一代霸主。这个当了人质的小腓力，长大后谋略过人，让马其顿实现了帝国梦想。

第二节　雄才大略的腓力二世

小腓力王子出生于公元前 382 年。这一年，底比斯还没称雄，斯巴达仍然是霸主。斯巴达不满底比斯搞分裂，派兵北上占领其卫城格米亚（Cadmea），建立了听从于斯巴达的寡头政治。反对斯巴达的人，则被迫流亡雅典。

从公元前382—前368年，恰好是底比斯反败为胜，打败斯巴达称霸的阶段。公元前368年，腓力王子被送到格米亚的时候，底比斯已经打败斯巴达，在希腊半岛如日中天，大杀四方。

据说，小腓力王子聪明伶俐，颇受底比斯三大军事将领的喜爱。埃帕米农达、佩洛皮达斯（Pelopias）和潘麦奈斯（Pammenes），曾经把他编入底比斯特种部队进行训练。这段底比斯经历，不仅塑造了腓力健壮的体魄和坚强的意志，而且让他领略了希腊最先进的战略战术。

腓力刚去底比斯不久，国内便风云突变。马其顿权臣托勒密，怂恿人刺杀了他的大哥亚历山大二世。不过，底比斯不希望托勒密大权独揽，要求其辅佐新王佩尔卡迪斯三世，也就是腓力的二哥。此时，底比斯再强行将腓力王子当作人质，已经没有意义。四年后，腓力回到了马其顿。

不久，佩尔迪卡斯三世积蓄力量，杀掉托勒密，掌控了王室大权。可惜仅仅6年后，也就是公元前359年，佩尔迪卡斯三世便在抵御伊利比亚人入侵中不幸阵亡，将王位留给了儿子阿明塔斯四世。

阿明塔斯是个小孩，处理不了国家大事，便委任叔叔腓力担任导师和摄政王。可是，见多识广、雄心万丈的腓力叔叔，怎能甘心当绿叶？在侄子继位的当年，他就要求阿明塔斯四世退位，自己走上前台，成了马其顿国王，即腓力二世。当时，他只有 23 岁。

腓力二世继位时，大将埃帕米农达已经战死，底比斯不得不放弃扩张，转为守势，而斯巴达经过底比斯三番五次蹂躏，也彻底失去了雄心壮志，都没精力顾及北方马其顿。只有雅典城邦，坐收渔翁之利，趁着南北争霸之际，实力略有恢复，不时干涉爱琴海北岸事务。那是他们通向黑海沿岸的海上生命线，不能不干涉。

马其顿面临的强敌，主要来自三个方向，色雷斯人经常洗劫马其顿东部和北部，伊利里亚人对马其顿西部虎视眈眈，而雅典军队则沿海岸北上，占领了马其顿部分领地，同时介入色雷斯内政，促使其分裂为三个小邦。

腓力二世很清楚，要想避免马其顿灭亡，必须组建一支强大部队，以进攻代替防守。他先后娶了南边色萨利贵族的女儿、西边伊利比亚人的公主，实行和亲外交。又与雅典结盟，借助其势力抑制东边色雷斯人，暂时为自己争取到了难得的和平环境。

在此期间，腓力二世抓紧时机训练军队，积蓄实力。他根据在底比斯学到的军事知识，打造出一种新型作战方阵，史称马其顿方阵。马其顿方阵由步兵和骑兵组成，特点是步兵所持长矛特别长，再配以左右两翼骑兵保护，攻击力十分强大。

一般来说，希腊重装步兵手持的长矛约 2—3 米，而马其顿步兵长矛约 3.6—6.4 米，足足长出一倍，不等敌人近身，已经将对方刺倒。这些相互支持、协同作战的士兵，长期在一起训练和作战，情同手足，被称作“伙友步兵”和“伙友骑兵”。此前一百多年，马其顿已经被纳入波斯控制之下，受到波斯军队的熏陶和影响，他们的“伙友兵”应该是模仿波斯“万人队”打造的。

马其顿方阵出击时，前端排成斜线，斜面向外，形成锥形长矛阵，像砧板一样吸住敌人，压住阵脚；两翼骑兵找准机会向前分头包抄，再反过来与步兵前后夹击，将困在中间的敌人粉碎，形同铁锤。这就是让马其顿人威名远扬的锤砧战术。估计，这都是腓力二世从底比斯学来并加以优化和提升的。

大约一两年后，也即公元前 358 年，腓力二世的长矛方阵和锤砧战术都初见雏形后，便开始向左右扩张。他向西进攻伊利里亚的达尔达尼亚王国，击杀其国王、吞并其领土，为二哥报了一箭之仇。他那 90 岁的伊利里亚老岳父，杀身成仁，战死沙场。

经此一役，马其顿在希腊半岛西北部声名大振，使得沿海城邦摩罗西亚（Molossians，今阿尔巴尼亚下方），不得不考虑与其结盟。摩罗西亚新国王将女儿嫁给了腓力二世，改名奥林匹亚丝（Olympias）。次年，奥林匹亚丝为腓力生下一个儿子，即后来威风八面的亚历山大大帝。

马其顿与摩罗西亚结盟后，将伊利里亚人夹在中间，使得其两面受敌、难以伸展，已对马其顿构不成威胁。腓力二世开始集中精力，对付东线的色雷斯，以及主导爱琴海的雅典。

色雷斯人与伊利里亚人一样，都是南下的印欧人后裔，但又距离希腊核心圈遥远，受到的熏陶较少。他们拥有自己的语言，分成几十个部落，各自为战，发展迟缓。公元前 6 世纪，南方希腊人曾经沿着爱琴海北上，在色雷斯沿海建立殖民地。

公元前 6 世纪末，大流士西征斯基泰人时，借道色雷斯人地盘，并迫使其臣服纳贡，推动色雷斯人相互结合、铸造货币、发展贸易，进入王国阶段。公元前5世纪，奥德里西亚（Odrysian）部落征服周边，驱逐波斯人，拒斥斯基泰人，以巴尔干东部为中心，创建了强大的奥德里西亚王国。那个时候，马其顿王国孱弱分散，倍受奥德里西亚欺凌，不得不纳贡自保。

传统上，奥德里西亚是雅典盟友，但是公元前4世纪上半叶，随着他们趋于衰落，雅典开始向东北发展，试图染指赫勒斯滂海峡。赫勒斯滂海峡是雅典粮食贸易的生命线，必须确保航道安全。奥德里西亚当然不希望将身旁的贸易航道拱手让出。雅典与奥德里西亚两个国家，遂由盟友变成了对手。

腓力二世上台那年，雅典参与谋害了奥德里西亚国王，使得其分裂为东、中和西三个小王国。雅典的本意，是想对色雷斯人分而治之，减少其对赫勒斯滂海峡的威胁，孰料这一切变相帮助了腓力二世。分裂之后，色雷斯人对马其顿的威胁锐减。

对马其顿更有利的是，雅典分裂了奥德里西亚王国，却没有能力为其提供保护。当腓力二世解决了伊利里亚人、觊觎西色雷斯的时候，雅典与几个小同盟国打起了“内战”，根本顾不上西色雷斯。

公元前357年，拜占庭、希俄斯、罗德岛、科斯岛不满雅典压制，相互结成同盟，拒绝雅典盘剥。东奥德里西亚王国也暗中相助。雅典当然不能容忍，一面与三个奥德里西亚王国妥协结盟，一面派兵远征讨伐拜占庭等，结果战争一打就是两年。

腓力二世感觉机会来临。他趁着雅典无暇西顾，占领了西色雷斯的安菲波利斯（Amphipolis）。安菲波利斯原是雅典人建立的殖民地，盛产黄金和木材，又是从巴尔干进入小亚细亚的必经之地，战略地位异常重要。公元前422年，雅典和斯巴达曾在此两军对垒，双方主帅分别战死，签订了和平条约。从那以后，安菲波利斯获得独立，雅典几次攻打，都没有成功。

腓力二世进攻安菲波利斯之前，担心会引起雅典的干预，便使用了一个小计谋，他说如果自己打下安菲波利斯，愿意赠送给雅典，交换几年前被雅典占领的彼得那。雅典忙着平定同盟反叛，无力干涉色雷斯事务，遂顺水推舟，答应了腓力二世。

没想到，腓力二世打下安菲波利斯后，根本不兑现诺言。公元前356年，雅典一怒之下对马其顿宣战，可是他们的军队忙于平叛，根本腾不出手来对付马其顿，只能宣而不战。

即使雅典真打，腓力二世也不怕，他与哈尔季迪基半岛上的30多个城邦结成了同盟，一致对付雅典。哈尔季迪基半岛与马其顿隔湾相望，位于色雷斯的下方，颇似巴尔干伸向海洋的一把尖刀，对于控制爱琴海北部至关重要。那里是亚里士多德的故乡。哈尔季迪基同盟不满雅典的霸权行径，受腓力二世蛊惑，成了一支反雅典力量。

公元前356年，腓力二世率军继续东征，占领科里尼西斯（Krinides），改名腓立比（Philippoi），以保护附近的金矿。有了源源不断的黄金收入后，他改善军事装备，招募雇佣兵，军队战斗力更上一层。

此时的雅典，已经走过顶峰，再也回不到当初的辉煌。公

图 11－2　腓力二世塑像

元前 355 年，它竟然被拜占庭、希俄斯等小邦打败了。腓力二世抓住这千载难得的良机，又挥师南下，攻打被雅典侵占的港口迈索尼。雅典派出两支舰队支援，让腓力二世损失了一只眼睛，却仍然没能保住迈索尼。

至此，马其顿不但解决了东西两端长久以来的边患，而且领土大幅扩张，成为巴尔干半岛最强大的国家。腓力二世终于有实力，翻过奥林匹克山脉，介入希腊核心区域事务了。不久，希腊中部发生的新一轮内战，为其提供了绝佳的干预机会。

这次希腊新内战的起因，是中南部德尔菲近邻同盟（Amphictyonic League）出现了内讧。德尔菲近邻同盟是以德尔菲神庙为中心，结成的一个希腊城邦宗教组织，成员包括底比斯、雅典、斯巴达、福基斯等12个城邦。它最初是纯宗教性的，后来卷入城邦斗争而有了政治色彩。公元前371年以后，近邻同盟已经成为底比斯称霸的工具。

德尔菲神庙位于福基斯（Phocis）所在的山区。凭借近水楼台先得月，公元前356年，福基斯侵占了德尔菲神庙圣地，引起其他同盟成员不满。更深层次的背景，是福基斯实力上升，不愿再服从底比斯摆布，引得底比斯大怒，寻找机会予以惩罚。

底比斯动员同盟对福基斯进行制裁，判处高额罚金。同时，还以斯巴达曾经侵占底比斯为由，对其提出惩戒措施。斯巴达、雅典为了牵制底比斯，暗中怂恿福基斯抵制。于是，福基斯不但不接受近邻同盟制裁，还武装占领神庙，抢夺神庙资产，招募了一支雇佣军，直接与底比斯开战。

夹在马其顿和福基斯之间的色萨利平原，拥有无数个小城邦，很早就结成政治同盟自保。多数色萨利同盟成员饱受福基斯欺凌之苦，支持底比斯。但是，色萨利同盟的核心成员费莱，却选择了与福基斯结盟。其他成员对此不满，邀请马其顿南下介入。底比斯开战以后两面受敌，战局走向十分不利，也希望马其顿南下助其一臂之力。

公元前354年或353年，腓力二世带兵进入色萨利平原，不承想却被费莱和福基斯联军两次击败，灰溜溜退回了本土。

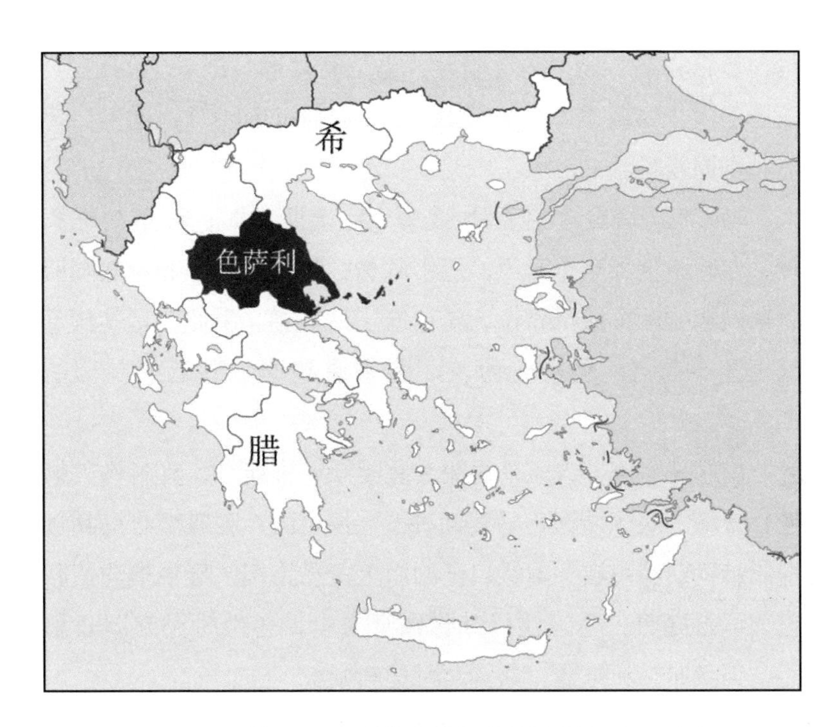

图 11－3 现代希腊色萨利行政区

次年夏，腓力二世再次率军南下，在克洛库斯平原与福基斯大军决一死战。这一次，马其顿大获全胜，斩杀 6000 名福基斯雇佣军，俘获福基斯主帅及其 3000 名士兵。

经此一役，马其顿完全震慑住了色萨利各邦。包括费莱在内的色萨利人，都心甘情愿邀请腓力二世担任盟主。公元前 346 年，马其顿在色萨利同盟和底比斯邀请下，再度南下进攻福基斯。此时，福基斯失去抵抗能力，不战而降。一直力挺福基斯的雅典，看到大势已去，也被迫与马其顿签订了和约。

公元前 346 年，腓力二世当选色萨利同盟执政官，使得整个色萨利平原，无形中沦为马其顿附属。色萨利平原适合养马，是希腊半岛最早出现骑兵，也是骑兵最具战斗力的地方。亚历山大大帝的爱马，布西发拉斯（Bucephalus），就来自色萨利平原牧场。

马其顿方阵配上色萨利战马、色雷斯金矿，可谓如虎添翼，在希腊世界难觅对手。迫于其勇猛势头，德尔菲近邻同盟将斯巴达的两个成员席位，转让给了马其顿。由此，马其顿不仅主导外希腊，而且成为色萨利平原和德尔菲近邻同盟的霸主。

在这种情况下，原来的盟友底比斯、雅典等，都对马其顿戒心日增。底比斯担心马其顿南下吃掉自己，雅典担心马其顿控制赫勒斯滂海峡，封锁自己的海上贸易路线。哈尔季迪基联盟、拜占庭等，也担忧马其顿东征蚕食，遂纷纷抛弃旧日恩怨，与雅典重新结盟，共同对付马其顿。

腓力二世估计意识到，马其顿要想继续向南、向东扩张，势必引起雅典的强力阻击，两者难免一战。为了消除后顾之忧，他先向西方、北方和东北用兵，扫荡了周边残余势力。此时，马其顿已兵强马壮，势不可挡，几年之内便将整个巴尔干变成附属。

一切准备妥当后，公元前339年，腓力二世以阿姆菲萨城邦侵占德尔菲神庙为由，再次率军再度南下“护法”。可是，此举引起了雅典、底比斯等邦的高度警惕，他们担心马其顿平定阿姆菲萨后一路南下，遂结成同盟进行阻击。

南北两路大军在底比斯边境的喀罗尼亚（Coronea）摆开了阵势。马其顿联军共有3万步兵、2千骑兵，腓力二世率领右翼，他18岁的儿子亚历山大负责左翼，步兵方阵居中。

南方联军人数与马其顿旗鼓相当，雅典军队担任左翼，底比斯军队负责右翼，其他军队居中。这是马其顿第一次与希腊主流联军进行巅峰对决，胜败至为关键。

对于这场战役的过程，历史资料残缺不全，但可以确定的是，雅典、底比斯联军惨败，各自都有上千人战死、2000 人被俘。马其顿一战定乾坤，击溃了希腊最精锐的部队。从此以后，再也没有任何一个城邦和同盟，能够阻挡马其顿的锋芒。

底比斯、雅典、科林斯，这些往日的枭雄城邦，一个个都低下了头，向马其顿表示臣服。斯巴达没有参与对抗马其顿，但是底比斯称霸时，就釜底抽薪解放了它的奴隶，使得其经济模式濒于崩溃，难以掀起风浪。

公元前 337 年，腓力二世大军进入科林斯，主持召开全希腊城邦会议，只有斯巴达一个城邦没有参加。作为昔日伯罗奔尼撒霸主，斯巴达忍受不了与昔日小弟平起平坐。腓力二世志在东方，也不为难斯巴达，任其游离在帝国边缘。

科林斯会议推举马其顿为盟主，承认腓力二世的最高统治地位。腓力二世承诺维护希腊现存政治和法律秩序，唯一的要求，是各邦必须协助他一致对外，讨伐东方波斯。

历史兜兜转转，就是这样出人意料。几百年来各自为政、相互独立的希腊城邦，最后竟然都败在化外之地的马其顿手中。觊觎希腊两百多年的波斯帝国，更是打死都想不到，真正要他们命的主儿，竟然不是雅典或斯巴达，而是自己不屑一顾的小小马其顿。

不过，最终率领马其顿向波斯发起进攻的，并不是胸怀大略、运筹帷幄的腓力二世，而是他年轻的儿子亚历山大。准确

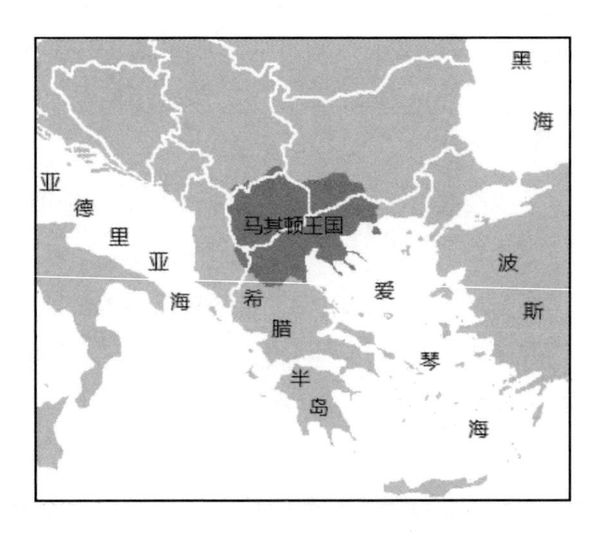

图 11-4 马其顿王国疆域示意图

地说，应该是亚历山大三世。在他前面，已经有两位名为亚历山大的先祖。

亚历山大三世的妈妈，就是前面提到过的奥林匹亚丝，伊庇鲁斯人摩罗西亚国王的女儿。这个名字是她嫁到马其顿后改的，当时腓力二世刚赢得奥林匹亚运动会赛马项目，她为了表示纪念，改称奥林匹亚丝。

奥林匹亚丝嫁给腓力后，腓力帮助她的哥哥登上了王位。巧合的是，她这位当国王的哥哥，也就是亚历山大三世的舅舅，竟然也叫亚历山大一世。

奥林匹亚丝是一个刚烈而又醋意十足的女人，她丈夫腓力二世则是一个坚毅而又多情的男人。时间长了，两人水火不容，僵持不下。公元前 337 年，腓力二世征服希腊、举办科林斯会议后，又娶了另一个贵族的女儿，彻底惹恼了奥林匹亚丝。她一怒之下，离开马其顿跑回了娘家摩罗西亚，极力怂恿哥哥对腓力二世开战。19 岁的亚历山大三世，也无法容忍父亲对母亲的态度，向西跑到伊利里亚散心。

此时的腓力二世，已经派遣先锋部队渡过赫勒斯滂海峡，进攻波斯的小亚细亚。他担心摩罗西亚国王亚历山大一世，真的受妹妹蛊惑与自己作对，破坏他的东征大业，所以极力想办法弥补嫌隙。

腓力二世想出的馊主意，是将他与奥林匹亚丝所生的女儿克丽奥佩脱拉，也就是亚历山大三世的亲妹妹，许配给亚历山大一世。换句话说，他想让女儿嫁给亲舅舅。今天，这样的婚姻肯定没法想象，当时却司空见惯，波斯王室甚至还保留着兄妹或姐弟婚姻。大流士三世的母亲，可能就是嫁给了弟弟，而他自己娶的也可能是姐姐或妹妹。因此，亚历山大一世与外甥女的婚姻，在那个时代不算太出格。

公元前 336 年夏天，马其顿古都埃盖，贵族们齐聚一堂，庆祝公主与亚历山大一世的婚礼。腓力二世身心放松，带着贴身侍卫进入了宫殿。当时的他，想必踌躇满志，意气风发。自己已成希腊霸主，几个月后就要率领浩荡大军东征小亚细亚，成就一番前人从未有过的霸业，想想就热血沸腾！

可是，他没有想到，一场杀机就在眼前。他的贴身侍卫保萨尼亚斯，趁其不备，从背后狠狠捅了一刀。不可一世的腓力二世，没死在沙场上，竟然死在了女儿婚礼上，死在了贴身侍卫暗刀下。

对于保萨尼亚斯为何谋杀君主，后世议论纷纷。有的认为，腓力二世是个双性恋，保萨尼亚斯是其中一个同性恋人，他不能忍受腓力二世另有新欢，而那个新欢又公然侮辱他，令其动了杀心。还有的认为，保萨尼亚斯只是工具，痛恨腓力二世的奥林匹亚丝母子才是幕后凶手。至今，腓力二世之死仍然是个谜，真相难辨。

不过，腓力二世的突然死亡，并没有阻挡住启动的马其顿战车。他的儿子亚历山大三世继位，稳定希腊形势后，毅然启动了进入小亚细亚讨伐波斯帝国的东征大业。

腓力父子为什么一定要讨伐波斯？替希腊人报三次被侵之仇、赢取希腊人认同固然是一个考虑，觊觎波斯帝国的富足、取而代之补充财政也是无法抵挡的诱惑，但是真正推动腓力父子远征的，恐怕还是锋芒正劲的马其顿将军们。腓力父子如果不将军功集团的旺盛精力引向波斯，就得承受内斗残杀、相互挞伐的惯常结局。

与其相互残杀，还不如将他们的精力转移到波斯身上，创建一番前无古人的霸业。

第三节　波斯帝国的三重危机

当希腊内部水火不容、群起争霸的时候，波斯帝国迎来了两位能君，一个是大流士二世，一个是他的儿子阿塔薛西斯二世。这两个波斯大王，都是能文能武的那种，对外用金钱平衡，对内用武力镇压，确保了帝国稳定。

大流士二世父子依靠金钱外交，深度介入希腊半岛政局，搞得希腊城邦相互征伐、疲惫不堪。雅典强大的时候，波斯资助斯巴达；斯巴达强大的时候，波斯资助科林斯；当科林斯快要击溃斯巴达之时，波斯又强迫其同盟就地解散，重归斯巴达领导。后来，底比斯取代雅典、斯巴达成为希腊霸主，波斯又转过来支持雅典和斯巴达，钳制底比斯。

可以说，公元前 4 世纪上半叶，波斯帝国就像希腊城邦的太上皇，它支持哪一方，哪一方就能占优；它打击哪一方，哪一方就会溃败。各个希腊城邦尽管对波斯恨之入骨，可为了争取金钱支持，还是竭尽所能，拼命到波斯波利斯讨好东方。

那大半个世纪，希腊世界内讧不已、战乱频仍，波斯帝国兵强马壮、国库充盈，东风牢牢压住西风。任谁看，都不会料到未来会出现大反转。

然而，历史的吊诡之处在于，盛世从来都是危机的起点。一个国家抵达鼎盛的那一刻，也就是危机滋生、走向衰败的开始。波斯帝国的政治危机，归纳起来包含三个方面，一是王室动荡，二是地方叛乱，三是将帅凋零。

前文说过，波斯政治类似于中国周政和秦制的混合体，中央是说一不二的绝对王权，地方是大权在握的行省总督。王权是波斯法令的源头，无论皇亲国戚还是平民百姓，只要冒犯了君王威严，轻则流放，重则处死。

如此显赫的王权，对所有王子乃至近臣来说，都是一种巨大的诱惑。当了君王，就可以对所有人颐指气使；当不了君王，就只能任由君王处置，到了关键时刻，还得舍身表示个人忠诚。对波斯王子来说，能不能继任君王，区别相当于天上地下。

在这种情况下，波斯王权必不可免地成为权力博弈的中心，也成为野心家和阴谋论的集聚之地。纵观波斯帝国的十三代国王，能够善始善终的，可谓少之又少。

居鲁士大帝有两个儿子，一个是冈比西斯，另一个是巴尔迪亚。冈比西斯继位后，战死在外，算是死得其所。老二巴尔迪亚，则是下落不明，至今不为人所知。有人说是被他哥哥在出征前就提前解决了，有人说是被叛乱者或大流士给暗害了，反正莫名其妙，不知影踪。

大流士雄才大略，军功无人可比，也无人敢图谋不轨，所以得以善终。他的子孙们，就没有这么幸运了。他的儿子薛西斯一世，在位二十年后被宰相阿尔达班谋杀。薛西斯的儿子阿塔薛西斯一世，在位四十年，遏制住了雅典提洛同盟的海上扩张，稳住了波斯帝国局势，一生平稳。但是他的三个儿子相互残杀，争夺王位，引得血雨腥风。

阿塔薛西斯一世的长子薛西斯二世仅当了 45 天国王，就死于宫廷政变，估计与两个弟弟脱不了干系。二弟继承王位后，仅仅六个半月，同样死于宫廷阴谋，王权最终落到了三弟手上，即大流士二世。

大流士二世是个明白人，在位十八年，恰好赶上希腊伯罗奔尼撒战争。他对外用钱平衡，对内用武力镇压，一度让帝国出现中兴。可是公元前 404 年，大流士二世病逝后，两个儿子打了起来。统帅小亚细亚军队的小儿子小居鲁士，不满大哥阿塔薛西斯二世继位，率领着上万人的希腊雇佣军一路打到巴比伦，兵败被杀。

阿塔薛西斯二世娶了 360 位王妃，一年到头平均日御一人。他生了 115 个儿子，有资格继承王位的，是王后生的三个儿子。大王子眼高手低，二王子忠诚胆小，三儿子心狠手辣。

结果，老大造反被杀，老二服毒自杀，老三最终成了国王，即阿塔薛西斯三世。

习惯了同室操戈的阿塔薛西斯三世，非常担心他的兄弟们图谋不轨，抢夺王位，遂一不做二不休，几乎将王族们，不分男女老幼都杀掉了。可是，他忘记了古训，打仗亲兄弟，上阵父子兵。没有了亲兄弟，阿塔薛西斯只能依靠宦官治国理政。

一个叫巴尔戈斯的宦官，不仅颇受君王青睐，而且能力出众。他与罗德岛的希腊雇佣兵将领门托尔结盟，共同替波斯平定了埃及叛乱，一时声望大振、权倾朝野，成为帝国真正的主人。公元前338年，开始警觉的阿塔薛西斯三世，被巴尔戈斯秘密杀害。

古今中外，东西南北，君主政治的权力逻辑都是相通的。君主们害怕近亲夺权，就用贴身的宦官替代；不承想，贴身的宦官掌权后，比觊觎权力的近亲更心狠手辣，一有机会就犯上作乱，杀人灭口。

为了继续控制帝国大权，巴尔戈斯挑选了最小的王子继任国王，即阿塔薛西斯四世。两年后，小国王不满宦官专权，计划清除巴尔戈斯时，不幸被巴尔戈斯发现，先下手为强，要了阿塔薛西斯四世的小命。

这次，为了保险起见，巴尔戈斯撇开正统，从一个王室旁支找了个人，来当傀儡君王，此即大流士三世。没想到，这个大流士三世是个硬茬，不甘心受巴尔戈斯摆布，暗暗积蓄力量，最终处死了他。

可惜，扳倒权臣的大流士三世，就像明朝末代君主崇祯皇帝，一心振作朝政却无力回天，最终被亚历山大驱逐东窜，死在叛乱者刀下。

纵观波斯王室，200 多年中始终充满血雨腥风。公元前 4 世纪中叶阿塔薛西斯二世死后，更是王室内讧与近臣弄权时时交织，搞得波斯权力更替频繁，宫廷动荡不已。

波斯帝国的政治秩序，都是建立在绝对王权之上的。各省总督与其说效忠的是帝国，不如说是君王。越是军功盖世、魅力十足的君王，越能得到他们的真心拥护。反过来，一个乳臭未干或合法性不足的君王，就很容易引发行省总督的蔑视，甚至滋生反叛之心。因此，无论波斯帝国，还是之前的巴比伦、亚述，每次王权更替，都会伴随着地方反叛。

公元前 4 世纪中叶，随着王权旁落、权臣擅政，波斯帝国西部的总督们，开始心怀鬼胎、图谋自主。公元前 368 年，亚美尼亚、安纳托利亚、腓尼基和埃及等地的总督，都卷入了这场声势浩大的反叛运动，持续两年之久。

公元前 356 年，阿塔薛西斯三世上台后，要求小弗里吉亚总督阿塔巴佐斯二世解散雇佣军，结果阿塔巴佐斯直接宣布独立，拒绝效忠王室。中央政府几次派兵，才将阿塔巴佐斯击败。

腓尼基城邦在希波战争以前，对波斯比较忠诚。但是，几次远征希腊，作为波斯海军主力的腓尼基城邦损失惨重，却没有得到帝国补偿，再加上雅典舰队控制了爱琴海，腓尼基城邦对波斯的不满与日俱增，转而倒向埃及，伺机争取摆脱波斯。

埃及从公元前 5 世纪末，就基本脱离了波斯控制。他们雇佣希腊军队，引入希腊货币，争取斯巴达、雅典支持，一次又一次地顶住了波斯侵蚀。阿塔薛西斯活着时，两次带领大军远征，都没占到便宜。

公元前 351 年或 350 年，阿塔薛西斯三世又率军讨伐埃及，结果埃及联合塞浦路斯、腓尼基、西里西亚等阻击，迫使波斯最终撤军。直到七八年后，波斯军队卷土重来，才彻底粉碎了腓尼基、埃及等地的独立之梦，再次将其纳入帝国版图。

可是，此时的波斯已经失去宽容之心。他们占领埃及后大肆破坏神庙、劫掠庙产，拆除城市防卫设施，妄图凭借暴力震慑打消埃及人的独立梦想。这种做法注定事与愿违，只能激起埃及人更强烈的仇恨和反抗。

如果只有少数上层贵族反叛，对波斯来说并不严重。问题的严重性在于，波斯后期社会固化、权力蛮横，让普通百姓陷入了贫困的无底洞。一方面，分封贵族贪婪无度，无限制地增加民众负担，使得富者恒富、穷者愈穷；另一方面，波斯政府向各地摊派沉重赋税，而各地统治者又将赋税转嫁给民众。结果，有些地方比如犹太地区，出现了民众资不抵债、卖儿卖女的困境。

由上可见，公元前 4 世纪中叶以后，波斯帝国不仅王室动荡、谋杀不断，而且包括埃及、迦南和小亚细亚在内的西部省份，三番五次起而反叛。西部省份是波斯粮食和贸易收税的主要来源地，他们的反叛对波斯帝国政治和财政，都造成了严重挑战。反过来，为了镇压西部省份叛乱，波斯帝国又耗费大量人力、财力和物力，吃掉了老本。

波斯帝国的危机还不止于此。如果拨开其面纱，会发现当初骁勇善战的波斯人，经过二百多年的养尊处优、穷奢极欲，已经失去昔日锋芒，沦为希腊雇佣军的保护对象。

波斯王室与西部行省的交战，听起来像是波斯帝国内战，但实质上却掺杂着希腊人与希腊人的斗争。无论反叛者，还是波斯帝国部队，都充斥着大量希腊雇佣军。

公元前5世纪以前，古希腊各城邦人口基本能固守家园，安心维持生计或为城邦服役。但是，公元前5世纪下半叶开启的城邦争霸，先是摧毁了雅典赖以为生的海上贸易网络，接着瓦解了斯巴达的奴隶经济体系，使得希腊本土陷入了普遍贫困，经济收入直线下降。

经济贫困让希腊人步履维艰，不得不出外谋生，其中最常见的一种，就是跨城邦当雇佣军。希腊北部人喜欢当轻盾兵，罗德斯岛人喜欢当投石手，克里特岛人喜欢当弓箭手，伯罗奔尼撒人喜欢当重装步兵。他们没有永远的敌人，也没有永远的朋友，谁能提供金钱，就为谁提供军事服务。

进入公元前4世纪，希腊本土内部打了一轮又一轮内战，已经没有经济富足之地。相对来说，东方波斯帝国土地肥沃、财大气粗，成了众多希腊雇佣兵的淘金地。

东方的两个区域，一个是小亚细亚，另一个是埃及，都特别需要希腊人的军事服务。希波战争结束后，小亚细亚地区总督始终存有二心，寻找一切时机脱离中央控制，自立为王；埃及则是时刻准备抵御波斯讨伐，防止再度沦为波斯帝国的附庸。仅凭他们自身的力量，显然不足以应付波斯中央大军。

于是乎，无论小亚细亚地区总督，还是埃及统治者，都喜欢从希腊招募雇佣军，作为抵御波斯大军的有力补充，甚至直接充当主力。小居鲁士起兵反叛他哥哥，使用的是1.1万希腊雇佣兵，后来小亚细亚地区反叛，依赖的是斯巴达、雅典、底比斯雇佣军；埃及国王抵御波斯讨伐，很大程度上也是依赖来自伯罗奔尼撒的雇佣兵。

对波斯帝国来说，最悲哀的，还不是叛军雇佣希腊人，而是中央政府平叛时，也不得不雇佣希腊人。当时，波斯人经过一百多年的养尊处优，已经失去了勇武精神，而历来骁勇善战的两河流域居民，由于长期遭受压制和从事农耕，同样变得文弱有余而霸气不足。波斯帝国时期的两河流域，仍然属于相对繁盛富足之地，但是尚武之气已经与往昔不可同日而语。波斯没办法，只能以毒攻毒，大量雇佣希腊人来平定雇用了希腊人的叛军。

公元前 374 年，波斯远征埃及时，招募了 1.2 万或 2 万希腊雇佣兵；公元前 4 世纪下半叶波斯抵御马其顿远征时，军中有 2 万—3 万希腊雇佣军。高伽美拉战役中，波斯还将希腊雇佣军作为精锐，排在最前方。这哪里是希波战争，简直是希腊内战！

如果说波斯雇佣希腊人充当士兵，也就罢了，可是他们到了后期，连将才都涌现不出来，只能授权于希腊人。其中，一度掌握了波斯西部指挥权的门托尔兄弟（Mentor of Rhodes），就是来自罗德斯岛的希腊将领。

公元前 358 年，门托尔兄弟俩迁徙到小亚细亚，成为波斯总督阿塔巴祖斯（Artabazus）的大将。阿塔巴祖斯非常欣赏他们俩，将自己的女儿巴尔馨（Barsine）许配给了大哥门托尔。两年后，阿塔巴祖斯反叛失败，部下四散奔逃。门托尔南下埃及，弟弟门农（Memnon of Rhodes）追随阿塔巴祖斯逃到了马其顿。

门托尔在埃及也很受重视。公元前 346 年，埃及法老交给他 4000 士兵，去支援腓尼基的西顿，抵御波斯。门托尔没能帮得了西顿，最终成了波斯大王的俘虏。

不知为什么，波斯大王同样十分欣赏门托尔，不但释放了他，而且充分信任他，让他指挥三路大军中的一路，反过头去平定埃及。门托尔没有辜负波斯大王的厚望，协助波斯大军再次征服埃及。

波斯大王龙颜大悦，公元前 342 年任命门托尔为西部战区最高指挥官。同时还赦免了他的弟弟和岳父。于是，门农和阿塔巴祖斯一家从马其顿返回了小亚细亚。四年后，门托尔英年早逝，弟弟门农继承了他的职位，并娶了嫂子巴尔馨为妻。

就这样，当公元前 334 年，亚历山大率军东征时，波斯西部战区的最高指挥官，竟然是一个希腊人门农。当然，门农对波斯忠心耿耿，又非常清楚马其顿大军的缺陷，如果波斯都督听从其指挥，并不是坏事。只是，那些不可一世的波斯总督们，并不把门农放在眼中。他们与门农的间隙，为波斯西部战区抵御马其顿受挫埋下了伏笔。

不过，你要说被扳倒前夕的波斯，已经到了危机四伏、国将不国的地步，也有点夸大其词。当时的波斯帝国，仍然控制着两河流域、亚美尼亚、安纳托利亚高原、迦南、埃及、伊朗高原以及多数中亚地区，疆域并没有缩小。而且，其治下的核心区域，仍然保持着相当的经济和文化活力，至少安纳托利亚高原和迦南地区，仍然看不出衰退迹象。如果没有亚历山大军队东征，波斯帝国再存续数十年，应该不在话下。可惜的是，马其顿的军事优势、大流士三世的失策放大了波斯危机，导致了帝国崩溃提前到来。

第四节　亚历山大三世踏平波斯帝国

亚力士山大三世是一个幸运儿。在他少年成长阶段，父亲为他打下了良好政治根基。原来分裂的马其顿，被腓力二世整合为统一王国，东边的色雷斯和西边的伊利里亚都成为附属，伊庇鲁斯成为盟友，整个希腊半岛——除斯巴达外——都唯马其顿是瞻。

腓力二世吸收底比斯战略战术和武器配置，打造出了杀伤力强大的马其顿方阵；又模仿波斯“万人不死军”，挑选贵族子弟创建了“伙友骑兵”，作为国王贴身精锐部队。腓力二世去世时，原来脆弱不堪的马其顿军队，已经成为威震希腊的常胜军，将整个希腊世界都收入囊中。腓力二世生前，已帮儿子打下了结结实实的地基。

不仅如此，对儿子寄予厚望的腓力二世，还为亚历山大提供了优质教育。小亚历山大 13 岁时，腓力二世聘请亚里士多德担任他的老师。亚里士多德教给小亚历山大演讲、文学、科学、医学、哲学、地理、艺术、宗教等知识，激发了他对荷马史诗的热爱。不过，也让小亚历山大自以为是，老幻想自己乃神话中的英雄再世。

从亚历山大 16 岁开始，腓力二世率军出征时，就让他驻守国内，负责处理国内政务。两年后，他们父子还分工合作，借助“第四次神圣战争”，南下击溃底比斯、雅典、科林斯，一举奠定了霸主地位。这时，亚历山大已成长为野心勃勃、心

图 11－5　亚里士多德教育亚历山大（油画）

狠手辣、能征惯战的马其顿大将。

公元前 336 年，腓力二世在女儿婚礼上被刺杀，案情扑朔迷离，至今真相阙如。不过，亚历山大和他母亲奥林匹亚丝，显然成了最大受益者。他们再也不用担心父亲移情别恋、兄弟抢夺王位。一帮掌握实权的重臣，如安提帕特、帕米尼欧等人，随即拥戴亚历山大成为新国王。

亚历山大登基后，借助父亲被刺一事清除了政敌阿塔罗斯（Attalus）。阿塔罗斯既是腓力二世的大将，也是腓力的岳父。亚历山大母子曾担心腓力与阿塔罗斯之女生下的孩子，会危及亚历山大的王储地位，因而对阿塔罗斯视如寇仇。阿塔罗斯觉得女儿可以生个王子，也没怎么把亚历山大当回事，结果招来杀身之祸。

亚历山大没杀阿塔罗斯的女儿，也就是他的后妈，但是他妈妈奥林匹亚丝从娘家回来后斩草除根，将阿塔罗斯的女儿和外孙女，一并杀掉。据说一向服从母亲的亚历山大，对此十分不满。或许年轻的亚历山大身上，还残留着一丝人性。

为了以防万一，亚历山大杀掉了早就逊位的堂兄阿明塔斯四世。这位阿明塔斯四世，就是被腓力二世取而代之的那个国王。他的命运实在太惨，年轻时被叔叔夺了王位，中年又被堂弟夺了性命。

至于同父异母的哥哥，由于弱智和癫痫，得以幸免于亚历山大刀下。亚历山大似乎还挺喜欢他，一直将他带在身边，一来保护他，二来让他尽量避免受人蛊惑，陷入政争。

稳定国内局势后，亚历山大开始重新征服周边和南方城邦。当时，无论南方的底比斯、雅典，还是东北的色雷斯、西方的伊利里亚，听到腓力二世意外去世的消息，都跃跃欲试、谋求独立。年轻而雄心万丈的亚历山大天不怕地不怕，亲自带兵平叛。

事后证明，马其顿周围的城邦，基本被腓力二世打残了，几乎没有多少战斗力。亚历山大采用急行军和突袭战术，很快便重新将他们全部征服。其中底比斯两次反叛，惨遭亚历山大血洗。它的城池被摧毁，领土被瓜分，一代枭雄底比斯，从此没入历史。雅典、科林斯等城邦，一看底比斯的惨状，赶紧放弃了抵抗，向亚历山大表示效忠。

至此，亚历山大像他父亲一样，成为巴尔干和希腊半岛公认的盟主，只有大势已去的斯巴达，仍旧拒不承认。马其顿也不招惹它，任它在伯罗奔尼撒自生自灭。

成为霸主后，亚历山大的目光投向了东方。他知道希腊世界苦波斯久矣，只有替他们消灭波斯，一雪几次受侵之耻，才能真正获得他们的臣服。而且，自认神仙下凡的亚历山大，也不满足于仅仅充当希腊霸主。他想要征服东方那个最富庶、最强大的帝国，成为真正独一无二的英雄。

其实，从西亚和地中海的全局来看，此时马其顿与波斯帝国相比，并没有什么优势。经过二百余年养尊处优，波斯内部虽然危机重重，显出疲老之态，但是瘦死的骆驼比马大，它的财力和军事实力仍然远胜马其顿；埃及、腓尼基、叙利亚、两河流域、小亚细亚这些最富庶的地方，仍然掌握在波斯之手。所以，亚历山大东征其实是一着险棋。

对亚历山大来说，唯一的天时之利，是其西方的三大政治力量，迦太基、叙拉古和罗马三足鼎立，尚没有精力向东挺进，威胁马其顿本土。如果再晚个一百多年，罗马称雄意大利半岛，亚历山大不用说东征，能不能保住马其顿本土都是个未知数。

亚历山大抓住了这稍纵即逝的机会。公元前 334 年，年仅 22 岁的他率领大军东征，留下安提帕特（Antipatros）担任摄政。亚历山大率领右翼，另一位老将帕米尼欧（Parmenion）率领左翼。帕米尼欧的儿子菲洛塔斯（Philotas）担任伙友骑兵的指挥官。父子两人，都是亚历山大的左膀右臂。

东征大军由马其顿人和雇佣军组成，包括 3 万步兵和 5 千余名骑兵。为了筹组这支军队。亚历山大几乎耗尽国库。他只够维持30天的补给，还欠了一笔债务。要是远征不成，就会一败涂地，连马其顿国王都当不成。

渡过海峡以后，亚历山大与父亲派遣的先锋队汇合，陆兵可能共计5.42万左右，另有希腊附属国派出的160艘战船、3.8万名水手。

波斯国王早就探听到了马其顿动向。亚历山大登陆时，大流士三世通令小亚细亚各总督带兵赶往西部，汇合后进行阻击。本来，深受国王赏识的波斯西部战区指挥官门农深知马其顿之不足，建议波斯大军不要硬碰硬，只要焚毁田地、坚壁清野，亚历山大最多撑一个月就得撤军。

可是，趾高气扬的波斯总督们，哪里会将这位22岁的年轻人放在眼中？更何况，马其顿很早就是他们的手下败将，曾对波斯毕恭毕敬，现在哪有兵来将不敢挡之理？于是，他们在达达尼尔海峡以东50公里处格拉尼库斯（Granicus）河边摆开阵势，迎接来犯之敌。

双方兵力旗鼓相当，波斯参战部队共计4万左右，马其顿参战部队共计3.5万左右，人数略显劣势。不过，波斯指挥官是由6名总督和希腊雇佣军将领门农组成的，很难协调一致，而在马其顿一方，完全由亚历山大说了算，宛若一块磐石。

巅峰对决的结果是波斯军队惨败，不但阵亡上万人、被俘2000多，而且多位波斯总督战死，其中一名逃离战场后又自杀。门农带领的希腊雇佣兵大部分阵亡，只有少部分人随同他幸运逃脱。

经此一役，大流士三世彻底醒悟，充分相信门农，任命他

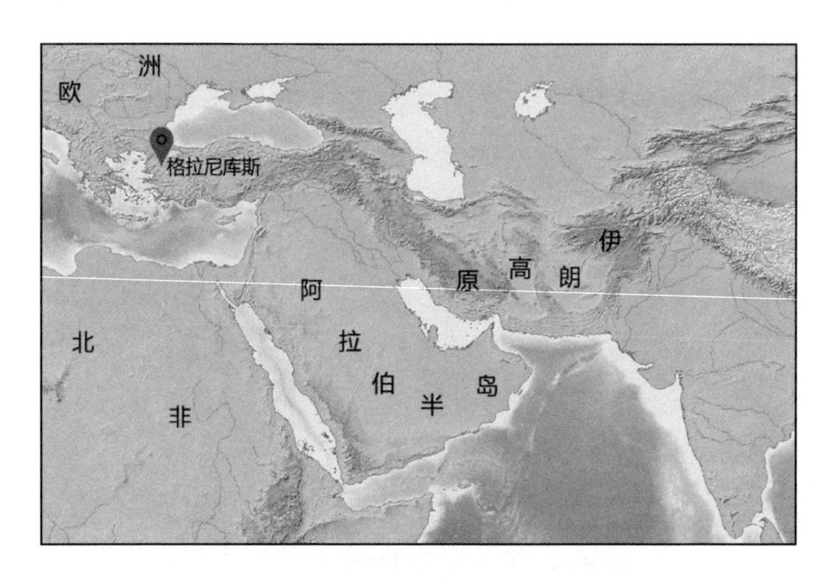

图 11－6　格拉尼库斯战役遗址示意图

为小亚细亚总督并统帅海军。门农先是集中兵力，在小亚细亚西南部进行阻击，失利后又率领舰队攻击沿海的希腊人岛屿，以图煽动希腊本土城邦反抗马其顿。只要希腊本土起来闹事，马其顿后院起火，亚历山大必定撤军。从战略上来说，这种围魏救赵式的打法非常明智。

雅典、斯巴达等城邦得到门农派人送来的消息，一度跃跃欲试，起来反叛亚历山大。可惜，上天似乎不愿意保佑波斯，公元前 333 年，门农竟意外生病去世了。他将舰队指挥权交给了舅兄法那巴佐斯。法那巴佐斯就是前文提到的波斯总督阿塔巴佐斯之子。

法那巴佐斯延续门农战略，率领舰队进占爱琴海，准备联合斯巴达抄马其顿老巢。一般来说，这种情况下，另一方都会返回本土救援。没想到，艺高人胆大的亚历山大，狠下心背水一战。他干脆放弃海军，率军继续南下，向叙利亚和迦南海岸进发。

此时，波斯国王大流士三世坐不住了，亲自召集大军赶到叙利亚与土耳其交界处，妄想从后方偷袭亚历山大。两军在伊苏斯（Issus）摆开阵势，进行第二次战略大决战。

图 11－7　残存壁画上的伊苏斯战役

这次决战，波斯投入近 10 万军队，包括 1 万不死军，1 万希腊雇佣兵，1.1 万骑兵；马其顿还是那 4 万多部队，包括近 6000 名骑兵。显然，大流士三世占据绝对优势。但是大流士三世选错了战场。他们与亚历山大对决的地方，是一块狭窄的海岸，波斯庞大的骑兵、弓兵和标枪兵根本施展不开。一旦乱起来，就会自相踩踏。

战局发展也确实如此。亚历山大带领右翼横冲直撞，先是击溃对方左翼，接着兵分两路，一部分攻击波斯中央方阵，一部分回过头援助拖后的左翼。看到敌人右翼骑兵杀到，波斯中央方阵中的大流士惊慌失措，临阵脱逃；希腊雇佣军被马其顿两翼前后夹击，也渐渐溃散。

大流士三世和希腊雇佣军一溃散，整个波斯军队立刻土崩瓦解，死伤不计其数。以马其顿伤亡 7000 人推算，波斯伤亡应该在十倍以上。更惨的是，大流士的母亲和妻儿，都成了马其顿俘虏。

不得不说，这位大流士三世愚蠢而又胆小怕事。他要么就不要带着母亲妻儿上战场，要么就应拼尽全力去保护，不能让一家老小轻易沦入敌手。可是，胆小怕事的大流士三世，一看到亚历山大骑兵冲到面前，竟然丢下母亲妻儿不管，自己先跑了。

好在，据说亚历山大对大流士的母亲妻儿十分尊敬，维持了她们高贵的王室身份。他与俘虏见面时，直接喊大流士的母亲“妈妈”，谦卑而热情。大流士母亲和妻儿也对亚历山大抱有极大好感。尤其是他母亲，可能对亚历山大产生了深深的依恋，后来听到亚历山大死讯时，悲痛绝望，躲在房间里拒绝吃饭，四天后死于悲伤和饥饿。

大流士三世的王后叫斯坦特拉一世，其中一个女儿叫斯坦特拉二世。古代历史著作说斯坦特拉一世为绝世美女，无人能及。公元前 332 年，38 岁的斯坦特拉一世难产去世。如果事实果真如此，那这里面就存在一个故事。伊苏斯战役发生在公元前 333 年 11 月，据此推算，大流士妻子从被俘到去世，至少超过 11 个月以上的时间。与丈夫不在一起的她，是如何怀孕的？亚历山大真做到以礼相待了吗？

再回到亚历山大东征。伊苏斯战役是决定波斯国运的一战。波斯战败的消息传到希腊，斯巴达不敢背后偷袭马其顿，法那巴佐斯也不敢再率波斯舰队贸然西进，腓尼基和塞浦路斯海军则趁势脱离波斯阵营，向亚历山大倾斜。

孤军深入的亚历山大，一下子扭转了局势。他派帕米尼欧率领右翼进入叙利亚，夺取了大马士革。帕米尼欧在那里抢夺了大笔财宝，俘虏了门农的遗孀巴尔馨。本来，门农是送他妻子到波斯国王处作为人质，表示忠诚的，没想到还是落入马其顿手中。

帕米尼欧将巴尔馨作为礼物，献给了亚历山大。据说，亚历山大与巴尔馨生了一个儿子，名海格力斯。后来，这对命运不济的母子，在亚历山大死后遭遇了毒手。

再说亚历山大，继续带兵南下，兵指腓尼基诸邦。回过头来看，这又是亚历山大极其英明的一步棋。如果他从叙利亚沿着幼发拉底河南下，直捣波斯帝国的老巢，胜负不一定在哪边。马其顿远离大本营，后勤供给是大问题，只要陷入攻坚战就麻烦。现在，他们转向南方，只要拿下迦南和埃及，既切断了波斯海军后路，又能够获得尼罗河三角洲稳定的后勤支持，乃是战略上的上上策。

事实证明，亚历山大是对的。迦南地区的多数城邦不战而降，只有推罗拼死抵抗，坚持了7个月，仍然未能避免城破被屠的命运。随着推罗覆灭，整个迦南落入亚历山大手中。

在此期间，大流士三世失去了信心，竟然没有派兵援助。据说，他曾经向亚历山大求和，愿意割让半壁江山，再把女儿嫁给他，换取停战和家小。老将帕米尼欧觉得这个条件不错，劝说亚历山大接受，可亚历山大说他不是帕米尼欧，他想要的是大流士全部。

占领腓尼基诸邦后，马其顿大军继续南下，剑锋直指埃及。一路上，除了在迦萨遭遇小规模抵抗，可以说畅通无阻。公元前331年，当马其顿大军抵达埃及边境时，苦波斯已久的埃及人，把亚历山大当作了解放者。他们赶跑残留的波斯军队，主动打开城门欢迎亚历山大。

对于希腊人来说，埃及是他们自古以来的文化崇拜对象，是他们仰望已久的精神圣地。在他们内心中，埃及的主神阿蒙就是希腊人的主神宙斯，两者是一体两面，故合称宙斯阿蒙。有人甚至直接认为，希腊人的主神宙斯，就是从埃及阿蒙神转化而来。

亚历山大在埃及期间，做了一件看似无关紧要，却影响极大的事。他带人赶到西部沙漠绿洲中的阿蒙神庙，与祭司们密谈半天后，便被宣布为宙斯阿蒙的儿子。

从逻辑上来说，既然亚历山大是宙斯阿蒙的儿子，那么他爹腓力二世往哪里摆？难道是他妈妈奥林匹亚丝撇开腓力二世，与宙斯阿蒙合作生下了亚历山大三世？明显不符合情理。这一举动对西亚人来说，似乎并不为过，对较真的希腊人来说，就显得有点大逆不道。此为后话，暂且不表。

将埃及事务安排妥当后，亚历山大率军北上，穿过迦南进入两河流域，寻找波斯帝国主力继续决战。此时的大流士三世，尽管丢了小亚细亚、叙利亚、迦南和埃及，但是还控制着两河流域、亚美尼亚、伊朗高原以及中亚、印度，实力依旧不

图 11－8　亚历山大塑像

可小觑。

他知道亚历山大不会善罢甘休，所以早早集中兵马，以逸待劳等着亚历山大来战。这次，他吸收伊苏斯战役教训，选择了一片叫高伽美拉（Gaugamela）的开阔平原，作为决战之地。高伽美拉的具体地址不详，大概位于今天伊拉克摩苏尔以东的底格里斯河东岸。

双方兵力对比，仍然非常悬殊。亚历山大 4 万步兵、7000 骑兵，大流士三世调遣了 10 万—20 万人，其中骑兵至少 4 万以上，不死军1万，希腊雇佣军1万。在人数上，波斯还是占有压倒性优势。

巴克特里亚总督贝苏斯（Bessus）担任左翼指挥官，巴比伦总督马扎欧斯（Mazaeus）担任右翼指挥官，大流士三世主持中央军。左翼和右翼指挥官都是波斯贵族，前者是大流士的侄子，后者是大流士的女婿。

愚蠢的大流士三世再次重蹈覆辙。经过几轮厮杀后，亚历山大发现了对方阵型缺口，率领骑兵直扑波斯中央方阵，迅速逼近大流士三世。惊慌失措的大流士三世，再次不顾大局，仓皇撤退。另一个历史版本认为，亚历山大快接近大流士时，用一支标枪投中了其身后随从，波斯士兵误以为国王已死，无心恋战，纷纷溃退。

无论如何，结果都是大流士又输了。连本来快要击溃敌军的波斯右翼，听闻国王逃跑，也没法再集中精力作战，在对方左右翼合围之下，半途而废，全线撤离。

在这场大决战中，马其顿仅伤亡2000多人，而波斯可能阵亡3万、受伤3万，共计6万多人，惨不忍睹，彻底丧失元气。

大流士三世知道，巴比伦无险可守，早晚会成为马其顿囊中之物，所以他与贝苏斯一起，撤退到了夏都埃克巴坦那。他原本想着在那里收集残兵，再从长计议。

指挥右翼的马扎欧斯，一看帝国大势已去，巴比伦又根本守不住，干脆投降了亚历山大。巴比伦祭司和当地人，受波斯两百多年欺压，也像埃及人一样，将马其顿人视为解放者。他们打开城门铺上鲜花，列队恭候亚历山大。亚历山大为笼络人心，让马扎欧斯继续担任巴比伦总督。

亚历山大在巴比伦休整了一个月，然后继续启程东征。他们先后占领了苏萨和波斯波利斯。为替雅典人报毁城之仇，亚历山大下令将波斯人的波斯波利斯付之一炬。传承两百多年、藏有各地珍宝的西亚政治中心，就这样灰飞烟灭，只剩残垣断壁。

公元前330年，马其顿大军北上埃克巴坦那，追捕大流士三世。大流士向西北斯基泰人求援无果，只好带人继续向东逃往巴克特里亚。那里是贝苏斯的老根据地。

在逃亡过程中，以贝苏斯为代表的部分波斯总督越想越气，觉得大流士指挥无能，应该交出军权。遭到拒绝后，他们不顾希腊雇佣军反对，干脆将大流士软禁了。据说，那些残余的希腊雇佣军，倒是仍然对大流士忠心耿耿，并曾提醒他注意叛乱，可惜大流士不听。或许也可以说，大流士已经没有选择余地，只能听天由命。

亚历山大的部队行进速度极快，不久便追上了贝苏斯等人。贝苏斯与亚历山大谈判，没有得到任何好处，情急之下杀了大流士三世，并嫁祸于亚历山大，边逃亡边称王。

据说，大流士三世弥留之际感谢了亚历山大，感谢他能够善待自己的母亲和妻女。只顾着逃跑的大流士三世，可能不知道他的王后，是奇怪地怀孕难产而死的。

亚历山大找到大流士尸体后，惋惜未能见上最后一面。他让人裹好大流士尸体，运回残破的波斯波利斯，交给大流士母亲，按照波斯王室规格举办了隆重葬礼。不过，大流士三世的墓地到现在还没有被发现。

厚葬大流士后，亚历山大对外宣布，波斯国王生前已经指定他为波斯王位继承人。他打着为大流士报仇的旗号，继续追杀贝苏斯。不忠不义的贝苏斯，没能善终，他的部下看到走投无路，遂将主子捆绑后，送给了亚历山大。

图 11－9　亚历山大东征路线

就这样，纵横亚非、看似庞大的波斯帝国，耀武扬威二百多年后，倒在了一个 26 岁的半希腊人之手。它那气势磅礴的波斯波利斯王宫，八方来贺的浩大的宫廷典仪式，号称“不死兵”的王室精锐部队，一望无际的广阔疆域，随之灰飞烟灭，退出西亚历史舞台。

第五节　亚历山大赢了天下又如何

公元前 330 年，大流士三世死后，自立为王的贝苏斯仓促向中亚逃亡，一口气跑到了索格底亚纳（Sogdiana），也就是中国史书提到的粟特，现在的乌兹别克斯坦。不久，亚历山大便率军赶到。

一来，亚历山大不能容忍有人继续称王，二来，他要征服大流士的全部，包括中亚和印度。因此，他找到大流士的尸体后，并没有罢兵西归，而是率军继续东进，追杀贝苏斯。

当马其顿大军兵临城下时，粟特总督略作反抗，就背叛贝苏斯，把他作为礼物交给了希腊人。随后，贝苏斯被以叛国名义处死，彻底断绝了波斯余部的抵抗念想。这意味着，亚历山大是以大流士三世继承人，而不是征服者身份入主波斯的。

在粟特休整时，亚历山大看上了当地贵族之女罗克珊娜（Rhoxane）。古历史学家说，罗克珊娜容姿端丽，举止高雅，美貌仅次于大流士三世的王后斯坦特拉一世，在亚洲排第二位。这里所谓的亚洲，当然仅限于西亚、中亚和南亚，应该不包括中国在内。

在此之前，亚历山大已经将门农的遗孀巴尔馨纳入麾下，不久前生下一个儿子海格力斯。他没有给巴尔馨任何名分，海格力斯属于私生子。但是，对于这位罗克珊娜，亚历山大选择了明媒正娶，让她成为王后。

亚历山大这样做，或许抱有政治考虑。他们来到中亚后，统治并不稳固，投降后再反叛的事，时有发生。亚历山大如果不想点办法，拉近自己与当地人的感情距离，很难获得统治合法性。娶个当地公主，成为当地人女婿，起码可以装点门面。

门面装多了，会让人欲罢不能。亚历山大看到投降的波斯人，要么象征性地亲吻他的手，要么匍匐在地行礼，心里觉得很享受。这样的场面，才能让国王有点国王的样子！于是乎，他要求部下学习波斯王室礼仪，向他行跪拜礼，以示上下有别。

对于马其顿和希腊人来说，只有神明才配得上跪拜礼。亚历山大这样做，分明是把自己当作了神。此前，他在埃及抛开腓力二世，自称宙斯—阿蒙之子，已经让部下有些反感，现在又是娶东方女子，又是要求部下匍匐行礼，实在是太过狂妄，引得群起抗议。亚历山大无奈，放弃了想法。

即使如此，当亚历山大决定南下，再攻打印度时，内部矛盾还是不可避免地爆发了。包括很多大将在内的马其顿人，已经离家好几年，去家数千里，他们归心似箭，不愿意再去征讨什么从未见过的印度人。

据说，马其顿的国王侍卫部队伙友骑兵，对主人意见特别大。军营中有传言说，部分人想杀死亚历山大，以便能够班师回朝。亚历山大最初还比较大方，拒绝相信。他觉得伙友兵指挥官菲洛塔斯，既是老臣帕米尼欧之子，又是与自己一起长大的发小，不会有二心。

但是，公元前 330 年 12 月，当一个近身侍卫被查出存在谋反嫌疑，而菲洛塔斯又没及时汇报时，亚历山大起了疑心。平日里，菲洛塔斯靠着父亲的崇高地位，傲慢无礼，目中无人，得罪了很多人。包括其姐夫在内的其他将领，趁机力陈菲洛塔斯参与谋反。亚历山大骑虎难下，处死了菲洛塔斯。

亚历山大知道，处死菲洛塔斯必定会激怒其父帕米尼欧。为斩草除根，防患于未然，亚历山大星夜派人赶到埃克巴坦那，命人趁帕米欧尼不备，以迅雷不及掩耳之势杀掉了他，罪名是与儿子密谋犯上叛乱。

就这样，为马其顿立下汗马功劳的帕米欧尼父子，还没有等到分享征战的胜利果实，便身首异处、一命呜呼了。他们的家属子女，下场想必也不会好到哪里去。

斩杀帕米尼欧父子，让马其顿高级将领人人自危，担心有一天重蹈他们父子的覆辙。据普鲁塔克记载，留守马其顿的老臣安提帕特得知帕米尼欧被杀后，就感叹："如果帕米尼欧谋反，那么还有谁值得信任呢？如果帕米尼欧没做，为何会有如此下场？"

一旦疑心产生，就会像瘟疫一样四下传播。亚历山大新任命的一位伙友兵指挥官克雷图斯（Cleitus），是亚历山大乳母的弟弟、救过他命的心腹大将，就同样看不惯亚历山大所作所为。

公元前 328 年，亚历山大在撒马尔罕庆祝酒神节时，举办了一场宴会。酒过三巡，大家都喝得歪歪楞楞，情绪高涨。亚历山大偏偏此时宣布新军事计划，引起克雷图斯不满。两个人借着酒劲大吵了一架。

亚历山大很傲慢，说自己的军事成就超过父亲，克雷图斯反唇相讥，说他根本不是马其顿合法国王，他的成就都是先王奠定的。这让亚历山大很生气。更不幸的是，克雷图斯出门后，又折回来指责亚历山大。亚历山大一气之下，夺过卫士的长矛刺死了克雷图斯。

部下反叛，没能阻止亚历山大，他仍然要征服四方。如果不是高山阻隔，他很可能会带兵进入新疆，与崛起的秦国迎头相撞。当时的秦惠王，与亚历山大同岁，刚刚任用张仪为相，像虎狼一样蚕食周边诸侯。要是他们两个碰上，不知会鹿死谁手。

好在，高山挡住了亚历山大的视线，将他目光引向了东南。公元前327或326年，他命令大军从中亚南下，穿过山口进入印度河流域，相当于现在的巴基斯坦境内。在那里，他有惊无险地将小邦国一一击破。

当他准备再向东走，试图征服现在的印度和孟加拉时，士兵们说什么都不动了。离家越来越远，风险越来越大，没有边际的征战有何意义？亚历山大决定顺从军心，撤兵西归。他将大军分为两拨，有的走海路，有的走陆路，分头班师回朝。

马其顿大军征讨中亚和印度时，暴力色彩越来越浓厚，攻打印度的马利亚邦国时，几乎把全城人都杀光了。当地仇恨情绪很严重，时有反叛。亚历山大留下1.5万步兵和5000骑兵驻守，以防不测。他从马其顿出发时，共计带了3万多步兵、不到1万骑兵，现在几乎留下一半。

亚历山大要回的，不是老家马其顿，也不是希腊半岛，而是波斯都城。虽然是马其顿率领希腊人打败了波斯，成为西亚的太上皇，但是无论马其顿还是希腊本土，富裕程度都没法和西亚比，宫殿的奢华程度更是没法和苏萨、巴比伦等千年古都比。

亚历山大根本没想过回欧洲。他只是想把思乡心切的士兵打发回去，自己留在东方驾驭帝国。所以，一路上他都在想着如何融入当地，如何让东方人接受他这个外来君王。

到了帕萨尔加德，亚历山大让建筑师修好了遭到洗劫的居鲁士墓，还抓来守卫审问盗墓者为何人。抵达苏萨后，亚历山大想出一个更绝妙的主意，他决定强行安排马其顿将军们迎娶当地贵族之女为妻，以便让马其顿人与波斯人深度融合，造就一批“不分你我”的混血儿。这样，东方人就不会讨厌他们这些西方人了。

公元前324年，亚历山大在苏萨举办了一场集体婚礼，与会者多达9000多人，连续庆祝五天。他带头迎娶大流士三世的大女儿和阿塔薛西斯三世的小女儿。反正马其顿和波斯都允许一夫多妻，多娶两个没关系。至此，亚历山大迎娶的三个王后，都是东方人。和他有过一夜情、生下海格力斯的巴尔馨，也是波斯贵族之女。

亚历山大还想方设法，让心腹大将们都娶一个波斯格格。

图11－10　19世纪末雕刻的苏萨集体婚礼

大流士三世的小女儿、侄女，米底和巴克特里亚总督的女儿，阿塔巴佐斯剩余的两个女儿，以及门农的女儿等，统统都被亚历山大赏赐给了左膀右臂，总共加起来，据说足足有80对。

据普鲁塔克记载，亚历山大在这场集体婚礼中花费不菲，不仅为每对新人送上贺礼，还送给每个来宾一只装满酒的金杯。

但是，亚历山大所做的一切，让他的马其顿士兵很气愤。这些士兵看不惯国王拜埃及神祇为父、热衷东方礼仪，更不喜欢他提拔波斯贵族、迎娶东方公主为王后。当他们离开苏萨，沿着底格里斯河向上走到俄庇斯时，与主帅的冲突终于公开化了。

亚历山大想着，马其顿士兵跟随他东征已经十余年，应该衣锦还乡。他许诺免除他们的债务，赏赐给他们财物，让他们回家享受荣华富贵。可没想到，士兵觉得亚历山大是卸磨杀驴，遂群起抗议，并嘲笑他亲近东方。

亚历山大大怒，命人将带头起哄者处死，然后历数父亲和自己的功业，以及分给同胞的战利品。他嘲讽士兵说，你们回到家乡以后，就说把我给弄丢了。好在不久，士兵们回心转意，请求亚历山大宽恕。亚历山大举办宴会和解，然后命令麾下大将克拉特鲁斯率领一万多马其顿士兵回国。

派克拉特鲁斯回国，其实是一项政治安排。亚历山大的妈妈经常写信，诉说她对摄政的安提帕特不满，认为安提帕特野心勃勃，可能会取而代之。亚历山大要求克拉特鲁斯回国后取代安提帕特，安顿国内政治。

亚历山大自己，带兵离开俄庇斯后，前往波斯夏都埃克巴坦那，既作视察又收受金银财宝。不承想，他的好基友赫费斯提昂（Hephaestion）病倒不治，一命呜呼。赫费斯提昂既是他的左膀右臂，也是他从小的精神伙伴和同性恋人，重要性甚至超过几个王后。

赫费斯提昂之死，据说让亚历山大伤心欲绝。三天不吃东西，甚至全面禁止宴会，剃掉自己的头发，处死相关军医。离开埃克巴坦那时，他命人带着赫费斯提昂的尸体，运到巴比伦去安葬。在那里，他建造了高高的火葬台，举办隆重的追悼仪式，让赫费斯提昂的部队保留名号，并向腓尼基西顿城邦神殿请求将其奉为圣人。

休整了几个月后，亚历山大才恢复神志。他决定出兵讨伐沙漠深处的阿拉伯人。但是，长年军旅、伤心过度、纵情声色、狂欢酗酒，已经让年仅 33 岁的亚历山大每况愈下。公元前 323 年 5 月底，他与人彻夜喝酒狂欢后病倒了。这一病，再也没能爬起来。十多天以后，6 月 10 日或 11 日，不可一世的亚历山大与世长辞。

长期以来，亚历山大三世的死扑朔迷离，令人费解。普鲁塔克记载说是病死的，狄奥多罗斯说是喝酒中毒而死的，查士丁则认为是被谋杀的，主谋即安提帕特。传言说，安提帕特知道亚历山大对他起了疑心，早晚采取行动，与其被动等死，不如放手一搏。他秘密通知一个跟随亚历山大的儿子，偷偷在酒杯中投入毒药，毒死了亚历山大。

以前，人们都觉得“下毒论”不太可信，因为亚历山大从喝酒到去世，足足有 14 天的时间，哪种毒药的效力能持续这么长时间？不过，在 2003 年 BBC 纪录片中，新西兰国家毒物中心专家里奥·谢普认为，白藜芦是古希腊人所共知的毒性物质，将其掺入酒中，理论上可以毒死人。2014 年，他又发表论文，称亚历山大死时的样子，符合白藜芦毒酒中毒症状。

这样一来，真不好排除谋杀的可能性了。毕竟，那个时代的政治谋杀数不胜数，腓力二世就是死于非命。只是，对亚历山大不满的人很多，现在没有明确证据，证明安提帕特就是幕后主谋。

亚历山大死后，马其顿大军一下子群龙无首。骑兵派与步兵派的将领针锋相对，各怀鬼胎。经过讨价还价，双方达成协议，决定扶助亚历山大的智障哥哥为王，如果怀孕的王后罗克珊娜生下男孩，就登基与伯父共治天下。两个月后，王后生下一个男孩，是为亚历山大四世。

新树立的两个国王，一个是智障，一个为婴儿，都没法执政。大将佩尔迪卡斯（Perdiccas）在博弈中胜出，担任摄政王。随后，佩尔迪卡斯主持分封会议，瓜分了亚历山大的征战成果。此前，亚历山大为了笼络当地贵族，集中精力讨伐，大都沿用波斯旧将。现在，马其顿将领们一人一块封地，取代了原来的波斯统治者。其中，塞琉古（Seleucid）担任皇家骑兵司令控制波斯本土及两河流域，安提帕特和克拉特鲁斯共治马其顿及希腊本土，托勒密占有埃及，安提柯控制小亚细亚。后来，他们都在西亚和希腊历史上扮演了重要角色。

托勒密抵达埃及后清除政敌，迅速站稳了脚跟。公元前321 年，当佩尔迪卡斯派人护送亚历山大灵柩返回马其顿时，托勒密竟然半路抢走了亚历山大的黄金石棺。他指责佩尔迪卡斯图谋不轨，意图染指王位。由于这个意外，亚历山大遗体没能回到马其顿，而是被埋葬在了埃及沙漠中。

企图挟天子以令诸侯的佩尔迪卡斯，哪里容得下这般挑衅，次年春带着新王远征埃及。托勒密一看来者不善，赶紧与老摄政安提帕特联系，共同对抗佩尔迪卡斯。此时，本来被派回去接替安提帕特的克拉特鲁斯，已经转而与安提帕特合作，掌控了希腊局势。

安提帕特本来是想巴结佩尔迪卡斯的。他将一个女儿送给后者，希望能结成同盟。没想到，佩尔迪卡斯听从欧迈尼斯建议，退掉安提帕特女儿，选择了另一门亲事，即亚历山大寡居的妹妹。

前文已经说过，亚历山大的母亲与安提帕特是政敌，水火不容。无奈，安提帕特是实力派，稳稳掌握着马其顿局势，让她的清除计划迟迟不能得逞。儿子死后，她的担心更是与日俱增，便派人与佩尔迪卡斯秘密联络，说愿意将女儿嫁给他。

这个女儿，便是在腓力二世被刺婚礼上，嫁给舅舅的那个女孩。此时，她丈夫已经在征战中死亡，准备再嫁。佩尔迪卡斯觉得，娶了亚历山大的妹妹，将来当国王可以名正言顺。

如此一来，可就把安提帕特害苦了。他不仅被退亲，丢了面子，还面临着政敌联手的危险。为避免陷入绝境，他决定带兵进入西亚，与托勒密联手对付佩尔迪卡斯。

谁知道，佩尔迪卡斯军事低能，没等安提帕特赶到，就被托勒密连续击败。再加上他刻薄寡恩，不讨人喜欢，手下将领一气之下，杀掉了他，推举托勒密为帝国摄政。托勒密是个明白人，知道这个差事是众矢之的，谁当谁就会遭人嫉恨，遂婉言谢绝。随后赶来的安提帕特，觉得以自己的资本足以服众，接受了帝国摄政之职。弱智国王腓力三世跟着他返回了马其顿。

打败佩尔迪卡斯以后，托勒密地位举足轻重。他迎娶了安提帕特的女儿，成为摄政女婿，加了一道保险。此后两三百年，托勒密和他的继任者励精图治，使埃及重新焕发生机，在帝国版图中熠熠生辉。

亚历山大征服埃及后，以自己之名建立了一个新城市。托勒密及其子孙精心维护、多方支持，使其成为地中海地区的一颗明珠。他们通过重金收购、雇人抄写、掠夺和兼并等方式，广泛搜罗埃及、希腊、罗马、波斯书籍，建成了当时世界上藏书最多的图书馆。据说，鼎盛时期藏书量达 70 万卷，仅图书目录就有 120 卷。

公元前 319 年，回到马其顿的安提帕特以 78 岁高龄辞世。此前一年，克拉特鲁斯也战死。不知为什么，安提帕特没有将位子传给儿子，而是交给了另一个将领波利伯孔（Polyperchon）。波利伯孔全程参加了东征战役，也算有功之臣，但是他的资历尚浅，不足以服众。安提帕特的儿子卡山德（Cassander），更是对他充满了仇恨。卡山德觉得父亲的位子应该是他的。

于是，卡山德争取到南方希腊城邦支持，又联合父亲的盟友安提柯、托勒密等人，北上驱逐了波利伯孔，硬抢到了帝国摄政之位。波利伯孔则联合亚历山大的母亲奥林匹亚丝，杀回马其顿，干掉了腓力三世，以亚历山大的儿子亚历山大四世为正朔。卡山德再度率希腊人北上，经过一年围歼战，逮捕了奥林匹亚丝及其儿媳、孙子。

卡山德似乎受过亚历山大的虐待，对其家人心狠手辣。他先是杀掉了投降的奥林匹亚丝，几年后又杀掉亚历山大的妻儿，最后还迫使逃到伯罗奔尼撒的波利伯孔杀掉亚历山大的私生子，彻底断了王室血脉。

一生天不怕地不怕、征战天下无敌手的亚历山大大帝，怎么也不会想到，他的家人竟然会落得如此悲惨下场，连个私生子都没活命的机会。

就在卡山德打击波利伯孔、杀害亚历山大家人的十多年，西亚北非上演了更大规模的诸侯争霸战。他曾经的盟友安提柯，以小亚细亚为根据地，一度控制东部行省，成为霸主。埃及的托勒密，巴比伦的塞琉古，马其顿的卡山德，不得不联合起来，东西夹击安提柯。

公元前 306 年，76 岁的安提柯打败托勒密后，与儿子双双称王。卡山德、托勒密、塞琉古以及色雷斯的利马西科斯，一看安提柯既然撕下面纱称王，自己也干脆一不做二不休，分别以国王自居。亚历山大三世建立的庞大帝国，至此土崩瓦解，分裂为各个互不统属的王国。

各自称王的霸主们，都没落得好下场。公元前 301 年，四个国王联合起来挑战安提柯。双方齐聚弗里吉亚的伊普苏斯，展开巅峰对决。年老的安提柯战死疆场，他的儿子德米特里侥幸逃脱，丢城失地，几成孤家寡人。

公元前 297 年，卡山德病逝后，马其顿陷入内讧。他的长子登基不久同样病死，次子不满母后溺爱弟弟而弑母，弟弟为母报仇，与哥哥开战。哥哥引入德米特里作为援军，不想最后江山易主，落入德米特里手中。

以巴比伦为中心崛起的塞琉古，一度平定西亚、中亚和印度，差点比肩亚历山大大帝。可惜，公元前 281 年，当他打败色雷斯国王踏上欧洲土地后，被托勒密的儿子克劳诺斯刺杀。此前，托勒密已死，克劳诺斯在争夺王位中败北，投奔了父亲的盟友塞琉古。他希望塞琉古帮他夺回王位，不承想塞琉古无意帮他。克劳诺斯由爱生恨，痛下杀手，取代塞琉古成为色雷斯国王。克劳诺斯依靠色雷斯，向西击溃德米特里，又成为马其顿国王。

在几个争霸的诸侯中，只有精明的托勒密得以善终。可是，他晚年没有预立继承人，导致宫廷内刀光剑影，明争暗斗。公元前 282 年，托勒密死后，王子克劳诺斯继位不成，北上投靠了塞琉古，弟弟托勒密二世继位。

塞琉古后人控制两河流域、伊朗和小亚细亚，托勒密后人占据埃及和迦南地区，形成两大对立政治集团。他们为争夺叙利亚，打了九次、长达近 200 年的战争，国力都耗费了战场上。

他们恐怕都没想到，双方争来争去，最终还是为他人做了嫁衣。希腊以西的罗马人，在希腊诸侯争霸的年代里，沐浴着东方传来的文明急速崛起。当他们战胜迦太基、叙拉古，组成军团向东一探究竟时，才发现传说中强悍的希腊人，已经老气横秋。不久，无论马其顿、希腊本土，还是西亚、北非，都落入罗马人手中，成为更大帝国的一个组成部分。

附录一 公元前西亚及其周边大事年表

考古学家发现在中非乍得发现700万年前人科头骨化石，取名图迈；

考古学家在埃塞俄比亚发现440万年前人科女性化石，取名阿尔迪；

考古学家在埃塞俄比亚发现320万年前残缺人科女性骨头化石，取名露西；

距今250万年前，南方古猿一支进化成人的模样；

距今20万年前，非洲罗德西亚人进化为晚期智人；

7万年前，非洲晚期智人向外迁徙，北上进入亚洲和欧洲大陆；

1.2万年前，土耳其东部哥贝克力出现石块阵；

1.1万年前，以色列耶律哥留下人类定居痕迹；

公元前8000年左右，安纳托利亚高原农民进入欧洲，成为主导人种；

公元前6500年左右，两河流域北部出现哈苏纳—萨马拉文化；

公元前 5000 年左右，两河流域南部欧贝德文化成为主导；

公元前 4500 年左右，两河流域南端出现苏美尔人；

公元前 3500 年左右，苏美尔人取代欧贝德人成为两河流域南部主导族群；

乌鲁克城邦出现城市、神庙、灌溉系统、社会分工、远距离贸易、冶金技术等文明要素；

公元前 3300 年左右，欧亚大草原印欧语系颜那亚人兴起；

公元前 3200 年左右，苏美尔楔形文字出现；

公元前 3200 年至前 3000 年，苏美尔五大城邦争霸；

公元前 3200 年至前 2500 年，西伯利亚草原中部叶尼塞河两岸出现阿凡纳谢沃文化，疑似颜那亚人东迁后裔；

公元前 3000 年左右，两河流域遭遇大洪水；

公元前 2900 年至前 2800 年左右，基什城邦成为苏美尔地区霸主；幼发拉底河上游出现马瑞和埃勃拉两个王国；

公元前 2800 年至前 2600 年左右，乌鲁克城邦成为苏美尔地区霸主；

公元前 2711 年，传话中的中华始祖黄帝出生；

公元前 2700 年左右，乌鲁克第二任国王恩美尔卡在位；

公元前 2600 年左右，乌鲁克第五任国王吉尔伽美什在位，以其为原型创作的《吉尔伽美什史诗》被公认为人类最早的史诗；

公元前 2500 年左右，乌尔城邦取代乌鲁克成为苏美尔地区霸主；

公元前 2500 年左右，全球气候变冷，印欧人向东西大规模迁徙，其中进入欧洲的部落取代当地土著，成为新的主导族群；安纳托利亚高原中部兴起哈梯王国（Hatti）；

公元前2400年左右，阿摩利人迁出阿拉伯半岛，进入约旦和叙利亚北部山区；苏美尔东邻埃兰人进入了统一王朝时代；

公元前2378年至前2371年，拉伽什城邦君主乌鲁卡基那颁布人类有史记载的第一部法典，启动了后世所知最早的政治改革；

公元前2334年，萨尔贡成为基什城邦国王，史称萨尔贡大帝；

公元前24世纪末，萨尔贡征服苏美尔地区，建立阿卡德帝国；

公元前24—前21世纪，东亚黄河流域传说中的尧舜禹时代；

公元前2200年左右，闪米特语系阿摩利人开始进入两河流域和埃及；

稍后，一个印欧人族群向东翻越乌拉尔山，进入哈萨克斯坦北部辛塔什塔河畔定居，存在三百年之久，考古学称为辛塔什塔文化；

公元前2193年左右，阿卡德帝国土崩瓦解，古提人进入苏美尔地区，建立古提王朝；

公元前2116年左右，乌鲁克的乌图海伽尔生擒古提国王，征服其他城邦，成就一代霸业；

公元前2112年左右，乌图海伽尔手下大将乌尔纳姆创建乌尔第三王朝，留下《乌尔纳姆法典》、乌尔月神庙遗址等，其中《乌尔纳姆法典》是目前能看到的人类最早成文法典；

公元前2070年左右，东亚黄河流域出现夏朝；

公元前2006年，埃兰人攻入乌尔，乌尔第三王朝土崩瓦解，苏美尔地区重新陷入城邦林立状态；

公元前21世纪前后，作为印欧人分支的赫梯人进入安纳托利亚高原，聚集在希腊北部的印欧人分支陆续向南端迁徙；

公元前19世纪左右，叙利亚地区的阿摩利人大规模进入两河流域；

公元前1894年，阿摩利人部落首领苏穆阿布在小城巴比伦建立王国，史称古巴比伦；

公元前19世纪初，阿摩利人在叙利亚地区创建雅姆哈德王国；

公元前1800年左右，部分辛塔什塔人向东游弋，越过新西伯利亚，在今天俄罗斯阿钦斯克州形成安德罗诺夫文化，存续四百年。其中一个雅利安部落，即今日印度—伊朗人祖先；

公元前1758年左右，古巴比伦汉谟拉比统一两河流域大部分地区，成为当时西亚最大帝国；

公元前1750年左右，汉谟拉比制作法典；

公元前1750年到前1520年，东亚黄河流域出现二里头文化；

公元前8世纪中叶，古巴比伦兴盛时，加喜特人从扎格罗斯山区进入两河流域；

公元前1719年左右，古巴比伦衰退，只剩半壁江山；

公元前1650年，哈图西里一世就任赫梯君主，带领赫梯崛起；

公元前17世纪中叶，希克索斯人侵入埃及；

公元前 1600 年左右，东亚长江流域四川盆地出现三星堆文化；殷商取代夏成为黄河流域主导；赫梯军队摧毁雅姆哈德王国；印欧语系阿卡亚人迁徙到希腊半岛南部，创建迈锡尼城邦，称雄一时；

公元前 1595 年，赫梯攻克巴比伦城，古巴比伦王朝灭亡；加喜特人继续控制巴比伦旧地，巴比伦第三王朝或加喜特巴比伦王朝；

公元前 1550 年左右，米坦尼王国成立，半个世纪后成为两河流域上游区域帝国；

公元前 16 世纪，南亚哈帕拉文明进入消亡期；

公元前 1472 年，米坦尼吞并亚述大部分城邦，并压制赫梯，一度成为最具影响力的西亚帝国；

公元前 1400 年左右，地中海东岸乌加里特城邦繁荣，率先发明字母文字；

公元前 14 世纪中叶，苏庇路里乌玛夺取赫梯王位，带领国家重新崛起；加喜特巴比伦进入强盛期；

公元前 1350 年，亚述联手赫梯东西夹击，击溃米坦尼；

公元前 1274 年，赫梯与埃及两大帝国在卡迭石展开巅峰对决；

公元前 1259 年，赫梯与埃及签署卡迭石和平协议。该协议是目前人类最早的国际书面条约；

公元前 1237 年，亚述打败赫梯，称雄西亚，但是随后再度陷入低迷；

公元前 12 世纪，亚述人再度复兴，成为两河流域主导；闪米特语系的阿拉米人从叙利亚源源不断进入两河流域；小亚细亚特洛伊城邦消失；迈锡尼城邦突然崩溃，希腊本土进入黑暗时代；

公元前 1190 年至前 1185 年间，地中海东岸乌加里特城邦消失；阿拉米人借鉴乌加里特字母文字，改造为更简便的阿拉米字母文字；

公元前 1180 年，赫梯帝国灰飞烟灭；

公元前 1155 年，埃兰舒特鲁克王朝带兵扫荡巴比伦，加喜特巴比伦王朝结束；

公元前 11 世纪左右，印欧语系雅利安人从不同方向南下涌入伊朗高原，形成米底人、波斯人和帕提亚部落；

公元前 1078 年，埃及分裂为南北两个政权；

公元前 1020 年，希伯来人成立希伯来王国；

公元前 1000 年，耶路撒冷成为希伯来王国都城；

公元前 931 年，北方 10 个希伯来部落退出联合王国，另建以色列王国，以撒玛利亚为首都；南方两个希伯来部落，改名为犹大王国，以耶路撒冷为首都；

公元前 10 世纪，阿拉米人在黎巴嫩山脉东麓创建大马士革王国；

公元前 9 世纪—前 8 世纪，弗里吉亚人在安纳托利亚高原中部创建弗里吉亚王国；

公元前 9 世纪中期，高加索以南凡湖周边出现凡（Van）王国，亚述称他们为乌拉尔图；

公元前 9 世纪至前 8 世纪，希腊世界出现《荷马史诗》；希腊优卑亚岛人将腓尼基字母改良后带回，即希腊文前身；

公元前 8 世纪初，以色列王国被亚述消灭；

公元前 8 世纪下半叶，亚述先后征服曼努亚人和米底人；

公元前 732 年，亚述消灭大马士革王国；

公元前 730 年，埃及以南努比亚领袖皮耶统一上下埃及，建立第二十五王朝；

公元前 722 年，萨尔贡二世成为亚述君主；

公元前 714 年，辛梅里安人与亚述人联合出击，摧毁乌拉尔图鲁萨政权；

公元前 705 年，萨尔贡二世被辛梅里安人杀死，辛那赫里布继承亚述王位；

公元前 690 年，辛那赫里布率领亚述大军水淹巴比伦城；

公元前 675 年，辛梅里安人摧毁弗里吉亚王国；

公元前 671 年，亚述阿萨尔哈东占领埃及；

公元前 669 年，阿舒尔巴尼拔继位；

公元前 7 世纪中叶，埃及摆脱亚述控制，重新获得独立；

公元前 7 世纪下半叶，米底人开启政权建设，建立统一王国；

公元前 7 世纪到 6 世纪，希腊各城邦先后形成主权在民的政治体制；

公元前 626 年，迦勒底人领袖那波帕拉萨尔在巴比伦自立为王，史称新巴比伦王国或迦勒底王国；

公元前 615 年，迦勒底和米底联手进攻亚述；

公元前 612 年，迦勒底和米底联军攻陷尼尼微，亚述君主辛沙里施昆自焚；

公元前 610 年，迦勒底巴比伦消灭亚述余部，亚述帝国彻底没入历史；

公元前600年左右，尼布甲尼撒二世重建巴比伦城；波斯居鲁士二世出生；

公元前598年，尼布甲尼撒二世讨伐犹大王国，制造“巴比伦之囚”；

公元前562年，尼布二世去世，巴比伦帝国陷入动荡；

公元前556年，新巴比伦帝国大将那波尼杜斯夺权上位；

公元前550年，居鲁士二世征服米底，组建伊朗高原政权；

公元前546年，居鲁士二世征服安纳托利亚高原吕底亚王国，随后向东扩张至印度河领域；

公元前539年，居鲁士二世征服巴比伦，问鼎两河流域；

公元前530年，居鲁士大帝去世，冈比西斯二世继位；

公元前525年，冈比西斯二世带兵远征埃及；

公元前522年，阿契美尼斯家族大流士夺波斯王权；

公元前520年，大流士一世制作贝希斯敦铭文；

公元前513年，大流士一世远征乌克兰草原斯泰基人；

公元前6世纪末，马其顿王国获得希腊世界认可，得以参加奥林匹克运动会；

公元前499年，小亚细亚希腊人反叛波斯起义；

公元前490年，大流士一世带军远征希腊，遭遇失败；

公元前486年，大流士一世病逝，传位于薛西斯；

公元前480年，薛西斯率军远征希腊，再次遭遇失败；

公元前475年，东亚黄河流域东周进入战国时代；

公元前466年，提洛同盟在小亚细亚南部打败波斯海军；

公元前431年，希腊本土爆发伯罗奔尼撒战争，长达近三十年；

公元前404年，斯巴达争取波斯援助，攻入雅典卫城，雅典一蹶不振；

公元前395年，以底比斯、雅典、科林斯、阿尔戈斯为一方，以斯巴达及其追随者为一方，希腊半岛再度上演集团战争，史称科林斯战争；

公元前382年，马其顿王子腓力二世出生；

公元前356年，亚历山大三世出生；

公元前346年，腓力二世带领马其顿王国称霸希腊北部；

公元前337年，腓力二世率领大军进入科林斯，主持召开全希腊城邦会议，称霸希腊本土，次年在女儿婚礼上被刺杀；

公元前334年，亚历山大率领大军东征；

公元前333年，亚历山大在伊苏斯战役中决定性地击溃波斯军队；

公元前331年，马其顿军队抵达埃及；

公元前330年，波斯大王大流士三世去世，侄子贝苏斯篡夺王位；

公元前329年，贝苏斯被俘处死，亚历山大大帝正式吞并波斯帝国；

公元前323年，亚历山大去世，帝国开始分裂。

附录二　谱系表

1. 阿卡德君主谱系表

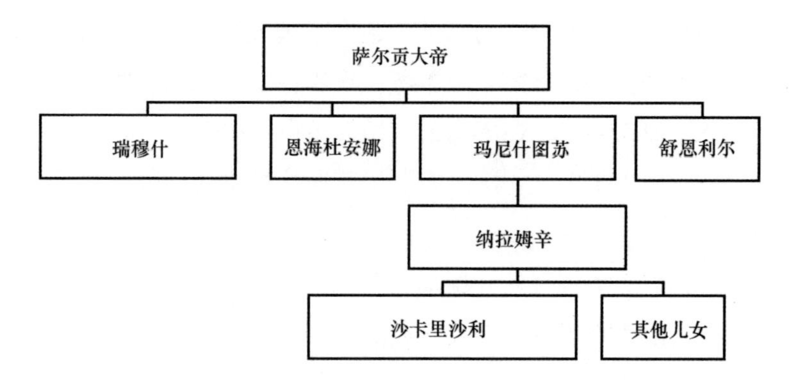

2. 乌尔第三王朝君主谱系表

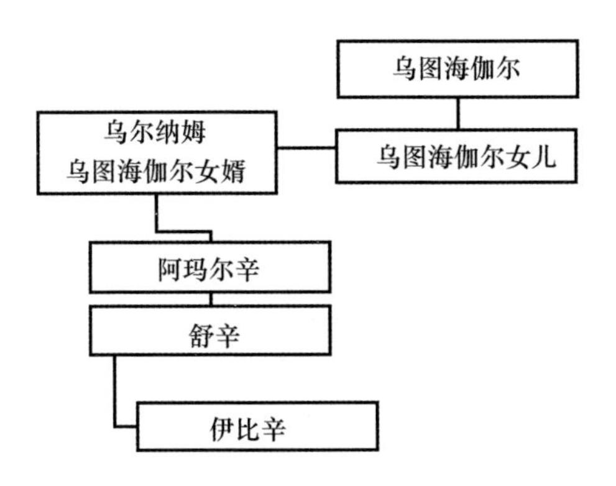

3. 古巴比伦君主谱系表

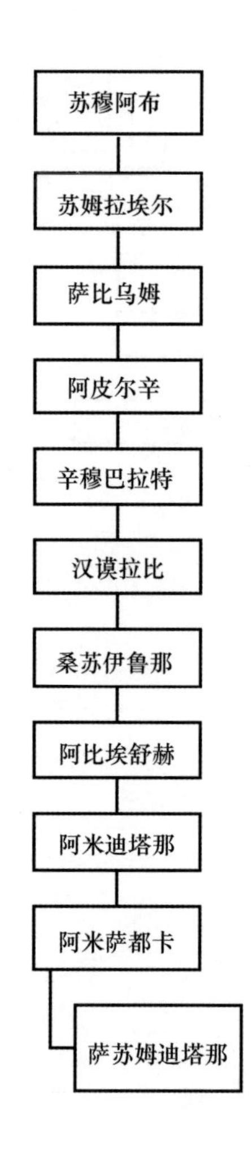
苏穆阿布
苏姆拉埃尔
萨比乌姆
阿皮尔辛
辛穆巴拉特
汉谟拉比
桑苏伊鲁那
阿比埃舒赫
阿米迪塔那
阿米萨都卡
萨苏姆迪塔那

4. 古赫梯君主谱系表

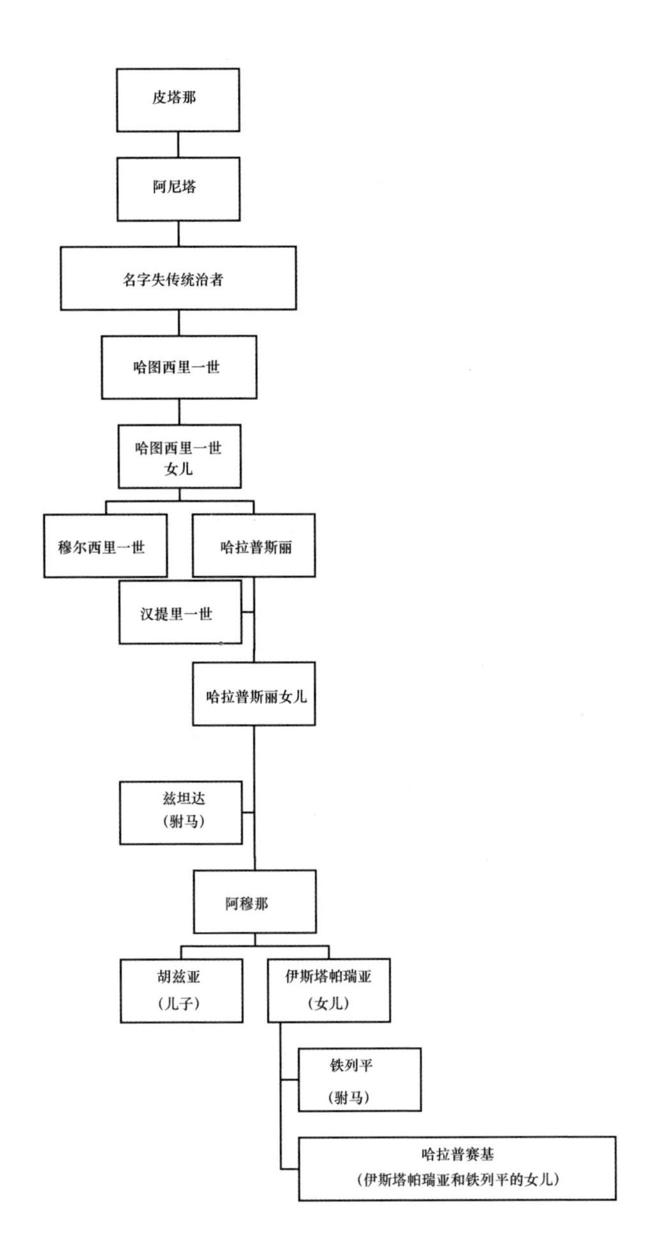

皮塔那
阿尼塔
名字失传统治者
哈图西里一世
哈图西里一世女儿
穆尔西里一世
哈拉普斯丽
汉提里一世
哈拉普斯丽女儿
兹坦达
(驸马)
阿穆那
胡兹亚
(儿子)
伊斯塔帕瑞亚
(女儿)
铁列平
(驸马)
哈拉普赛基
(伊斯塔帕瑞亚和铁列平的女儿)

5. 新赫梯君主谱系表

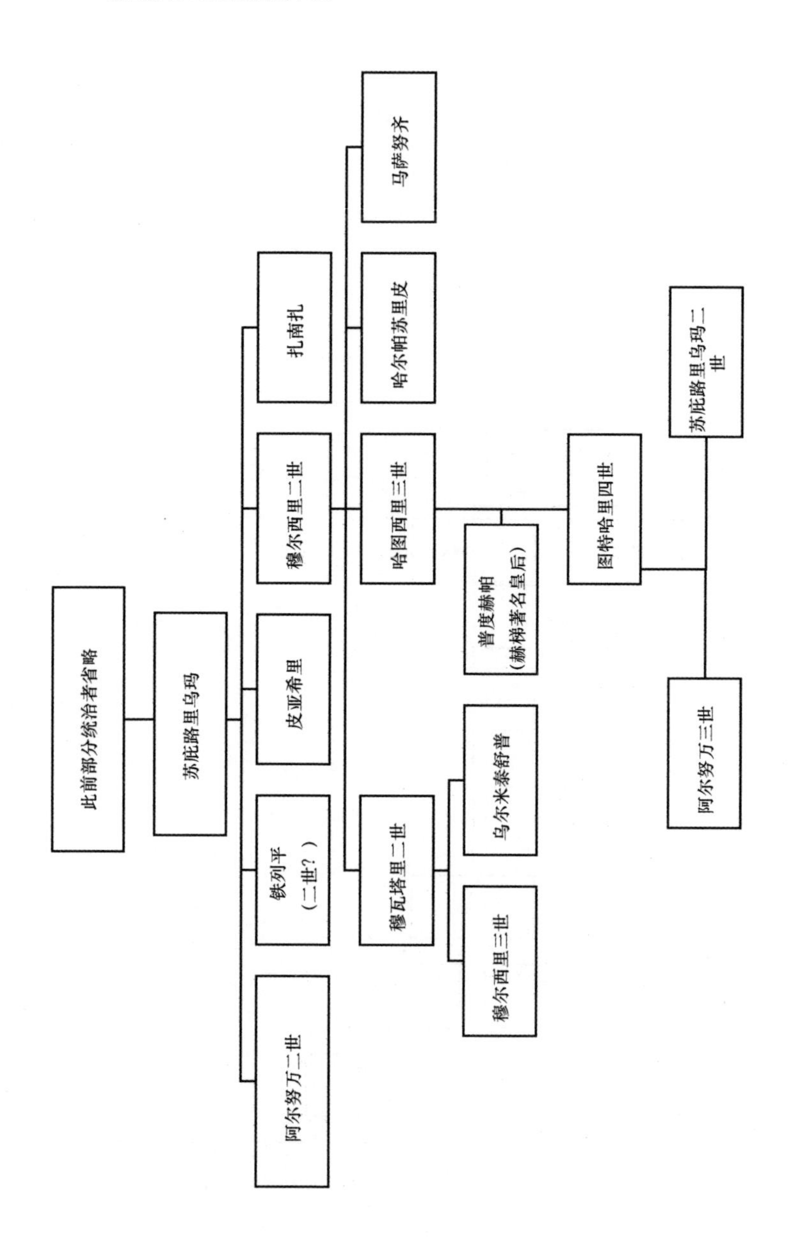
此前部分统治者省略
苏庇路里乌玛
阿尔努万二世
铁列平
（二世？）
皮亚希里
穆尔西里二世
扎南扎
穆瓦塔里二世
哈图西里三世
哈尔帕苏里皮
马萨努齐
乌尔米泰舒普
穆尔西里三世
普度赫帕
（赫梯著名皇后）
图特哈里四世
阿尔努万三世
苏庇路里乌玛二世

6. 加喜特巴比伦君主谱系

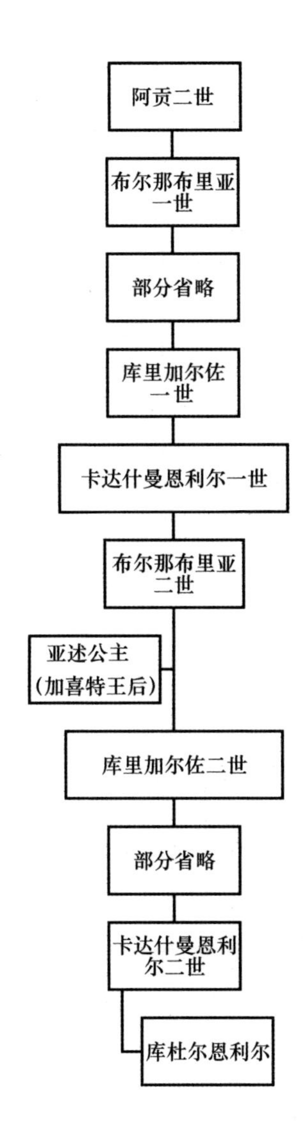

7. 古亚述君主谱系

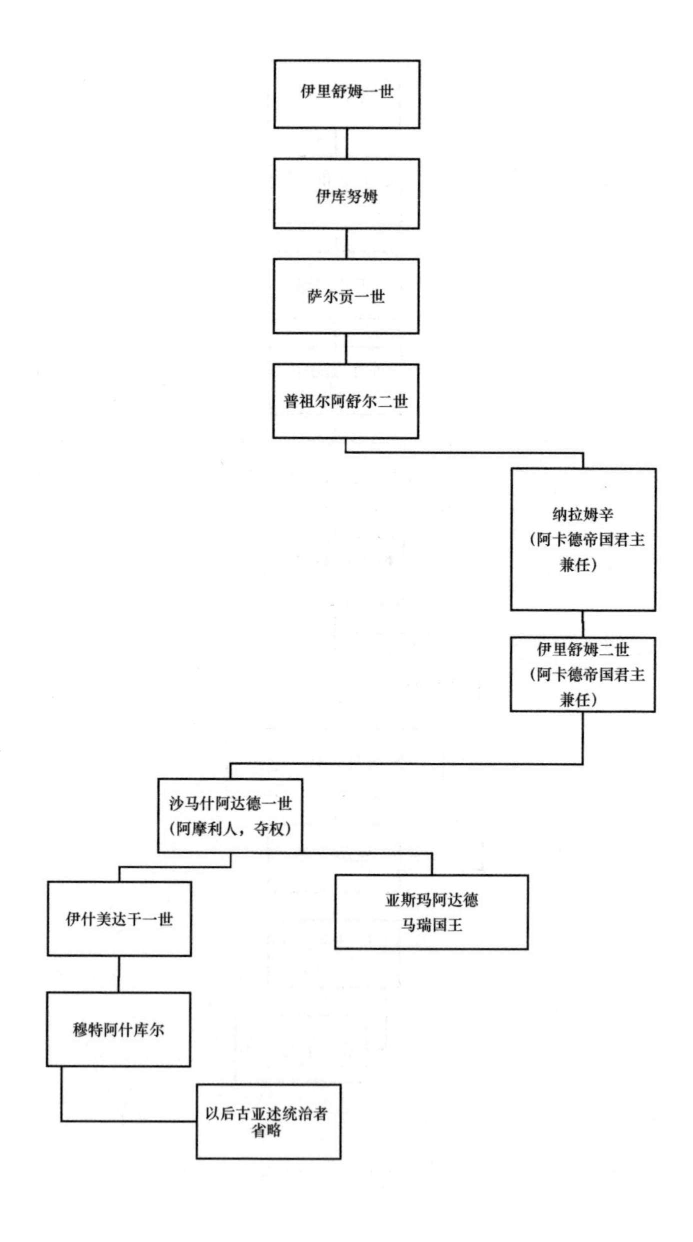
伊里舒姆一世
伊库努姆
萨尔贡一世
普祖尔阿舒尔二世
纳拉姆辛
（阿卡德帝国君主
兼任）
伊里舒姆二世
（阿卡德帝国君主
兼任）
沙马什阿达德一世
（阿摩利人，夺权）
伊什美达干一世
亚斯玛阿达德
马瑞国王
穆特阿什库尔
以后古亚述统治者
省略

8. 中亚述君主谱系

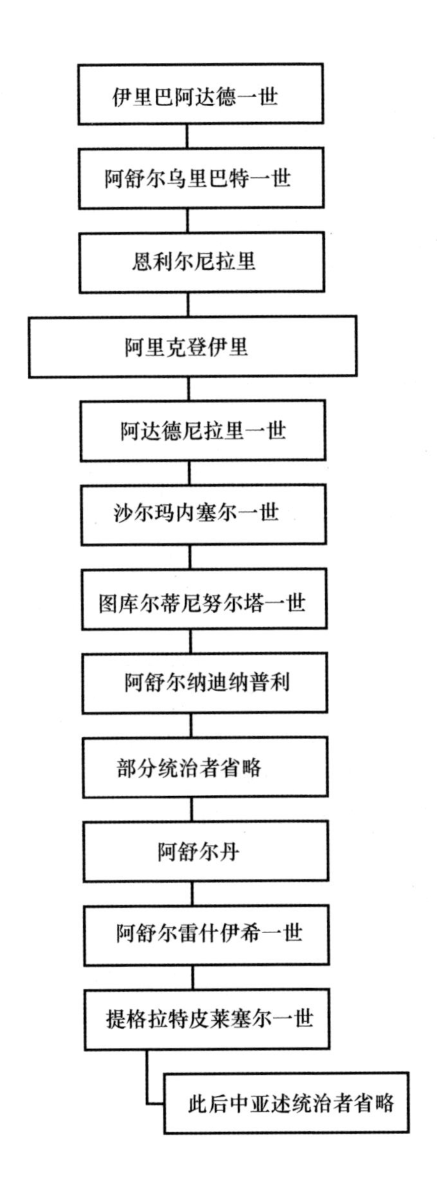
伊里巴阿达德一世
阿舒尔乌里巴特一世
恩利尔尼拉里
阿里克登伊里
阿达德尼拉里一世
沙尔玛内塞尔一世
图库尔蒂尼努尔塔一世
阿舒尔纳迪纳普利
部分统治者省略
阿舒尔丹
阿舒尔雷什伊希一世
提格拉特皮莱塞尔一世
此后中亚述统治者省略

9. 新亚述君主谱系

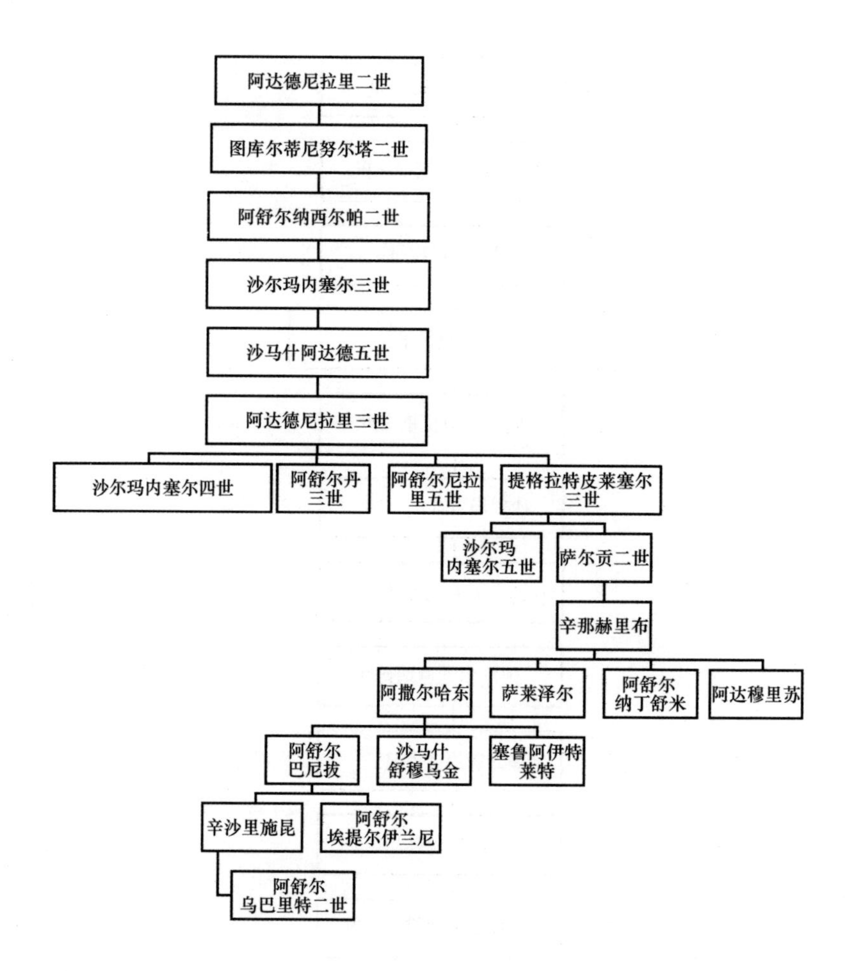
阿达德尼拉里二世
图库尔蒂尼努尔塔二世
阿舒尔纳西尔帕二世
沙尔玛内塞尔三世
沙马什阿达德五世
阿达德尼拉里三世
沙尔玛内塞尔四世
阿舒尔丹三世
阿舒尔尼拉里五世
提格拉特皮莱塞尔三世
沙尔玛内塞尔五世
萨尔贡二世
辛那赫里布
阿撒尔哈东
萨莱泽尔
阿舒尔纳丁舒米
阿达穆里苏
阿舒尔巴尼拔
沙马什舒穆乌金
塞鲁阿伊特莱特
辛沙里施昆
阿舒尔埃提尔伊兰尼
阿舒尔乌巴里特二世

10. 乌拉尔图君主谱系

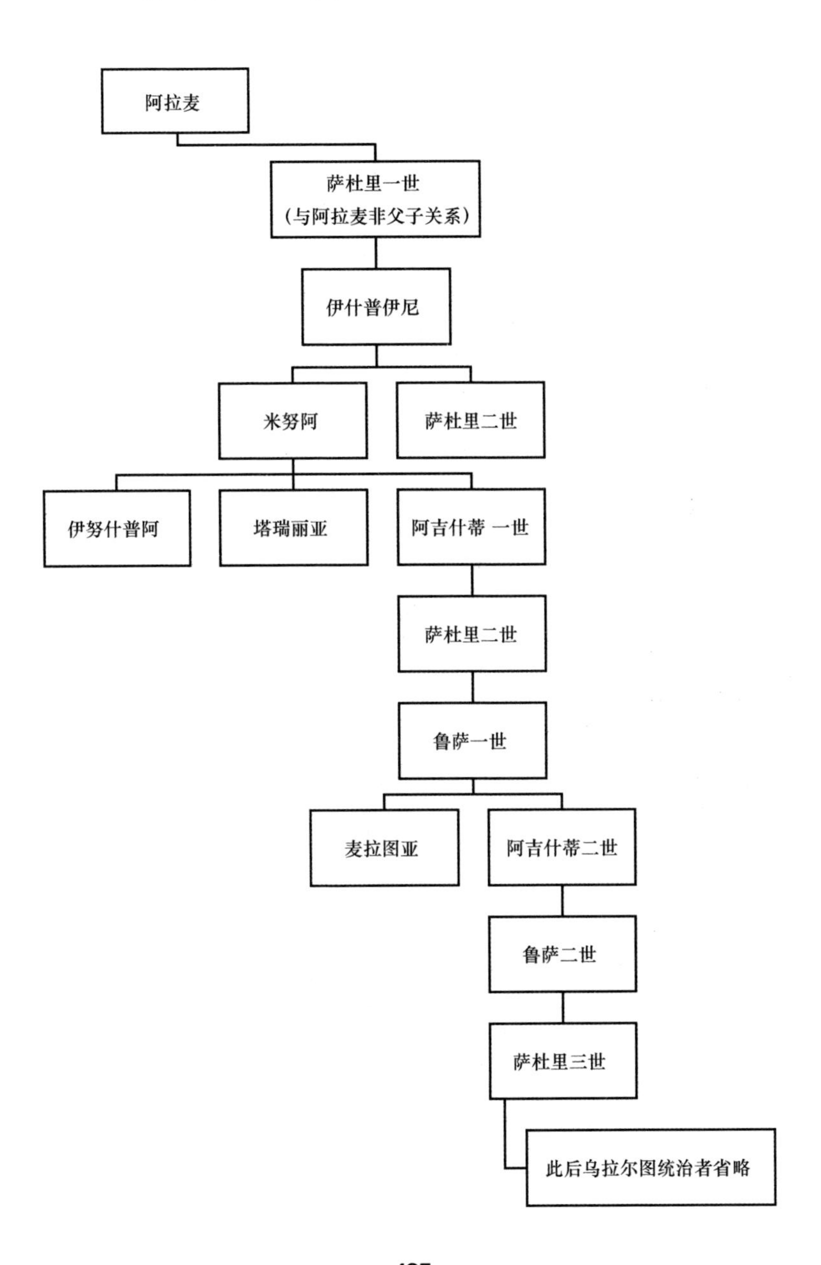
阿拉麦
萨杜里一世
（与阿拉麦非父子关系）
伊什普伊尼
米努阿
萨杜里二世
伊努什普阿
塔瑞丽亚
阿吉什蒂 一世
萨杜里二世
鲁萨一世
麦拉图亚
阿吉什蒂二世
鲁萨二世
萨杜里三世
此后乌拉尔图统治者省略

11. 希伯来王国及犹大王国君主谱系

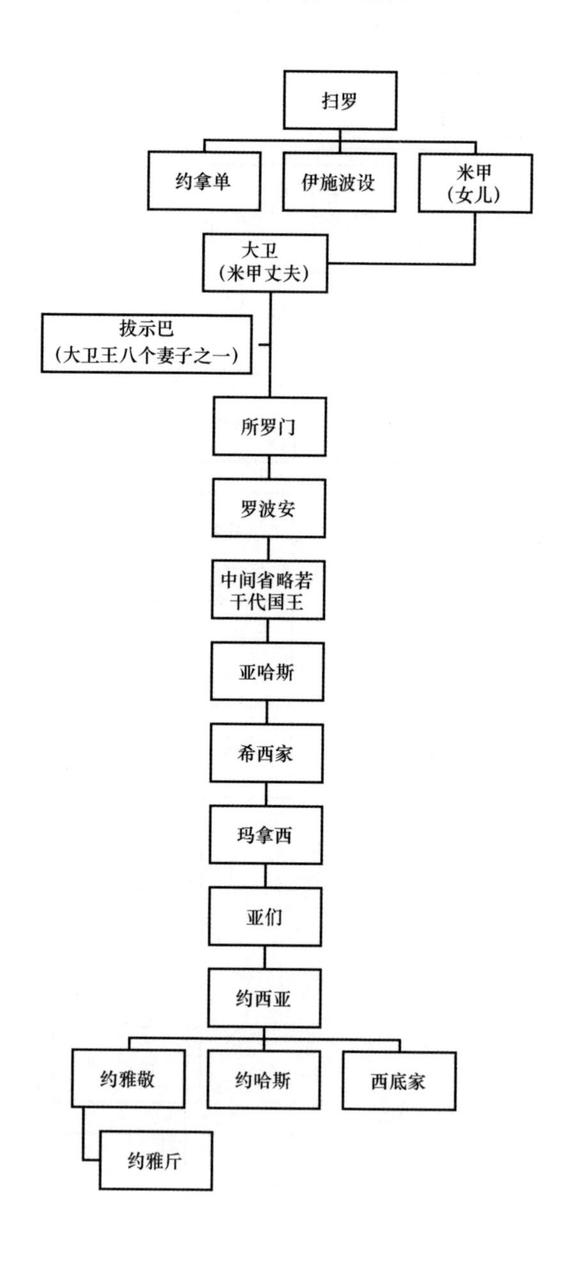

12. 新巴比伦君主谱系

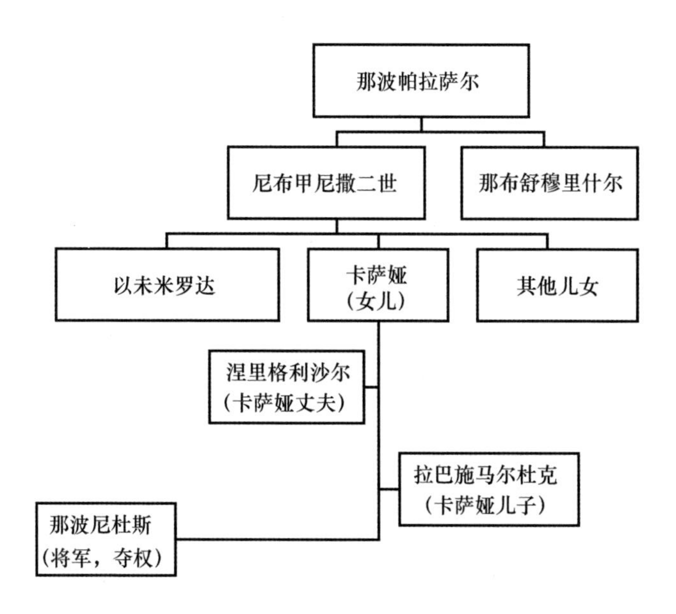
那波帕拉萨尔
尼布甲尼撒二世
那布舒穆里什尔
以未米罗达
卡萨娅
（女儿）
其他儿女
涅里格利沙尔
（卡萨娅丈夫）
拉巴施马尔杜克
（卡萨娅儿子）
那波尼杜斯
（将军，夺权）

13. 米底君主谱系

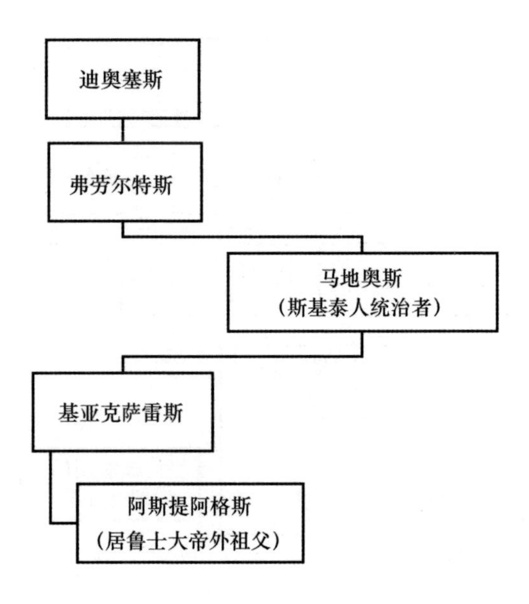

14. 波斯君主谱系

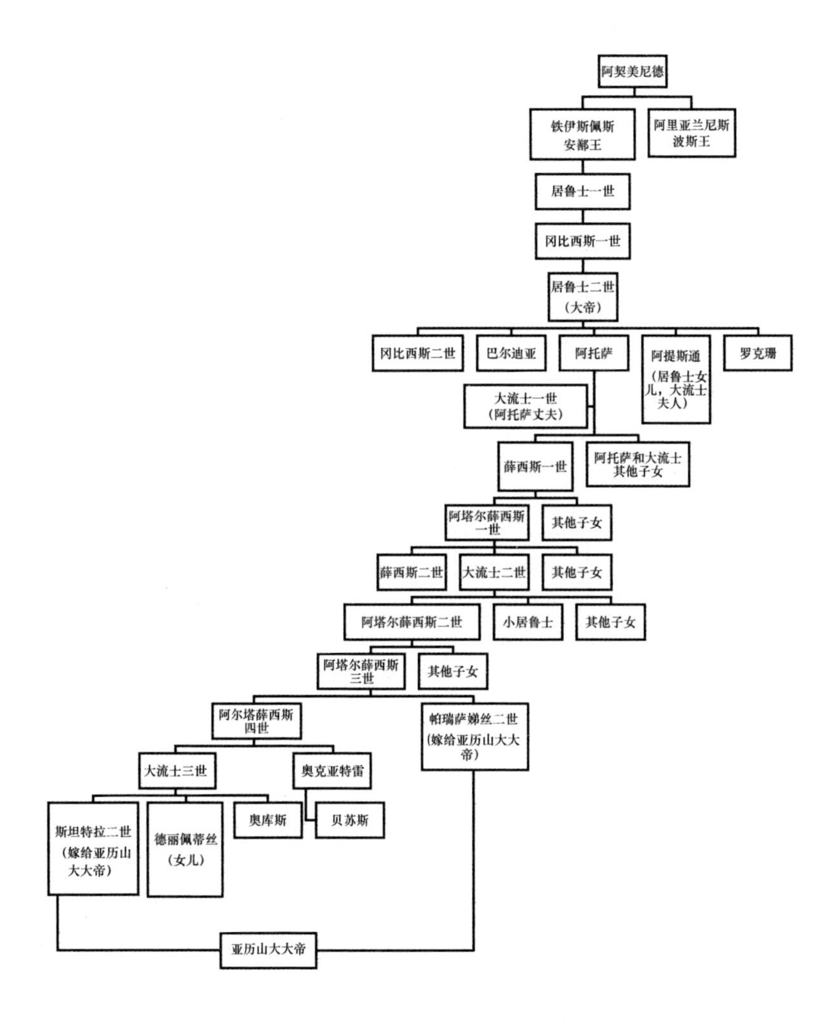
阿契美尼德
铁伊斯佩斯
安鄯王
阿里亚兰尼斯
波斯王
居鲁士一世
冈比西斯一世
居鲁士二世
（大帝）
冈比西斯二世
巴尔迪亚
阿托萨
阿提斯通
（居鲁士女儿，大流士夫人）
罗克珊
大流士一世
（阿托萨丈夫）
薛西斯一世
阿托萨和大流士
其他子女
阿塔尔薛西斯
一世
其他子女
薛西斯二世
大流士二世
其他子女
阿塔尔薛西斯二世
小居鲁士
其他子女
阿塔尔薛西斯
三世
其他子女
阿尔塔薛西斯
四世
帕瑞萨娣丝二世
（嫁给亚历山大大帝）
大流士三世
奥克亚特雷
斯坦特拉二世
（嫁给亚历山
大大帝）
德丽佩蒂丝
（女儿）
奥库斯
贝苏斯
亚历山大大帝

15. 古马其顿君主谱系

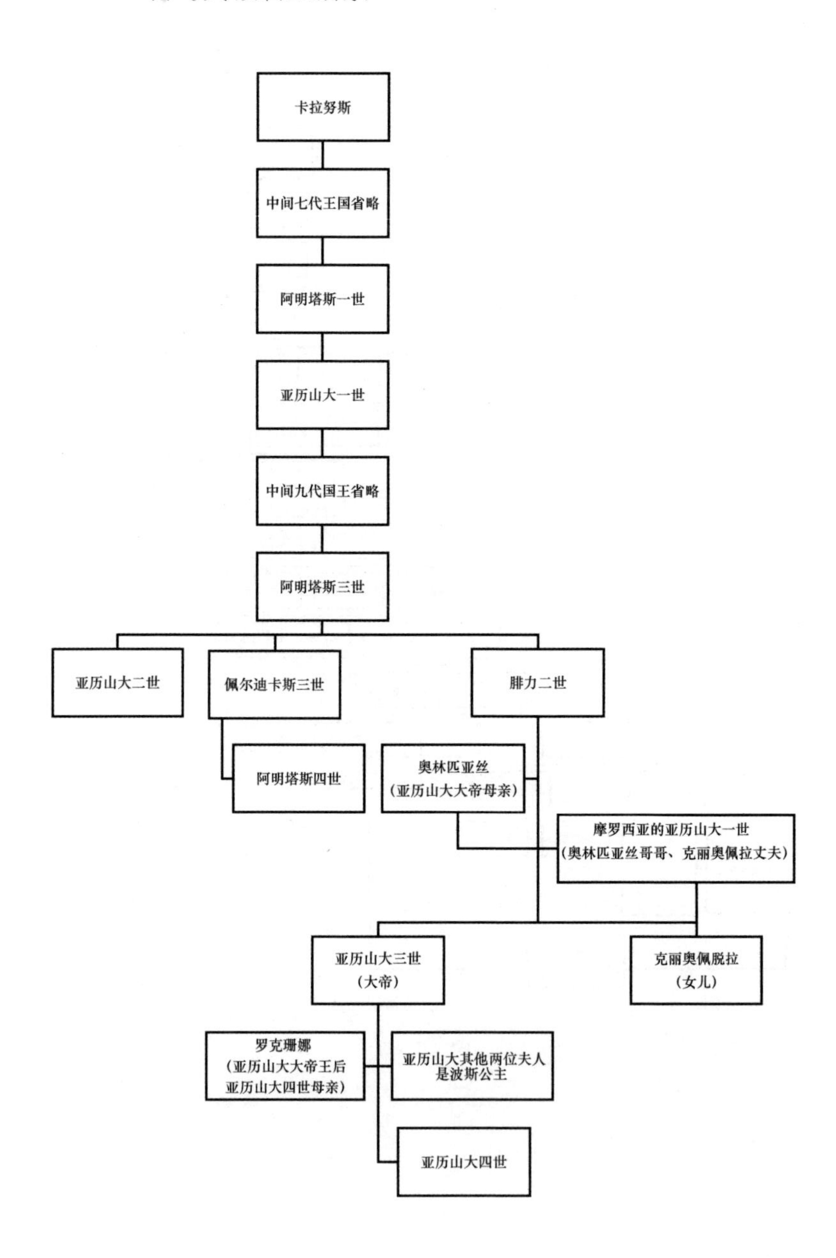

卡拉努斯
中间七代王国省略
阿明塔斯一世
亚历山大一世
中间九代国王省略
阿明塔斯三世
亚历山大二世
佩尔迪卡斯三世
腓力二世
阿明塔斯四世
奥林匹亚丝
（亚历山大大帝母亲）
摩罗西亚的亚历山大一世
（奥林匹亚丝哥哥、克丽奥佩拉丈夫）
亚历山大三世
（大帝）
克丽奥佩脱拉
（女儿）
罗克珊娜
（亚历山大大帝王后
亚历山大四世母亲）
亚历山大其他两位夫人
是波斯公主
亚历山大四世

附录三　译名表

Abantians，阿班忒斯人，优卑亚岛族群

Abi-eshuh，阿比埃舒赫，汉谟拉比的孙子

Achaemenid，阿契美尼德，波斯最早的国王

Adad-nirari Ⅱ，阿达德尼拉里二世，新亚述帝国国王

Aeolia，伊奥尼亚，古希腊人对小亚细亚西部海岸的称呼

Afanasyevo，阿凡纳谢沃，印欧人族群

Agum Ⅱ，阿贡二世，加喜特国王

Ahhiyawa，阿黑亚瓦，赫梯人对迈锡尼阿卡亚人的称呼，即迈锡尼

Ahlamu，阿赫拉穆，迁入两河流域南部的阿拉米人商队

Ahmose Ⅱ或 Amasis Ⅱ，雅赫摩斯二世，古埃及法老

Ahriman，阿里曼，琐罗亚斯德教黑暗之神

Ahura Mazda，阿胡拉·马兹达，琐罗亚斯德教光明之神

Aigai，埃盖，马其顿王国都城

Akhenaten，埃赫那吞，古埃及法老

Akkadians，阿卡德人，美索不达米亚古居民

Alalakh，阿拉拉赫，叙利亚地区古王国

Alalngar，阿拉尔加，传说中的苏美尔埃利都城邦的第二个国王

Aleppo，阿勒颇，叙利亚地区古城

AlMina，阿尔米那，又译阿米尔纳，叙利亚奥龙特斯河入海口处的古代港口

Alulim，阿鲁利姆，传说中的苏美尔埃利都城邦首任国王

Alyattes Ⅱ，阿律阿铁斯二世，吕底亚王国国王

Amar-Sin，阿玛尔辛，乌尔第三王朝国王

Amorites，阿摩利人，西闪米特族群

Amphictyonic League，近邻同盟，古希腊中部城邦同盟

Amphipolis，安菲波利斯，色雷斯地区古城

Amurru，阿姆鲁，叙利亚地区古王国

Amyntas，阿明塔斯，马其顿王国国王

Andronovo Culture，安德罗诺夫文化，欧亚大草原印欧人文化类型

Anitta，阿尼塔，传说中的赫梯国王

Anitta，阿尼塔，赫梯国王

Ankhesenamun，安赫塞娜蒙，古埃及王后

Anshan，安鄯，伊朗古城

Antipatros，安提帕特，马其顿帝国重臣

Apres，阿普里斯，古埃及法老

Aramaic language，阿拉米语，又译阿拉姆语，西亚古语言

Arbela，阿比拉，伊拉克北部古城

Arda-Mulissu，阿达穆里苏，新亚述帝国王子

Ardi，阿尔迪，古人类化石

Argishti，阿吉什蒂，乌拉尔图国王

Argos，阿尔戈斯，伯罗奔尼撒半岛东北部古城邦

Ariaramnes，阿里亚兰尼斯，波斯王国国王

Aristagoras，阿里斯塔格拉斯，米利都僭主

Arkaim，阿尔凯姆，欧亚大草原印欧人文化遗址

Arpad，阿尔帕德，叙利亚地区古城邦

Artabazus，阿塔巴祖斯，波斯帝国总督

Artaxerxes I，阿塔薛西斯一世，波斯帝国国王

Arwad，艾尔瓦德，迦南地区腓尼基人古城邦

Arzawa，阿尔扎瓦，安纳托利亚高原西南部古王国

Ashurbanipal，阿舒尔巴尼拔，亚述国王

Ashur-etil-ilani，阿舒尔埃提尔伊兰尼，新亚述帝国国王

Ashur-nasir-pal Ⅱ，阿舒尔纳西尔帕二世，新亚述帝国国王

Assyrians，亚述人，两河流域北部古闪米特族群

Astyages，阿斯提阿格斯，米底国王

Attalus，阿塔罗斯，马其顿王国重臣

Awan，阿旺，埃兰地区城邦

Ay，艾伊，古埃及法老

BaalHadad，巴力哈达神，古迦南地区主神

Bad-tibira，巴提比拉，苏美尔古城邦

Bagastana，贝希斯敦铭文，波斯帝国碑文

Bardiya，巴尔迪亚，波斯帝国王子

Barsine，巴尔馨，波斯总督之女、大将门托尔兄弟之妻

Bel，贝尔，亚美尼亚人传说中的苏美尔暴君

Bessus，贝苏斯，波斯帝国总督

Bit Agusi，比特阿古斯，叙利亚地区阿摩利人古城邦

Bit Bahiani，比特巴亚尼，叙利亚地区阿拉米人古城邦

Bit Gabbari，比特加巴里，叙利亚地区阿摩利人古城邦

BitAdini，比特阿迪尼，叙利亚地区阿拉米人古城邦

Bit-Adini，比特阿迪尼，叙利亚地区阿摩利人古城邦

Bit-Halupe，比特哈鲁普，叙利亚地区阿拉米人古城邦

Bit-Zamani，比特扎马尼，叙利亚地区阿拉米人古城邦

Brak，布拉克，哈布尔河流域城市

Bucephalus，布西发拉斯，亚历山大大帝坐骑

Burnaburiash Ⅱ，布尔那布里亚什二世，又译布那布里亚二世，加喜特巴比伦国王

Byblos，比布鲁斯，迦南地区腓尼基人古城邦

Cadmea，格米亚，古希腊底比斯卫城

Caranus of Macedon，马其顿的卡拉努斯，传说中的马其顿首任国王

Carchemish，卡尔凯美什又译卡赫美士，安纳托利亚高原东部古城邦

Cassander，卡山德，马其顿帝国摄政

Chalcidice，哈尔季迪基，希腊北部半岛

Chaldea，迦勒底，两河流域南部地名

Choga-Zanbil ，乔加赞比尔，古埃兰神庙

Chogha Mish，乔加米什，埃兰古城

Cimmerians，辛梅里安人，印欧语系族群

Cleitus，克雷图斯，马其顿帝国将领

Codrus，科德鲁斯，雅典城邦国王

Corinth，科林斯，古希腊城邦

Coronea，喀罗尼亚，古希腊底比斯城邦边境地名

Cultura-Hassuna-Samarra，哈苏纳—萨马拉文化，公元前5600—前5000年之间两河流域人类文化遗址

Cyaxares，基亚克萨雷斯，米底国王

Cyme，库麦，安纳托利亚高原古城邦

Darius，大流士，波斯帝国国王

Deioces，迪奥塞斯，米底国王

Denisovans，丹尼索瓦人，亚洲地区古人类

Dereivka，德累夫卡，乌克兰第聂伯西岸人类文化遗址

Der-Yakin，德尔雅金，两河流域南部迦勒底人古城邦

Draco，德拉古，传说中的雅典立法者

Dur-Athara，德尔阿萨拉，底格里斯河下游古城

Dur-Kurigalzu，德尔·库里加尔佐，加喜特巴比伦都城

Ebla，埃勃拉，叙利亚地区古王国

Ecbatana，埃克巴坦纳，米底都城

Ecbatana，埃克巴坦纳，米底首都

Ekron，以革伦，迦南古城邦

Eli，埃尔神，古犹太主神

Enmerkar，恩美尔卡，乌鲁克城邦国王

Ensi，恩希，苏美尔城市行政长官

Epaminondas，埃帕米农达，古希腊底比斯城邦军事将领

Epartid，埃帕尔提，埃兰地区城邦

Epirus，伊庇鲁斯，希腊半岛西北部古城邦

Eretria，埃雷特里亚，希腊岛屿

Erivan，埃里温，亚美尼亚都城

Esarhaddon，阿萨尔哈东，新亚述帝国国王

Euboea，优卑亚岛，希腊岛屿

Gaugamela，高伽美拉，马其顿王国与波斯帝国的第三次决战

Gbekli Tepe，哥贝克力，土耳其东部一个山丘

Gilgamesh，吉尔伽美什，乌鲁克城邦国王

Gonur-depe，古诺尔德佩，中亚人类文化遗址

Granicus War，格拉尼库斯战役，马其顿王国与波斯帝国的第一次决战

Gur，古尔，乌尔第三王朝货币单位

Guti，古提人，扎格罗斯山区游牧部落

Hadadezer，哈达德泽，大马士革王国国王

Hamath，哈马斯，叙利亚地区阿拉米人古城邦

Hamath，哈马斯，叙利亚地区阿摩利人古城邦

Hammurabi，汉谟拉比，古巴比伦国王

Hantili I，汉提里一世，赫梯国王

Harran，哈兰，土耳其东部边境古城

Hassuna-Samarra，哈苏纳—萨马拉文化

Hatti，哈梯，安纳托利亚高原古王国

Hattians，哈梯人，安纳托利亚高原古族群

Hattusa，哈图萨，赫梯都城

Hattusili I，哈图西里一世，赫梯国王

Hayk，哈伊克，亚美尼亚传说中的始祖

Hazael，哈薛，大马士革王国国王

Hellas，赫楞，传说中的希腊人始祖

Hephaestion，赫费斯提昂，马其顿帝国将领

Hezekiah，希西家，犹大王国国王

Hippias，希庇阿斯，雅典城邦僭主

Hittite，赫梯人，迁入安纳托利亚高原的印欧人族群

Homo sapiens，智人，现代人类祖先

Homo，人属，灵长目人科的一属

Horemheb，霍伦海布，古埃及大将

Hormuzd Rassam，拉萨姆，19 世纪英国考古学家

Hurrians，胡里安人，两河流域上游古族群

Hyksos，希克索斯人，古埃及王国入侵族群

Ibbi-Sin，伊比辛，乌尔第三王朝国王

Igihalkid，伊吉尔基德王朝，埃兰地区王朝

iiaku，伊沙库，古阿舒尔城长老会议领袖

Iluma-ilum，伊鲁马伊鲁姆，巴比伦第二王朝国王

Ilu-shuma，伊鲁舒玛，古亚述国王

Inanna，伊南娜，基什城邦主神

Inshushinak，印苏施纳克，埃兰主神

Ionia，爱奥尼亚，古希腊人对小亚细亚西南部海岸的称呼

Ishbi-Erra，伊什比埃拉，乌尔第三王朝大将

Ishme-Dagan，伊什美·达干，古亚述王国国王

Ishpuini，伊什普伊尼，乌拉尔图国王

Issus War，伊苏斯战役，马其顿王国与波斯帝国的第二次决战

Jericho，耶律哥，以色列古城

J. B. Nies，尼斯，20 世纪美国考古学家

Kadesh war，卡迭石战役，赫梯帝国与古埃及帝国的一次决战

Kalhu，卡拉赫，新亚述帝国都城

Kamennyi Ambar，卡门尼阿巴，欧亚大草原印欧人文化遗址

Kammanu，卡马努，安纳托利亚高原东部古城邦

Kanesh，卡马什，商业重镇

Karanduniash，柯瑞狄尼阿什，加喜特人对巴比伦的新命名

Karum，卡鲁姆，亚述人管理机构

Karasuk Culture，卡拉苏克文化

Kassites，加喜特，迁入两河流域的印欧人族群

Khor，霍尔，迦南古城邦

Khorsabad，杜尔沙鲁金，新亚述帝国都城

Kidinuid，基德努伊德王朝，埃兰地区王朝

Kirta，基尔塔，米坦尼王国创建者

Kish，基什，苏美尔城邦

Kizzuwatna，基祖瓦特纳，安纳托利亚高原东部古王国

Krinides，科里尼西斯，色雷斯地区古城

Kurigalzu，库里加尔佐，加喜特国王

Labarna，拉巴尔纳，赫梯国王

Lachish，拉吉什，犹太国王城市

Lagash，拉伽什，苏美尔城邦

Lagash，拉格什，苏美尔城邦

Lake Van，凡湖，亚美尼亚内陆湖

Lamassu，拉玛苏，新亚述帝国宫殿入口处的巨型雕塑

Laqe，拉克，叙利亚地区阿拉米人古城邦

Larsa，拉尔萨，苏美尔古城邦

Lchashen，鲁查申，亚美尼亚人类文化遗址

Leonidas I，莱奥尼达斯一世，斯巴达城邦国王

Lucy，露西，古人类化石

Lugal，卢伽尔，苏美尔城邦

Lugal-Zage-Si，卢伽尔扎克西，乌玛城邦国王

lullubi，鲁鲁比人，伊朗高原西北部古族群

Luwian，卢维人，迁入安纳托利亚高原的印欧族群

Lycurgus，莱库古，传说中的斯巴达立法者

Manishtusu，玛尼什图苏，萨尔贡大帝之孙、基什王

Mannea，曼努亚王国，伊朗高原西北部古王国

Marduk，马尔杜克，古巴比伦主神

Marduk-Apla-Iddina，马尔杜克阿帕尔伊迪纳二世，迦勒底人巴比伦国王

Mari，马瑞，叙利亚地区古王国

Marija Gimbutien，玛丽亚·金布塔斯，美国考古学家

Mazaeus，马扎欧斯，波斯帝国总督

Megabyzus，麦伽比佐斯，波斯帝国大将、驸马

Memnon of Rhodes，门农，来自希腊地区罗德岛的波斯帝国将领，门托尔之弟

Mentor of Rhodes，罗德岛的门托尔，来自希腊地区罗德岛

的波斯帝国将领

Menua，米努阿，乌拉尔图国王

Messenia，麦西尼亚，伯罗奔尼撒半岛西南部平原

Metsamor，米察摩尔，亚美尼亚古王国

Midas，弥达斯，弗里吉亚国王

Miletus，米利都，小亚细亚古希腊人城邦

Mina，米纳，乌尔第三王朝货币单位

Minos，米诺斯，古希腊神话中克里特半岛之王

Mita，弥达，穆什基国王

Mitanni，米坦尼人，迁入两河流域上游的印欧族群

Molossians，摩罗西亚，希腊半岛北部古城邦

Mukin-Zeri，穆金泽瑞，阿拉米人巴比伦国王

Mursili I，穆尔西里一世，赫梯国王

Musasir，穆萨希尔，乌拉尔图王国圣城

Mushki，穆什基人，迁入安纳托利亚高原的印欧族群

Mycenae，迈锡尼，希腊古王国

Nabonidus，那波尼杜斯，迦勒底巴比伦国王

Nabopolassar，那波帕拉萨尔，迦勒底巴比伦帝国国王

Nanna，南纳，苏美尔地区月神

Naplanum，那普拉努，拉尔萨阿摩利人国王

Naram-Sin，纳拉姆辛，阿卡德国王

Naxos，纳克索斯岛，希腊岛屿

Ndintu Bel，尼丁图贝尔，巴比伦反波斯起义领袖

Nebuchadnezzar Ⅱ，尼布甲尼撒二世，迦勒底巴比伦帝国国王

Nesha，尼撒人，迁入安纳托利亚高原的印欧族群

Nimrud，尼姆鲁德，卡拉赫旧址

Nuhashshi，努哈什，叙利亚地区古王国

Odrysian，奥德里西亚，巴尔干半岛色雷斯古王国

Okunev，奥库涅夫人，蒙古人种族群

Olympias，奥林匹亚丝，马其顿王国王后

Palaic，帕莱人，迁入安纳托利亚高原的印欧族群

Palestine，巴勒斯坦，地中海东岸沿海地带

Pammenes，潘麦奈斯，古希腊底比斯城邦军事将领

Parmenion，帕米尼欧，马其顿帝国重臣

Paul-mileBotta，博塔，法国考古学家

Pausanias，保萨尼阿斯，斯巴达城邦国王

Pelasgians，皮拉斯基人，古希腊原住民

Pelest，菲利斯丁人，迦南地区古族群

Pelopias，佩洛皮达斯，古希腊底比斯城邦军事将领

Perdiccas，佩尔迪卡斯，马其顿帝国摄政

Philippoi，腓立比，色雷斯地区古城，即科里尼西斯

Philotas，菲洛塔斯，马其顿帝国将领

Phocis，福基斯，古希腊中部城邦

Phraortes，弗劳尔特斯，米底国王

Phrygian，弗里吉亚人，迁入安纳托利亚高原的印欧族群

Pisistratus，庇西特拉图，雅典城邦僭主

Pithana，皮塔那，赫梯国王

Piye，皮耶，非洲古努比亚王国国王、古埃及法老

Polyperchon，波利伯孔，马其顿帝国摄政

Psammetique Ⅲ，普萨美提克三世，古埃及法老

Psamtik，普萨美提克，古埃及法老

Puzur-Sin，普朱尔辛，古亚述王国权臣

Qarqar，卡尔卡尔，叙利亚地区阿拉米人古城邦

Rhoxane，罗克珊娜，亚历山大大帝王后

Rusas I，鲁萨一世，乌拉尔图国王

Sabazios，萨巴兹乌斯，安纳托利亚古王国弗里吉亚王国天空之神

Saggiga，黑头人，苏美尔人的自称

Samarra，萨马拉

Samsat，萨姆塞特，土耳其东南部地名，亚述与乌拉尔图曾在此交战

Samsuiluna，桑苏伊鲁那，古巴比伦国王

Sardur Ⅱ，萨杜里二世，乌拉尔图国王

Sargon of Akkad，萨尔贡，阿卡德帝国创建者

Scythians，斯基泰人，印欧人族群

Seleucid，塞琉古，马其顿帝国总督

Semitic language，闪米特语，源于阿拉伯半岛的一种语系

Sennacherib，辛那赫里布，新亚述帝国国王

Shabaka，沙巴卡，古埃及努比亚人法老

Shalmaneser Ⅲ，沙尔玛内塞尔三世，新亚述帝国国王

Shamshi-Adad Ⅰ，沙马什阿达德一世，古亚述王国国王

Sharkalisharri，沙卡里沙利，阿卡德国王

Shebitku，舍比特库，古埃及努比亚人法老

Shekel，舍客勒，乌尔第三王朝货币单位

Shubat-Enli，舒巴特恩利尔，古亚述王国都城

Shulgi，舒尔吉，乌尔第三王朝国王

Shuruppak，舒鲁帕克，苏美尔古城邦

Shutruk Nakhkhunte，舒特鲁克·纳克杭特，埃兰舒特鲁克王朝国王

Shutrukid，舒特鲁基德王朝

Shu-Sin，舒辛，乌尔第三王朝国王

Sidon，西顿，迦南地区腓尼基人古城邦

Simaki，西马什基，埃兰地区城邦

Sinsharishkun，辛沙里施昆，新亚述帝国国王

Sintashta culture，辛塔什塔文化，欧亚大草原印欧人文化类型

Sin-shumu-lishir，辛舒姆利希尔，新亚述帝国权臣

Sissian，西西安，亚美尼亚地名

Sogdiana，索格底亚纳，中亚地名，位于现在乌兹别克斯坦

Sukkal-mah，大苏卡尔，乌尔第三王朝官职

Sumer，苏美尔，西亚最早的文明体系

Sumuabum，苏穆阿布，古巴比伦创建者

Suppiluliuma，苏庇路里乌玛，赫梯国王

Susa，苏萨，埃兰都城

Tabal，塔巴尔，安纳托利亚高原东部古城邦

Taharqa，塔哈尔卡，古埃及努比亚人法老

Talent，塔兰特，古代西亚货币单位

Tarbisu，塔比苏，底格里斯河上游地名，亚述与米底在此

交战

Teispes，铁伊斯佩斯，波斯王国国王

Tema，泰马，阿拉伯半岛西部古城

Temenus，泰麦努斯，古希腊阿尔戈斯城邦国王

Themistocles，地米斯托克利，雅典军事将领

Tiglath-Pileser I，提格拉特—皮莱塞尔一世，亚述国王

TilBarsip，提尔巴尔西普，叙利亚地区阿拉米人古城邦

Toumai，图迈，古人类化石

Tripoli，的黎波里，迦南地区腓尼基人古城邦

Tudhaliya Ⅳ，图特哈里四世，赫梯国王

Tukulti-Ninurta I，图库尔蒂—尼努尔塔一世，中亚述国王

Tupa，图斯帕，乌拉尔图都城

Turira，图里拉，叙利亚地区古王国

Tutankhamun，图坦卡蒙，古埃及法老

Tyre，推罗，迦南地区腓尼基人古城邦

Ubaidian，欧贝德人

Ugarit，乌加里特，黎凡特地区古城邦

Umma，乌玛，苏美尔城邦

Ur，乌尔，苏美尔古城邦

Urartian，乌拉尔图人，亚美尼亚地区古族群

Uruk，乌鲁瓦

Urukagina，《乌鲁卡基纳法典》，拉伽什城邦法典

Urukagina，乌鲁卡基那，苏美尔拉伽什城邦

Ur-Nammu，乌尔纳姆，乌尔第三王朝国王

Ur-Zababa，乌尔扎巴巴，苏美尔基什城邦国王

Utu-khegal，乌图海伽尔，乌鲁克城邦国王

Vergina，维吉纳，希腊小镇，埃盖旧址

Vinca，温查，多瑙河平原的农耕族群

Warshuwa，乌尔舒瓦，安纳托利亚高原东部古城邦

Washukanni，瓦舒戛尼，米坦尼帝国都城

Yamhad，雅姆哈德，叙利亚地区古王国

Yamnaya culture，颜那亚文化，东欧大草原古人类文化类型

Zalpa，扎尔帕，安纳托利亚高原古城邦

Zannanza，扎南扎，古埃及王子

Zedekiah，西底家，犹大王国国王

Zimbir，辛比尔，苏美尔古城邦

Zoroastrianism，琐罗亚斯德，琐罗亚斯德教创始人

参考书目

一　中文著作（含译著）

拱玉书：《日出东方：苏美尔文明探秘》，云南人民出版社 2001 年版。

国洪更：《亚述赋役制度考略》，中国社会科学出版社 2015 年版。

黄洋、晏绍祥：《希腊史研究入门》，北京大学出版社 2009 年版。

江平主编：《汉穆拉比法典》，法律出版社 2000 年版。

李海峰编著：《古代近东文明——古代两河流域、古埃及、波斯等古文明探研》，科学出版社 2014 年版。

李零：《波斯笔记》，生活・读书・新知三联书店 2019 年版。

李政：《赫梯条约研究》，昆仑出版社 2006 年版。

李政：《赫梯文明与外来文化》，江西人民出版社 1996 年版。

林琳：《亚述史新探》，广西人民出版社 1996 年版。

林梅村：《古道西风：考古新发现所见中西文化交流》，生活・读书・新知书店 2000 年版。

林梅村：《丝绸之路考古十五讲》，北京大学出版社 2006 年版。
刘健等：《世界历史：古代世界的民族与宗教》，江西人民出版社 2011 年版。
刘文鹏：《古代埃及史》，商务印书馆 2000 年版。
刘文鹏、吴宇虹、李铁匠：《古代西亚北非文明》，福建教育出版社 2008 年版。
孟世凯：《商史与商代文明》，上海科学技术出版社 2007 年版。
史孝文主编：《看得见的世界史·巴比伦》，石油工业出版社 2019 年版。
仇士华：《14C 测年与中国考古年代学研究》，中国社会科学出版社 2015 年版。
孙隆基：《新世界史》，中信出版社 2015 年版。
田余庆：《东晋门阀政治》，北京大学出版社 2012 年版。
王冬妮：《了不起的古希腊》，中信出版社 2020 年版。
王兴运：《古代伊朗文明探源》，商务印书馆 2008 年版。
魏琼：《民法的起源：对古代西亚地区民事规范的解读》，商务印书馆 2008 年版。
吴欣：《美索不达米亚：一个文明的历程》，文物出版社 2006 年版。
薛凤旋：《西方古城市文明》，香港中和出版有限公司 2018 年版。
颜海英：《守望和谐：古埃及文明探秘》，云南人民出版社 1999 年版。
晏绍祥、杨巨平：《走进古希腊文明》，民主与建设出版社 2001 年版。

杨建华：《两河流域史前时代》，吉林大学出版社 1993 年版。
易宁等：《古代希腊文明》，北京师范大学出版社 2014 年版。
于殿利：《巴比伦与亚述文明》，北京师范大学出版社 2013 年版。
于殿利：《古代美索不达米亚文明》，北京师范大学出版社 2018 年版。
余太山、李锦秀主编：《古代内陆欧亚史纲》，兰州大学出版社 2014 年版。
张信刚：《丝路文明十五讲》，北京大学出版社 2018 年版。
[奥] 卡伦·拉德纳：《古代亚述简史》，颜海英、常洋铭译，外语教学与研究出版社 2020 年版。
[丹] 莫恩斯·特罗勒·拉尔森：《古代卡尼什：青铜时代安纳托利亚的商业殖民地》，史孝文译，商务印书馆 2021 年版。
[俄] В. И. 库济辛主编：《古希腊史》，甄修钰、张克勤等译，内蒙古大学出版社 2013 年版。
[美] A. T. 奥姆斯特德：《波斯帝国史》，李铁匠、顾国梅译，上海三联书店 2017 年版。
[美] J. H. 布雷斯特德：《地中海的衰落》，马丽娟译，中国友谊出版社 2015 年版。
[美] 白桂思：《丝绸之路上的帝国：青铜时代至今的中央欧亚史》，付马译，中信出版集团 2020 年版。
[美] 哈罗德·J. 伯尔曼：《法律与革命——西方法律传统的形成》，贺卫方译，中国大百科全书出版社 1993 年版。
[美] 林肯·佩恩：《海洋与文明》，陈建军、罗燚英译，天津

人民出版社 2017 年版。

［美］伊恩·莫里斯、巴里·鲍威尔：《希腊人：历史、文化与社会》，陈恒、屈伯文、贾斐译，格致出版社 2014 年版。

［英］I. E. S. 爱德华兹等编：《剑桥古代史》，武寅等主持翻译，中国社会科学出版社 2020—2022 年版。

［英］N. G. L. 哈蒙德：《希腊史》，朱龙华译，商务印书馆 2016 年版。

［英］伯里：《希腊史》，陈思伟译，吉林人民出版社 2016 年版。

［英］莱昂纳德·W. 金：《古巴比伦：从王权建立到波斯征服》，史孝文译，北京理工大学出版社 2020 年版。

［英］塞缪尔·E. 芬纳：《统治史》，王震、马百亮译，华东师范大学出版社 2014 年版。

［英］西蒙·蒙蒂菲奥里：《耶路撒冷三千年》，张倩红、马丹静译，民主与建设出版社 2015 年版。

二　中文论文和报刊文章

毕会成：《庇西特拉图：带卫队的"梭伦"》，《辽宁师范大学学报》2002 年第 4 期。

陈德正：《大流士与秦始皇治国方略辨异——兼论波斯帝国延祚和秦帝国速亡之原因》，《齐鲁学刊》2002 年第 6 期。

陈坤龙、梅建军、潜伟：《丝绸之路与早期铜铁技术的交流》，《西域研究》2018 年第 2 期。

陈玲玲、李海峰：《"苏美尔人"起源之谜》，《大众考古》2013 年第 2 期。

董晓博：《滚筒印章反映乌尔第三王朝生活》，《中国社会科学报》2017 年 5 月 15 日。
段清波：《从秦始皇陵考古看中西文化交流（三）》，《西北大学学报》2015 年第 3 期。
高峰枫：《〈圣经〉与暴力（下）：圣经考古与想象的杀戮》，《上海书评》2020 年 4 月 26 日。
郭静云：《古代亚洲的驯马、乘马与游战族群》，《中国社会科学》2012 年第 6 期。
郭物：《欧亚草原东部的考古发现与斯基泰的早期历史文化》，《考古》2012 年第 4 期。
国洪更：《古巴比伦法官判案不援引〈汉穆拉比法典〉原因探析》，《北方论丛》2019 年第 1 期。
何驽：《在陶寺遗址中寻找尧舜》，《光明日报》2021 年 8 月 28 日。
黄洋：《迈锡尼文明、“黑暗时代”与希腊城邦的兴起》，《世界历史》2010 年第 3 期。
李海峰：《从民间契约看古巴比伦时期的借贷利率——兼论〈汉穆腊比法典〉中借贷利率的非现实性》，《安徽史学》2016 年第 3 期。
李海峰：《论新巴比伦灭亡的宗教因素》，《西南民族大学学报》2005 年第 10 期。
李海峰：《亚述地区的民族冲突与文化融合》，《重庆工商大学学报》2014 年第 3 期。
李学勤：《古史、考古学与炎黄二帝》，《协商论坛》2006 年第 3 期。

李政：《〈赫梯法典〉译注》，《古代文明》2009年第4期。
李政：《论赫梯国王的对外政策》，《世界历史》2007年第2期。
林俊雄：《车的起源及其向东方的传播》，李博含译，载罗丰主编：《丝绸之路考古》第四辑，科学出版社2020年版。
林梅村：《吐火罗人的起源与迁徙》，《西域研究》2003年第3期。
刘昌玉：《两河流域乌尔第三王朝灭亡原因新探》，《浙江师范大学学报》2018年第5期。
刘健：《赫梯文献中的阿黑亚瓦问题——小亚与希腊早期关系新探》，《世界历史》1998年第4期。
刘欣如：《从雅利安人到欧亚游牧民族：探索印欧语系的起源》，《历史研究》2011年第6期。
欧阳晓莉：《"绳环与木杖"——〈汉穆拉比法典〉石柱上的权标溯源》，《历史教学问题》2020年第1期。
欧阳晓莉：《两河流域王权观念的嬗变》，《文汇报》2016年6月24日。
欧阳晓莉：《乌尔遗址展现上古生活场景》，《中国社会科学报》2016年5月23日。
曲天夫：《略论亚述帝国军制》，《东北师大学报》1999年第5期。
饶宗颐：《上古塞种史若干问题——于阗史丛考序》，张广达、荣新江：《于阗史丛考》，上海古籍出版社1993年版。
任冰妮：《古典时期的希腊雇佣兵》，硕士学位论文，华中师范大学，2015年。

史孝文：《古亚述国际贸易如火如荼》，《中国社会科学报》2019 年 6 月 3 日。

史孝文：《古亚述商人在安纳托利亚的婚姻》，《中国社会科学报》2014 年 9 月 3 日。

史孝文、李海峰：《卡尼什城的考古发掘与古亚述学研究》，《史学集刊》2018 年第 1 期。

宋娇、李海峰：《古巴比伦纪年中的国王职责》，《中国社会科学报》2015 年 4 月 8 日。

王华震：《写在基因里的人类史：李辉谈人类迁徙和中华民族形成》，《南方周末》2021 年 3 月 11 日。

王鹏：《中国青铜时代的欧亚草原背景》，《读书》2020 年第 10 期。

王绍武：《公元前第 3 千纪初两河流域的大洪水》，《气候与环境研究》2006 年第 1 期。

王以欣：《希罗多德的“米底史”新议》，《古代文明》2020 年第 2 期。

王震中：《改革开放四十余年中国文明和国家起源研究》，《史学月刊》2020 年第 9 期。

吴宇虹：《古代两河流域国家保护弱势公民群体的历史传统》，《东北师大学报》2007 年第 6 期。

徐松岩：《古代“希腊”的起源与流变：一项概念史考察》，《北京师范大学学报》2019 年第 4 期。

许靖华：《太阳、气候、饥荒与民族大迁徙》，《中国科学》1998 年第 4 期。

晏绍祥：《波斯帝国的统治图景：有“集权”无“专制”》，

《文汇报》2013 年 7 月 1 日。
晏绍祥：《古典斯巴达政治制度中的民主因素》，《世界历史》2008 年第 1 期。
晏绍祥：《米利都与波斯：专制帝国中地方共同体的地位》，《世界历史》2015 年第 3 期。
杨建华：《“草原金属之路”开启丝路先锋》，《中国社会科学报》2018 年 12 月 14 日。
于殿利：《古代美索不达米亚的国家治理结构》，《学术研究》2014 年第 1 期。
袁指挥：《论胡里安人的起源》，《史学集刊》2016 年第 6 期。
张爱礼：《从德尔斐近邻同盟看希腊城邦的政治博弈》，《北京师范大学学报》2018 年第 2 期。
张弛：《龙山—二里头：中国史前文化格局的改变与青铜时代全球化的形成》，《文物》2017 年第 6 期。
赵永恒：《唐虞夏商天象考》，《重庆文理学院学报》2011 年第 2 期。
祝宏俊：《斯巴达的“监察官”》，《历史研究》2005 年第 5 期。
祝宏俊：《同盟政治与伯罗奔尼撒战争的发生》，《史林》2019 年第 5 期。

三 英文论著

Alexander J. R. Davidson, Was the Mitanni a Suzerain or in a Coalition of States? Master's Thesis for Classical and Ancient Civilizations, Unpublished degree thesis of MA Classical and Ancient

Civilizations, Leiden University, 2015.

Ashish Sinha, Harvey Weiss, et al., "Role of climate in the rise and fall of the Neo-Assyr- ian Empire", *Science Advances*, Vol. 5, No. 11, November 13, 2019.

Christine Keyser, et al., "Ancient DNA Provides New Insights into the History of South Siberian Kurgan People", *Human Genetics*, Epub May 16, 2009.

Chuanchao Wang, et al., "Ancient Human Genome-wide Data from a 3000-year Interval in the Caucasus Corresponds with Eco-geographic Regions", *Nature Communications* 10, February 4, 2019.

Donald Kagan, *Men of Bronze*: *Hoplite Warfare in Ancient Greece*, Princeton University Press, 2013.

G. W. Ahlstrm, *The History of Ancient Palestine from the Palaeolithic Period to Alexander's Conquest*, Sheffield: Jsot Press 1993

Harper, Prudence O., EvelynKlengel-Brandt, Joan Aruz, and Kim Benzel, *Assyrian Origins*: *Discoveries at Ashur on the Tigris*: *Antiquities in the Vorderasiatisches Museum*, *Berlin*, New York : Metropolitan Museum of Art, 1995.

Israel Hershkovitz, et al., "The earliest modern humans outside Africa", *Science*, Volume 359, January 26, 2018.

Kramer, Samuel Noah, *The Sumerians*: *Their History*, *Culture and Character*. Chicago: University of Chicago Press, 1963.

Lindsay H. Allen, *History of Persian Empire*, London: The British Museum Press, 2005.

L. Sassmannshausen, "The Adaptation of the Kassites to the Babylonian Civilization", in K. van Lerberghe and G. Voet (edited): Languages and Cultures in Contact: At the Crossroads of Civilizations in the Syro-Mesopotamian Realm. Leuven: Departement Oosterse Studies, 1999.

Marc Van DeMieroop, *A History of the Ancient Near East, ca. 3000-323 BC.*, Oxford: Wiley-Blackwell, 2015.

Qinglong Wu et al., "Outburst flood at 1920 BCE supports historicity of China's Great Flood and the Xia dynasty", *Science*, Vol. 353, Aug. 5, 2016.

Richard E. Jarol, "A Reconstruction of the Contributions of Mitanni to the Ancient Near East", Unpublished degree thesis of Master of Arts, Wilfrid Laurier University, 1986.

Robartus J. Van Der Spek, "Cyrus the Great, Exiles and Foreign Gods: A Comparison of Assyrian and Persian Policies on Subject Nations", in Wouter Henkelman, Charles Jones, Michael Kozuh and Christopher Woods (eds.), *Extraction and Control: Studies in Honor of Matthew W. Stolper*, Chicago: Oriental Institute of the University of Chicago, 2014.

Robin J. Lane Fox edited, *Brill's Companion to Ancient Macedon Studies in the Archaeology and History of Macedon, 650 BC - 300 AD*, Leiden and Boston: Brill, 2011.

Sandra L. Olsen, "Early Horse Domestication: Weighing the Evidence", in Olsen, S. L., Grant, S., Choyke, A. M. & Bartosiewicz, L. (eds.), *Horses and Humans: The Evolution of*

Human-equine Relations, British Archaeological Reports international series, Oxford: Archaeopress, 2006.

Trevor Bryce, *The Kingdom of the Hittites*, Oxford : Oxford University Press, 2005.

Yuval Goren, "International Exchange during the Late Second Millennium B. C. : Microarchaeological Study of Finds from the Uluburun Ship", in Joan Aruz, Sarah B. Graff, and Yelena Rakic (eds.), *Culture in Contact: From Mesopotamia to the Mediterranean in the Second Millennium B. C.* , New York: The Metropolitan Museum of Art, 2013.

Zhaoyu Zhu et al. , "Hominin occupation of the Chinese Loess Plateau since about 2. 1 million years ago", *Nature*, published online, July 11, 2018.

后　　记

我不专门研究古西亚历史，这本书也不是一本学术著作。在某种意义上，它是一本西亚历史阅读笔记，一本写给历史专业学生和爱好者的通俗读物。

在学术上，我用力最多的，是近代中国政治思想史，尤其是近代自由概念的源流与嬗变。从历史学的专业划分来说，做近代中国历史研究，就得固守在近代中国范围内，不能到处乱窜。原来，我也是这么想，这么做的。但是，到政治学专业熏陶三年后，这个专业界限在我头脑中越来越模糊，变得不再那么牢不可破了。

政治学注重的是问题意识，不受时空界限的束缚，可以纵论上千年，横跨几万里。历史学的一些藩篱，到了政治学中，根本不算什么事。有一些政治学经典著作，简直涵盖人类上下五千年的政治文明。

因此，从政治学系博士毕业后，我在朋友鼓励下，曾分出一部分精力，以美国黑人民权为线索，考察美国联邦政权建设变迁，以期揭示美国民权运动背后的国家权力转型。

自从旅居加国、脱离科研体制后，日常所见所闻、所思所想，更是脱出了专业藩篱。平常里出门就碰见西人、印度人、伊朗人、东欧人，带孩子玩时还会偶尔碰到伊拉克人、阿富汗人、巴西人。时间长了，感觉就像生活在一个地球村里，原来的种族、文化、国家界限，都慢慢变得模糊，而对整个世界变得越来越有兴趣。

这几年，一个很重要的兴趣点，就是公元前的西亚历史。作为一个历史系毕业生，曾上过相关必修课程。但是，实话实说，无论当时还是后来，对那段历史都是糊里糊涂，理不出个头绪。等到硕士阶段进入中国近现代史专业，离西亚古代史越来越远，更是长时间不知道巴比伦到底为何物。

以前，无知无畏，觉得反正不搞那一块，也不写西亚古代史的东西，懂不懂无所谓。这几年，年龄渐长，增添了一个毛病，越是以前弄不清楚的东西，越想着搞明白。平日里经常碰到伊朗人和阿拉伯人，内心遂慢慢滋生一个念想，希望把西亚古代历史梳理一遍。

一次偶然聊天，时在工人出版社工作的李倩同学，希望我写一本通俗历史著作。我突发奇想，决定借这个机会，系统梳理公元前西亚历史变迁，消除我对古代西亚历史的诸多迷惑。

说起历史的复杂，恐怕没有哪一个区域，能与公元前的西亚相提并论。几千年间，那一片区域族群混杂、争霸不断，一场战争连着一场战争，一个帝国连着一个帝国，一个族群碾压另一个族群，常常是你方唱罢我登场，各领风骚几十年或数百年，宛如上天编排的历史舞台剧。

由于江山易色频繁，政治更替不断，公元前西亚历史给人的印象，基本上是一团乱麻。不必说非历史专业的学生，就是历史学专业学生，能够清楚地掌握那段历史变迁的，恐怕也是微乎其微。

不过，当我真正深入进去，审视这段看似乱糟糟的历史时，发现事实并非如此。从语系和族群来看，公元前西亚历史的大国争霸和政权更替，不是杂乱无章的乱打乱杀，而是隐含着一条清晰的种族和族群竞争线索。

简单地说，公元前西亚历史上让人眼花缭乱的政治纷争，其实就是闪米特与印欧两大语系零和博弈的缩影，以及获胜的印欧各个族群之间的内部竞争。明白了这一点，也就明白了公元前三千年西亚政治变迁史，明白了三千年西亚文明的更替兴衰。

闪米特语系来自阿拉伯沙漠，后来向西进入地中海东岸，又分别北上南下，迁徙到两河流域和埃及。印欧语系起源于里海和黑海北岸的欧亚大草原，后来草原环境恶化，分别向东西迁徙，或者进入西伯利亚、中亚，或者进入希腊、罗马以及整个欧洲。

从人种上来说，闪米特人和印欧人是一伙的，都属于高加索人种。2019 年发表在《欧洲人类遗传学杂志 · 自然》上的一项遗传研究表明，阿拉伯人、欧洲人、北非人、印度人和一些中亚人口，彼此存在密切的基因关联，与东亚和撒哈拉以南非洲人明显不同。这说明闪米特人与印欧人最初可能是同一批人，后来才分开，形成南北两大语系。

既然闪米特人和印欧人曾分别生活于阿拉伯沙漠和欧亚大草原，说明有一段时间，那两个地方都适合人类生存。阿拉伯沙漠说不定还是大片的草原。只是到了公元前两三千年间，随着全球气候变冷，阿拉伯草原变成了沙漠，欧亚大草原退化成了枯草地。

这个时候，酷热的两河流域中下游，似乎很快显出优势。那里就像中国境内黄河中下游一样，土地肥沃，水草丰美，适宜农耕，虽然夏天特别热，但是在全球气候变冷的情况下，比起阿拉伯沙漠和退化的欧亚大草原，变成了理想的栖息之地。

至少公元前 4500 年，苏美尔人就生活在两河南端的苏美尔平原上。从语言来看，他们就像石头缝里蹦出来的族群，既不属于北方印欧语系，也不属于南方闪米特语系。当然，他们的东邻，伊朗高原半坡上的埃兰人，也是如此，来源不明。

苏美尔人在那里繁衍生息一千多年后，发明了文字，组建了城邦，筑造了大型建筑，形成了宗教，率先叩开了人类文明的大门。这个时间点，远远早于中国所能追溯到的华夏文明起源。中国传说中的黄帝和炎帝，生活于公元前 2700 年左右，晚于苏美尔文字 500 年；中国境内发现的甲骨文，比苏美尔文字晚了近 2000 年。

苏美尔平原的文明和富庶，很快引起周边居民的艳羡。早在苏美尔人创造文明以前，从叙利亚走出的闪米特语系阿卡德人，就来到两河中下游，与苏美尔人比邻而居，拖在后面的阿卡德人，则与中上游胡里安人等混血，形成了一个新的族群——亚述人。

这两支闪米特族群，最初落后于苏美尔人，成为苏美尔人附属。后来阿卡德人青出于蓝而胜于蓝，公元前 24 世纪下半叶取代苏美尔人，将两河流域变成了闪米特语系控制的疆域。公元前 22 世纪末，苏美尔人推翻阿卡德帝国，曾一度夺回主导权，但是西部闪米特族群和北方印欧族群一波又一波南下，彻底改变了两河流域的族群政治。

当阿卡德人称霸两河流域的时候，西部闪米特人和北方欧亚大草原上的印欧人，似乎都遭遇到了恶劣气候，不得不离开祖居地，寻找新的栖身之所。印欧人向南是里海、高加索山脉和黑海，只能向东和西两边迁徙，短期之内没办法接近两河流域。从阿拉伯沙漠走到迦南或叙利亚草原的闪米特人不一样，他们向北渡过幼发拉底河就是两河流域。

公元前 21 世纪，闪米特语系中的阿摩利族群近水楼台先得月，一脚踏入了两河流域。他们与亚述人通婚，并向阿卡德、苏美尔腹地渗透，一二百年间便成为两河流域的主导族群。在北方，阿摩利人创建了沙马什阿达德亚述王朝；在南方，阿摩利人整合苏美尔和阿卡德，建立了兴盛一时的古巴比伦王朝。

前文已经说过，当闪米特族群逃亡的时候，欧亚大草原上的印欧族群，具体说就是考古学上的颜那亚人，其实也被迫四散奔逃了。只是，由于南方隔着高山和湖泊，他们无法直接南下，更多向西进入欧洲，成为巴尔干人、希腊人、罗马人、日耳曼人，或者向东迁徙，进入中亚和新疆，成为辛塔什塔人、安德罗诺夫人、雅利安人、吐火罗人等。

不过，几百年后，还是有印欧族群兜兜转转，来到了两河流域周边。安纳托利亚高原的赫梯人，底格里斯河上游的米坦尼人，从扎格罗斯山脉冲下来的加喜特人，不断向东渗透和蚕食阿摩利人的古巴比伦王朝。公元前 16 世纪初，赫梯人与加喜特人联手葬送古巴比伦，将两河流域和安纳托利亚高原大部，都变成了印欧人天下。

公元前 16 世纪左右，阿拉伯、叙利亚、迦南等地的闪米特人，无力抵抗印欧人刀锋，大都沦为附属。如果不是拉美西斯二世领导埃及强势复苏，赫梯人说不定会借道迦南，将整个埃及变为印欧人殖民地。

赫梯与埃及两大帝国对抗的结果，是地中海岛屿族群渔翁得利。公元前 12 世纪左右，他们受气候变化驱使，潮水般涌向小亚细亚、地中海东岸和埃及，冲毁了西亚和北非的帝国秩序，也终结了印欧人的主导地位。米坦尼、赫梯、加喜特巴比伦帝国纷纷崩溃，沦为历史传说。事实上，几百年后，连传说都消失在漫天黄土之中。

不过，东进的地中海族群只是滞留迦南，或者南下进入埃及，并没有深入两河流域。真正享受赫梯、埃及帝国崩溃红利的，是一个新的西闪米特分支阿拉米族群（Arameans），以及早已成为土著的亚述族群。

接下来几百年，阿拉米人走出阿拉伯沙漠，进入叙利亚草原和迦南沿海，随后又跨越幼发拉底河，流转于两河流域，掀起了一股强势闪米特风潮。两河流域中上游的资深闪米特族群亚述人，更是老树开新花，先后两次强势复兴。尤其是公元前 9 世纪开启的第三次复兴，不仅称霸两河流域，而且横扫周边族群，将埃兰人、乌拉尔图人、吕底亚人、腓尼基人、阿拉米人、希伯来人、埃及人打得落花流水，成为纵跨两洲的超级大帝国。

两河流域甚至整个西亚，再次成为闪米特族群的掌中之地。

公元前7世纪末，亚述崩溃后，接盘的阿拉米人迦勒底部落，仍是闪米特人的一个分支。不过，迦勒底人掌控西亚时，欧亚格局又到了变天边缘。印欧人的两个后裔分支，雅利安人和希腊人，一东一西分别在伊朗高原和希腊半岛浴火重生，显示出强大的生命力。他们分别从东西两端，侵蚀着迦勒底巴比伦帝国的根基。

公元前6世纪，波斯闯入巴比伦、征服迦南、吞并埃及，标志着印欧人后裔再次强势崛起，成为西亚、北非甚至巴尔干的霸主。西亚和北非的各个闪米特族群，全部跌入政治谷底，成为波斯人的附属。曾经遍布两河流域，参与开发人类早期文明的闪米特族群，被北方印欧人后裔牢牢压在身下，失去锐气和活力。只有从腓尼基分离出的迦太基人，依靠西地中海贸易兴盛一时。

当波斯人压制住南方闪米特人后，便将目光转向更遥远的希腊半岛，打起了印欧人内战。接下来一千多年间，基本就是印欧人后裔之间的争斗史。先是波斯人压着希腊人打，后来是马其顿人压着波斯人打，再后来就是罗马人又压着马其顿人打。打到最后，地中海周边都成了印欧分支罗马人的天下。西亚的闪米特族群，只能眼巴巴地在旁观战。

不过，韧劲十足的闪米特人后裔，并没有彻底熄火。他们在武力上打不过印欧人，却擅长宗教构建和精神征服。犹太人不但发明了非外传的犹太教，还专门针对印欧人打造了一套基督教。公元7世纪，闪米特老家的阿拉伯人，又创造出一套伊斯兰教，强势改变了西亚、中亚、南亚和北非的精神面貌，成为对抗基督教世界的核心力量。作为印欧人后裔的伊朗人、中亚人和巴基斯坦人，甚至东南亚的诸多地区，都成了阿拉伯人的精神俘虏。至今，这种政治和宗教格局都没有大变。

说到这里，可知公元前三千年的西亚历史，其实就是南方闪米特人与北方印欧人反复博弈的缩影。由于土地肥沃、文明领先，两河流域不断地吸引南来北往的族群，上演了一幕又一幕的大国争斗和权力更替，也吹奏出一首又一首族群哀曲和文明悲歌。

西亚开化那么早，文明一度领先欧洲和东亚那么多年，到头来还不是生灵涂炭、民不聊生？再古老的文明，再庞大的帝国，再伟大的英雄，如果不能让民众安居乐业，不能让人人自得其所，又有什么意义？不过是随风飘散的历史云烟罢了。

几千年后，人们不仅对苏美尔、阿卡德、巴比伦一无所知，连亚述帝国都不曾听说。19 世纪中叶，西方官员和探险家为了证实《圣经》的真实性，纷纷到西亚勘查遗迹，破解了挖掘出的楔形文字后，才知道历史上曾经存在一个不可一世的亚述帝国，才揭开了苏美尔、阿卡德、巴比伦冰山一角。

沉浸古西亚历史日久，一种强烈的感觉油然而生，那就是在这个世界上，真正永恒和有意义的，永远是人类生命、国家秩序、百姓生活和少数智者璀璨的思想，而不是一将功成万骨枯的赫赫战功和必欲将他人挑落马下的帝国梦想。

最后想说的是，我不是一个古代西亚历史的专业研究者，从未写过相关的研究论文。本书内容建立于已有学术研究成果之上，是对前人研究的一种理解和再阐释。聊城大学太平洋岛国研究中心执行主任陈德正教授为本书出版提供了最关键的帮助；毕业于丹麦哥本哈根大学的史孝文博士审阅了初稿，指出若干专业错误；我的学生肖万芳、孟茹做了一些辅助性工作。在此，我对他（她）们以及本书参考过的所有学界同仁，一并表示谢意。文中仍然存在的错误，完全由笔者承担。

胡其柱

2021 年 5 月 3 日于温哥华